LA VIE QUOTIDIENNE EN ÉGYPTE
AU TEMPS DES RAMSÈS

Pierre Montet (1885-1966) dirigea au Liban et en Egypte des recherches qui ont abouti à des découvertes parmi les plus importantes du siècle. Il mit au jour, en 1923, le sarcophage d'Ahiram, portant la plus ancienne inscription alphabétique connue, et en 1939 la Nécropole royale de Tanis (XXIe dynastie) dont le tombeau de Psousennès est resté inviolé.

Professeur à l'Université de Strasbourg (1919-1946) puis au Collège de France, ses travaux l'ont fait élire à l'Institut de France, à l'Institut d'Egypte et à l'Institut allemand d'Archéologie.

PIERRE MONTET
Membre de l'Institut

La Vie quotidienne en Égypte au temps des Ramsès

HACHETTE

© Librairie Hachette, 1946.
Tous droits de traduction, de reproduction et d'adaptation
réservés pour tous pays.

INTRODUCTION

Les anciens Egyptiens étaient pour les dieux et pour les morts bien plus exigeants que pour eux-mêmes. Quand ils entreprenaient un nouveau « château de millions d'années », quand ils bâtissaient à l'ouest de Thèbes leurs « demeures d'éternité », ils allaient chercher très loin et à grands frais les pierres, les métaux, les bois de qualité. Rien n'était trop beau ni trop solide. Mais ils vivaient dans des maisons de briques crues, où la peinture imitait les pierres et les métaux. Les temples et les tombeaux ont donc duré plus que les villes, si bien que nos collections contiennent plus de sarcophages et plus de stèles, plus de statues royales ou divines que d'objets fabriqués pour les besoins des vivants, plus de rituels et de livres des morts que de mémoires et de romans. Peut-on, dans ces conditions, essayer de décrire la vie quotidienne des sujets du Pharaon et ne serait-on pas réduit aux observations superficielles, aux jugements puérils[1] des voyageurs grecs et romains ? Les modernes ont tendance à croire que les Egyptiens naissaient entourés de bandelettes. Gaston Maspero a pu écrire, quand il a traduit les premiers chants d'amour, qu'on ne se représente pas volontiers un Egyptien d'autrefois amoureux et à genoux devant sa maîtresse. En réalité, c'est parce qu'il faisait bon vivre au bord du Nil que les Egyptiens débordaient de reconnaissance envers les dieux, maîtres de toutes choses. Et c'est pour la même raison qu'ils ont cherché le moyen de jouir jusque dans le tombeau des biens de ce monde.

Ils ont cru y parvenir en couvrant les parois du tombeau de bas-reliefs et de peintures qui représentent le personnage couché dans le sarcophage vivant dans son domaine avec sa femme et ses enfants, ses proches, ses serviteurs, une légion d'artisans et de paysans[2]. Il le parcourt soit à pied, soit en litière, soit en barque. Il peut se contenter de jouir du spectacle, bien installé dans un fauteuil, quand tout s'agite devant ses yeux. Il peut aussi prendre part à l'action, monter dans un canot, lancer le bois de jet sur les oiseaux qui se nichent dans les ombelles des papyrus, harponner des poissons qui ont presque la taille d'un homme, guetter les canards sauvages et donner le signal aux chasseurs, poursuivre de ses flèches les oryx et les gazelles. Tous ses intimes tiennent à assister à sa toilette. Le manucure s'empare de ses mains, le pédicure de ses pieds, un intendant lui présente un rapport, et des gardiens, d'une poigne un peu rude, poussent vers lui des valets infidèles. Des musiciens et des danseuses s'apprêtent à charmer ses yeux et ses oreilles. Pendant les heures chaudes de la journée, il joue volontiers avec sa femme à des jeux qui rappellent notre jeu d'échecs et notre jeu de l'oie.

Pour remplir les intentions de son client, le décorateur ne devait oublier aucun corps de métier. La population qui se groupait au bord des marais s'adonnait surtout à la chasse et à la pêche. Le papyrus lui fournit les matériaux nécessaires pour construire non seulement ses cabanes, mais surtout les canots légers, si commodes pour suivre à travers les plantes aquatiques le crocodile et l'hippopotame, pour atteindre les fourrés où les oiseaux ont établi leur république, reconnaître les endroits poissonneux. Avant de partir en expédition les chasseurs avaient éprouvé leurs canots, ce qui avait été l'occasion de mesurer leur force et leur adresse. Couronnés de fleurs et armés d'une longue gaffe, ils se culbutent dans l'eau en s'injuriant. De retour au village, réconciliés, ils fabriquent et réparent les filets et les engins, conservent le poisson, élèvent les volailles. Le cultivateur sème et laboure, arrache le lin, moissonne et lie les gerbes. Des ânes les transportent au village. On les étale pour les faire fouler par des bœufs et des ânes, au besoin par des moutons. On sépare la paille et le grain. Pendant que les uns élèvent des meules, les autres mesurent le grain et l'emportent au grenier. Ces travaux à peine terminés, les raisins mûrissent. Bientôt, il faudra vendanger, pressurer, emplir et scêller les vastes amphores. D'un bout à l'autre de l'année, les meuniers pilent et écrasent les grains et livrent la farine au brasseur et au boulanger.

Les artisans travaillent le limon, la pierre, le bois et les métaux. Comme le bois est rare, les ustensiles que réclamaient les agriculteurs, les vignerons, les brasseurs, les boulangers, les cuisiniers étaient en terre cuite. La belle vaisselle était en pierre. On employait surtout le granit, le schiste, l'albâtre, les brèches. Les coupes de petit format étaient en cristal. Les Egyptiens aimaient la parure. De l'atelier d'orfèvrerie sortaient des colliers, des bracelets, des bagues, des diadèmes, des pectoraux et des amulettes. Ces jolies petites choses étaient serrées dans des coffres. Les jeunes filles de la maison les retiraient de leur cachette et se paraient pour un moment. Des sculpteurs exécutaient l'effigie du maître debout ou assis, seul ou avec sa famille, dans l'albâtre ou dans le granit, dans le bois d'ébène ou dans l'acacia. Le menuisier fabriquait des armoires et des coffres, des lits, des fauteuils, des cannes. Enfin, les charpentiers taillent et découpent les arbres, construisent les barques, les chalands, les bateaux qui permettaient de circuler dans toute l'Egypte, de centraliser les récoltes, de fréquenter les pèlerinages d'Abydos, de Pé ou de Dep. Comme dit le naufragé, quand il a été jeté dans l'île du bon serpent, il n'y a chose qui ne s'y trouve. Il y manque seulement tout ce qui évoquerait l'activité particulière que le maître du tombeau exerçait de son vivant. Qu'on soit chez un militaire ou chez un courtisan, chez un barbier ou un médecin, chez un architecte, chez un vizir, on retrouve partout les mêmes scènes. Il y en a plus ou moins. Les légendes hiéroglyphiques qui les encadrent ou qui garnissent les espaces libres entre les personnages, définissent presque dans les mêmes termes les opérations et reproduisent les mêmes dialogues, les mêmes propos, les mêmes chansons. Texte et images, tout vient de la même source. Il existait donc un répertoire à la disposition des artistes chargés de décorer les tombes. Chacun y prenait ce qui lui semblait bon et le plaçait à sa guise. Ce répertoire apparaît déjà constitué au début de la IVe dynastie. Il fut enrichi pendant tout l'Ancien Empire par des artistes qui n'étaient dépourvus ni d'imagination, ni d'humour. Un passant profite de l'absence du berger pour traire sa vache. Un singe agile attrape un serviteur qui allongeait la main vers une corbeille pleine de figues. Une femelle d'hippopotame va mettre bas; le crocodile attend patiemment que le petit soit né pour n'en faire qu'une bouchée. Un petit garçon tend à son père un bout de corde long comme la main pour lier un canot. On pourrait ajouter à cette liste. Les artistes n'ont jamais perdu de vue le but initial, qui était de représenter les travaux et les jours d'un grand domaine.

Ce répertoire ne fut jamais mis à l'écart. On en retrouve les principaux thèmes dans les tombes du Moyen Empire, à Beni-Hassan, à Meir, à El-Bercheh, à Thèbes, à Assouan. Quelques siècles plus tard, quand les Pharaons résident à Thèbes, il est toujours utilisé. L'artiste qui décora au début de l'époque ptolémaïque l'élégant monument en forme de temple où repose un notable de l'antique ville des huit dieux, Petosiris, en son vivant grand des cinq, prêtre de Thot et d'autres dieux, y eut encore recours. Toutefois, ces tombeaux ne sont pas l'éternelle et fastidieuse répétition d'un décor crée et porté à son point de perfection dès l'époque des grandes pyramides. A Beni-Hassan, les jeux, les luttes, les combats, le désert tiennent beaucoup plus de place que précédemment. Les guerriers du nome s'entraînent, assiègent des forteresses. Un premier pas était fait. Aux scènes de l'ancien répertoire, on mêle maintenant la représentation des événements qui ont fait époque dans la carrière du personnage. Des bédouins venus de l'Arabie s'étaient présentés chez le gouverneur du nome de l'Oryx pour échanger une poudre verte contre des céréales et ils avaient offert, afin de prouver leurs bonnes intentions, une gazelle et un bouquetin capturés dans le désert. Cette réception s'intercale dans le tombeau de Khnoumhotep entre la chasse et le défilé des troupeaux[3]. Le gouverneur du Lièvre n'a pas eu à recevoir d'aussi lointains visiteurs. Il avait commandé à des sculpteurs qui avaient leur atelier à proximité des carrières d'albâtre d'Hatnoub et pas très loin de sa résidence, sa propre statue, haute de treize coudées. Quand la statue achevée put sortir de l'atelier, on l'attacha sur un traîneau. Des centaines d'hommes, jeunes et vieux, disposés en quatre files, la traînèrent lentement jusqu'au temple par un chemin rocailleux, étroit, difficile, entre deux haies d'assistants qui scandaient les progrès de leurs cris et de leurs applaudissements[4]. A la vérité, on assiste dans les tombeaux de l'Ancien Empire à des transports de statues, mais elles sont de grandeur naturelle et leur destination est le tombeau. Il n'avait pas été nécessaire de mobiliser tous les hommes valides d'une province. Ce n'était qu'un épisode banal du culte funéraire. Mais Thouty-hotep a choisi pour étonner ceux qui visiteront son tombeau un fait absolument exceptionnel qui donnera une haute idée de sa fortune et de sa faveur dans le palais du roi.

Au Nouvel Empire, les sujets qui décorent les tombeaux de particuliers forment trois grandes séries. Tout d'abord, les scènes tirées de l'ancien répertoire mises au goût du jour, car bien des changements s'étaient produits en un millénaire. En second lieu, des scènes historiques. Un vizir comme Rekhmarê, un premier prophète d'Amon comme Menkheperrê, un fils royal de Kouch comme Houy avaient été mêlés à de grands événements. Ils avaient présenté à Sa Majesté des dignitaires étrangers, crétois, syriens, ou nègres, qui désiraient être « dans l'eau du roi », ou qui venaient implorer le souffle de vie. Ils avaient levé les impôts, rendu la justice, surveillé les travaux, instruit les recrues. Autrefois, on faisait graver dans le tombeau un récit de sa vie. Maintenant, on la raconte par l'image. Enfin, la piété envers les dieux dont il n'était pas question jusque-là inspire de nombreux tableaux. On donne une plus large place aux cérémonies de l'enterrement. Nous en voyons toutes les péripéties, la confection d'un mobilier funéraire qui pourrait emplir un grand magasin, la formation du cortège, la traversée du Nil, la mise au tombeau, les gesticulations des pleureuses, les derniers adieux.

Les temples sont un grand livre de pierre où toutes les surfaces ont été utilisées par le graveur. Les architraves, les fûts de colonnes, les bases, les montants de portes sont habillés de personnages et d'hiéroglyphes aussi bien que les parois intérieures et extérieures. Dans les temples les plus complets qui sont ceux de la basse époque, les vignettes et les textes ne concernent que la liturgie. Plus anciennement, si le temple est la maison du dieu, il est aussi un monument élevé pour la gloire du roi. Pharaon est fils du dieu. Ce qu'il a fait s'est réalisé avec la permission du dieu et souvent avec son aide. Rappeler les hauts faits d'un règne était donc un moyen d'honorer les dieux. C'est pourquoi les scènes tirées de la vie du roi se mêlent aux scènes religieuses. On tiendra surtout à rappeler tout ce que le roi a fait pour embellir le sanctuaire et pour plaire aux dieux, une expédition au pays de l'encens, les épisodes des guerres de Syrie, de Libye et de Nubie d'où l'on revient chargé de butin et précédé de captifs qui deviendront les esclaves du temple. Les chasses royales, les sorties du dieu au milieu d'une foule émerveillée complèteront cette collection d'images dont l'intérêt est doublé par les textes qui en donnent la définition et transcrivent les propos, les ordres, les chants.

L'entreprise de peindre la vie quotidienne dans l'ancienne Egypte est donc de celles qui peuvent être menées à bonne fin, bien que nous soyons condamnés à en ignorer certains aspects. Les monuments ne nous ont pas seulement conservé des bas-reliefs et des peintures, des statues et des stèles, des sarcophages et des objets de culte, ce qui est déjà bien beau. On y a recueilli des objets de toute nature. Sans doute au mobilier funéraire de Toutankhamon ou de Psousennès [5] nous préférerions le mobilier d'un palais de Ramsès. Au fond, les besoins du mort étaient calqués sur ceux des vivants. Plus d'une fois d'ailleurs, des mains pieuses ont déposé dans le tombeau des objets que le défunt avait portés ou utilisés et des souvenirs de famille.

Il est évident que nous ne pouvons pas puiser sans précautions dans une documentation qui s'étend sur plus de trois mille ans. Les choses ont changé, peut-être plus lentement dans l'Egypte des Pharaons qu'en d'autres civilisations. Le Nil, qui apporte la vie sur ses rivages, est un maître impérieux. Ses commandements n'ont pas varié. Néanmoins, les mœurs, les institutions, les techniques, les croyances ne sont pas restées immuables. Cette vérité qui n'est contestée par aucun égyptologue est fort négligée dans la pratique. Dans des travaux récents des textes de toutes les époques sont cités pêle-mêle. Parfois, l'on tente d'expliquer les obscurités d'un texte ancien par des citations de Diodore ou de Plutarque, quand ce n'est pas de Jamblique. On continue à désigner les mois de l'année par des noms qui ne furent mis en usage que tardivement. Ainsi se répand l'opinion que l'Égypte est restée semblable à elle-même d'un bout à l'autre d'une histoire interminable.

Pour ne pas tomber dans ce travers, il fallait tout d'abord faire choix d'une époque. Après avoir éliminé les deux périodes intermédiaires, la longue décadence qui est consécutive à la guerre des Impurs, la renaissance saïte où l'Egypte est vraiment trop occupée à momifier les animaux sacrés et à copier des grimoires, ainsi que la période ptolémaïque qui n'est plus du ressort des seuls égyptologues, l'auteur a envisagé tour à tour la période des grandes pyramides, celle du Labyrinthe, les temps glorieux des Thoutmosé et des Amenhotep, l'intermède du disque aux rayons terminés par des mains, la XIXe dynastie et la XXe qui en est le prolongement naturel. Toutes ces périodes sont attachantes. L'Ancien Empire est la jeunesse de l'Egypte. Presque tout ce que l'Egypte a créé de grand et d'original y apparaît déjà. Néanmoins, nous avons choisi l'époque des Sétoui et des Ramsès qui se prêtait mieux à notre dessein. Cette période est assez courte. Elle commence vers 1320 par un renouvellement des naissances. Les Egyptiens voulaient dire par là qu'une famille assurée d'une nombreuse progéniture venait de mettre fin aux querelles de succession et aussi qu'elle apportait plus d'un changement. Jusqu'à présent, les maîtres des deux terres avaient été des memphites ou des thébains, ou ils avaient grandi dans les nomes de la Moyenne Egypte entre Coptos et le Fayoum. Pour la première fois, le trône d'Horus est occupé par des hommes du Delta dont les ancêtres servaient depuis quatre cents ans au moins un dieu de mauvaise réputation, car il avait meurtri son frère : le dieu Seth. Elle prend fin vers 1100 avec un autre renouvellement des naissances par lequel l'Egypte congédie définitivement la descendance de Ramsès et son dieu[6]. Ces deux siècles ont été illustrés par trois règnes magnifiques, Sétoui Ier, Ramsès II et Ramsès III. L'Egypte a derrière elle un long passé. Ses nouveaux maîtres lui ont pour un temps apporté après une crise sérieuse la paix religieuse, qui ne sera troublée qu'aux approches de l'an 1100. Ses armées ont remporté de brillantes victoires. Elle est plus mêlée qu'aux époques antérieures à la vie des autres nations. Nombreux sont les Egyptiens qui vivent à l'étranger. Plus nombreux les étrangers qui vivent en Egypte. Les Ramsès ont été de grands constructeurs. Les Hyksos avaient tout détruit sur leur passage. Les rois thébains n'avaient pas achevé la restauration des régions dévastées. Ils avaient beaucoup travaillé à Thèbes, mais, après l'hérésie, leur œuvre était à reprendre. La salle hypostyle de Karnak, le pylône de Louxor, le Ramesseum et Médinet Habou avec d'autres édifices grands et petits, sont, dans la ville aux cent portes, la part magnifique de Ramsès Ier et de ses successeurs. Aucune portion de leur vaste empire ne fut négligée par eux. De la Nubie à Pi-Ramsès et à Pitoum que de villes furent fondées, que d'édifices furent agrandis, restaurés et même créés !

Ces monuments, ces tombeaux des rois et des reines, ceux surtout des contemporains fournissent une documentation abondante. Pour la compléter nous avons les très nombreux papyrus qui datent des XIIIe et XIIe siècles, romans, ouvrages de polémique, recueils de lettres, listes de travaux et d'ouvriers, contrats, procès-verbaux et, plus précieux que tous, le testament politique de Ramsès III. Voilà les sources que nous avons eues constamment sous les yeux pour composer le présent ouvrage. Cela ne veut pas dire que nous nous sommes privés d'utiliser des sources ou plus anciennes ou plus récentes. En protestant contre la tendance, manifestée dans beaucoup d'ouvrages, de considérer l'Egypte comme un bloc de trois mille ans, et d'appliquer à toute la civilisation pharaonique ce qui n'est établi que pour une époque donnée, nous n'avons pas perdu de vue que beaucoup d'usages, beaucoup d'institutions, beaucoup de croyances ont eu en Egypte la vie très dure. Lorsqu'un auteur classique s'accorde avec un bas-relief memphite nous avons bien le droit de penser que sur ce point au moins, les Egyptiens de l'époque ramesside se comportaient comme leurs ancêtres et comme leurs successeurs. Nous avons donc puisé à toutes les sources toutes les fois que nous estimions possible de le faire sans bigarrer avec de fausses couleurs le tableau que nous présentons de la vie quotidienne en Egypte, à l'époque des Ramsès.

CHAPITRE PREMIER

L'HABITATION

I. — Les villes.

Les villes pharaoniques sont maintenant réduites à des collines de poussière, semées de tessons de poterie et de débris minuscules. Nous ne pouvons nous en étonner puisque les villes et les palais étaient construits en briques crues. Néanmoins quelques-unes étaient dans un état moins décevant lorsque les savants emmenés par Bonaparte entreprirent leurs relevés. Beaucoup de destructions se sont, dans les temps modernes, ajoutées à celles du passé, car les indigènes ont non seulement continué à exploiter le sebakh dans les ruines, à en retirer les blocs de pierre, mais ils ont pris la fâcheuse habitude de chercher des antiquités. Il n'est guère que deux villes dont nous puissions parler en connaissance de cause parce que ce sont deux villes éphémères. Fondées par une décision de l'autorité royale, elles furent abandonnées aussi brusquement après une courte existence. La plus ancienne, Hetep-Sanousrit, fut créée au Fayoum par Sanousrit II et dura moins d'un siècle. L'autre, Akhetaton, fut la résidence d'Amenhotep IV après sa rupture avec Amon. Ses successeurs y demeurèrent jusqu'au jour où Toutankhamon ramena la cour à Thèbes. Il sera utile d'y jeter un coup d'œil avant d'entreprendre la description des villes ramessides.

La fondation de Sanousrit enfermée dans une enceinte qui mesure trois cent cinquante mètres sur quatre cents a été conçue pour loger beaucoup de monde dans un étroit espace[1]. Le temple est hors des murs. Une muraille épaisse la coupe en deux sections, une pour les riches, une pour les pauvres. Celle-ci est traversée par une avenue de neuf mètres que coupent à angles droits de nombreuses rues plus étroites. Les maisons sont groupées dos à dos de manière à présenter la façade sur la rue. L'exiguïté des chambres et des corridors est surprenante. Le quartier élégant est parcouru par des rues spacieuses qui conduisent au palais et aux logements des grands fonctionnaires. Leur importance est à peu près cinquante fois celle des maisons populaires. Les habitations et les rues tiennent toute la place. Les Egyptiens ont toujours aimé les jardins. Harkhouf, cet explorateur qui ramena de Nubie un nain danseur pour son petit souverain, raconte qu'il a construit une maison, creusé un bassin, planté des arbres. Une dame qui vécut à l'époque de Sanousrit nous dit sur sa stèle combien elle aimait les arbres. Ramsès III en a mis partout. Mais ici rien n'a été prévu pour l'agrément ni pour la promenade.

La résidence d'Akhenaton était une ville de luxe[2]. On disposait entre le Nil et la montagne d'un vaste emplacement demi-circulaire. Une avenue parallèle au fleuve traverse la ville de bout en bout et coupe d'autres avenues qui mènent au quai, à la nécropole et aux carrières d'albâtre. Le palais officiel, le temple, les bâtiments administratifs, les magasins forment le quartier central. Dans les rues, des maisons modestes alternent avec des maisons plus luxueuses, que les fouilleurs ont distribuées entre les membres de la famille royale.

De vastes espaces ont été réservés pour les plantations d'arbres et les jardins aussi bien dans les propriétés que dans les terrains urbains. Les ouvriers de la nécropole et des carrières ont été parqués à l'écart dans un village entouré d'une enceinte. La ville a été si brusquement abandonnée que l'on n'a pas eu le temps de modifier ce qu'avaient fait ses premiers habitants.

Dans les villes qui avaient déjà un long passé — c'étaient de beaucoup les plus nombreuses — régnait au contraire une extrême confusion. Men-Nefer « stable est la beauté » — du roi ou du dieu — dont les Grecs ont fait Memphis, s'appelait encore Onkh-taoui « la vie des deux terres », Hat-ka-ptah « le château du double de Ptah », Nehet « le sycomore ». Chacun de ces noms peut être employé pour l'ensemble de l'agglomération, mais à l'origine ils désignaient soit le palais royal et ses annexes, soit le temple de Ptah, patron de la ville, soit le temple d'Hathor connue à Memphis comme la dame du Sycomore. Il en était de même de Thèbes, la ville aux cent portes d'Homère. Tout d'abord elle s'est appelée Iat, comme le quatrième nome de la Haute Egypte qui en dépendait. Au Nouvel Empire l'habitude est prise de l'appeler Opet, que certains traduisent « harem » et d'autres « chapelle » ou « château ». L'immense ensemble de monuments qui a pris de nos jours le nom du village de Karnak était depuis Amenhotep III l'Opet d'Amon[3]. Une allée de sphinx le reliait au temple de Louxor, l'Opet méridional. Chacune des deux Opet était entourée d'une enceinte de briques crues percée de plusieurs portes monumentales en pierre, dont les portails étaient en sapin du Liban armé de bronze et incrusté d'or. En cas de danger, ces portes étaient fermées. Piankhi raconte que les portes des villes se fermaient à son approche. Mais, en temps de paix, les textes que nous connaissons ne font jamais allusion à la fermeture de ces portes et nous sommes plutôt fondés à croire qu'on pouvait librement entrer et sortir de jour comme de nuit.

A l'intérieur, des habitations, des magasins, des entrepôts aujourd'hui disparus, occupaient une bonne partie de l'espace compris entre le temple et les murailles. Des jardins, des vergers récréaient les yeux. Les troupeaux d'Amon pâturaient dans des parcs. Un de ces jardins a été représenté sur une paroi de la salle des Annales par celui qui l'avait créé, Thoutmosé III, avec des plantes et des arbres importés de Syrie[4]. Entre les deux enceintes, de chaque côté de l'allée des sphinx et au bord du fleuve, se succédaient les bâtiments officiels et les palais. Chaque roi voulait avoir le sien. Les reines, les princes, les vizirs et grands fonctionnaires étaient à peine moins ambitieux. Comme la ville n'a cessé de s'agrandir pendant trois dynasties, il est probable que les maisons plus modestes et celles de la classe la plus pauvre, s'intercalaient au milieu de ces opulentes demeures, au lieu de former comme à Hotep-Sanousrit, un quartier séparé.

En face de Karnak et de Louxor, sur la rive occidentale, se développait une seconde ville, Tjamé, ou plutôt une succession de grands monuments entourés de maisons et de magasins et emprisonnés dans leur enceinte de briques crues qui mesure souvent trois cents mètres sur quatre cents, ou davantage[5]. L'enceinte d'Amenhotep III n'a pas moins de cinq cents mètres de côté. Ces grands ouvrages de terre sont larges à la base d'une quinzaine de mètres. Leur hauteur atteint ou dépasse vingt mètres. Ils masquaient presque complètement l'intérieur, ne laissant dépasser que les pyramidions des obélisques, les corniches des pylônes, les couronnes des statues colossales. La plupart de ces cités ont été effroyablement maltraitées par les hommes et par le temps. Les colosses de Memnon se dressent au milieu des champs de blé, mais ils n'avaient pas été faits pour ce splendide isolement. Ils ornaient la façade d'un temple grandiose que pressaient de tous côtés des constructions de briques abritant une nombreuse population et d'immenses quantités de marchandises. Les colosses ont défié les siècles. Le reste se réduit à quelques pauvres vestiges. Ailleurs, les statues colossales ont subi le sort de ce reste. Les vestiges mis au jour pendant une rapide campagne de fouilles disparaissent vite sous les cultures. Le monument de Ramsès III à Médinet-Habou, le Ramesseum, plus au nord, et tout à fait au nord le monument de Sétoui Ier offrent seuls avec, bien entendu, le temple en terrasse de la reine Hatchepsouit des restes imposants. C'est surtout à Médinet-Habou qu'on se rend compte de l'aspect que pouvaient présenter à l'époque de leur nouveauté ces villes closes[6]. Une barque déposait le visiteur au pied d'un double escalier; puis l'on franchissait entre deux loges de gardiens une enceinte de pierre assez basse, garnie de créneaux et séparée par un chemin de ronde de la grande enceinte de briques crues. Celle-ci était percée d'une porte fortifiée qui ressemblait à un migdol syrien. C'étaient deux hautes tours symétriques, séparées par un écart de six mètres qui précédait un bâtiment dont l'ouverture était juste assez large pour le passage d'un char. Les bas-reliefs qui habillaient les murs exaltaient la puissance de Pharaon. Des consoles étaient portées par les têtes des éternels ennemis de l'Egypte, les Libyens, les Arabes, les Nègres, les Nubiens. On devait se sentir un peu mal à l'aise entre ces murailles. Dans les chambres du haut les sujets sont plus gracieux. Le sculpteur a représenté Ramsès caressant le menton d'une charmante Egyptienne, servi par ses favoris. Cependant, ce n'était qu'un refuge en cas d'émeute. Le palais et le harem se trouvaient un peu plus loin, à côté du temple. D'ordinaire il n'y avait là que des gardes.

La porte franchie, on se trouvait dans une cour spacieuse bornée au fond par le mur d'une troisième enceinte qui renfermait le temple, le palais et le harem, des cours et des bâtiments. Des petits logements pressés les uns contre les autres de part et d'autre d'une allée centrale entouraient de trois côtés cette troisième enceinte. Le clergé du temple et de nombreux laïcs formaient la population permanente de la petite ville où résidait le roi, quand il venait dans la rive gauche, avec ses femmes et de nombreux domestiques.

Tel était le château de Ramsès, souverain d'On dans le domaine d'Amon. Tel était le Ramesseum. Telles étaient les vingt ou trente villes royales de la rive gauche. Leur aspect extérieur était des plus austères. Dedans, c'était un mélange assez plaisant de merveilles architecturales, de palais dorés, de masures grises. Ce que l'Egypte pouvait offrir de plus brillant en équipages, en princes et en princesses traversait parfois comme un éclair les allées et les cours. Les rires, les chants et la musique emplissaient les appartements royaux. Quand la fête était finie, la porte fortifiée ne laissait plus passer que les troupeaux, les files d'esclaves portant un ballot sur la tête ou sur les épaules, des soldats, des comptables, des maçons, des artisans qui, dans les clameurs et la poussière, se répandaient dans les ateliers et les magasins, dans les écuries et les abattoirs, pendant que les écoliers et les apprentis allaient recevoir leur ration de science et de coups de bâton[7].

Les villes du Delta ne le cédaient à celles de la Haute Egypte ni par l'antiquité, ni par la splendeur de leurs monuments. Dévastées par les Hyksos, négligées par les rois de la XVIIIe dynastie, elles furent restaurées, agrandies, embellies par les Ramessides. Ramsès II se plaisait beaucoup dans le Delta oriental. Cette région avait été le berceau de sa famille. Il en appréciait le climat si suave, les prairies, les grandes étendues d'eau, les vignobles qui produisaient un vin plus doux que le miel. Au bord de la branche tanitique, dans une prairie balayée par le vent, se trouvait une vieille ville de théologiens, centre de culte du dieu Seth, siège aussi d'une école artistique originale depuis des temps très lointains. Elle s'appelait Hat-ouârit. Les Hyksos en firent leur capitale. Depuis qu'Ahmosé les avait chassés, la ville végétait. Ramsès s'y installa dès qu'il eut rendu les derniers devoirs à son père, et tout de suite il commença les grands travaux qui devaient ramener la vie et la prospérité dans la région et faire de la vieille cité une incomparable résidence royale[8].

Comme à Thèbes, le temple et d'autres bâtiments étaient enfermés dans une grande enceinte de briques. Celle-ci était percée de quatre portes d'où partaient vers les quatre points cardinaux des routes et des canaux. On avait fait venir d'Assouan, sans tenir compte ni de la distance, ni des difficultés, des blocs de grandeur inusitée, pour bâtir le saint des saints, pour multiplier les stèles et les obélisques, tous d'un ciseau parfait. Des lions à face humaine, d'une expression terrible, en granit noir, des sphinx de granit rose se faisaient vis-à-vis le long des allées pavées avec des blocs de basalte. Des lions couchés veillaient devant les portes. Des dyades et des triades, des colosses debout et assis, dont plusieurs rivalisaient avec ceux de Thèbes et dépassaient ceux de Memphis, étaient alignés devant les pylônes.

Le palais resplendissait d'or, de lapis-lazuli, de turquoise. Partout brillaient les fleurs. Des routes bien ombragées traversaient une campagne admirablement cultivée. Les marchandises débarquées de la Syrie, des îles, du pays de Pount, s'entassaient dans les magasins. Des détachements d'infanterie, des compagnies d'archers, des chars, les équipages de la flotte avaient leur cantonnement près du palais. De nombreux Egyptiens étaient venus se loger près du soleil : « Quelle joie de résider là, dit le scribe Pabasa, pas de souhait à dire. Le petit y est comme le grand... Tout le monde y est égal pour lui dire sa requête. » Aux Egyptiens se mêlaient, comme dans les autres grandes villes, les Libyens et des Nègres. Mais surtout les asiatiques pullulaient avant l'Exode et même après. Il y avait là les descendants des fils de Jacob, d'autres nomades qui, ayant obtenu la permission de résider en Egypte, ne voulaient plus la quitter, les captifs ramenés des pays de Canaan, d'Amor, du Naharina, dont les fils se transformaient quelquefois avec le temps en agriculteurs et en artisans libres. Bientôt, la ville royale se trouva comprise dans une ville bien plus étendue où se succédaient les habitations et les magasins. Bientôt, ces nouveaux quartiers eurent aussi leur temple entouré comme le grand d'une enceinte de briques. Il fallut aussi réserver l'emplacement d'un cimetière[9], car les Egyptiens du Delta n'avaient pas comme ceux du sud la faculté d'enterrer leurs morts dans le désert tout proche. Ils construisaient leurs tombeaux et les tombeaux des animaux sacrés en ville, tantôt hors des murs, tantôt dans les murs, à deux pas du temple. Comme la place était limitée, il n'était plus question d'élever des monuments aussi grandioses que ceux de Memphis. Les tombeaux, quel que soit le rang du personnage qui en prendra possession, aussi bien à Tanis qu'à Athribis, sont fort petits.

Ramsès II ne laissait plus grand-chose à faire à ses successeurs en matière de constructions. Ramsès III s'est principalement attaché à entretenir et à augmenter les jardins et les plantations d'arbres : « J'ai fait fructifier, disait-il, la terre entière avec les arbres et les plantes. J'ai fait que les humains puissent s'asseoir sous leur ombre[10]. » Dans la résidence de son illustre aïeul, il a créé d'immenses jardins, aménagé des promenades dans la campagne, planté des vignes et des oliviers, bordé la route sacrée de fleurs éclatantes[11]. A On, le roi a fait nettoyer les lacs sacrés du temple « enlevant toutes les ordures qui s'y étaient accumulées depuis que la terre existe ». Il a renouvelé partout les arbres et les plantes. Il a créé des vergers afin de donner au dieu Toum du vin et des liqueurs, une olivaie qui produisait « la première huile d'Egypte pour faire monter la flamme dans ton palais sacré ». Le temple d'Horus, si délabré auparavant, mérita de passer à la tête des temples. « J'ai fait prospérer le bois sacré qui se trouvait dans son enceinte. J'y ai fait verdir les papyrus à l'instar des marais d'Akh-bit (où avait vécu Horus enfant). Il était tombé dans l'abandon depuis l'antiquité. J'ai fait prospérer le bois sacré de ton temple. Je l'ai mis à sa place exacte qui était rasée. Je l'ai pourvu de jardiniers pour le faire prospérer, en vue de produire des libations et des offrandes de liqueurs [12]. »

C'était joindre l'utile à l'agréable. Hérodote a noté que le temple de Bubaste environné de grands arbres était un des plus plaisants à regarder de toute l'Egypte. Nul doute qu'au XIIe siècle un voyageur aurait pu éprouver, dans beaucoup de villes d'Egypte, la même impression réconfortante. L'austérité des grandes murailles de briques était compensée par les taches de verdure. Au bord des branches du Nil, les citadins goûtaient la fraîcheur à l'ombre des grands arbres. Dans les cours du temple les fleurs mettaient en valeur les sculptures.

Pour les bêtes, pour les plantes et même pour les hommes, il fallait beaucoup d'eau. C'eût été une grande disgrâce d'aller la chercher au canal, hors de l'enceinte, même lorsque ce canal, comme à Médinet-Habou, comme à Pi-Ramsès, arrive près de la porte monumentale. Dans la plupart des villes entourées d'une enceinte existait un bassin de pierre [13]. Un escalier permettait d'atteindre le niveau de l'eau en toute saison. L'existence des puits est attestée au moins depuis le

Nouvel Empire. On en a découvert dans les propriétés particulières, ainsi que dans l'enceinte de Pi-Ramsès. Ils sont en pierre et de construction soignée[15]. Le plus petit, à l'ouest du temple, a trois mètres dix de diamètre. On y descendait par un escalier rectiligne de vingt-trois marches couvertes, auxquelles faisait suite, à l'intérieur du puits, un escalier en spirale d'une douzaine de marches. Le plus grand, au sud du temple, a cinq mètres de diamètre. On y descend par un escalier couvert de quarante-quatre marches en deux volées séparées par un palier de repos. Dans le puit même on pouvait continuer à descendre par un escalier en fer à cheval et emplir les jarres même à l'époque des plus basses eaux. En dehors de cette époque, il était plus simple de faire monter l'eau au moyen d'un chadouf jusqu'au bassin, qu'un caniveau de pierre reliait à un second bassin de pierre dans le temple même. Dans la partie orientale de la ville, nous avons découvert plusieurs canalisations en poterie de différents modèles, profondément enterrées. La plus importante est faite de vases sans fond qui s'emboîtent les uns dans les autres et sont soigneusement cimentés. Il n'a pas été possible, jusqu'à présent, de suivre ces canalisations sur toute leur étendue, de découvrir leur point de départ et leur point d'arrivée. Non seulement nous ne pouvons pas les dater, mais nous ignorons si elles servaient à amener l'eau potable ou à emmener les eaux usées. Nous avons tenu, du moins, à signaler l'existence de ces travaux, qui prouvent que l'administration pharaonique n'était indifférente ni au bien-être des habitants, ni à la santé publique.

Le domaine royal ou divin exerçait à l'entour une attraction puissante. Aux époques troublées, ceux qui avaient peur forçaient l'enceinte et ne voulaient plus en bouger. Ils construisaient leurs maisons dans les parcs et dans les vergers, détruisaient la belle perspective voulue par les premiers constructeurs. Ils envahissaient même le parvis du temple, se juchaient sur les enceintes, contrariant les cérémonies du culte et la surveillance des sentinelles. Un médecin qui exerçait sous le règne de Cambyse, Ouadj-hor-resné, eut la douleur de constater que des étrangers s'étaient installés dans le temple de Neith, la dame de Saïs[16]. Comme il avait l'oreille du grand roi, il obtint de Sa Majesté qu'elle chassât tous ces indésirables, qu'on jetât bas leurs maisons et leurs immondices afin de célébrer les fêtes et les processions, comme cela se faisait auparavant. Un sorcier, nommé Djed-hor, qui vivait à Hathribis, constate de son côté que de simples particuliers avaient bâti leurs cabanes de briques crues par-dessus les sépultures des faucons sacrés[17]. Il n'avait pas d'aussi hautes relations que le médecin saïte. Il usa donc de persuasion et parvint à décider les envahisseurs à quitter la place et à se transporter dans un emplacement tout à fait avantageux qu'il indiquait. C'était en réalité un marécage, mais le remède n'était pas loin. Il n'y eut qu'à démolir les maisons intruses pour avoir de quoi combler les marais. Et ainsi on constitua pour les bonnes gens d'Hathribis un lotissement bien situé, net et commode, à peine un peu humide à l'époque des hautes eaux. A Tanis, nous avons constaté nous-mêmes l'invasion du temple par des habitations. Nous en avons trouvé dans les cours et sur les enceintes. Un certain Panemerit, personnage considérable, fit construire sa maison dans la première cour du temple, contre le pylône, pour que ses statues bénéficient des cérémonies sacrées[18]. Panemerit a vécu encore plus tardivement que le médecin de Saïs ou le sorcier d'Hathribis. Mais l'Egypte est une terre d'habitude. Nous en donnerons des preuves. Les faits que nous avons dénoncés, d'après des documents tardifs, me paraissent de ceux qui ont dû se répéter plus d'une fois au cours des temps. Profitant de l'inattention ou de la faiblesse des autorités, les habitants quittaient leur quartier moins favorisé pour se mettre à l'abri des hautes murailles et peut-être pour être à portée de piller. Quand l'autorité redevenait vigilante, les parasites étaient balayés. Le temple, la ville royale reprenaient leur splendeur jusqu'à la prochaine fois. Au temps de Sétoui Ier, du grand Sésostris, de Ramsès III, personne n'aurait eu l'idée de s'installer sur un terrain réservé, mais cela a pu se produire entre Merenptah et Seti-Nekht et l'on vit bien pire sous les derniers Ramsès.

II. — LES PALAIS.

Les contemporains admiraient beaucoup le palais royal de Pi-Ramsès. Leur description est malheureusement restée dans le vague. Sa place même n'est pas exactement connue. Les fouilles n'ont apporté à son sujet aucun renseignement positif. On connaît dans le Delta d'autres résidences royales. Des vestiges d'un palais ont été trouvés à Quantir, village ombragé de beaux palmiers, à vingt-cinq kilomètres au sud de Pi-Ramsès[19]. Lorsque Pharaon attendait sa fiancée, la fille du roi hittite, qui, en plein hiver, traversa pour le retrouver l'Asie Mineure et la Syrie, il eut la galante attention de faire construire dans le désert, entre l'Egypte et la Phénicie, un château fort où il alla l'attendre. Malgré sa situation éloignée, ce château regorgeait de tout ce qu'on pouvait désirer. Chacun des quatre côtés était mis sous le patronage d'une divinité : Amon gardait l'occident, Setekh le midi, Astarté le levant et Ouadjit le nord. En l'honneur du roi d'Egypte et de son épouse asiatique, on avait rassemblé deux divinités égyptiennes et deux asiatiques, car Seth avait maintenant adopté la coiffure et le pagne des Baals et ne ressemblait presque plus à un dieu égyptien. Quatre statues qui avaient des noms comme des êtres vivants, Ramsès-Miamoun, Vie, Santé, Force, Montou dans les deux terres, Charme de l'Egypte, Soleil des princes, y tenaient lieu de dieu, de héraut, de vizir et de pacha[20]. A l'intérieur de sa ville qui est à l'occident de Thèbes, Ramsès III avait un palais qu'il appelait sa maison de joie, dont les vestiges ont été sauvegardés et étudiés par les archéologues de l'Institut oriental de Chicago[21]. La façade de ce palais donnait sur la première cour du temple. Les bas-reliefs qui la décoraient, et qu'on apercevait entre les colonnes du péristyle, avaient été très heureusement choisis pour exalter la puissance du roi. Ramsès massacrait ses ennemis d'un coup de massue. Suivi d'une brillante escorte, il visitait ses écuries. Monté sur son char, revêtu de ses armes de guerre, il allait prendre le commandement de son armée. Enfin, il asistait avec toute sa cour aux luttes et aux exercices de ses meilleurs soldats. Au centre de cette façade était plaqué le balcon des royales apparitions, richement décoré et précédé de quatre colonnettes papyriformes très élancées supportant une corniche de trois étages. Le disque ailé planait sur l'étage inférieur. Des palmes occupaient l'étage intermédiaire et des uraeus coiffés du disque l'étage supérieur. C'est là que le roi se montrait quand le peuple était autorisé à se masser dans la cour pour la fête d'Amon. C'est là qu'il distribuait des récompenses. Le balcon communiquait avec les appartements royaux. Ceux-ci comprenaient, au centre, plusieurs salles à colonnes dont l'une était la salle du trône, la chambre du roi et sa salle de bain. Cette partie centrale était isolée par un vestibule des appartements de la reine, qui comprenaient plusieurs chambres et des salles de bain. De longs couloirs rectilignes facilitaient les allées et venues et aussi la surveillance, car Ramsès III, instruit par l'expérience, était méfiant.

La décoration intérieure de la salle du trône paraît avoir été austère, si l'on en juge d'après les plaquettes émaillées découvertes il y a plus de trente ans et les fragments de bas-reliefs découverts récemment par la mission américaine. Le roi est représenté partout en pied sous la forme d'un sphinx et par ses noms hiéroglyphiques. Les ennemis de l'Egypte se voient ligotés devant lui. Ils sont vêtus de leurs riches vêtements brodés d'ornements barbares, et l'on a pris grand soin de représenter exactement leur physionomie, leur coiffure, leurs bijoux. Les Libyens sont tatoués. Les Nègres ont des boucles d'oreilles. Les Syriens portent un médaillon accroché à leur cou. Les nomades chasous maintiennent avec un peigne leurs longs cheveux rejetés en arrière[22]. Il n'est pas défendu de penser que les chambres du roi et de la reine étaient décorées de sujets plus gracieux.

L'aire couverte par l'habitation royale n'était

pas bien considérable. C'est un carré qui a moins de quarante mètres de côté. Sans doute le roi n'y faisait pas de séjours très prolongés, car il pouvait loger de l'autre côté de l'eau. Dans le Delta, il n'avait que l'embarras du choix. Memphis, On, Pi-Ramsès ne demandaient qu'à l'accueillir. Il avait entrepris entre On et Bubaste, à l'endroit que les Arabes ont appelé Tell el Yahoudieh, une construction toute nouvelle où l'on a découvert des plaques émaillées du genre de celles trouvées à Médinet-Habou[23]. Le temps a tellement maltraité les palais des Séti et des Ramsès, que nous ne pouvons nous dispenser, pour nous faire une idée moins sommaire du palais d'un pharaon au Nouvel Empire, de nous transporter en pensée dans la résidence d'Akhenaton qui ne leur est que très peu antérieure. Les pavements des salles à colonnes représentent un étang poissonneux, tapissé de nénufars, que survolent des oiseaux aquatiques, bordé de roseaux et de papyrus. Des veaux bondissent au milieu des fourrés et font s'envoler des canards sauvages. Sur les fûts des colonnes s'enroulent les vignes et les volubilis. Les chapiteaux et les corniches étaient rehaussés d'incrustations brillantes. Sur les parois étaient peintes des scènes de la vie familiale. Le roi et la reine sont assis en face l'un de l'autre, Akhenaton sur un fauteuil, Nefert-Ity sur un coussin. Un bébé est sur ses genoux; l'aînée des princesses entoure de ses bras le cou de sa cadette. Deux autres petites princesses jouent sur le sol[24]. On a dit, avec un peu d'excès, qu'aucune scène aussi charmante n'a jamais été peinte dans l'art égyptien. En fait, les étangs, les papyrus, les oiseaux, les animaux qui gambadent ou galopent font partie du répertoire courant. A Médinet-Habou nous.

avons vu le roi entouré de gracieuses favorites.
Nous ne craindrons pas d'affirmer que les palais
du Pharaon sous la XIX⁰ et la XX⁰ dynastie étaient
toujours décorés avec autant de luxe. Comme au
temps d'Akhenaton, les parois, les plafonds, les
pavements, les colonnes et les corniches peints de
fraîches couleurs étaient une joie pour l'œil et
pour l'esprit. La richesse du mobilier, le luxe des
parures et des costumes parachevaient un ensemble d'une extrême distinction.

III. — LES MAISONS.

Les grands personnages s'efforçaient d'imiter
le luxe et le confort des demeures royales. Leurs
résidences de ville ou de campagne, mesurant
parfois un hectare de superficie, ou davantage,
étaient entourées, comme le domaine divin ou
royal, d'une épaisse et haute muraille que l'on
franchissait par une porte de pierre pour se rendre à l'habitation du maître, tandis que des portes secondaires, simples ouvertures dans la
muraille, desservaient les communs et les jardins.
Telle était, à Bubaste, la maison où la perfide
Tbouboui attira son amoureux. La maison
d'Apouy ressemblait à un petit temple. La façade
était précédée d'un portique à colonnes papyriformes. L'architrave supportait une corniche décorée de palmes. La porte d'entrée était encadrée de
pierres de taille et le linteau décoré de palmes [25].
La maison où le roi Aÿ reçut et récompensa la
femme de Neferhotep porte sur sa terrasse des
colonnes. Celles-ci supportent un toit léger qui
déborde de tous les côtés et s'appuie par les extrémités sur des colonnes hautes et minces qui for-

ment un péristyle tout autour de la maison[26]. Nous pouvons nous faire une idée de l'aspect extérieur de ces deux habitations, grâce aux peintures qu'Apouy et Neferhotep ont fait exécuter dans leur tombeau. Pour la disposition intérieure il faut visiter les fouilles d'El Amarna. Du porche d'entrée on passe dans un vestibule avant de pénétrer dans les pièces de réception dont des colonnes soutiennent le toit. Ces salles publiques sont prolongées par des vestiaires où l'on a trouvé des coffres de briques qui ont pu servir d'armoires pour le linge et les vêtements et des offices où étaient entreposés les provisions et les rafraîchissements. Les appartements des maîtres avec les salles de bain, les lieux d'aisance occupent le reste du bâtiment. Les murs de la salle de bain sont revêtus de pierre. Dans un angle on a trouvé une dalle de pierre entourée d'un écran en maçonnerie, derrière lequel un serviteur pouvait jeter de l'eau sur le baigneur. Celui-ci, après le bain, allait s'asseoir sur un siège voisin pour se faire frictionner. Le cabinet d'aisance, derrière la salle de bain, est blanchi à la chaux et pourvu d'un siège percé en calcaire posé sur des caissons de briques contenant du sable[27]. Toute maison tant soit peu confortable est entourée par plusieurs cours. L'une d'elles renferme les silos en forme de ruche. Les chenils, les écuries sont au nord. A l'est s'alignent généralement la cuisine, la boulangerie et les maisonnettes en briques des serviteurs. Ceux-ci étaient donc obligés de faire un assez long trajet pour apporter les plats à leurs maîtres. Une entrée de service leur permettait d'atteindre les pièces de réception. Les maisonnettes sont pour la plupart divisées en quatre pièces, une entrée, une pièce centrale dont le toit est soutenu par une colonne, au fond la cuisine et une chambre. La famille s'entasse dans cet étroit espace qu'elle partage parfois avec les bestiaux. Un escalier permet de monter sur le toit. Les maisons des intendants à l'extrémité de ce quartier sont spacieuses et confortables[28]. Généralement l'eau potable est fournie par un puits de pierre.

Les jardins sont divisés en carrés et en rectangles par des allées qui se coupent perpendiculairement, bien droites, plantées d'arbres, ombragées de ceps de vigne, bordées de fleurs. Les Egyptiens en prenaient grand soin. Anna avait réuni chez lui presque tous les arbres qui poussaient dans la vallée du Nil, le palmier dattier, le palmier doum, le cocotier, qu'on appelait palmier à coucou, le sycomore, le figuier, le balanite, le jujubier, le perséa, le grenadier, l'acacia, l'if, le tamaris, le saule, et quelques autres qui ne sont pas identifiés, en tout dix-huit espèces[29]. Rekhmarê, de même, cultivait, dans son jardin entouré de murs solides, toutes les espèces d'arbres et de plantes connues de son temps[30]. Souvent un kiosque en matériaux légers, mais non dépourvu d'élégance, a été édifié sous les arbres. Les maîtres y prenaient leurs repas pendant l'été. Partout se blottissent des baraques de bois où rafraîchissent les boissons dans de grands zirs cachés sous les feuilles, à côté des tables et des étagères où des serviteurs ont artistement déposé tous les raffinements de la cuisine égyptienne.

On ne peut imaginer un jardin sans pièce d'eau. Celle-ci est ordinairement de forme carrée ou rectangulaire et maçonnée. Des nénufars en tapissent la surface. Des canards y prennent leur bain. Un escalier y donne accès, et une barque presque toujours attend le bon plaisir des habitants[31].

Les maisons habitées par la classe moyenne possèdent généralement plusieurs étages et, en outre, parfois, des silos sur les toits. Aucun ornement n'égaie la façade. La porte encadrée par deux montants et un linteau de pierre est placée près d'un angle. Le parterre n'est éclairé que par la porte. Les fenêtres, au nombre de deux ou de quatre, ou même de huit par étage, sont petites, carrées, garnies d'un store afin de protéger les habitants contre la chaleur et la poussière.

Nous avons trouvé à Tanis un cadre de fenêtre en pierre qui ne mesure guère plus d'une coudée de côté. Une dalle ajourée pouvait tenir lieu de store. Toujours à Tanis, nous avons trouvé les deux cartouches ajourés du roi Merenptah inscrits dans une fenêtre carrée. Sur quelques peintures thébaines, des raies horizontales sont tracées sur les murs comme s'ils étaient faits avec des madriers ou garnis de planches. L'explication de ces raies nous est apparue à Tanis où nous avons constaté que les maçons étalaient du mortier sur les lits horizontaux, tandis que les joints verticaux sont simplement garnis de limon. Une fois terminé le mur semblait rayé horizontalement de longues raies blanches.

Les pièces du parterre sont de préférence affectées à des artisans. C'est le cas par exemple à Thèbes, dans la maison d'un certain Thouty-nefer. Des femmes filent. Des hommes font marcher le métier à tisser. Dans la pièce voisine on moud le grain, on prépare des pains. Les maîtres se tiennent au premier étage dans une pièce assez spacieuse, éclairée de petites fenêtres haut placées, dont le plafond est soutenu par des colonnes lotiformes. La porte semble décorée de plaques émaillées, à moins que le bois n'ait été sculpté directement. Sur les parois on ne distingue rien, mais il était assez dans les habitudes des Egyptiens de couvrir de peintures toutes les surfaces disponibles. A Tanis, dans une maison de basse époque dont les parois intérieures avaient été enduites de plâtre, j'ai recueilli des plaques où l'on avait dessiné des danseuses et des bateaux. Sans aucun doute, cette mode était ancienne et nous avons tout lieu de croire que les pièces des maisons ressemblaient aux pièces des tombeaux thébains dans lesquelles une vigne est peinte sur le plafond, tandis que la chasse, un voyage à la ville sainte d'Osiris et d'autres scènes de genre sont figurés sur les parois.

Un deuxième étage est si bas de plafond que les occupants n'avaient même pas besoin de se hausser sur la pointe des pieds pour le toucher du bout du doigt. C'est dans une pièce de cet étage que le maître procède à sa toilette. Il est assis sur un fauteuil. Des serviteurs lui apportent un broc et une cuvette, un éventail, un chasse-mouches. Des scribes s'accroupissent pour lire le courrier et enregistrer les ordres. D'autres serviteurs ne cessent de circuler dans l'escalier et dans les corridors, portant des ballots sur la tête et des jarres pleines d'eau suspendues aux deux bouts de la palanche posée sur leur épaule[32].

Dans la maison d'un certain Mahou, l'utilisation des étages se fait d'après les mêmes principes. Des jarres sont accumulées au parterre. Au premier étage se trouve la salle à manger. Le deuxième étage est rempli de boucliers, d'armes et d'ustensiles variés. Comme Mahou était chef de la police, nous sommes fondés à croire que c'est là qu'il passait la nuit, afin de pouvoir, si l'on appelait brusquement pendant la nuit, sauter sur ses armes et courir sus aux brigands.

En règle générale les toits sont plats. On y montait par un escalier ou par une échelle. Les uns comme Thouty-hotep y installaient des silos à grains. D'autres dressaient sur les bords un treillage pour la sécurité des enfants ou pour s'abriter des regards indiscrets quand ils passaient la nuit à la belle étoile. Nébamon et Nakhti ont installé sur leur toit des appendices ayant la forme d'un triangle rectangle qui ont été interprétés comme des manches à air. Pourtant, les maisons à toit pointu ne sont pas inconnues en Egypte. Dans une tombe d'Abou-Roach, près du Caire, qui est contemporaine du roi Den, lequel vivait presque deux millénaires avant les Ramsès, j'ai trouvé deux pièces de jeu en ivoire qui représentent des maisons dont le toit incliné est formé de deux triangles et de deux trapèzes[33]. Cette couverture déjà savante surprend pour une époque aussi ancienne. Elle n'a pu être imaginée que dans un pays où il pleut et où le bois n'est pas rare. En Egypte, les pluies ne sont un peu abondantes que dans la zone côtière, où de nos jours toutes les maisons se terminent par une terrasse. Il est donc probable que les pièces d'Abou-Roach reproduisent un type d'habitation étranger à l'Egypte. Nous n'avons aucune preuve qu'il ait été en usage à l'époque des Ramsès sur un point quelconque du territoire.

Même à Thèbes, les habitations n'étaient pas tellement serrées les unes contre les autres, le terrain n'était pas tellement précieux, qu'il fût impossible de faire pousser quelques arbres, soit dans une petite cour intérieure, soit devant la façade. Chez Nebamon deux palmiers semblent sortir du toit, ce qui ne les empêche pas d'être lourdement chargés de dattes. Chez Nakhti un palmier et un sycomore ombragent la porte. Une maison bien plus haute que large qui est représentée au tombeau 23 de Thèbes est comprise entre deux rangées d'arbres. Une autre, connue par le tombeau 254, est précédée de trois grenadiers qui sortent de caissons de poterie incrustés d'ornements de couleurs variées et de deux palmiers doums[34].

Les Egyptiens faisaient de leur mieux, même dans la classe modeste, pour se donner des habitations plaisantes et confortables. Ils faisaient de leur mieux aussi pour la défendre contre les ennemis du repos domestique fort nombreux dans leur pays, les insectes, les rats, les lézards et les serpents, les oiseaux voleurs. Le papyrus médical Ebers nous a conservé quelques recettes utiles[35]. Veut-on supprimer les insectes de la maison ? Il faut la laver avec une solution de natron, ou bien la badigeonner avec un produit appelé bebit, écrasé sur du charbon. Si l'on met soit du natron, soit un poisson séché, la tilapia nilotica, soit même des graines d'oignon à l'entrée d'un trou de serpent, le serpent ne sortira pas de son trou. La graisse de loriot est excellente contre les mouches, le frai contre les puces. Si l'on met de la graisse de chat sur des sacs ou des ballots, les rats ne s'en approcheront pas. On empêchera les rongeurs de manger les grains en brûlant dans le grenier des excréments de gazelle ou en badigeonnant les murs et le plancher avec une solution.

Voici un moyen infaillible d'empêcher un milan de dérober. On plante en terre une branche d'acacia et l'on dit : « Un milan a dérobé dans la ville et dans la campagne... Vole, cuis-le, mange-le. »

Dire ces paroles sur le bâton d'acacia après y avoir mis un gâteau, c'est le moyen d'empêcher le milan de dérober. Une fumigation est efficace pour assainir l'odeur des pièces à vêtements. Elle n'était pas à la portée de tout le monde, puisqu'il fallait mélanger de l'encens, de la résine de térébinthe, d'autres produits exotiques et égyptiens. Cette recette, comme les précédentes, témoigne du désir de tenir la maison propre et nette. Ce désir si naturel a dû amener les autorités à prendre des mesures générales pour évacuer les eaux souillées et enlever les déchets, les ordures ménagères. Toutefois, là-dessus, faute de documents, nous ne pouvons rien affirmer.

IV. — Le mobilier.

Dans les pièces de réception du palais, ainsi que chez les riches, le mobilier consistait essentiellement en sièges variés. Il s'en faisait de très simples qui ressemblaient à une caisse carrée pourvue d'un dossier pas plus haut que la main. Les côtés étaient décorés d'un semis d'écailles encadré par la baguette égyptienne. La richesse des matériaux, la qualité du travail pouvaient d'ailleurs compenser la simplicité de l'objet. Beaucoup plus élégants et même plus confortables étaient les fauteuils ajourés dont le siège reposant sur quatre pieds de lion était pourvu d'un haut dossier et de deux accoudoirs. Pour le roi et la reine, ce n'était pas encore assez. L'endroit et l'envers du dossier et des accoudoirs sont décorés de sujets empruntés au répertoire de la grande sculpture, gravés dans le bois, traités en cuir ou en métal repoussé, en or, argent, cuivre et pierres précieuses incrustées. Le roi, sous la forme d'un griffon ou d'un sphinx protégé par l'uraeus, le vautour ou le faucon, déchire de ses griffes un Asiatique ou un Nègre. Des êtres grotesques, comme ceux que l'on faisait venir à grands frais du pays de Pount ou du Haut Nil, dansent en jouant du tambourin. Le roi reçoit des mains de la reine la fleur qui fait aimer. La reine attache un gorgerin au cou de son mari. Des têtes de lion ou de faucon, ou de femme, sont plantées au bord du siège, devant les accoudoirs. Entre les pieds les plantes symboliques du nord et du sud jaillissent d'une base et se nouent autour d'un grand hiéroglyphe qui signifie union[36].

Il se faisait deux sortes de tabourets. Les plus simples avaient les pieds verticaux. Pour les plus luxueux, les pieds terminés par une tête de canard étaient croisés en X. Les barreaux étaient aussi terminés par des têtes d'animaux. Des nattes étaient étendues sur le sol et il y avait partout des coussins à profusion[37]. On mettait des coussins derrière le dos et sous les pieds des personnes assises sur les fauteuils. Quand les assistants étaient plus nombreux que les sièges, les derniers venus, les plus jeunes, s'asseyaient sur les coussins ou même directement sur les nattes.

La salle à manger, si elle était distincte de la salle de réception, contenait des sièges et des guéridons pour les convives, des tables et des étagères pour entreposer les corbeilles de fruits, les plats de viande et de légumes, les jarres et les vases. Ces meubles sont nombreux mais petits. Les Egyptiens n'ont jamais eu l'idée de fabriquer de grandes tables autour desquelles plusieurs convives puissent se rassembler. Ils mangeaient seuls ou groupés par deux.

Aux très anciennes époques on utilisait deux séries de vaisselle. La vaisselle commune était en poterie; la vaisselle de luxe en pierre. Les pierres employées étaient surtout le schiste noir ou bleu, et l'albâtre, moins fréquemment la brèche rouge, le granit pour les vases de grande capacité, le cristal de roche pour les gobelets de petite taille. On fabriquait avec ces diverses matières des vases cylindriques ou ovoïdes, des gobelets, des bols, des coupes, des assiettes, des terrines pourvues d'un bec, des brocs, des soupières, des vases à pied. Des artisans doués de plus d'imagination sculptaient sur la panse le filet qui servait à porter le vase ou donnaient à un récipient la forme d'un bateau ou d'un animal[38].

On n'a jamais cessé de fabriquer de beaux vases de pierre. Les tombes du Nouvel Empire en ont fourni d'importantes séries. Toutefois, on emploie plus volontiers la vaisselle d'or ou d'argent. Il se faisait des aiguières pour les usages liturgiques et des quantités de pièces pour l'usage profane[39]. On préparait des infusions chaudes dans des bouilloires qui ressemblent à nos théières, pourvues d'une passoire intérieure fixée devant le bec. On pouvait, si l'on préférait, verser le breuvage chaud sur une passoire d'où il tombait dans la coupe que tenait le consommateur. Le fameux pot à la chevrette du trésor de Bubaste était tout à fait propre à contenir du lait. Les verseuses affectaient des formes très variées : gobelets à fond arrondi pourvus d'un bec, calottes rondes pourvues d'une poignée et d'un bec, gobelets soudés au bout d'un long crochet comme les mesures de nos laitiers. Les cratères, les coupes à godrons convenaient très bien pour les crèmes et les gâteaux. **Ramsès III n'aurait pas** consenti à partir en campagne si son officier d'ordonnance n'avait pas emporté un gobelet à anse en or contenant environ trois litres et sa carafe[40]. Ceux qui ne pouvaient pas s'offrir cette vaisselle de grand luxe se contentaient d'une vaisselle de poterie. Depuis quelque temps les potiers s'étaient mis à produire de jolies pièces de poterie fine sur lesquelles on peignait soit des ornements géométriques ou fleuraux, soit des scènes animées comme celles que l'on voit gravées sur des vases de métal, un oiseau dévorant un poisson, des animaux lancés à la course.

Depuis le début du Nouvel Empire, l'Egypte recevait de l'étranger, des îles, de la Syrie et de la Nubie, des pièces de pur apparat en métal et pierres précieuses, des cratères, des amphores, des guéridons absolument inutilisables, qui servaient de prétexte à rassembler toute la flore et toute la faune réelle ou imaginaire. Les temples recueillaient la plus grande partie de ces objets précieux, mais Pharaon gardait pour lui quelques beaux exemplaires. Le goût de ces pièces exotiques se répandit dans la population. Les orfèvres égyptiens se mirent à en fabriquer. Le prince Qenamon, préposé aux fonctions supérieures, avait parmi les devoirs de sa charge à présenter au roi les cadeaux du jour de l'an. Il a fait dessiner dans son tombeau la collection complète de ces cadeaux fabriqués dans les ateliers royaux[41]. On remarquera, en particulier, un meuble sur lequel pousse une forêt de palmiers doums et de palmettes syriennes combinés avec des nénuphars et des marguerites. Des singes grimpent sur les tiges pour cueillir les cœurs de palmier. D'autres pièces sont plus conformes au goût traditionnel. Des statues en ébène, d'autres en ébène enrichi d'or représentent le roi et la reine avec des attributs variés, sur un socle, dans une armoire, des sphinx à tête humaine, à tête de faucon, des chèvres, des gazelles allongées sur une table, des coffres. Tous ces objets étaient, je suppose, destinés à meubler les palais royaux et beaucoup trouvaient place dans les salles de réception.

Dans les chambres à coucher, le lit est la pièce essentielle. Il en existe de fort simples, un cadre de bois soutenant un treillis posé sur quatre pieds. Le pieds sont souvent sculptés en forme de pieds de taureau ou de lion. La tombe de Toutankhamon a conservé trois lits somptueux dont chaque côté est formé par un animal complet, vache, panthère ou hippopotame. La chambre contenait encore des armoires en bois enrichi d'incrustations où l'on rangeait le linge et les vêtements. Les ustensiles de toilette, les miroirs, peignes et épingles de tête, les perruques se logeaient dans des boîtes et des coffrets de tout format; les produits de beauté, les onguents, les parfums, dans de petits coffrets en obsidienne, en ivoire. Dans les pièces réservées aux membres de la famille, aux enfants, aux jeunes filles, on pouvait laisser à demeure des instruments de musique et des boîtes de jouets.

Les bureaux étaient meublés d'armoires d'un type spécial où l'on serrait les manuscrits, les rouleaux de parchemin et de papyrus et tout le matériel de scribe. Quand un papyrus était couvert d'écriture, on le roulait, on le liait, on le cachetait. Les rouleaux étaient mis en paquets, les paquets étaient enfouis dans des serviettes de cuir et celles-ci disparaissaient dans les armoires[42]. Les scribes n'avaient pas besoin de table. Il leur suffisait d'étaler le papyrus sur les genoux. Au besoin, ils écrivaient debout tenant le papyrus dans la main gauche sans le plier. Quand ils avaient à sortir, ils faisaient tenir tout ce qu'il fallait pour écrire dans une sorte de sac rigide à fond plat, muni d'une fermeture à glissière et d'une courroie de suspension.

Le mobilier des cuisines comprenait des tables à quatre pieds et des récipients de toute forme et de toute dimension en poterie épaisse. Les fourneaux étaient en terre réfractaire. Les réchauds de métal à long pied sur lesquels flambent des oies n'étaient employés, je crois, que dans les temples et n'auraient pas fait l'affaire d'un honnête cuisinier.

Dans les maisons les plus pauvres, où toute une famille s'entassait dans vingt mètres carrés, et moins que cela, le mobilier se réduisait à des nattes et quelques poteries. Là, quelques étagères et coffres de bois constituaient une preuve d'aisance.

CHAPITRE II

LE TEMPS

I. — Les saisons.

L'année n'était pas pour les Egyptiens le temps exigé par la révolution du soleil, mais le temps nécessaire pour produire une récolte. Ils écrivent le nom de l'année *renpit* avec un hiéroglypge qui représente une jeune pousse munie d'un bourgeon. Ce signe se retrouve dans des mots apparentés : *renpy*, « être frais, vigoureux », *renpout* « les produits annuels ».

Or la récolte dépend en Egypte de l'inondation. Tous les ans au début de juin, le pays souffre de la sécheresse. Le Nil ne charrie presque plus d'eau. Le désert menace d'engloutir la vallée. Une grande anxiété s'emparait des hommes. L'attitude des Egyptiens en face des largesses de la nature était faite de gratitude et de crainte. On craignait de mutiler le dieu quand on extrayait une pierre de la carrière, de l'étouffer en enfouissant la semence, de le meurtrir par le dépiquage, de le décapiter quand on tranchait les épis. Aussi loin que pouvait remonter la mémoire des hommes, l'inondation n'avait jamais manqué, parfois trop violente, parfois déficiente, presque toujours bienfaisante; mais l'expérience jamais démentie ne rassurait pas complètement les riverains : « Quand on t'implore pour obtenir l'eau de l'année, on voit le fort avec le faible. Chaque homme est appelé avec ses instruments. Aucun ne demeure en arrière de son voisin. Nul ne revêt un vêtement. Les enfants des grands ne sont pas parés et l'on n'entend plus de chant dans la nuit[1]. » La piété des Egyptiens avait rangé de bonne heure le Nil, Hâpi, au nombre des dieux. On le représentait comme un homme bien nourri, aux mamelles pendantes, le ventre, plissé de graisse, soutenu par une ceinture, sandales aux pieds — ce qui est un signe de richesse. Une couronne de plantes aquatiques était posée sur sa tête. Ses mains répandaient des signes de vie ou tenaient une table d'offrandes disparaissant sous les poissons, les canards, les bottes de fleurs et les épis. Plusieurs villes portaient son nom. On l'appelait le père des dieux. Il ne fallait pas être moins généreux pour lui que pour les autres divinités. Ramsès III n'y a pas manqué. A On pendant tout son règne, à Memphis pendant trois ans, il a institué ou renouvelé des livres de Hâpi où étaient enregistrées d'énormes quantités de victuailles et de produits. On fabriquait par milliers des petits Hapi en or, argent, cuivre ou plomb, en turquoise, en lapis-lazuli, en faïence et en d'autres matières encore, ainsi que des cachets et des pendeloques et des statuettes de Repyt, épouse de Hâpi[2]. Au moment où la crue devait se manifester, ces offrandes étaient présentées au dieu dans plusieurs temples, les livres du Nil étaient jetés dans un lac du temple de Râ-Harakhté à On, qui s'appelait Qebehou, comme le Nil à la hauteur de la cataracte. On y jetait peut-être aussi les statuettes[3]. On recommençait deux mois plus tard lorsque la crue avait atteint son apogée. Docile, le Nil qui recouvrait la vallée tout entière et coulait entre les deux déserts, changeant les villes et les bourgs en îles et îlots, les routes en digues, commençait à décroître. Quatre mois après la première manifestation de la crue, il était entièrement rentré dans son lit. Cette période de quatre mois formait la première saison de l'année, *akhit*, l'inondation.

Dès que la terre était sortie de l'eau, les paysans se répandaient dans les champs et, sans laisser à la terre le temps de durcir, ils semaient et labouraient. Après cela, pendant quatre ou cinq mois, ils n'avaient en somme qu'à irriguer. Puis venait le temps de la moisson et après la moisson la rentrée des céréales, le dépiquage et d'autres travaux. Il y eut en conséquence, après la saison de l'inondation, une saison de la sortie, *perit*, puis une saison des récoltes, *chemou.* Trois saisons au lieu de quatre, comme chez les Hébreux et les Grecs.

Si régulier que soit le phénomène de l'inondation, il eût été difficile de fixer le début de l'année sur la seule observation de la crue. Mais à l'époque où le Nil commence à gonfler, se produit toujours à la même date un événement qui pouvait guider les fondateurs du calendrier. L'étoile Sirius, de son nom égyptien Sôpdit, qu'on ne voyait plus depuis assez longtemps, apparaît pour un instant à l'orient juste avant le lever du soleil. Les Egyptiens ne manquèrent pas d'associer les deux phénomènes. Ils attribuaient l'inondation aux larmes d'Isis. L'étoile passa pour une manifestation de la déesse. On en fit la patronne de l'année. Le jour où l'étoile se lève fut le premier de l'année. Cette équation était consignée sur les livres de la maison de vie, sorte de conservatoire des traditions et des connaissances qui demeura en exercice depuis l'Ancien Empire jusqu'à la basse époque[4]. Le calendrier que Ramsès III a fait graver sur un mur extérieur de son temple, à Médinet-Habou, spécifie que la fête de la déesse Sôpdit, célébrée à l'occasion du lever de l'astre, coïncidait avec la fête du jour de l'an[5]. Dans une chanson d'amour l'amant compare sa belle à l'étoile qui brille au début de l'année parfaite, *renpit nefert*[6]. Car il existait aussi une année boiteuse, vague, *renpit gab*, où le dieu Chou ne se lève plus, où l'hiver prend la place de l'été, où les mois s'en vont hors de leur place. Mais le public n'en voulait pas : « Préserve-moi, écrit le scribe, de l'année boiteuse[7] ! » Les agriculteurs, les chasseurs, les pêcheurs, les explorateurs, les médecins, les prêtres tenus de célébrer la plupart des fêtes à époque fixe, en un mot tous ceux dont la nature réglait les occupations utilisaient l'année parfaite, une année où les mois et les saisons restaient à la même place, où *akhit* ne peut désigner que les quatre mois pendant lesquels le Nil est hors de son lit, *perit* le temps des semailles qui coïncide avec la saison fraîche et *chemou* la saison des récoltes et des chaudes journées. C'est pourquoi l'on disait du Pharaon qu'il est un rafraîchissement pendant le *chemou*, un coin réchauffé par le soleil pendant la saison de *perit*[8]. Les mineurs qui allaient extraire les turquoises au Sinaï savaient qu'il ne faut pas attendre les mois de *chemou* parce qu'en cette mauvaise saison les montagnes sont comme chauffées au fer rouge, ce qui altère la couleur des gemmes[9]. Les médecins et les vétérinaires savaient que certaines maladies ou incommodités reviennent périodiquement, les unes en *perit*, les autres en *che-*

mou. Ils poussent la précision jusqu'à indiquer que tel remède est à employer pendant le trosième et le quatrième mois de *perit* et tel autre seulement dans les deux premiers mois de la même saison. Au contraire, certaines préparations sont efficaces en *akhit*, en *perit*, en *chemou*, autrement dit d'un bout à l'autre de l'année[10].

Pour la commodité, les trois saisons furent égalisées et partagées en douze mois de trente jours qui sont encore désignés à l'époque des Ramsès comme dans la haute antiquité par leur rang dans la saison : premier, deuxième, troisième, quatrième mois d'*akhit*, de *perit*, de *chemou*. Les noms tirés des fêtes mensuelles n'ont été en usage qu'à l'époque saïte. Cinq jours supplémentaires s'ajoutent à la fin du quatrième mois de *chemou* pour parfaire le nombre de 365. Comment s'y prenait-on pour maintenir le calendrier à sa place et empêcher le jour de l'an de retarder d'un jour tous les quatre ans? Les documents pharaoniques ne le disent pas. Strabon dit un peu bizarrement qu'on ajoutait un jour à certains intervalles quand les fractions excédantes de jour laissées chaque année faisaient un jour entier[11]. Ce qu'il y avait de mieux à faire était d'ajouter un jour tous les quatre ans et c'est sans doute ce qui avait lieu lorsque l'Egypte avait le bonheur d'être gouvernée par des rois tels que Sétoui Ier ou son fils. On peut concevoir que le jour supplémentaire fut oublié pendant les époques de trouble. Alors le calendrier se déréglait jusqu'au moment où un Pharaon, éclairé par les savants de la maison de vie, remettait d'accord le calendrier avec la nature et ramenait le jour de l'an à la fête de Sôpdit.

II. — LES FÊTES ET LES CONGÉS. —

Le premier jour de l'année n'était pas seulement la fête de la déesse Sôpdit, c'était une fête universellement célébrée. Dans le temple d'Oupouayt la maison faisait ce jour-là des cadeaux à son maître[12]. Il faut entendre, je crois, que le personnel du temple présentait au dieu les offrandes apportées les jours précédents par les villageois. Le prince Quenamon a fait copier dans son tombeau les somptueux présents offerts au roi par ses soins, à l'occasion du jour de l'an[13]. Est-ce assez pour soutenir que tous les Egyptiens échangeaient au début de l'an des vœux et des cadeaux ? Les fêtes étaient innombrables d'un bout à l'autre de l'année, mais surtout dans la saison d'*akhit* où les travaux de la culture étaient suspendus. La grande fête d'Opet durait près d'un mois au milieu de cette saison. Je n'affirmerais pas que tout le monde prenait un mois de vacances, mais il est sûr qu'une foule immense acclamait le grand vaisseau sacré d'Amon et l'escortait du rivage quand il remontait vers l'Opet du sud. Pour assister aux fêtes de Bubaste, les Egyptiens abandonnaient avec entrain leurs occupations, montaient dans des barques, les femmes avec les crotales, les hommes avec des flûtes. Jusqu'à l'arrivée on n'arrêtait pas de danser ni de chanter, ni d'adresser des brocards aux gens de rencontre. Pendant la fête, il se buvait plus de vin, disait-on, que pendant le reste de l'année. La fête de *tekhi*, mot qui veut dire « ivresse », qui était célébrée le premier du second mois, n'était pas de celles qu'on désertait. Le premier jour du premier mois de la saison des semailles était fêté dans tout le pays. Dans chaque nome, dans chaque ville il y avait l'obligation de fêter au moins une fois par an le dieu qui en était le maître et le protecteur. Comme les dieux égyptiens sont à la fois très voyageurs et très hospitaliers, tout temple de quelque importance abritait plusieurs dieux. Ptah de Memphis avait un domaine dans l'enceinte de Karnak et Ouadjit dame d'Imit à Tanis. Les habitants qui ne pouvaient se soustraire au devoir de fêter leur dieu local, ne pouvaient négliger les dieux amis. Frottés d'huile et vêtus de neuf, ils se rendaient au temple, présentaient quelque offrande et avaient licence de boire, de manger et de crier plus que de coutume. Certaines fêtes étaient si vénérables que, même si le dieu n'avait pas de sanctuaire dans le temple voisin, il fallait au moins faire une fête dans sa maison, n'entreprendre aucun ouvrage nouveau, et même s'abstenir de tout travail. Le fellah et l'artisan auraient eu le droit de dire, comme le savetier, que M. le Curé, de quelque nouveau saint, charge toujours son prône.

Il semble, en outre, que le premier jour de chaque décade ait été une manière de dimanche. Dans la stèle de l'an VIII qui a été érigée à On dans le temple d'Hathor, Ramsès II s'adresse à tous les artisans qui embellissaient ses temples et ses palais : « J'ai rempli pour vous les greniers de toutes choses, gâteaux, viande, pâtisserie, sandales, vêtements, parfums pour oindre vos têtes tous les dix jours, vos vêtements pour toute l'année, des sandales pour vos deux pieds chaque jour[14]. » On ne pouvait raisonnablement exiger de ceux qui avaient fait une toilette soignée et absorbé un repas plus corsé que d'habitude qu'ils se missent au travail.

III. — LES JOURS FASTES ET NÉFASTES.

Ayant rempli ses devoirs envers les dieux et observé le repos dominical, l'Egyptien ne pouvait pas encore sans précaution se livrer au plaisir ou s'occuper de choses utiles. Les jours étaient répartis en trois catégories, bons, menaçants ou hostiles, selon les événements qui les avaient marqués au temps où les dieux étaient sur la terre. A la fin du troisième mois de l'inondation, Horus et Seth avaient interrompu leur lutte épouvantable. La paix avait été donnée au monde. Horus avait reçu en toute propriété l'Egypte entière. Le désert dans son étendue était devenu l'apanage de Seth. Les dieux étaient dans l'allégresse et devant les dieux apaisés et réconciliés, car la querelle s'était étendue à tous les habitants du ciel, Horus avait posé sur sa tête la couronne blanche et Seth la couronne rouge. Ce furent trois jours heureux. Heureux encore le premier du second mois de *perit* où Râ au moyen de ses deux bras puissants avait soulevé le ciel et le 12 du troisième mois, en cette même saison, parce que Thot avait remplacé la majesté de Toum dans le bassin des deux vérités du temple.

Mais Seth n'avait pas tardé à recommencer ses méfaits. Le 3 du second mois de *perit*, Seth et ses compagnons s'étaient opposés à la navigation de Chou. C'était un jour menaçant, comme le 13 du même mois où l'œil de Sekhmet, la déesse qui lançait les épidémies, était devenu terrible. Quant au 26 du premier mois d'*akhit* il était non seulement inquiétant, mais résolument néfaste, parce que c'était l'anniversaire du grand combat d'Horus contre Seth. Les deux dieux ayant pris la forme humaine, commencèrent à se frapper l'un l'autre sur les côtes, puis, s'étant changés en hippopotames, ils passèrent trois jours et trois nuits en cet état jusqu'à ce qu'Isis, mère du premier et sœur du second les ait obligés en lançant son harpon à quitter cette forme grotesque. Le jour de la naissance de Seth qui était le troisième des épagomènes était un jour néfaste. Les rois le passaient jusqu'à la nuit sans vaquer à aucune affaire et sans s'occuper du soin d'eux-mêmes. La conduite des particuliers se réglait aussi sur la nature des jours. Pendant les jours néfastes il valait mieux ne pas sortir de sa maison, soit au coucher du soleil, soit pendant la nuit, soit même à une heure quelconque du jour. Il pouvait être interdit de se baigner ou de monter en barque, ou d'entreprendre un voyage, de manger du poisson ou même tout ce qui vient sur l'eau, de tuer une chèvre, un bœuf, un canard. Le 19 du premier mois de *perit* et plusieurs autres jours, on ne pouvait approcher des femmes sans risquer d'être dévoré par l'infection. Il y a des jours où l'on ne doit pas allumer de feu dans sa maison, d'autres où l'on ferait mal d'écouter des chants joyeux, de prononcer le nom de Seth, dieu querelleur, brutal et paillard. Qui prononçait ce nom, sauf de nuit, il y avait des querelles éternelles dans sa maison.

Comment l'Egyptien était-il renseigné sur ce qu'il pouvait faire, sur ce qu'il pouvait à la rigueur entreprendre et enfin sur ce qu'il devait éviter à tout prix ? Sans doute par la tradition, mais pour rafraîchir la mémoire et fixer les cas douteux, il existait des calendriers des jours fastes et néfastes. Nous possédons des portions étendues d'un de ces calendriers, quelques fragments de deux autres[15]. Si nous avions la chance d'avoir un calendrier complet, nous lirions, je suppose, dans une introduction sur quelle autorité se basaient les conseils et les défenses. Les oracles ne manquaient pas en Egypte. Les calendriers des jours fastes et néfastes provenaient sans doute des temples où l'on rendait des oracles; sans doute aussi ils se contredisaient, ce qui permettait à l'Egyptien qui avait absolument besoin de sortir, de voyager, de travailler un jour où cela n'était pas recommandé, de consulter un autre oracle qui estimait heureux les jours classés par le premier parmi les néfastes. Les actions de Seth avaient laissé dans les lieux dévoués à Osiris, à Horus, à Amon, un souvenir détestable, mais à Papremis[16], et dans tout l'orient du Delta, au centre, dans le onzième nome, en Haute-Egypte, à Noubit et à Oxyrrhinque, partout enfin où Seth était en honneur, ces mêmes actions passaient pour des hauts faits et leur anniversaire ne pouvait être qu'un heureux jour. Supposons pourtant que notre Egyptien n'ait pas eu le moyen de consulter un autre oracle, ou qu'il n'ait eu foi que dans le sien, on lui indiquait probablement à la fin du calendrier les moyens de se tirer d'affaire et comment faire l'amour sans danger, se baigner sans être happé par le crocodile, croiser un taureau sans mourir sur l'heure. Il suffisait de réciter une formule appropriée à la circonstance, de toucher son amulette, mieux encore, de se rendre au temple et d'y laisser une petite offrande.

IV. — Les heures.

Les Egyptiens qui divisaient l'année en douze mois, divisaient aussi le jour en douze heures et la nuit également en douze heures. Ils ne emblent pas avoir divisé l'heure à son tour en unités plus petites. Le mot *at* que nous traduisons par « instant » ne correspond à aucune durée définie. Les heures avaient des noms. La première heure du jour s'appelait la brillante, la sixième la dressée, et la douzième « Râ se réunit à la vie ». La première heure de la nuit était « la déconfiture des ennemis de Râ » et la douzième « celle qui voit la beauté de Râ[17] ». On sera peut-être tenté de croire que la durée des heures ainsi nommée changeait tous les jours. Il n'en était rien. Les heures du jour et de la nuit étaient égales à l'époque des équinoxes. Le reste du temps les Egyptiens savaient que le soleil était soit en retard, soit en avance. Cela ne les troublait pas, de même que nous ne sommes pas gênés en constatant que six heures du matin, huit heures du soir représentent des réalités bien différentes en hiver et en été.

Les noms que nous avons cités n'avaient cours que parmi les prêtres et les savants. On en trouve la liste dans les tombeaux parce que la course du soleil dans les douze territoires du monde inférieur fait partie de la décoration funéraire. Les ignorants se tiraient d'affaire en désignant les heures par des numéros. Cette observation nous conduit à nous demander si les Egyptiens étaient curieux de savoir l'heure et s'ils en avaient les moyens. Une certaine catégorie de prêtres était appelée *ounouyt*, d'un mot qui dérive de *ounout*

« heure », comme s'ils devaient se relayer d'heure en heure pour assurer une sorte d'adoration perpétuelle. Un fonctionnaire du roi Pépi Ier prétend qu'il comptait toutes les heures de travail exigées par l'Etat, de même qu'il comptait les denrées, le bétail, les fournitures versés au titre de l'impôt[18]. Dans sa lettre à Harkhouf, le roi Neferkarê recommande à l'explorateur, qui ramène à la cour le nain danseur, de placer autour de ce précieux sujet des hommes avisés qui seront comptés chaque heure[19]. Il serait peut-être exagéré de soutenir, d'après ces textes, que les appareils à mesurer le temps étaient très répandus. Neferkarê n'était qu'un enfant quand il écrivit à Harkhouf. Peut-être s'est-il figuré naïvement que les appareils qu'il avait vus au palais étaient à la disposition de chacun. Quoi qu'il en soit, de tels appareils existaient dès cette époque. On peut en voir dans nos musées qui s'échelonnent entre la XVIIIe dynastie et la basse époque.

La nuit on pouvait déterminer l'heure en observant les étoiles et en utilisant une règle fendue et deux équerres munies d'un fil à plomb. Il faut être deux, un observateur et un témoin, qui devront se placer très exactement dans la direction de l'étoile polaire. L'observateur utilise un tableau dressé d'avance et valable pour une période de quinze jours seulement, où il peut lire que telle étoile connue doit se trouver à la première heure au-dessus du milieu du témoin, qu'à une autre heure une autre étoile sera au-dessus de son œil gauche ou de son œil droit[20].

Quand on ne pouvait observer les étoiles, on utilisait des vases coniques, hauts environ d'une coudée, percés d'un trou vers le fond[21]. Leur contenance, le diamètre du trou étaient calculés de façon que l'eau du vase puisse s'écouler exactement en douze heure. L'extérieur du vase est souvent décoré de figures astronomiques ou d'inscriptions réparties suivant des registres horizontaux : en haut, les divinités des douze mois, au-dessous, les trente-six décans, plus bas encore, la dédicace du monument et pour finir, dans une petite niche, un cynocéphale, l'animal sacré du dieu Thot, dieu des savants et des scribes. C'est entre ses jambes qu'était percé le trou d'évacuation. A l'intérieur douze bandes verticales séparées par des panneaux égaux qu'occupent les signes de la vie, de la durée, de la stabilité, offrent des trous peu profonds à intervalles à peu près égaux. En principe, chaque bande ne devait servir que pour un certain mois. En fait, puisque les trous sont les mêmes, on pouvait les employer indifféremment en tout temps.

La clepsydre pouvait servir le jour aussi bien que la nuit, mais dans un pays tel que l'Egypte où le soleil ne se cache guère, il était bien préférable d'employer un gnomon. On en faisait de deux espèces. Sur les uns on mesurait la longueur de l'ombre, sur les autres on notait la direction[22]. Ces instruments n'intéressaient que médiocrement le public. Il est tout à fait exceptionnel qu'on nous dise à quelle heure s'est passé un événement petit ou grand. Une jeune femme, dont nous lisons la touchante histoire sur une stèle du Musée britannique, nous fait savoir que son enfant était né à quatre heures de la nuit, mais c'est la femme d'un prêtre[23]. La septième heure du jour était en cours lorsque Thoutmosé III atteignit les bords du lac de Qina en Syrie et que l'on posa le camp, mais le chroniqueur ne dit pas que cette précision ait été obtenue au moyen d'un gnomon[24]. La simple observation du soleil pouvait indiquer que le milieu du jour était légèrement dépassé. Lorsque le chroniqueur en vient au récit de la bataille, il dit simplement qu'en l'an XXIII, au premier mois de l'été, le 21, jour de la fête de Râ, Sa Majesté se leva dès le matin. Dans le récit de la fuite de Sinouhit, le narrateur se contente d'expressions peu précises, telles que : « la terre s'éclaira », « à l'heure du repas du soir », « à l'heure du crépuscule », qui sont ici bien en place, car un pauvre fugitif n'avait nul besoin du moins encombrant des appareils à mesurer le temps[25]. Mais ce sont les mêmes expressions ou d'autres toutes pareilles que l'on rencontre dans le bulletin de la bataille de Qadech, dans le papyrus Abbott qui relate une enquête judiciaire, dans les procès-verbaux des interrogatoires. Même ces indications sommaires font complètement défaut sur les tableaux qui représentent un vizir recevant les collecteurs d'impôts, des chefs de service ou introduisant auprès du roi des délégués étrangers. Souvent on dit que Pharaon réunit son conseil, mais l'on néglige de noter l'heure, même très approximative. Diodore prétend que le roi se levait de bonne heure et que son temps était strictement partagé entre le travail, la piété et le repos[26]. Cela n'est pas forcément inexact, mais ses heureux sujets ne semblent guère pressés. Ils se fiaient en définitive aux tiraillements de leur estomac et à la hauteur du soleil pour savoir l'heure pendant le jour. La nuit, les honnêtes gens dormaient et les autres ne s'inquiétaient pas de l'heure. Clepsydres et gnomons n'étaient pas des instruments pour les civils ni pour les militaires. Ils faisaient partie du mobilier des temples, où les religieux les consultaient pour les minutieuses pratiques du culte divin.

V. — LA NUIT.

Les époux faisaient chambre à part, au moins chez les gens aisés. Il y avait une fois un roi qui n'avait pas d'enfant mâle et en était très attristé. Il en demanda un aux dieux de son temps qui décidèrent d'exaucer sa prière. Il passa la nuit avec sa femme et celle-ci conçut[27]. Evidemment, l'auteur du « Prince prédestiné » se serait exprimé autrement si le roi avait eu l'habitude de passer la nuit auprès de sa femme. Sur les ostraca les scènes de gynécée sont assez fréquentes[28]. Le mari en est absent. Les seuls personnages sont des femmes et des petits enfants. La femme est allongée sur un lit, vêtue d'une robe transparente, ou bien elle est assise, occupée à sa toilette avec l'aide d'une servante, ou encore elle allaite son bébé. Le lit est la pièce essentielle du mobilier. Les pieds du lit ont quelquefois la forme du dieu Bès, ce dieu à figure grimaçante, venu des pays du Sud qui préservait des accidents domestiques, par exemple des chutes. Les ustensiles de toilette, un escabeau sont rangés sous le lit. La poutre du toit est soutenue par des colonnettes papyriformes. Des guirlandes de feuilles naturelles ou artificielles s'enroulent autour des colonnettes et grimpent jusqu'au toit. La chambre du mari était meublée comme celle de l'épouse, d'un lit, d'un tabouret, d'un escabeau. Des coffres contenaient les vêtements et les ustensiles de toilette.

Les Egyptiens se préoccupaient beaucoup de

leurs songes et Pharaon tout le premier. Le prince Thoutmosé étant allé à la chasse, fatigué, s'endormit à l'ombre du sphinx. En songe, il vit le dieu qui lui ordonnait de le débarrasser du sable qui l'étouffait et lui promettait en récompense une royauté prospère[29]. Le prince ne se fit pas répéter l'ordre. Dans les circonstances les plus graves, Pharaon tenait compte des songes. En l'an V de Merenptah, les Tyrsènes, les Sardanes, les Lyciens, les Achéens et les Libyens attaquèrent en masse le Delta. Le roi voulait marcher contre eux, mais Ptah lui apparut en songe et lui ordonna de rester et d'envoyer des troupes dans les territoires occupés par l'ennemi[30]. Quand le songe ne semblait pas clair, Pharaon convoquait des interprètes. Joseph fit sa fortune en interprétant le songe des vaches grasses et des vaches maigres et celui des épis. Un roitelet éthiopien, — mais l'Ethiopie était une autre Egypte, — vit pendant la nuit deux serpents, l'un à sa droite, l'autre à sa gauche. Il s'éveilla. Les serpents avaient disparu. C'était un rêve. Les interprètes discernèrent qu'un brillant avenir était réservé au rêveur qui, tenant déjà la Haute Egypte, allait bientôt conquérir l'Egypte du Nord et faire paraître sur sa tête le vautour, symbole du sud, et le cobra, symbole du nord[31].

Les particuliers qui n'avaient pas d'interprète attitré n'avaient qu'à consulter un ouvrage du genre de celui qui couvre le papyrus *Chester Beatty* III, qui est d'époque ramesside[32]. Cet ouvrage est divisé en deux sections. La première section comprenait les songes des suivants d'Horus considérés comme l'élite des Egyptiens. Sous les Ramsès on ne pouvait se dissimuler que les Séthiens étaient très nombreux et très influents, puisque la famille royale descendait en droite ligne du dieu Seth et que les fondateurs de la dynastie avaient été ses grands prêtres. On faisait donc contre mauvaise fortune bon cœur. Les Séthiens échangeaient des politesses avec les prêtres et les fidèles d'Amon et d'Horus, mais ceux-ci, au fond, détestaient toujours les Séthiens. Ils disaient que les querelles, les injures, le sang faisaient leur ordinaire, qu'ils ne distinguaient pas une femme d'un homme, en souvenir sans doute de ce que le dieu impudent avait fait une nuit à son neveu Horus[33]. Un Séthien, même quand il est réellement un « connu du roi », reste un homme du commun. Mort, il ne deviendra pas un habitant de l'ouest, mais restera dans le désert comme une proie pour les rapaces. Les songes des suivants de Seth sont donc traités à part dans une seconde section. Si l'ouvrage était complet, nous aurions peut-être plusieurs autres sections. A l'époque d'Hérodote, il y avait sept oracles en Egypte et chacun avait ses procédés divinatoires[34]. Mais de la seconde section nous n'avons présentement que le début. C'est donc seulement par les songes des suivants d'Horus que nous pouvons, malgré les lacunes assez nombreuses du papyrus, savoir à quoi rêvaient les Egyptiens et comment ils interprétaient leurs rêves.

Dans un grand nombre de cas l'interprète procède par analogie. Un bon rêve annonce un profit, un mauvais rêve une catastrophe. Si le rêveur a vu qu'on lui donnait du pain blanc, c'est bon. Des choses lui feront plaisir. S'il se voit avec un plus grand que lui, c'est encore bon. C'est son génie protecteur qui l'agrandit. Par contre, il n'est pas bon de rêver qu'on boit de la bière chaude, des biens sont enlevés; si l'on se pique avec une épine, c'est signe de mensonge. Si l'on a les ongles arrachés, on sera frustré du travail de ses bras. Si les dents tombent, c'est la mort de quelqu'un à qui l'on tient. Si l'on regarde dans un puits, on sera jeté en prison. Si l'on monte sur un mât, c'est le dieu qui fait s'élever. Si l'on reçoit les vivres du temple, c'est dieu qui envoie la vie. Si l'on est plongé dans le Nil, on est lavé de ses péchés. Mais tous les cas ne sont pas aussi simples. L'interprétation aurait été à portée de tout le monde et la clef des songes n'eût servi à rien. Voici donc quelques cas où le rêve a des significations imprévues. Si le rêveur se voit caressant sa femme au soleil, c'est mauvais, car le dieu verra sa misère. S'il casse des pierres, c'est le signe que Dieu est aveugle pour lui, tandis que s'il regarde par le balcon, Dieu entendra sa prière. Faire le pilote dans un bateau n'a rien de désagréable. Le prince Amenhotep se livrait volontiers à cet exercice. Cela annonce pourtant la perte d'un procès. On aurait du mal à expliquer pourquoi l'amour de son père défunt protège celui qui a vu des asiatiques. Quelquefois, l'interprète se tire d'affaire en faisant un jeu de mots. Manger de la viande d'âne présage un agrandissement, parce que âne et grand sont deux homonymes. Et s'il est mauvais de recevoir une harpe, c'est que *boiné* « harpe » fait penser à *bin* « mauvais ». Les rêves obscènes qui sont fréquents n'annoncent généralement rien de bon. Qui se voit en train de forniquer avec un milan sera volé, probablement parce que le milan est un voleur et qu'il existe même une formule pour empêcher le milan de dérober. On ne doit jamais être très rassuré quand on rêve de choses divines. Faire brûler de la résine pour le dieu est un acte louable, mais celui qui le fait en rêve, la puissance de Dieu sera contre lui.

L'homme qui avait fait un rêve alarmant ne devait pas désespérer. Les vaches maigres et les épis brûlés étaient un avertissement dont il fallait tenir compte plutôt que l'annonce d'une catastrophe inéluctable. Dans un cas pareil, il convient d'invoquer Isis qui accourt et qui saura défendre le rêveur contre les conséquences fâcheuses que Seth, le fils de Nout, ne manquerait pas de tirer. On prend des pains avec un peu d'herbe verte. On humecte avec de la bière. On ajoute de l'encens et l'on n'a plus qu'à se barbouiller le visage avec le mélange. Ainsi tous les mauvais rêves sont effacés.

CHAPITRE III

LA FAMILLE

I. — Le mariage.

Grande ou petite, meublée de merveilles ou simplement garnie d'une natte, tout chef de famille possédait sa maison à lui. Fonder une maison et prendre femme étaient des expressions synonymes. Le sage Ptah-hotep conseille à ses disciples de faire l'un et l'autre en temps utile[1]. L'aîné des deux frères du conte avait une femme et une maison. Le cadet qui ne possédait rien demeurait chez son aîné dans la condition d'un valet, soignait les bestiaux et couchait à l'écurie. Ahmosé, avant de s'illustrer au siège d'Haouârit, avait mené dès son jeune âge la rude vie des marins, couchant dans un hamac comme un vétéran. Il profita d'une suspension des hostilités pour rentrer dans sa ville de Nekhabit, fonder une maison et prendre femme. Il ne devait pas goûter longtemps la paix du foyer. La guerre recommença. Les recruteurs de Pharaon n'avaient pas oublié qu'Ahmosé était brave, et lui firent savoir qu'on ne pouvait faire la guerre sans lui[2].

Un personnage qui était au service de la reine nous dit que sa souveraine le maria avec une de ses suivantes et, comme il était devenu veuf, avec une autre. Il ne s'en plaint pas, car la reine n'a pas manqué de doter ses protégées[3]. On admettra donc que dans un grand nombre de cas les parents ou des supérieurs ont décidé des mariages. Toutefois, les chants d'amour que des papyrus de Londres et de Turin ont conservés établissent que les jeunes gens jouissaient d'une grande liberté.

Un garçon a remarqué une beauté : « Noire est sa chevelure, plus que le noir de la nuit, plus que les baies du prunellier. Rouges sont ses lèvres, plus que les grains du jaspe rouge, plus que les dattes mûres. Ses deux seins sont bien plantés sur sa poitrine. » Le voilà épris. Pour attirer l'attention de la belle, il invente un stratagème : « Je veux me coucher à la maison feignant d'être malade. Mes voisins entreront pour me visiter. Ma sœur sera avec eux. Elle se moquera des médecins, elle qui connaît mon mal[5] ! » La ruse n'a pas réussi. Le galant est malade tout de bon, comme dans le poème célèbre d'André Chénier : « Sept jours aujourd'hui que je n'ai pas vu ma sœur. La langueur a pénétré en moi. Je deviens engourdi dans ma chair. Mon corps ne se connaît plus lui-même. Si les grands médecins viennent chez moi, leurs remèdes ne m'apaiseront pas. Les prêtres n'aboutiront à rien. Ma maladie n'est pas découverte. Ce que j'ai fait, voyez, c'est ce qui me fait vivre. Son nom, c'est ce qui me soutient. Les allées et venues de ses messagers, c'est ce qui me ressuscite. Ma sœur me profite plus que tous les remèdes. Elle vaut mieux que les livres. Ma guérison, c'est sa visite. Si je la vois je suis bien portant. Elle ouvre ses yeux, ma chair est rajeunie. Elle parle, je suis fort. Je l'embrasse, elle chasse le mal de moi. Mais elle n'a pas paru pour moi depuis sept jours[6]. »

La jeune fille n'est pas insensible à la vue d'un joli garçon. « Mon frère a troublé mon cœur avec sa voix[7]. » Mais elle pense à l'avenir et compte sur sa mère : « Il est du voisinage de la maison de ma mère, mais je ne puis me rendre chez lui. Bonne serait ma mère en s'occupant pour moi de ceci[8]. » Elle espère que le galant comprendra et fera les premiers pas : « S'il envoyait un message à ma mère ! Mon frère, je te suis vouée par la déesse Or, comme épouse. Viens à moi, que je voie ta beauté. Mon père et ma mère sont dans la joie. Tous les hommes t'acclament en une seule fois. Ils t'applaudissent, ô frère[9] ! »

Le « frère » de son côté est prêt à aimer et il invoque à son tour cette déesse « Or », dame de la joie, de la musique, des chants, des festins, de l'amour : « J'adore Noubit, j'exalte Sa Majesté. J'exalte la Dame du ciel. J'adore Hathor et j'acclame ma dame. Je lui adresse un rapport. Elle entend ma plainte. Elle me destine une dame. Elle qui est venue en personne pour me voir. Combien grand ce qui m'arrive. J'exulte, je suis joyeux, je grandis[10] ! »

Les amoureux se sont vus et compris, mais les paroles décisives n'ont pas encore été prononcées. La jeune fille est partagée entre la crainte et l'espoir : « Je passai au voisinage de sa maison. J'ai trouvé sa porte ouverte. Mon frère était debout à côté de sa mère, tous ses frères et sœurs avec lui. Son amour a capturé le cœur de tous ceux qui passaient sur la route. Le parfait galant qui n'a pas son pareil, un « frère » qui est une nature d'élite ! Il m'a regardée comme je passai. J'étais seule à me réjouir. Combien mon cœur exulte dans la jubilation, parce que mon « frère » m'a vue. Dieu veuille que ta mère connaisse mon cœur. Elle viendrait pour voisiner. O Noubit, mets ce dessein en son cœur. Je cours à mon frère et je le flaire (les Egyptiens donnaient un baiser avec le nez et non avec les lèvres comme faisaient les Grecs et comme ils feront eux-mêmes, par imitation, à la basse époque) devant ses compagnons[11]. » En attendant, les arbres et les oiseaux du jardin reçoivent les confidences de l'amante qui se voit déjà une maîtresse de maison et se promenant au bras de son bien-aimé[12].

Si donc les choses ne vont pas aussi vite que le voudrait l'impatience des intéressés, si des obstacles surgissent, ils viennent des jeunes gens eux-mêmes. Les parents sont consentants. Ils semblent approuver le choix de leurs enfants. S'ils résistent c'est pour la forme. Pharaon avait l'intention de marier sa fille Ahouri à un général d'infanterie et son fils Nenoferkaptah à la fille d'un autre général d'infanterie, mais il les marie l'un à l'autre dès qu'il s'aperçoit que ces jeunes gens s'aimaient d'amour[13]. Le prince prédestiné arrive dans un ville de Naharina où des jeunes gens de son âge s'étaient rassemblés pour tenter une escalade. Le roi du pays a décidé de n'accorder sa fille qu'au hardi grimpeur qui arrivera le premier à la fenêtre de la belle qui réside dans un château perché sur une montagne. Le prince se met sur les rangs. Il se fait passer pour le fils d'un officier égyptien qui a dû quitter la maison paternelle. Son père s'était remarié. Sa belle-mère le détestait et lui rendait la vie dure. Il gagne le concours. Le roi furieux jure qu'il ne donnera pas sa fille à un transfuge du pays d'Egypte. La princesse n'est pas de cet avis. Cet Egyptien qu'elle n'a fait qu'apercevoir a touché son cœur. Si on ne le lui donne pas pour mari, elle mourra sur l'heure. Devant cette menace, l'opposition du père ne tarde pas à mollir. Il fait bon accueil au jeune étranger, s'intéresse à son histoire et, toujours ignorant qu'il a devant lui le fils du Pharaon, mais subissant un charme divin, il l'embrasse tendrement, l'accepte pour gendre et le comble de cadeaux[14].

Dans les chants d'amour le jeune homme appelle sa bien-aimée « ma sœur » et la jeune fille dit « mon frère » en parlant de son galant. Pourtant on a pu remarquer que les amoureux n'habitent pas sous le même toit et que les parents du jeune homme ne sont pas les parents de la jeune fille. Après le mariage, l'homme continuera à appeler sa femme *sonit* et non *himit*[15]. Cette mode s'est établie vers la fin de la XVIIIᵉ dynastie. Nous ne savons pas quand elle a pris fin, mais elle a duré certainement tout le Nouvel Empire. Au tribunal, on est moins subtil et l'on emploie les mots *son, hay et himit* avec la signification qu'ils avaient toujours eue : frère, mari, épouse. Cependant les Grecs d'abord et à leur suite beaucoup d'historiens modernes ont soutenu que les mariages entre frères et sœurs étient de règle dans l'Ancienne Egypte[16]. Des Pharaons ont épousé leur sœur et même leur fille, mais l'on pourrait répéter à ce propos ce que les juges royaux dirent à Cambyse quand il leur demanda si la loi autorisait qui le voulait à épouser sa sœur. Aucune loi ne le permettait, mais une loi permettait au roi de faire ce qu'il voulait[17]. Jusqu'à présent on n'a jamais pu citer un Egyptien, noble, bourgeois ou vilain, qui ait épousé sa sœur de père et de mère. Le mariage de l'oncle et de la nièce semble avoir été permis, car au tombeau d'un Amenemhat, la fille de sa sœur, Baket-Amon, est assise à côté de son oncle, comme si elle était son épouse[18].

Il est très rarement question du mariage dans les textes et dans les documents figurés. Quand le Pharaon du roman de Setnâ-Khamois a décidé d'unir ses enfants, il dit : « Qu'on emmène Ahouri à la maison de Nenoferkaptah cette nuit même ! Qu'on emporte toutes sortes de beaux cadeaux avec elle ! » Ainsi fut fait et, c'est maintenant la jeune femme qui parle : « Ils m'emmenèrent comme épouse à la maison de Nenoferkaptah. Pharaon ordonna qu'on m'apportât un grand douaire en or et en argent et tous les gens de la maison royale me le présentèrent[19] ! » Le transfert de la jeune fille avec sa dot de la maison paternelle à la maison du fiancé constituait donc l'essentiel de la cérémonie. J'imagine que ce cortège n'était pas moins pittoresque ni moins bruyant que les processions de porteurs d'offrandes qui avaient lieu dans les temples, les cortèges d'étrangers qui sollicitaient d'être dans l'eau du roi, et que les enterrements que les Egyptiens concevaient en somme comme un changement de domicile. Il est probable que le fiancé allait au-devant du cortège, de même que Ramsès II est allé attendre dans un de ses châteaux, entre l'Egypte et la Phénicie, la fille du roi Khattousil qui, en plein hiver, avait traversé une partie de l'Asie Mineure et toute la Syrie pour devenir grande épouse royale. Les Egyptiens étant très paperassiers, il est encore probable que les mariés se présentaient devant un fonctionnaire qui prenait leurs noms et enregistrait la constitution d'un avoir conjugal. Quand une femme mariée doit aller au tribunal, on l'appelle par son nom suivi du nom de son mari : Moutemouia, femme du scribe des livres sacrés Nesiamon. Un ostracon de Thèbes précise que le mari apporte les deux tiers, la femme seulement un tiers de cet avoir. Après décès de l'un des conjoints, le survivant a l'usufruit du tout, mais il ne peut disposer que de la part apportée par lui-même[20]. Ainsi un barbier cède à un esclave son fonds de commerce et lui donne en mariage sa nièce orpheline. Celle-ci reçoit une dot prélevée sur la fortune personnelle du barbier qui a fait auparavant un partage enregistré de ses biens avec sa femme et sa sœur[21].

Il nous paraît impossible que la religion ait été laissée en dehors d'un acte aussi important que le mariage. Lorsqu'un homme marié fait le pèlerinage d'Abydos, il emmène toujours sa femme avec lui. Très souvent les époux vont ensemble au temple. Ainsi Nefer-hotep, chef des troupeaux d'Amon, est assisté de sa femme, la maîtresse de maison, la louée d'Hathor, dame de Cusae et chanteuse d'Amon, lorsqu'il adore Râ quand il se lève à l'horizon oriental et Harakhté quand il se couche à l'horizon occidental. Je suppose donc, malgré l'absence de document probant, que les mariés et peut-être toute leur parenté entraient au temple du dieu de la cité, offraient un sacrifice et recevaient une bénédiction.

Quand les scribes et les prêtres avaient fait leur office et que les mariés avaient pris possession de leur domicile, les invités n'avaient plus qu'à se séparer. Là encore on me permettra une supposition basée sur ce fait que les Egyptiens aimaient les repas de famille. Avant d'abandonner les époux à eux mêmes on célébrait un jour de fête, on buvait, on mangeait aussi bien que la fortune des familles, ou leur vanité, le permettait.

II. — La femme.

Les peintres et les sculpteurs nous donnent de la famille égyptienne une idée sympathique. Le père et la mère se tiennent par la main ou par la taille. Les enfants, tout petits, quel que soit leur âge, se serrent près des parents[22]. Sous le règne d'Akhenaton, ce fut la mode de représenter les effusions du couple royal. La reine est assise sur les genoux du roi. Le roi et la reine dévorent leurs enfants de baisers. Les enfants répondent en caressant avec leur petite main le menton de leur père ou de leur mère. Cette mode passa avec l'hérésie dont elle était une manifestation ou un effet. Dès le début de la XIXe dynastie, l'art égyptien retrouve son austérité, mais dans les peintures tombales le mari et la femme sont toujours figurés l'un près de l'autre, unis pour l'éternité comme on aime à s'imaginer qu'ils ont été unis durant la vie.

La littérature n'est pas tendre pour la femme égyptienne. Frivole, coquette et capricieuse, incapable de garder un secret, menteuse et vindicative, infidèle naturellement, les conteurs et les moralistes voient en elle la gerbe de tous les péchés, le sac de toutes les malices[23]. Un jour que le roi Snefroui s'ennuyait à mourir, on avait imaginé pour le distraire de faire naviguer sur l'étang du parc royal une vingtaine de jeunes filles vêtues seulement d'une résille. Une des rameuses perd son bijou de turquoise neuve et cesse de ramer : « Continue, dit le roi, je te le remplacerai. —

J'aime mon pot plus que sa copie », répond la belle. Et le roi de céder sur-le-champ. Il convoque son magicien qui retrouve par un procédé fort original, en posant la moitié de l'eau sur l'autre moitié, le bijou perdu[24]. L'Ennéade des dieux apercevant Bytaou tout seul dans la vallée du Sapin, a pitié de sa solitude et lui fait don d'une femme qui n'avait pas sa pareille, car l'eau de chaque dieu était en elle. Elle lui désobéit d'abord et le trahit ensuite. Bytaou ressuscite, se change en taureau. Son ancienne épouse devenue la favorite du Pharaon obtient en cajolant son seigneur et maître qu'on immole le taureau. Il se change en perséa. Elle veut qu'on coupe le perséa. Quand il était simple valet de ferme chez son frère aîné, Bytaou avait fait de la perfidie des femmes une première expérience. C'était à l'époque des semailles. La terre était sortie de l'eau. Elle était bonne à labourer. Les deux frères étaient partis aux champs, puis la semence ayant manqué, Bytaou était revenu seul à la maison pour chercher des grains. Quand il revient du grenier portant avec aisance une énorme charge, sa belle-sœur l'aperçoit; elle l'admire et instantanément elle le désire : « Viens, passons une heure couchés ensemble. Je te ferai de beaux vêtements. » Bytaou devint comme la panthère du midi : « Tu es pour moi comme une mère et ton mari est pour moi comme un père. Ah! cette mauvaise parole que tu as dite, ne la redis jamais et jamais elle ne sortira de ma bouche! » Il s'en va laissant la coupable humiliée et pleine de rancune. Le mari est colère et de peu de jugement. Ce sera un jeu pour la méchante créature de faire croire à Anoupou que son frère a tenté de la séduire et de s'attribuer les remontrances du vertueux garçon.

Cela ne lui suffit pas. Elle ne sera apaisée que si le prétendu séducteur est puni de mort[25].

Dans des temps très anciens, la femme d'un maître de cérémonies trompait son mari avec un jeune garçon qu'elle comblait de cadeaux. La femme d'un prêtre de Râ trompait aussi le sien et peuplait sa maison de trois enfants adultérins. Son excuse, c'est que le père de ces enfants était le dieu Râ en personne, qui avait voulu par ce moyen donner à l'Egypte trois rois pieux et bienfaisants[26]. La femme qu'il avait élue, Rouddidit, s'emporta un jour contre sa servante et la chassa. La servante, qui a deviné toute affaire, a l'intention d'en faire un rapport à qui de droit, mais, très mal inspirée, elle en parle d'abord à son frère, qui la paie de sa confidence par une vigoureuse correction[26]. Voici maintenant une noble dame, Taboubouit, qui est une hiérodule et non une fille de la rue. Elle exige de son amant d'abord qu'il déshérite, puis qu'il tue ses enfants[28]. Une autre noble dame, ayant aperçu Vérité, qui est un beau jeune homme, se donne à lui. Quand son caprice est satisfait, elle s'inquiète si peu de son amant d'un jour qu'elle le laisse mendier à la porte de sa maison et attend longtemps avant de révéler à son petit garçon que ce mendiant est son père[29].

Ainsi, dans les contes égyptiens, la femme ne vaut pas cher. C'est l'homme qui est fidèle, affectueux, dévoué, raisonnable. Mais les mêmes contes présentent aussi Pharaon comme un être borné et fantasque, obligé d'avoir recours à tout propos à ses scribes et ses magiciens. C'étaient les lois du genre. En réalité beaucoup de rois égyptiens furent braves à la guerre, habiles à gérer les affaires de l'Etat et beaucoup d'Egyptiennes furent des épouses irréprochables, des mères tendres. Telle fut la jeune femme dont on connaît l'histoire par une stèle du Musée britannique :

« O savants, prêtres, princes, nobles et humains, vous tous qui entrez en cette syringe, allons, écoutez ce qui s'y trouve. L'an IX, le quatrième mois de l'inondation, le 9, sous Ptolémée XIII, fut le jour de ma naissance. L'an XXIII, le troisième mois de l'Eté, le premier, mon père me donna pour femme au grand prêtre Pcherenptah, fils de Petoubasti. Il fut très pénible au cœur de ce prêtre que j'aie conçu de lui par trois fois sans enfanter un garçon, mais seulement des filles. Je priai donc avec ce grand prêtre la majesté de ce dieu très bienveillant, donneur de fils à qui n'en a point, Imhotep, fils de Ptah. Il entendit nos plaintes, car il exauce ceux qui le prient... En récompense (des œuvres pieuses du grand prêtre) je conçus un fils dont j'accouchai en l'an VI, le troisième mois de l'été, le 5, à la première heure du jour sous la reine Cléopâtre, le jour de la fête des offrandes qu'on met sur l'autel de ce dieu très auguste, Imhotep surnommé Petoubasti. Et tout le monde se réjouit. L'an VI, le deuxième mois de l'hiver, le 6, fut le jour où j'abordai (où je mourus). Mon mari, le grand prêtre Pcherenptah me mit dans la nécropole. Il m'accorda tous les rites que l'on fait aux êtres parfaits. Il m'ensevelit d'excellente façon et me coucha dans mon tombeau derrière Rakoti[30]. » Soumise à la volonté de son père et soumise jusqu'au tombeau aux désirs de son mari, l'infortunée Ta-Imhotep périt à la fleur de ses jours, regrettée de son mari qui ne regarda pas à la dépense pour lui faire un bel enterrement.

En regard de cette touchante histoire il est instructif de lire la plainte qu'un veuf adresse à sa femme défunte sur un papyrus du Musée de Leyde :

« Je t'ai pris pour femme lorsque j'étais un jeune homme. J'ai été avec toi. Puis, j'ai conquis tous les grades, mais je ne t'ai pas abandonnée. Je n'ai pas fait souffrir ton cœur. Voilà ce que j'ai fait lorsque j'ai été jeune homme et quand j'exerçai toutes les hautes fonctions de Pharaon, Vie, Santé, Force, je ne t'ai pas abandonnée, disant au contraire : « Que cela soit avec toi ! » Chaque homme qui venait me parler de toi, je n'acceptais pas ses conseils à ton sujet, disant au contraire : « Je fais selon ton cœur !... » Or, vois, lorsque j'eus la charge d'instruire les officiers de l'armée de Pharaon, ainsi que ses équipages, je les envoyai se coucher sur le ventre devant toi, apportant toutes sortes de bonnes choses pour les déposer devant toi. Je ne t'ai rien caché de mes profits jusqu'à ce jour de ma vie... Je n'ai jamais été trouvé faisant mépris de toi à la façon du paysan qui entre dans la maison d'autrui... Mes parfums, les gâteaux avec les vêtements, je ne les ai pas fait porter vers une autre demeure, disant au contraire : « La femme est là ! » parce que je ne voulais pas te faire de chagrin... Quand tu es tombée malade de la maladie que tu as eue, j'ai fait venir un officier de santé qui fit le nécessaire et il a fait tout ce que tu lui as dit de faire. Quand j'ai suivi Pharaon qui allait vers le Sud, voici comment je me comportai avec toi. Je passai une durée de huit mois sans manger ni boire, comme un homme de ma condition. Quand j'ai rejoint Memphis, je demandai un congé à Pharaon, j'allai à l'endroit où tu demeurais (à ton tombeau) et je pleurai beaucoup avec mes gens en face de toi. Or, voici, j'ai fait trois ans jusqu'au temps présent. Je ne vais pas entrer dans une autre maison, ce qu'un homme comme moi n'était pas obligé de faire... Or, voici, les sœurs qui sont dans la maison, je ne suis allé chez aucune d'elles [31].

Ce mari modèle, ce veuf inconsolable donne clairement à entendre que beaucoup à sa place auraient agi tout autrement, c'est-à-dire qu'ils auraient répudié, devenus hauts fonctionnaires, la femme de condition modeste qu'ils avaient épousée quand ils n'étaient que petits employés, qu'ils auraient pris des libertés et enfin que, devenus veufs, ils n'auraient pas séché pendant trois ans dans les pleurs et dans les larmes. Quand on a été si bon et si patient, il est bien permis de s'attendrir un peu sur soi-même.

Les contes nous apprennent que la femme infidèle était punie de mort. Anoupou, l'aîné de deux frères, quand il eut compris, un peu tardivement, ce qui s'était passé, s'assit, en deuil de son petit frère; puis il rentra chez lui, tua sa femme et la jeta aux chiens [32]. Bytaou, à la fin du roman, intente un procès contre sa femme devant les grands magistrats de Sa Majesté Vie, Santé, Force. Nous n'avons pas le texte du jugement, mais les Hathors avaient prédit qu'elle périrait par le couteau [33]. La femme d'Ouba-iner, qui le trompait et le grugeait, fut brûlée et ses cendres furent jetées au Nil. Son complice fut également châtié [34]. C'était la loi : « Garde-toi, conseille le scribe Any, de la femme qui sort en cachette, ne la suis pas, elle ni sa pareille. La femme qui a son mari au loin t'envoie des billets et t'appelle à elle chaque jour, sitôt qu'elle n'a pas de témoins. Si elle vient à t'empétrer dans son filet, c'est un crime qui entraîne la peine de mort dès qu'on l'apprend, quand même elle ne l'aurait pas consommé jusqu'au bout[35]. » L'adultère du mari n'était, à notre connaissance du moins, l'objet d'aucune sanction. L'homme avait le droit d'introduire des concubines dans sa maison. Un chapitre funéraire a pour but de réunir la parenté dans la nécropole. Nous y lisons que la famille comprend le père, la mère, les amis, le associés, les enfants, les femmes, une créature que l'on désigne par un terme non expliqué *int-hnt*, des chéries et des serviteurs[36]. On connaît des cas de polygamie, à la vérité peu nombreux. Un des bandits qui ont participé au pillage des tombes a eu quatre femmes dont deux étaient vivantes quand le tribunal s'est occupé de lui et s'entendirent fort bien[37]. Dans un pays où le bâton jouait un si grand rôle, le mari avait le droit de battre sa femme et le frère sa sœur, mais à la condition de ne pas abuser. L'injure était punie. Un individu doit s'engager devant les juges à ne plus injurier sa femme sous peine de recevoir cent coups et d'être privé de tout acquêt fait avec elle. C'est le père de la femme qui avait demandé pour elle la protection des autorités[38]. Il fit bien, mais il ne faut pas oublier que Mârouf était égyptien et que plus d'une créature astucieuse joua peut-être à son mari quelque bon tour avec l'appui des autorités.

III. — LES ENFANTS.

Le scribe Any conseille à ses lecteurs de se marier tôt et d'avoir beaucoup d'enfants. Le conseil était superflu. Les Egyptiens aimaient les enfants. « Tu atteindras ton pays en deux mois, annonce le bon serpent au naufragé, tu empliras ton sein de tes enfants et tu passeras à une vie meilleure au foyer de famille[39]. » Qu'on visite les tombes memphites, amarniennes ou thébaines, qu'on jette les yeux sur les stèles d'Abydos ou sur des groupes sculptés, on verra partout des enfants. Un grand propriétaire, tel que Ti, visitant son domaine, est arrivé à l'endroit d'où il verra ses moissonneurs ou comment l'on travaille sur ses aires. Vite on étend une natte sur le sol. On apporte des sièges. La famille se groupe autour de son chef. Les enfants tiennent par la main la canne de leur père. Si le bon plaisir de Ti est de monter en canot pour suivre les pêcheurs, ou parce qu'il veut essayer son adresse sur les oiseaux nichés dans les hautes ombelles, ou parce que c'est le moment dans les fourrés de papyrus, d'honorer Hathor, la belle déesse, la dame d'Imaou et du Sycomore, sa joie ne serait pas complète si sa femme et ses enfants ne se trouvaient avec lui. Les garçonnets s'exercent à lancer le bois de jet et le harpon et y réussissent très bien. Quand Amenhotep II n'était encore qu'un amour d'enfant, il s'adonnait déjà aux exercices de force et son père en éprouvait de l'orgueil[40]. Les enfants du berger l'accompagnent au champ. Si le vieux a soif, le petit en se hissant sur la pointe des pieds arrive à hausser la cruche jusqu'à ses lèvres. Les fils d'artisan circulent à travers le chantier, cherchant à se rendre utiles. Akhenaton et la reine Nefert-Ity se font accompagner par les princesses dans leurs sorties. Demeurent-ils au palais, les princesses restent auprès d'eux, non seulement dans les heures de délassement, mais lorsqu'on s'occupe des affaires de l'Etat. Elles grimpent sur les genoux du roi et de la reine, ne craignant pas de caresser leur menton. Les grandes participent à la remise des décorations. Pris d'une fringale de tendresse, les heureux parents serrent les petites dans leurs bras et les dévorent de baisers. Ramsès II lui-même n'était pas peu fier de ses cent soixante et quelques enfants. Strabon note avec étonnement qu'un usage spécial aux Egyptiens, auquel ils tiennent beaucoup, consiste à élever tous les enfants qui leur naissent[41]. Cette fécondité des familles en contradiction avec les usages grecs tient à la fertilité du pays et à la clémence du climat. Comme le dit Diodore, les enfants ne coûtaient pour ainsi dire rien à leurs parents. Tant qu'ils sont en bas âge, ils vont sans chaussure et sans vêtement, les garçons ornés d'un collier, les fillettes d'un peigne et d'une ceinture. Tous se nourrissent à peu de frais de tiges de papyrus, de racines crues ou bouillies[42].

Si tous les enfants étaient bien accueillis, le désir d'avoir un garçon était universel. Nous savons déjà ce que pensait là-dessus le grand prêtre de Ptah Pcherenptah. « Il y avait une fois, ainsi commence l'histoire du prince prédestiné, un roi à qui il n'était pas né d'enfant mâle. Son cœur en était tout attristé. Il demanda un garçon aux dieux de son pays qui décidèrent de lui en accorder un. » Le rôle d'un fils est de faire vivre le nom de son père. Son devoir, que cent inscriptions rappellent est de l'inhumer, de veiller à l'entretien de sa tombe[43].

Comme les Egyptiens étaient très anxieux de connaître l'avenir, ils comptaient pour surprendre celui des nouveau-nés sur une pléiade de sept divinités qu'on appelait les Hathors. Elles se tenaient, invisibles, au chevet de l'enfant et prononçaient sans appel son genre de mort. « Elle mourra par le couteau », disent-elles pour la fille que les dieux veulent donner comme compagnon à Bytaou[44]. Pour le fils que le roi avait si longtemps désiré voici leur arrêt : « Il mourra par le crocodile, ou par le serpent ou tout aussi bien par le chien[45]. » Comme elles ont omis de dire à quel âge se produirait l'accident fatal, la vie du pauvre petit prince est d'abord réglée en conséquence jusqu'au moment où devenu grand, le jeune homme fait remarquer que toutes les précautions sont inutiles et qu'il ne saurait éviter son destin. Qu'on le laisse donc agir selon son cœur. Nous ne savons si les Hathors se dérangeaient pour tout le monde, mais tout père de famille était en mesure d'établir l'horoscope de son enfant. « Entre autres inventions, dit Hérodote, les Egyptiens ont trouvé à quelle divinité appartiennent chaque mois et chaque jour et d'après le jour de la naissance ce que le sort lui réserve, comment elle mourra et ce qu'elle doit être[46]. » En effet, d'après le calendrier des jours fastes et néfastes, quiconque naît le 4 du premier mois de *pert* mourra le plus vieux des siens et arrivera à un âge plus avancé que son père. C'était un bon jour. Il était également très avantageux de naître le 9 du second mois d'*akhit*, car on mourrait de vieillesse et plus encore le 29, car on mourrait respecté. Par contre, le 4, le 5 et le 6 de ce mois ne présagent rien de bon. Ceux qui naissent ces jours mourront par la fièvre ou par l'amour ou par l'ivresse. Si l'on est né le 23, il faut redouter le crocodile, et le 27 ne vaut pas mieux, c'est le serpent qui est à craindre[47]. Les circonstances les plus insignifiantes en apparence étaient grosses de conséquences.

Le papyrus médical Ebers enregistre quelques cas. Si l'enfant dit « Hii » il vivra. S'il dit « Mbi » il mourra. S'il fait entendre sa voix de sapin, il mourra. S'il tourne son visage vers le sol, il mourra[48]. Les gens qui connaissaient leur religion savaient que Osiris, transporté sur le rivage de Byblos, avait été absorbé par un sapin miraculeux. Un cri d'enfant qui évoquait le gémissement des sapins, familier à ceux qui avaient voyagé en Syrie, ne pouvait être un bon présage.

Rassurés ou non, les parents se hâtaient de donner un nom à l'enfant. Il ne pouvait s'en passer, car les Egyptiens n'ont pas de nom de famille. La fille de Pharaon, au moment où elle adopte l'enfant trouvé dans la corbeille, lui donne un nom qui devait devenir illustre. Beaucoup se sont imaginés, déjà dans l'antiquité et dans les temps modernes, que ce nom devait rappeler les circonstances de la trouvaille et se sont acharnés à lui trouver une étymologie. Mosché ne veut pas dire « sauvé des eaux ». Ce n'est que la transcription de l'égyptien *mosé*, élément final de Thoutmosé, d'Ahmosé et d'autres noms du même genre. La princesse qui a sauvé un enfant présumé orphelin s'est simplement substituée aux parents pour lui donner un nom.

Les noms des Egyptiens sont quelquefois très courts, Ti, Abi, Toui, To. Quelquefois ils forment une phrase entière : « Djed-Ptah-iouf-ânkh : Ptah dit qu'il vivra. » Il est arrivé que des noms communs, des adjectifs ou participes soient transformés en noms propres : Djâou, le bâton; Chedou, l'outre; Nekhti, le fort; Chery, le petit; Ta-mit, la chatte. La plupart des parents préféraient mettre leur enfant sous le parrainage d'une divinité. Les filleuls du dieu Hor s'appellent Hori, ceux du dieu

Seth Sétoui, ceux d'Amon Ameni. L'historien Manethos se recommandait du dieu thébain Montou. Le nom peut exprimer que le dieu est satisfait, ce qui nous a valu les innombrables Amonhotep, Khnoum-hotep, Ptahhotep, qu'il est en avant (de l'enfant), Amonemhat, qu'il protège ou qu'il est père. Les Sanousert, que les Grecs ont transcrit Sesostris, sont fils de la déesse Ousert, les Siamon du dieu Amon. Moutnedjem signifie que la déesse Mout est suave. On peut ainsi juger du crédit de certaines divinités à travers l'histoire. La dame de Byblos devient au Moyen Empire la marraine de nombreuses Egyptiennes. On connaît depuis l'avènement de Ramsès Ier, jusqu'à la guerre des Impurs, des Seth-nekhti, des Seth-em-ouia (Seth dans la barque de [Râ]) parce que la famille régnante était fière de descendre directement du meurtrier d'Osiris. Après la guerre, Seth sera tenu partout pour un dieu haïssable et l'on ne trouvera plus d'enfant portant son nom. Le roi lui aussi est un dieu et sa protection n'est pas moins efficace. On connaît sous la XVIIIe dynastie des Djeserkarêsenb, des Menkheperrêsenb, des Nimârênekht. Puis les Ramsèsnekht se multiplièrent pendant deux dynasties.

Le répertoire, on le voit, était vaste. Le choix des parents pouvait être guidé par une circonstance extérieure, par exemple par un songe. Setna Khamoîs n'avait pas d'enfant mâle. Sa femme passa la nuit dans le temple de Ptah. Le dieu lui apparut en songe et lui fit une recommandation à laquelle elle s'empressa d'obéir. Elle conçut. A son tour, le mari rêve que son fils devra s'appeler Senosiris[49].

Quand les parents ont adopté un nom pour leur enfant, ils n'ont plus qu'à le faire enregistrer par l'autorité compétente. « J'enfantai ce petit enfant qui est devant toi, dit la princesse Ahouri, femme de Nenoferkaptah. On lui donna le nom de Merab et on l'inscrivit sur les registres de la maison de vie[50]. » La maison de vie, dont nous aurons plusieurs fois l'occasion de reparler, était une sorte d'Institut d'Egypte, où des astronomes, des penseurs, des historiens conservaient toutes les notions acquises et travaillaient à accroître ce trésor. Ces hautes ambitions ne sont pas incompatibles avec des fonctions plus humbles. La maison de vie rassemblait peut-être à côté des savants de simples scribes qui enregistraient les naissances, les mariages, les décès. Comme cette supposition n'est pas établie, il peut être plus sage d'admettre, avec Maspero, qu'on apportait les enfants à la maison de vie pour en faire tirer l'horoscope, obtenir les précautions à prendre pour reculer le plus possible les mauvaises indications du sort. Car Merab, fils de Nenoferkaptah et d'Ahouri, n'était pas un enfant ordinaire. Quoi qu'il en soit, les autorités civiles tenaient certainement un registre des naissances, des mariages et des décès. Dans les documents judiciaires, les accusés et les témoins sont appelés par leur nom, suivi des noms du père et de la mère et du nom de métier. Si nombreux, en effet, qu'aient été les noms que l'on pouvait donner à un enfant, les homonymes abondent. Amenhotep, grand favori du roi Amenhotep III, était surnommé Houy. Il y avait tant d'Amenhotep que les Amenhotep surnommés Houy sont eux-mêmes assez nombreux. Le favori d'Amenhotep III a pris l'excellente habitude d'ajouter à son nom et à son surnom le nom de son père Hâpi. Ces additions n'étaient pas le fait du hasard, mais avaient un caractère officiel.

Elles sont une preuve nouvelle du soin que les autorités apportaient à la tenue de l'état civil.

L'enfant en bas âge restait auprès de sa mère qui le portait généralement contre sa poitrine, dans une besace accrochée à son cou qui laissait les mains libres[51]. Le scribe Any rend hommage au dévouement des mères égyptiennes : « Rends à ta mère tout ce qu'elle a fait pour toi. Donne-lui du pain en abondance et porte-la comme elle t'a porté. Elle a eu une lourde charge avec toi. Lorsque tu naquis après ses mois, elle te porta encore sur sa nuque et trois ans son sein fut sur ta bouche. Elle n'éprouvait pas de dégoût devant tes ordures[52]. » Les reines et peut-être d'autres ne prenaient pas tant de peine. La mère de Quenamon avait le titre de grande nourrice, celle qui a élevé le dieu. Ce dieu, qui n'est autre que le Pharaon Amenhotep II, est demeuré reconnaissant envers sa nourrice. Il lui fait des visites et s'assied sur ses genoux comme au temps de sa petite enfance[53]. Les petits princes étaient souvent confiés à des grands personnages qui avaient vieilli au service du roi. Paheri, prince de Tjeni et gouverneur de Nekhabit, est représenté dans son tombeau portant sur ses genoux un tout petit enfant nu, dont la boucle de cheveux couvre la joue droite. C'est le fils royal Ouadj-mosé. L'important gouverneur ajoute à ses titres celui de nourricier du fils royal[54]. Un vétéran des guerres de libération, Ahmosé de Nekhabit raconte : « J'ai atteint une excellente vieillesse étant parmi ceux qui vivent auprès du roi... La divine épouse, la grande épouse royale Mâkarê, a renouvelé mes faveurs. C'est moi qui ai élevé sa grande fille, la fille royale Neferourê alors qu'elle était une enfant dans les mamelles[55]. » Le vieux militaire ne put consacrer beaucoup de temps à l'enfant, car nous lui connaissons un autre père nourricier, l'architecte en chef Senmout, à qui l'on doit un des plus beaux temples de l'Egypte, Deir el Bahari, et qui a érigé les obélisques de Karnak. Le grand artiste et l'enfant s'entendaient à merveille. Des sculpteurs ont exprimé avec force et naïveté cette tendresse réciproque. Une statue de Senmout a l'aspect d'un cube entièrement recouvert d'hiéroglyphes d'où émergent seulement la tête du père nourricier et, devant, la petite tête de la princesse.

Un jour venait où l'enfant ne pouvait plus se contenter en guise de vêtement d'un simple collier. On donnait au garçon un pagne et une ceinture, à la fillette une robe. La remise de ces attributs faisait époque dans la vie de l'enfant. De vieux courtisans comme Ouni, Ptah-Chepsès n'ont pas oublié qu'ils ont bouclé la ceinture sous le roi Un Tel. Il est vrai que ce jour a peut-être coïncidé avec leur entrée à l'école. Chez les fellahs, chez les artisans, l'enfant demeurait à la maison, apprenait à garder les troupeaux, à manier les outils, afin d'exercer à son tour le métier où il était né.

IV. — LES SERVITEURS ET LES ESCLAVES.

Il n'est pas toujours aisé de distinguer parmi les hommes qui gravitent autour d'un grand personnage ceux qui l'assistent dans ses fonctions de ceux qui sont à son service et à celui de sa famille. Les Egyptiens ne les confondaient pas. Hapi-Djefaï, nomarque de Siout, emploie tantôt les biens de la maison de son père, autrement dit sa fortune personnelle, tantôt les biens de la maison du prince, c'est-à-dire les biens qu'il administrait pour le compte de l'Etat. C'est avec les biens de la maison de son père qu'il rétribue ceux qui sont employés à son culte funéraire, Mais le culte funéraire n'est que la continuation de la vie présente. Nous pouvons donc admettre que les serviteurs étaient rétribués, entretenus par celui qui les employait, avec ses propres moyens.

Plusieurs termes égyptiens correspondent à peu près à notre mot domestique ou serviteur : les écouteurs, ceux qui écoutent l'appel, les échansons, *oubaou*, dont le nom est déterminé ou même écrit par un vase, les *chemsou*. Ce dernier mot s'écrit au moyen d'un signe complexe formé d'une longue canne recourbée, d'une natte ou d'une couverture roulée et attachée par une courroie, d'une balayette. Le *chemsou* accompagnait son maître dans ses sorties, et, quand il s'arrêtait, déployait la natte, l'étendait sur le sol, mettait en main propre la grande canne, donnait de temps en temps un coup de balayette. Le maître pouvait alors recevoir ses intendants, écouter un rapport. Un autre *chemsou* portait les sandales pendant la marche. A l'arrêt, il essuyait les pieds de son maître[56], et les chaussait. Les échansons, *oubaou*, étaient des officiers de bouche. Ils servaient à table. Bien placés pour recueillir des confidences, glisser un mot de rappel au bon moment, ils avaient de l'importance. Les échansons de Pharaon font partie de toute les grandes commissions d'enquête.

Ceux que nous venons de nommer étaient, si nous ne nous trompons pas, des serviteurs libres. Ils pouvaient quitter le service de leur maître, prendre un métier, acquérir une propriété et goûter, s'ils en avaient les moyens, le bonheur d'être servis à leur tour. Bytaou, après que son frère aîné a eu avec lui des torts si graves, déclare qu'il ne veut plus le servir. Anoupou n'aura qu'à soigner ses bestiaux lui-même. Ici, le maître et le serviteur sont frères, mais on est en droit de penser que, s'il n'existait entre eux aucun lien de famille, Bytaou quitterait tout de même sa place. La femme qui a enfanté trois rois, Rouddidit, s'étant disputée avec sa servante, la fit fouetter. La servante s'en alla sans autre explication. Il est vrai qu'elle est punie par son frère d'abord, puis par le crocodile, instrument de la vengeance divine, mais elle est punie parce qu'elle veut révéler au roi le secret de Rouddidit et non parce qu'elle a quitté sa place. Bien entendu, le maître pouvait plus facilement encore renvoyer son serviteur.

Au contraire, les gens que l'on appelle *hemou* ou *bekou* peuvent être considérés, au Nouvel Empire du moins, comme de véritables esclaves. Non seulement ils sont traités durement, mais s'ils s'enfuient, on court à leur recherche. Un scribe écrit à son supérieur que « deux hommes se sont enfuis devant le chef de l'écurie Neferhotep, qui les avait fait battre. Depuis qu'ils ont déserté, il n'y a personne pour labourer. C'est envoyé pour informer mon maître[57]. » Deux travailleurs se sont enfuis un jour de la résidence de Ramsès, soit qu'ils aient été battus, soit par amour de la liberté. Le chef des archers Ka-kemour, de Tjékou, est envoyé à leur recherche. Partant de Pi-Ramsès, il arrive à la clôture de Tjékou le lendemain. On les avait vus se diriger vers le Sud. L'officier se présente à la forteresse, mais c'est pour apprendre que les fugitifs ont passé la muraille au nord du migdol de Sétoui-Merenptah.

On renonce à les poursuivre plus loin et il n'y a plus qu'à classer l'affaire[58]. Tous les esclaves n'avaient pas cette chance. Au tombeau de Neferhotep, devant le maître, un scribe fait l'appel des esclaves. Un esclave aux mains liées est tiré par un licol. Deux autres sont corrigés et le gendarme va les ligoter. La scène pourrait s'intituler : « Le retour des fuyards[59]. »

La plupart du temps, sinon toujours, ces esclaves sont d'origine étrangère. Capturés au cours d'une campagne victorieuse en Nubie, en Libye, dans le désert oriental ou en Syrie, ils ont été attribués par Pharaon ou son héraut à celui qui les avait pris, s'il s'agit d'un acte individuel, ou répartis entre les guerriers, si l'on a pris d'un coup une masse d'ennemis. Le valeureux Ahmosé a ainsi récolté au cours de ses longs services dix-neuf esclaves, dix femmes et neuf hommes, dont plusieurs portent des noms étrangers : Pa-Medjaiou, Pa-Amou, Istaroummi, Hedit-Kouch. Les autres esclaves, qui portent des noms égyptiens, furent peut-être donnés à Ahmosé au cours de la campagne du Delta, à moins que leur maître n'ait changé en un nom égyptien leur nom cananéen ou nubien, comme on l'a fait pour Joseph[60].

Le maître pouvait louer ou vendre son esclave. Un homme, qui avait besoin de vêtements, loue, pour deux ou pour trois jours, les services d'une esclave syrienne. On ne dit pas quel travail on attendait de cette esclave, mais le prix qu'on réclame est fort élevé[61]. Un citoyen de Thèbes est soupçonné d'avoir participé au pillage des tombes parce que l'on a constaté que son train de vie avait brusquement augmenté. Le juge interroge sa femme : « Par quel moyen as-tu acquis les esclaves qui étaient avec lui ? » Elle répond : « Je n'ai pas vu l'argent avec lequel il les a payés. Il était en voyage quand il était avec eux[62]. » Un papyrus du Caire, récemment édité, donne quelques indications sur la manière d'acheter un esclave. Un marchand nommé Raïa propose à son client l'achat d'une jeune esclave syrienne. Ils tombent d'accord. Le prix est payé non en argent, ni en or, mais en différents articles qui sont estimés au poids de l'argent. Des serments sont entendus par des témoins et enregistrés par le tribunal. L'esclave devient la propriété de celui qui l'a payée et qui lui donne aussitôt un nom égyptien[63].

Quand le gouvernement se mit à réprimer les vols dans les tombes, nombre d'esclaves furent inculpés. Le tribunal ne les ménage pas et leur inflige double et triple bastonnade, mais les accusés libres ne sont pas mieux traités. Le maître battait son esclave, mais l'on battait aussi des bergers, des employés, des contribuables récalcitrants. Rares étaient ceux qui pouvaient, comme un certain Nedjem-ab, qui vécut sous l'Ancien Empire, dire qu'ils n'avaient jamais été bâtonnés depuis leur naissance en présence des grands[64]. Qui sait d'ailleurs si cet heureux mortel ne reçut pas en secret et sans témoin plus d'un coup de bâton dont il ne se vante pas. En somme, si l'on tient compte des obstacles qui empêchaient les gens du petit peuple de sortir de leur condition, on estimera que la différence n'est pas bien grande entre les personnes libres de la plus basse catégorie et ceux que nous appelons des esclaves. Nous avons déjà cité un document qui établit que l'ancien esclave d'un barbier obtient de son maître un acte d'affranchissement, lui succède dans son métier et épouse sa nièce. Les esclaves qui savaient se débrouiller arrivaient donc à quitter la condition servile et à se fondre dans la masse de la population.

V. — Les animaux familiers.

Le chien, qui est le compagnon et l'auxiliaire de l'homme à la chasse, a ses entrées dans la maison. Il s'installe bien sagement sous la chaise de son maître pour dormir à la manière des chiens, d'un œil[65]. Le chien du berger aussi ne quitte pas son maître qui lui commande de la voix et du geste de rassembler le troupeau ou d'en guider la marche[66].

Chiens de berger ou chiens de garde, ce sont pour la plupart des lévriers hauts sur pattes, pourvus d'une longue queue, le museau allongé, les oreilles plutôt grandes et tombantes, parfois pointues et droites. On ne voit plus au Nouvel Empire les anciens slougis qui avaient la queue en trompette, ni les chiens de garde, de taille moyenne, qui avaient les oreilles droites, encore moins les bassets qui ont été à la mode au Moyen Empire. Pourtant, on connaissait, outre les lévriers, une race de petite taille qu'on appelait *ketket.* C'est un *ketket* que l'on présente au prince prédestiné qui avait réclamé un vrai chien et refuse la petite bête avec indignation.

Les lévriers sont souvent à l'attache, bien qu'on leur permette parfois d'aller librement. Un autre familier de la maison, le singe, s'arrogeait le droit de les surveiller. Ainsi fait, chez Montou-hir-khopechef[67], un singe qui a saisi la corde du chien et la tient même d'assez court. Ce geste n'est pas du goût du chien qui se retourne pour protester et peut-être autrement qu'avec la voix.

Les chiens avaient des noms. Sous la Ire dynastie un chien est appelé *Neb,* « seigneur ». Il a été enterré près de son maître et l'on a trouvé la stèle où son nom et son image avaient été gravés. Le roi Antef avait donné à ses quatre chiens des noms berbères. Il en était si fier qu'il les a fait représenter tous les quatre sur une stèle qu'on peut voir au musée du Caire. Il avait fait ériger devant son tombeau une statue aujourd'hui perdue qui est décrite dans un rapport de magistrats sur les vols dans les tombes royales. Le chien Bahika, mot qui, en langue berbère, veut dire oryx, se tenait debout entre les jambes du roi. A Abydos, il y avait une sépulture de chiens au milieu des tombes de femmes, d'archers et de nains. Il y en avait une autre à Siout, d'où provient le chien en calcaire du Louvre, qui n'a pas l'air d'un gardien commode, malgré la clochette pendue à son collier.

Les Egyptiens n'ont pas refusé aux chiens les honneurs funèbres ou divins, mais il y a lieu de remarquer que leurs artistes n'ont jamais représenté l'homme caressant l'animal ou jouant avec lui. Les distances étaient gardées.

Le singe est allé peut-être plus loin sur le chemin du cœur de l'homme. Dès l'Ancien Empire, il a ses entrées dans la maison. Il divertissait tout le monde par ses grimaces et ses gambades et aussi par ses farces pour lesquelles il trouvait des compères, les nains et les bossus, qui faisaient alors partie du personnel d'une grande maison. Les nains qu'on estimait le plus étaient ceux que l'on faisait venir de très loin. Harkhouf a obtenu la reconnaissance de son souverain et la célébrité parmi les égyptologues en ramenant d'une de ses missions dans le Sud, un nain qui dansait le dieu. Pareil événement ne s'était pas produit depuis le règne d'Asesi, un siècle auparavant. Un des plus luxueux tombeaux qui entourent la pyramide de Khephren est celui du nain Senb. Les monarques de Menat-Khoufou ont encore près d'eux des nains et des bossus, mais l'on n'en voit plus au Nouvel Empire, ni dans l'entourage des rois, ni dans celui des particuliers. Par contre, la faveur du singe n'est nullement en baisse. V. Loret à trouvé dans la tombe de Thoutmosé III un cynocéphale momifié qui était là à moins à titre de représentant du dieu de l'écriture et de la science que parce qu'il avait égayé le roi de son vivant et que l'on espérait qu'il en ferait autant dans le royaume osirien, comme la momie de chien déposée à l'entrée du tombeau de Psousennès. Les singes affectionnent la chaise du maître[68]. A défaut des nains et des bossus, ce sont les enfants de la maison, des négrillons qui sont ses compagnons habituels et à l'occasion ses victimes[69]. Quand les fruits sont mûrs on voit des singes grimper dans les arbres[70]. Sans doute ils mangent plus de dattes et de figues qu'ils n'en cueillent, mais le jardinier ne s'en émeut guère. L'Egypte est si fertile et il faut que tout le monde vive. C'est Amon qui a créé toutes les créatures et Hâpi apporte ses eaux au bénéfice de tout ce qui vit. Le singe s'entendait assez bien avec le chien et avec le chat, moins bien avec l'oie du Nil qui était d'un caractère querelleur et qu'il corrigeait à l'occasion[71].

Le chat, jusqu'au Moyen Empire, ne semble pas avoir réussi à s'introduire dans les maisons. Il a son repaire dans les marais et saccage les nids, comme la genette et les autres petits carnassiers qui vivent aux dépens de la gent ailée[72]. La concurrence des chasseurs ne le dérange même pas. Pendant que ceux-ci glissent sans bruit entre les papyrus et avant qu'ils n'aient lancé leur boomerang, le chat a bondi sur sa proie et fait coup double. Déjà il tenait un canard sauvage entre ses dents et il vient d'attraper un couple de loriots[73]. Sans aliéner l'indépendance de son caractère ni oublier ses instincts de chasseur, il est devenu l'hôte de la maison. Il consent bien à se tenir assis sous la chaise de ses maîtres, mais plus hardi que le chien, il saute volontiers sur leurs genoux et se fait les griffes sur les belles robes de lin[74]. Il accepte qu'on lui mette un collier au cou. Cet ornement n'a rien de déplaisant, mais quand on l'attache au pied de la chaise et quand on met hors de sa portée une jatte de lait, il comprend qu'on a voulu se moquer de lui. Ses poils se hérissent. Ses griffes sortent et il tire de toutes ses forces sur sa longe[75]. En temps ordinaire, il fait bon ménage avec les autres animaux familiers, avec le singe comme avec l'oie smon. Sur un petit monument une chatte et une oie se font vis-à-vis. Leur calme est impressionnant, mais l'on ne doit pas oublier qu'ils représentent alors le puissant dieu Amon et sa parèdre Mout. Conscients de leur rôle d'animaux sacrés, ils savent se tenir. Ils sont bien capables de jouer de la patte et du bec, et rien ne prouve que, s'ils se fâchaient tout à fait, le chat sorte vainqueur du conflit[76].

Les Egyptiens n'ignorent pas que le chat est la terreur des souris[77]. Pour l'attacher à la maison mieux qu'avec un lien, son maître lui fait présent d'un beau poisson qu'il dévore sous sa chaise[78]. Un jour, Apouy étant allé sur son bateau, qui a la forme d'un canard, chasser les oiseaux aquatiques avec sa femme et un serviteur, l'on a emmené le chat, celui même que nous avons vu se faire les griffes sur la robe de son maître. Comme ses ancêtres sauvages, l'animal se lance à l'assaut des nids, mais ses maîtres sauront, le moment venu, l'appeler et le ramener à la maison[79].

Parmi les volatiles de la basse-cour, les Egyptiens ont distingué de bonne heure l'oie du Nil, *smon,* que les naturalistes appellent chenalopex[80]. Au lieu de le parquer avec ses pareils dans des enclos, ils le laissaient pénétrer dans les cours et les jardins et même dans la maison. C'est pourquoi Khoufou, quand il veut éprouver le savoir d'un magicien qui se flattait de remettre en place une tête coupée, pense tout de suite à faire apporter un *smon.* Il partage avec le chat l'espace privilégié que protège la chaise du maître. Très indépendant de caractère, il n'abusait pas de ce privilège et retournait s'ébaudir sur les berges du Nil. Ses méfaits étaient nombreux. Pendant la saison chaude, il abîmait les dattes, dans les mois d'hiver, les fruits du palmier doum, et le reste de l'année courait derrière les cultivateurs, ne leur laissant même pas jeter la semence sur le sol. Et pourtant, les Egyptiens qui l'appelaient vilaine bête, qui avaient renoncé à le prendre au piège et à le consacrer sur la table des dieux, lui étaient indulgents. Ils s'amusaient de sa gloutonnerie, de son caractère agressif, de son cri rauque[81]. Peut-être savait-il à l'occasion se montrer un gardien aussi vigilant, aussi incorruptible que le chien. Et, s'il avait besoin d'être corrigé, le singe s'en chargeait volontiers au prix de quelques coups de bec.

CHAPITRE IV

LES OCCUPATIONS DOMESTIQUES

I. — Les soins de propreté.

Les anciens Egyptiens étaient très propres et prenaient soin de leur corps aussi bien que de leurs vêtements et de leurs habitations[1]. Lorsque Sinouhit gracié rentre en Egypte, c'est une joie pour lui, parmi beaucoup d'autres, de dépouiller les vêtements de laine coloriée qu'il portait chez les Bédouins[2]. Comme Ulysse chez les Phéaciens il éloigne les années de sa chair. Il s'épile, il se peigne. Il se frictionne, non plus avec de la graisse d'arbre, mais avec de l'encens de première qualité contenu peut-être dans un vase d'obsidienne et d'or, comme celui que le roi de Byblos Abichemou a reçu d'Amenemhat III, et s'habille avec du lin[3].

On se lavait plusieurs fois par jour, le matin au lever, avant et après les principaux repas. Le matériel de toilette se compose d'une cuvette et d'un vase à bec qu'on entreposait d'ordinaire sous le guéridon chargé de mets. Le nom de la cuvette *châouty* semble dérivé de *châ* « sable » et le nom de la verseuse *hesmenyt* du natron *hesmen*. Il y a lieu de croire que l'on mettait du natron dans l'eau de la verseuse et du sable dans la cuvette. L'eau du rince-bouche était aseptisée avec un autre sel appelé *bed*. Sous le nom de *souabou,* factitif de *ouâb,* « propre, pur », on désignait une pâte solidifiée contenant une substance dégraissante et capable de mousser, par exemple de la cendre ou de l'argile à foulon[4].

Après un premier lavage, les hommes se livraient au barbier, au pédicure, au manucure, les femmes au coiffeur. Le lever du roi était un événement à la cour. Les plus grands personnages se faisaient une gloire d'y assister et un mérite d'y être exacts[5]. Les vizirs, les hauts magistrats, les gouverneurs avaient aussi leur lever en cérémonie. Les frères, les clients se groupent autour du chef. Les scribes s'accroupissent pour enregistrer les ordres, le calame levé, ou déploient une longue feuille de papyrus qui contient des noms, des chiffres, des travaux faits et à faire. Pédicures et manucures s'emparent des mains et des pieds. Le coiffeur tond la barbe et les cheveux. Il utilise une lame à multiples courbures et à crochet, plus commode que l'ancien rasoir encore utilisé au Moyen Empire qui avait la forme d'un ciseau de menuisier. Les rasoirs étaient rangés dans des étuis de cuir pourvus d'une anse, et les étuis dans d'élégants coffrets d'ébène où prenaient place également les pinces, les grattoirs et les ciseaux du pédicure et du manucure[6]. Notre homme sortait de là propre et net, la barbe courte taillée en carré, les cheveux ras ou du moins rafraîchis. C'était le moment d'introduire d'autres spécialistes, des droguistes qui apportaient des essences, des onguents dans des vases de cristal, d'albâtre, d'obsidienne cachetés et, dans de petits sachets serrés en haut par un cordon, la poudre verte (malachite) et la poudre noire (galène) grâce auxquelles on faisait les yeux[7]. Les yeux allongés plaisaient au goût égyptien. C'était, en outre, le moyen de préserver les yeux délicats des ophtalmies causées par la réverbération, le vent, la poussière et les insectes.

Les produits de beauté ne manquaient pas. Pour combattre à l'époque des chaleurs les mauvaises odeurs du corps, on pouvait se frictionner plusieurs jours de suite avec un onguent à base de térébenthine (*sonté*), d'encens (*ânti*) que l'on mélangeait avec des graines non déterminées et un parfum. D'autres produits devaient s'appliquer aux endroits où se joignent deux parties du corps. Il y avait des produits pour embellir, renouveler l'épiderme, raffermir les chairs et d'autres pour combattre les taches et les boutons du visage. On employait par exemple pour raffermir les chairs la poudre d'albâtre, la poudre de natron, du sel du nord mélangé avec du miel. D'autres recettes sont à base de lait d'ânesse. Le cuir chevelu est l'objet de soins incessants. Tantôt il s'agit de supprimer les cheveux gris, d'éviter le grisonnement des sourcils, tantôt de combattre la calvitie, tantôt de faire repousser les cheveux. On savait que pour cette hygiène spéciale, l'huile de ricin est parfaite. Mais l'on savait aussi se débarrasser des poils et duvets superflus et une autre recette était à la disposition des femmes qui veulent faire tomber les cheveux d'une rivale[8].

Une préparation particulièrement savante qui est consignée à la suite d'un traité de chirurgie, a pour titre un peu ambitieux : « Pour transformer un vieillard en jeune homme. » On se procure des gousses de fenugrec (la *helba* des Arabes). Quand elles sont sèches, on les dépique et l'on sépare les gousses et les graines. On fait une pâte avec ces graines et une quantité égale de débris de gousse. On fait évaporer l'eau. On lave et l'on fait sécher. On pulvérise. Si l'on fait une pâte avec la poudre ainsi obtenue et si on la chauffe, on verra se former à la surface des petites nappes d'huile. Il n'y a plus qu'à puiser cette huile, à la clarifier et à la verser dans un vase en pierre dure, par exemple d'obsidienne. Avec cette huile précieuse, on obtient un teint parfait. La calvitie, les taches de rousseur, les marques fâcheuses de l'âge et toutes les rougeurs qui déparent l'épiderme sont guéries par le même moyen[9].

C'est un produit qui a été appliqué avec succès des millions de fois. Il n'avait que le défaut d'être long à préparer, de ne pouvoir être obtenu qu'en petite quantité et par suite de coûter fort cher. Les gens peu fortunés allaient trouver un barbier installé en plein vent sous les arbres. En attendant leur tour, ils bavardaient ou bien ils faisaient un somme sans même s'allonger, le dos courbé, la tête enfoncée dans les bras, le front sur les genoux. Quelquefois ils se mettent deux sur le même tabouret. Le client dont le tour est venu s'assied sur un tabouret à trois pieds et confie sa tête au barbier qui le renverra lisse comme un caillou de la plage[10].

La toilette d'une dame aisée était, comme celle de son mari, un événement d'importance. Un bas-relief nous fait assister à celle d'une favorite royale[11]. Cette dame a pris place sur un fauteuil confortable muni d'un dossier et d'accoudoirs. Elle tient à la main son miroir formé d'un disque en argent poli et d'un manche d'ébène et d'or qui a la forme d'une colonne papyriforme. La coiffeuse n'est pas demeurée inactive. Avec ses doigts effilés et agiles, elle confectionne une série de petites tresses, bien que les cheveux de la favorite aient été coupés un peu court. Avec une épingle d'ivoire, elle retient la mèche de cheveux dont elle ne s'occupe pas encore. Ce travail prendra du temps. Pour lui faire prendre patience, un serviteur a apporté une coupe. Il y verse le contenu d'une fiole. « A ton kâ », lui dit-il, pendant que sa maîtresse porte la coupe à ses lèvres. Plus modeste, la femme d'Anoupou, petit propriétaire paysan, s'occupe toute seule de sa coiffure pendant que son mari et son beau-frère sont aux champs. Elle n'aime pas à être dérangée. Si elle se levait, elle pourrait perdre sa coiffure en chemin et tout serait à recommencer[12].

II. — Le costume.

Pendant qu'on procédait à sa toilette, l'homme portait simplement sa petite tenue du matin, tête nue, pieds nus, pagne court, peu ou pas de bijoux. Quand sa toilette sera achevée il pourra, même s'il doit sortir, garder son pagne du matin. Il mettra à ses poignets une ou plusieurs paires de bracelets, un anneau à son doigt et attachera sur sa nuque un gorgerin à cinq ou six rangs de perles tendues entre deux fermoirs imitant une tête de faucon. S'il y ajoute un pendentif de jade ou de cornaline suspendu à un long cordon, notre Egyptien est parfaitement présentable, peut visiter ses domaines, recevoir des gens d'affaire, se rendre à quelque bureau. Il pouvait également remplacer le petit pagne par un jupon bouffant et chausser ses pieds de sandales[13]. Les sandales étaient connues depuis la plus haute antiquité, mais on avait soin de ne pas les user mal à propos. Le vieux roi Narmer marchait pieds nus escorté de ses valets de chambre dont l'un portait une paire de sandales. Ouni prit des mesures pour empêcher les soldats en maraude d'enlever les sandales de la main des passants[14]. De la main et non pas des pieds. Les villageois, quand ils avaient une course à faire, portaient donc leur paire de sandales à la main ou attachée au bout d'un bâton. Ils se chaussaient en arrivant à destination. Au Nouvel Empire et spécialement sous les Ramsès on en fait un plus grand usage. On faisait des sandales tressées en papyrus, en cuir et même en or. De la pointe de la semelle part une lanière qui passe entre le premier et le deuxième orteil et se réunit sur le cou-de-pied à d'autres lanières qui forment une sorte d'étrier et se nouent derrière le talon. Si la semelle est en or, les lanières sont aussi en or. Dans ce cas, elles devaient blesser le patient surtout s'il ne les mettait que par accident[15]. Les papyrus médicaux nous apprennent que les Egyptiens avaient très souvent mal aux pieds[16].

Certains portaient des robes soutenues par des bretelles, allant des seins aux chevilles, tombant droit et sans ornement[17]. A cette tenue austère, la plupart des Egyptiens préféraient la robe plissée en lin, qui laisse le cou bien dégagé, moule le torse et s'évase vers le bas. Les manches assez courtes finissent aussi en s'évasant. Par-dessus cette robe on noue une large ceinture faite d'une écharpe plissée de même étoffe et l'on dispose la retombée de façon à faire une sorte de devanteau triangulaire. La tenue de gala était complétée par une grande perruque frisée encadrant bien la tête et par un luxueux étalage de bijoux, colliers et gorgerin, pectoral à chaîne double, bracelets de poignet, bracelets de biceps, sandales aux pieds[18].

Le costume d'une grande dame ne diffère pas énormément de celui de son mari. Il comprend une chemise très fine et par-dessus une robe blanche plissée et transparente comme celle des hommes. Elle se noue sur le sein gauche et découvre le sein droit, s'ouvre au-dessous de la ceinture et descend jusqu'aux pieds. Les manches ornées de franges laissaient les avant-bras découverts, ce qui permettait d'admirer des mains longues et fines et des poignets chargés de bracelets. On en faisait de très variés : rigides avec deux plaques d'or ciselé réunies par deux charnières. Anneaux d'or massif, enfilages de perles, torsades ou rubans d'or. La perruque frisée couvre le dos et les épaules. Un beau diadème de turquoise, de lapislazuli et d'or étincelle dans les cheveux. Il est noué en arrière par deux cordons à glands. Sur l'édifice compliqué de la chevelure un cône tient par miracle en équilibre. On n'en connaît pas la composition, mais l'on suppose qu'il consiste en une pommade parfumée. Ce cône n'est pas d'ailleurs particulier aux femmes. Les hommes en portent très souvent de semblables[19].

Le costume que nous venons de décrire n'est compatible qu'avec l'oisiveté. Le peuple des travailleurs était vêtu de façon plus pratique. Les paysans, les artisans se contentaient comme autrefois d'un pagne coupé droit, maintenu par une ceinture large comme la main sans broderie ni ornements, sans les glands qui agrémentaient le pagne des Asiatiques. Les gens modestes n'aimaient pas moins les parures et les bijoux que les privilégiés. A défaut d'or, ils adoptaient des bijoux de céramique et de bronze. Les musiciennes de profession portaient, comme les dames, la grande robe transparente. Souvent elles ne portaient aucun vêtement, mais seulement quelques bijoux, ceinture, collier, bracelets, boucles d'oreilles. Les servantes de la maison, qu'il n'est pas toujours facile de distinguer des enfants, circulent nues, surtout lorsque leurs maîtres reçoivent des invités, et offrent hardiment à l'admiration leur petit corps mince et agile.

III. — LA NOURRITURE.

Les Egyptiens, qui connaissaient la valeur de leur terre et qui n'étaient pas avares de leur peine, redoutaient la famine. Ils savaient qu'une inondation trop faible ou trop violente était suivie de mauvaises récoltes. Le devoir du gouvernement était de constituer, ainsi que Joseph le conseille à Pharaon après qu'il a interprété le rêve des vaches et le rêve des épis, de grands approvisionnements pour faire la soudure. Ce devoir élémentaire fut certainement négligé pendant les années qui précédèrent la chute des Ramsès. Une femme interrogée sur la provenance de l'or qui a été trouvé chez elle, répond : « Nous l'avons acquis pour de l'orge, pendant l'année des hyènes, quand on avait faim[20]. » On était alors en pleine guerre des Impurs. Des bandits se répandaient partout, dans les temples, dans les palais, dans les propriétés, tuaient, volaient, incendiaient. Les paysans ne livraient les denrées qu'au poids de l'or. De pareils malheurs faisaient regretter l'invasion des Hyksos. Mais entre ces deux périodes affreuses, pendant des générations, les Egyptiens avaient largement vécu. Sous

Sétoui, sous les grands Ramsès en particulier, l'abondance était extrême. Qu'on regarde les bas-reliefs des temples, ou les peintures des tombes privées, partout l'on verra des offrandes accumulées, des gens qui apportent des victuailles ou conduisent des bestiaux. Dans le grand papyrus Harris, qui nous donne le détail des libéralités de Ramsès III à l'égard des dieux, il est au moins fait aussi souvent mention des produits alimentaires que des métaux précieux, vêtements et parfums. Tout cela prouve que les Egyptiens étaient amis de leur ventre. Tels ils se montrent aussi en voyage. Sinouhit trouve au pays de Iaa, en Syrie, des figues et des raisins, plus de vin que d'eau, du miel et de l'huile, tous les fruits, de l'orge et de l'amidonnier, des troupeaux innombrables, c'est-à-dire à peu près les ressources d'un beau domaine d'Egypte. « Je faisais des gâteaux comme ordinaire, du vin pour le menu de tous les jours, de la viande, de la volaille rôtie en plus des bêtes sauvages que l'on prenait au piège pour moi et que l'on déposait à mon intention, sans parler de ce que rapportaient mes lévriers [21]. » En Egypte, il n'aurait pu mieux faire. De son côté, le naufragé, dans son île de la mer Rouge, n'est pas mal tombé. « Je trouvais là des figues et des raisins, tous les légumes, des poireaux magnifiques, des concombres et des pastèques, des melons à l'état naturel, des poissons et des volatiles. Il n'y avait rien qui ne s'y trouvât [22]. »

Revenons en Egypte pour y dresser l'inventaire des ressources alimentaires.

Commençons par la viande. Les Egyptiens ont toujours été de gros mangeurs de viande. Dans les tombeaux, les scènes de boucherie et les processions des animaux destinés à la consommation couvrent les parois. Le bœuf était le plus grand fournisseur de viande. Sous le nom de *ioua* on désignait le bœuf africain, animal de grande taille, généralement bien encorné, rapide d'allure. Grâce à un régime approprié, il devenait énorme et pesant et c'est quand il ne pouvait presque plus marcher qu'on estimait qu'il fallait l'abattre, comme on peut le voir sur les processions d'Abydos et de Médinet-Habou[23]. Le conducteur ayant passé une corde dans le naseau, qui emprisonnent également la lèvre inférieure, se fait aisément obéir. Les bêtes primées sont décorées de plumes d'autruche qu'on fixe entre les cornes et de doubles banderoles. A l'entrée du temple le cortège est accueilli par un prêtre qui tend à bout de bras dans sa direction le brûle-résine allumé. On définit la scène par ces mots : « Consacrer le bœuf pur de bouche pour le pur abattoir du temple de Ramsès-Miamoun qui rejoint Ta-our ». Les vérificateurs ne veulent accepter que des bêtes saines et ils renouvelleront leur examen après l'abattage.

On appelait *oundjou* des bœufs beaucoup plus petits et généralement sans cornes ou à cornes très courtes, et *nega* des bœufs bien encornés, de haute taille, mais de mœurs plus farouches que les *ioua* et rebelles au gavage. On ne les représente jamais que maigres. Certaines expressions désignant des catégories d'animaux de boucherie sont d'une interprétation difficile, ainsi bœufs de la bouche des troupeaux, bœufs de qite (la qite est une petite unité de poids). Le bœuf appelé *herysa* est, je suppose, le plus beau de l'écurie. On mentionne quelquefois des bœufs de travail de Syrie et des bœufs du pays de Kouch[24].

Sous l'Ancien Empire, le petit bétail du désert

fournissait une contribution importante. Les Egyptiens allaient au désert chasser l'oryx, la gazelle et des antilopes, heureux surtout d'en captiver de vivants qu'ils essayaient de domestiquer dans leurs parcs. Cet élevage a beaucoup perdu de son importance au temps des Ramsès. Ramsès III envoie des chasseurs dans le désert pour lui ramener des oryx. Il a offert pendant son règne, au grand temple d'Amon, 54 oryx, 1 bubale, 81 gazelles. Dans une liste complémentaire, on trouve en regard de 20 602 bœufs, 367 oryx, bouquetins et gazelles[25]. Dans la procession d'Abydos on remarque un bel oryx à cornes droites bizarrement appelé bœuf d'oryx de l'étable de Ramsès. De temps à autre un oryx remplace le bœuf dans les scènes d'abattage. Mais je n'en ai jamais vu dans les scènes de boucherie associées à la représentation d'un festin. D'où l'on peut conclure que les animaux du désert ne comptaient pour ainsi dire pas pour l'alimentation, mais que l'on jugeait agréable aux dieux de leur sacrifier un oryx ou une gazelle, en souvenir du temps où les Egyptiens vivaient de la chasse plus que de l'élevage. Aucun document ne permet d'affirmer, à ma connaissance du moins, que l'on mangeait de la viande de porc, de chèvre, de mouton, mais le contraire n'est pas établi non plus, car même en Haute Egypte, on en rencontrait dans les fermes.

Quand le bœuf était introduit à l'abattoir, la tâche des bergers était finie. Celle des bouchers commençait[26]. Ceux-ci, au nombre de quatre ou cinq, attaquent résolument leur adversaire et en viennent à bout par une méthode qui n'a pas varié depuis les temps anciens. On prend pour commencer dans un nœud coulant le pied gauche de la victime et l'on jette par-dessus son dos l'autre bout de la corde. Un homme s'en empare et oblige le pied garrotté à quitter le sol. L'animal est dès lors dans une position instable. Une grappe humaine s'accroche à lui. Le plus hardi installé sur le cou saisit les cornes et tire la tête en arrière. Un autre se pend à la queue. Un dernier essaie de soulever une des pattes de derrière. Dès que le monstre est renversé on le met dans l'impossibilité de se relever en attachant ensemble les deux pattes de derrière et la patte de devant déjà prise dans le nœud. L'autre restait libre. Elle ne pouvait être d'aucune utilité à l'animal vaincu qui retardait l'instant de son trépas en se mettant en boule. Un solide gaillard s'empare de la tête, la renverse et la maintient immobile, les cornes appuyées au sol, la gorge en l'air. Les bouchers n'ont pas d'autre instrument que leur couteau bien emmanché, à bout arrondi pour ne pas perforer la peau, un peu plus long que la main et la pierre à aiguiser attachée au coin de leur pagne. Le maître boucher saigne la victime. Le sang est recueilli dans un vase. Si la scène a lieu dans l'abattoir d'un temple, un prêtre s'approche et verse sur la blessure le liquide contenu dans une aiguière. Il peut se faire que le prêtre soit en même temps un fonctionnaire du service de santé. Le boucher lui met sous le nez sa main trempée de sang, en disant : « Vois ce sang ! — Il est pur », répond le fonctionnaire qui s'est penché pour mieux se rendre compte.

Le dépeçage se fait à partir de ce moment avec une rapidité merveilleuse. La jambe droite qu'on avait laissée libre pendant qu'on renversait la victime, sera la première pièce détachée. L'aide la tient verticale, la tire à soi, la pousse au besoin, afin de faciliter la besogne du boucher qui coupe les tendons et introduit son couteau dans les jointures. La jambe coupée est abandonnée tout entière aux porteurs pendant que l'on sépare la tête du corps, qu'on fend le corps pour détacher la peau et enlever le cœur. Les trois jambes sont déliées et coupées à leur tour. Les jambes de derrière fourniront trois morceaux, la cuisse *sout*, le jarret *ioua*, et le pied *inset*. On enlève successivement les côtes en plusieurs quartiers, le filet qui est la viande de choix, le faux-filet. Parmi les abats, la rate et le foie étaient deux morceaux fort appréciés. Pour l'intestin, le boucher a la précaution de le soulever progressivement pour le vider. Le travail avance parmi les exclamations, les ordres : « Dépêche-toi, camarade ! Hâte-toi, par la vie ! Finis-en avec cette jambe ! Finis-en avec le cœur ! » Quand on travaille dans un temple, l'arrivée du maître de cérémonies et même son seul nom font redoubler le zèle : « Debout, dépêche-toi, camarade, fais sortir cette rangée de côtes avant que le maître de cérémonies ne vienne faire les choses sur la table ! Voici le filet. Porte sur le guéridon ! » L'interpellé répond sans témoigner nulle impatience : « Je fais à ton plaisir ! Je fais ce qui te plaît. » Quelquefois le boucher se parle à lui-même parce qu'il est abandonné de son aide : « C'est difficile à moi de faire cela tout seul ! »

Le coq et la poule n'étaient pas encore connus, mais l'élevage et la consommation des volailles se faisaient sur une grande échelle. Au grand papyrus Harris on les compte par centaines de mille. Dans une donation où les quadrupèdes comptent pour 3 029 on enregistre 126 250 volailles. Les pigeons figurent pour 57 810, les oiseaux aquatiques capturés vivants dans les marais pour 25 020, les oies *ro* pour 6 820, les oies *terp* pour 1 534. Les pondeuses sont au nombre de 4060, les « grands bâtons » 1410, les grues 160, mais les cailles *pârt* nous font remonter aux gros chiffres 21700 et 1240. Cette liste est pourtant assez restreinte si on la met en regard de celle que l'on peut établir en dépouillant dans les tombeaux de l'Ancien et du Moyen Empire les scènes de chasse et d'élevage. On distinguait trois espèces de grues, *djat, âiou* et *ga,* auxquelles, s'ajoutaient les demoiselles *oudjâ.* Les oies, canards, pigeons et sarcelles se répartissaient dans une quinzaine d'espèces qui, sans doute, n'avaient pas disparu au temps de Ramsès, mais les éleveurs étaient arrivés à porter leur effort sur le petit nombre de celles que l'on jugeait plus avantageuses[27].

On lit dans la stèle de Piankhi que l'Ethiopien, après avoir conquis l'Egypte, ne consentit pas à recevoir à sa table les princes du Sud et du Delta qui étaient paillards et mangeurs de poissons, ce qui était pour le palais royal une abomination, à l'exception du seul Nemarot qui ne mangeait pas de poisson, peut-être parce qu'il résidait dans une ville de théologiens, Chmounou[28]. Le menu du mort, pas plus au Nouvel Empire que dans les temps anciens, ne comporte pas de poisson. Il était interdit, dans certains nomes et certaines villes et à certaines époques, de manger tel ou tel poisson. Tout cela montre que si Piankhi ne plaisantait pas sur le chapitre du pur et de l'impur, l'ensemble de la population, même dans les temples, ne se faisait aucun scrupule de se nourrir de poissons, en évitant, je pense, les espèces médiocrement appétissantes comme le poisson *bou* « le dégoûtant », et le poisson *chep* « le regret ». Les habitant du Delta, les riverains du lac du Fayoum étaient des pêcheurs professionnels. Un groupe de granit trouvé par Mariette à Tanis représente deux hommes opulents en barbe et en cheveux, qui marchent du même pas en portant une table d'où pendent de magnifiques muges. Le papyrus Harris enregistre des quantités considérables de poissons parmi les distributions de victuailles faites aux temples de Thèbes, d'On et de Memphis : 441 000 poissons complets, principalement des muges, des mormyres, des clarias, des batensoda qui sont des poissons de moyenne taille, des gros chromis et des latès si gros qu'il faut deux hommes pour les porter[29]. Ayant passé une perche par les ouïes, ils la placent sur l'épaule et s'en vont d'un pas allègre pendant que leur capture balaie le sol de sa queue. Il y avait là de quoi nourrir des familles entières.

Les légumes sont compris dans le calendrier de Médinet-Habou sous la dénomination générale de *renpout,* « produits annuels ». Ils sont étalés sur des tables ou réunis en bottes. On mentionne à part les oignons et les poireaux qui étaient connus depuis une très haute antiquité. Un marchand de l'Ancien Empire dit à son client qui se présente muni d'un pain : « Pose et je te donnerai de beaux oignons (*hedjou*). » Les poireaux (*iaqet*) sont mentionnés au papyrus médical Ebers, dans l'histoire de Khoufou et des magiciens et le naufragé en récolte dans son île où il y a de tout. L'ail était très apprécié. Hérodote prétend que les ouvriers qui travaillaient à la pyramide de Cheops mangèrent pour 1 600 talents d'argent de radis, d'oignon et d'ail. Il se peut que ce soit vrai, bien que ce renseignement n'ait certainement pas été gravé sur le monument comme l'a cru Hérodote. Quoi qu'il en soit des paquets d'ail ont été trouvés dans les tombes thébaines.

Le nom hiéroglyphique de l'ail, *khizan*, a été reconnu par V. Loret au grand papyrus Harris et dans la version copte de la Bible[30]. Ramsès III en fit distribuer aux temples de grandes quantités. Les Hébreux en route vers la terre promise regrettaient les concombres, les pastèques, les poireaux, les oignons et les aulx qu'ils avaient à foison en Egypte[31]. Les pastèques, les concombres, ainsi que les melons apparaissent fréquemment sur les tables d'offrandes, à côté des bottes de papyrus que certains ont prises à tort pour des bottes d'asperges. Les auteurs classiques ont prétendu que la religion défendait de manger des fèves et des pois chiches, pour apprendre aux hommes, suppose Diodore, à se priver de quelque chose[32]. En fait, on a trouvé dans les tombes des fèves, des pois et des pois chiches. Les prêtres d'On et de Memphis ont touché des fèves sous le règne de Ramsès III[33]. Il est vrai que le pois chiche ressemble étonnamment à la tête du faucon et tout spécialement à la tête de faucon qui coiffe le troisième des vases canopes qu'on appelait *Qebehsenouf.* Ce n'était pas une raison pour s'abstenir d'en manger, sinon peut-être en certains lieux et à certains jours. Les laitues étaient cultivées dans les jardins, près de la maison, et copieusement arrosées. C'était la plante du dieu Min dont la statue s'élève souvent devant un carré de laitues. Mais le dieu ithyphallique n'était pas le seul dieu qui se régalât de laitues. L'auteur de la querelle d'Hor et de Seth raconte que Isis s'étant rendue dans le jardin de Seth interpella le jardinier pour savoir de quels légumes Seth s'était nourri. « Il n'a mangé aucun légume ici avec moi, répond le serviteur, à l'exception des laitues ». Le lendemain Seth revient au jardin suivant son habitude de chaque jour et mange encore des laitues. Seth passait pour paillard, mais Min aurait pu lui rendre des points. On avait remarqué que la laitue rend les hommes amoureux et les femmes fécondes. Aussi en faisait-on une grande consommation. Sur les tables d'offrandes les belles laitues vertes ne sont pas rares. On les consommait sans doute comme font les Arabes aujourd'hui, crues, avec de l'huile et du sel[34].

Les anciens Egyptiens, moins favorisés que les modernes, ne connaissaient ni les oranges, ni les citrons, ni les bananes. La poire, la pêche, l'amande, la cerise ne firent leur apparition sur les tables qu'à l'époque romaine. Toutefois, pendant l'été, ils ont pu, en tout temps, se rassasier de raisins, de figues, de dattes, de figues de sycomore plus petites et moins bonnes que celles du figuier. Les dattes ne sont pas très bonnes en Egypte, sauf dans la Thébaïde. Celles du palmier doum, comestibles, servent plutôt de médicaments. La noix de coco était chez quelques privilégiés une curiosité fort appréciée. Le grenadier, l'olivier et le pommier, introduits au temps des Hyksos n'ont plus cessé d'être cultivés et de donner de bons fruits. L'huile d'olive servait pour l'éclairage, ce qui ne veut pas dire qu'on ne l'utilisait pas en cuisine. Avant de connaître l'olivier, les Egyptiens cultivaient d'autres arbres qui produisaient de l'huile, dont le principal est le moringa *bak*. Le mimusops, le balanite, le jujubier peuvent encore s'ajouter à la liste des arbres fruitiers. Il ne faut pas oublier que plusieurs noms d'arbres et beaucoup de noms de plantes ne sont pas identifiés et que nous ne pouvons pas dénombrer complètement les ressources des

Egyptiens en fruits et en légumes. La classe pauvre se contentait parfois de mâcher l'intérieur des tiges de papyrus, comme on fait aujourd'hui des tiges de canne à sucre, et les rhizomes d'autres plantes aquatiques, dont on a trouvé des coupes pleines dans les tombes[35].

Le lait était une véritable friandise. On le recueillait dans des vases de poterie de forme ovoïde que l'on bouchait avec une touffe d'herbe pour le garantir des insectes, en évitant de fermer complètement l'ouverture. Plusieurs mots désignent des produits laitiers, crème, beurre, fromage, mais la traduction n'en est pas sûre. On mettait du sel dans certains remèdes, dans certains plats de régime. Il n'y a pas de raison pour qu'on ne l'ait pas utilisé sur une large échelle. Pour donner un goût sucré aux breuvages et aux aliments, on avait le miel et les grains du caroubier[36]. Le signe *nodjem,* qui veut dire doux, douceur, représente une gousse de cet arbre. Les Egyptiens allaient chercher le miel et la cire des abeilles sauvages très loin dans le désert. C'était un métier spécial. Les chasseurs de miel s'associaient avec les hommes qui allaient recueillir la résine de térébinthe dans les ouadis. Le roi s'efforçait, en les faisant accompagner par des archers, de les protéger contre les dangers auxquels on s'exposait en s'aventurant loin de la vallée du Nil. Cela ne les empêchait pas d'élever des abeilles dans les jardins. Des jarres en poterie servaient de ruches. L'éleveur circulait sans appréhension au milieu des abeilles. Il les écartait de la main pour récolter les rayons. Le miel était conservé dans de grandes jattes de pierre cachetées[37].

IV. — La cuisine.

Le matériel de cuisine est assez rudimentaire. Il comprend essentiellement des fourneaux mobiles en poterie, de forme cylindrique, hauts à peu près d'un mètre pourvus en bas d'une porte qui sert à donner de l'air et à retirer la cendre. A l'intérieur, une grille ou des barreaux soutenaient le combustible. Il y avait bien entendu un passage pour la fumée, mais les dessinateurs n'ont jamais représenté un fourneau muni d'une cheminée. On coiffait tout l'appareil avec une marmite à deux anses, de profondeur variable, dont le diamètre dépassait quelque peu celui de la chaudière. Au besoin, les cuisiniers peuvent se passer de fourneau. Ils installent la marmite sur trois pierres et rassemblent par-dessous un peu de bois et de charbon. Il existait aussi des réchauds de métal ayant la forme d'un coffre sans fond, peu élevé. Sur la table percée de trous, le combustible était répandu. J'ai trouvé dans le tombeau de Psousennès un petit réchaud datant de Ramsès II qui répond à cette définition. Le tirage était forcément défectueux. Le cuisinier ne cessait, tout en surveillant la cuisson, de manier l'éventoir[38].

Le charbon de terre n'existe ni en Egypte, ni dans les pays voisins. Les cuisiniers, comme tous les artisans qui faisaient usage d'un four, potiers, céramistes, bronziers, n'avaient à leur disposition que du charbon de bois, de la braise ou du bois. Le charbon de bois *djâbet* est mentionné dans les contrats de Siout comme un article de valeur. Les quantités de charbon enregistrées au calendrier de Médinet-Habou et au papyrus Harris sont des plus modestes. On le livrait dans des sacs ou dans des corbeilles.

Pour faire du feu, les Egyptiens avaient ce qu'ils appelaient le bois de feu. C'était encore un article rare. Un temple aussi important que celui de Karnak n'en touche que soixante pour un mois, deux par jour. Il était connu depuis la plus haute antiquité, puisqu'un signe hiéroglyphique appartenant au plus ancien répertoire en donne une image réduite. L'objet se composait de deux pièces, une tige effilée à la pointe, enflée à la base et une sorte de godet. On les faisait venir des pays du Midi. Dans son île de la mer Rouge, le naufragé du conte en trouve un bien à propos et vite il allume du feu, prépare un holocauste pour les dieux et un repas pour lui-même. Dans les ménages égyptiens qui n'avaient pas part aux distributions officielles on était peut-être embarrassé au moment d'allumer le feu. Il n'y avait pas autre chose à faire que d'implorer d'un voisin complaisant et prévoyant un peu de braise rouge.

Outre le fourneau, les réchauds, la provision de combustible et les bois de feu, le matériel de cuisine comportait des marmites, des bassines, des brocs et des jarres en poterie, sans parler des jarres, des ballots, des sacs, corbeilles et paniers qui avaient servi au transport des provisions, des tables à trois ou quatre pieds pour découper ou hacher la viande ou le poisson, ou choisir les légumes, des tables basses pour travailler accroupi, des tréteaux où l'on suspendait la viande et les volailles.

On connaît en langue égyptienne deux verbes qui se rapportent à la cuisson des aliments : *psy* et *acher*. Le premier se dit aussi bien pour le lait que pour la viande. Il semble donc qu'on puisse le traduire par « bouillir ». Dans certains cas, une marmite profonde est placée sur un foyer. Les morceaux de viande dépassent le bord, ce qui permet de supposer qu'ils flottent dans un bouillon, mais l'on ignore si la viande bouillie était servie telle quelle ou hachée avec des légumes et des condiments et mise en boulettes ou galettes. Les Egyptiens n'ont pas laissé de livre de cuisine, mais on peut se faire une idée de leur ingéniosité en cette matière par les papyrus médicaux où ont été consignées des recettes contre les maladies et les incommodités intestinales. Ils n'ignoraient pas que le beurre ou la crème (*smy*), la graisse d'oie, la graisse de veau, sont extrêmement propres à confectionner des mets[39]. Dans la cuisine de Rekhmarê, la marmite qu'on a posée sur le fourneau est trop basse pour le pot-au-feu. Au moment où le cuisinier met de la graisse, à ce que dit la légende, un aide remue le contenu de la marmite avec un instrument à long manche dont nous ne voyons pas s'il est terminé par une fourche ou une louche. Il s'agit probablement d'un ragoût.

Le mot *acher* s'emploie pour les grillades. Les volailles de préférence étaient grillées. Le cuisinier ayant plumé et vidé une oie ou un canard, coupé la tête, le bout des ailes et les pattes, l'embroche et le tient à bout de bras au-dessus d'un réchaud bas. Il n'y avait pas que les volailles qui fussent ainsi préparées, car une pièce de viande de la pancarte s'appelle *acher* « grillades ». Cette pièce n'est pas identifiée. Le filet dont le nom signifie « viande de choix », le faux-filet, *hâ*, littéralement « chair », étaient aussi, selon toute vraisemblance, rôtis à la broche.

Voici ce que Hérodote a remarqué au sujet des

poissons et de la volaille. « Ils mangent certains poissons séchés au soleil et crus, d'autres à l'état de salaison qu'ils sortent de la saumure. Parmi les oiseaux, ils mangent crus les cailles, les canards et les menus oiseaux qu'ils ont salés au préalable. Tout le reste des oiseaux et des poissons est mangé rôti ou bouilli[40]. » Les documents figurés et les textes confirment en somme ce témoignage. Les muges, les chromis, les mormyres apportés dans des couffins sont répandus sur le sol. Un homme assis sur un tabouret de bois se saisit d'un couteau et les fend pour les faire sécher. Le maître et sa femme s'intéressent à cette opération et ne se bouchent même pas le nez. Les œufs des muges sont mis de côté pour préparer la boutargue[41]. De grandes quantités de poissons fendus étaient expédiées aux temples en même temps que les poissons dits complets qui sont vraisemblablement des poissons frais. Les temples recevaient aussi des pots remplis de poissons avec bois de voile, ce qui doit se rapporter à un procédé de conserve dont nous ne savons rien de plus. Des oiseaux aquatiques sont quelquefois fendus à côté de l'endroit où l'on fait sécher les poissons, évidemment pour être salés et séchés. Les oiseaux d'eau qu'on expédiait dans les temples étaient tantôt vivants, tantôt complets et à manger dans un délai très court, tantôt, enfin, fendus et séchés et pouvant se conserver au moins un certain temps[42].

V. — La boulangerie.

Dans la pancarte de l'Ancien Empire l'on peut compter quinze mots qui désignent des pains ou des gâteaux. D'autres peuvent être dénichés çà et là, dans les textes. Nous sommes complètement incapables de caractériser ces pains ou ces gâteaux qui pouvaient différer par la farine, par la forme, par le degré de cuisson, par les produits, miel, lait, fruits, œufs, graisse ou beurre, qui y étaient incorporés. La farine provenait de trois céréales, l'orge, *iot,* l'amidonnier, *boti,* et le froment, *sout.* Les gens riches avaient leur provision de grain à côté de la maison ou sur le toit. On pouvait moudre et faire le pain à domicile. On faisait de même dans les temples, mais il reste possible que des meuniers et boulangers libres, installés à leur compte, aient travaillé pour une clientèle de petites gens. Les grains débarrassés de toutes les impuretés sont confiés à une équipe qui comprend plus de femmes que d'hommes[43]. Le premier travail est fait par des hommes. On met un peu de grain dans un mortier de pierre. Deux ou trois gaillards les pilent en cadence avec de lourdes massues longues de deux coudées. Les tamiseuses s'emparent de ces grains éclatés, mettent de côté le son destiné aux animaux et donnent le reste pour moudre. La meule conique n'était pas encore en usage. L'outillage se composait d'une auge à deux compartiments et d'une grosse pierre. Les grains sont mis dans le compartiment supérieur. La meunière pliée en deux promène la grosse pierre sur les grains et chasse la farine dans le compartiment inférieur. On tamise et l'on recommence jusqu'à ce que la farine ait la finesse voulue et tout en chantant : « Que tous les dieux de ce pays donnent à mon maître la force et la santé ! » On ne préparait que la quantité de farine nécessaire pour le pain de la journée. Sur les tableaux, en effet, les boulangers travaillaient à côté des meuniers et parfois au milieu d'eux. Sans perdre de temps, une femme dispose au-dessus d'un foyer des moules coniques de telle façon que l'intérieur soit léché par les flammes. Avec un éventoir elle active le feu et se protège les yeux de sa main libre. Quand les moules ont atteint la bonne température, on les place sur une planche percée de trous ronds et on les emplit avec la pâte qui vient d'être pétrie et mélangée de levain. On bouche et l'on attend. Quand les pains sont cuits on le retire du moule. On les compte, car en Egypte l'on compte tout, et l'on porte les corbeilles pleines aux heureux qui mangeront le pain.

Cette façon de faire le pain était en usage depuis l'Ancien Empire. Elle était lente et exigeait un personnel nombreux qu'il fallait bien nourrir un peu si on ne le payait pas. Un enfant arrive avec sa petite écuelle à la main au moment où sa mère est en train d'étaler la pâte avec la paume de ses deux mains. Il la supplie de lui donner un gâteau, car il a faim. On le traite d'hippopotame et on lui reproche de manger plus qu'un esclave du roi[44]. Au Nouvel Empire, on opère toujours de cette façon, mais il existait déjà des fours où plusieurs pains pouvaient cuire à la fois[45]. On a toujours su, en outre, faire cuire des galettes minces dans du sable brûlant, comme font encore les Bédouins.

VI. — Les boissons.

La bière était la boisson nationale des Egyptiens[46]. On buvait de la bière partout, chez soi, aux champs, en bateau, dans des cabarets. Lorsque Sinouhit gracié se rend en bateau des Chemins d'Horus à Ity-taoui, il se réadapte à la vie égyptienne en buvant de la bière dont il était privé depuis si longtemps. La bière égyptienne était faite avec de l'orge, ou du froment, et des dattes. Le matériel comprenait des moules analogues à ceux du boulanger mais plus grands, une corbeille et tout un assortiment de jarres et de cuvettes en poterie. On commence par faire des pains. Comme dans les boulangeries on dresse une pyramide de moules autour d'un foyer. En même temps on prépare une pâte appelée *ouadjit,* « la fraîche », que l'on verse dans les moules brûlants, mais qui n'y restera que le temps nécessaire pour dorer la croûte. Il fallait que l'intérieur demeurât cru. Ces pains à demi cuits sont émiettés dans une grande cuvette et mélangés avec le liquide sucré obtenu avec des dattes. On brasse, on filtre. Bientôt le liquide fermente. Il n'y a plus qu'à le transvaser dans des jarres et à boucher avec une petite assiette et un peu de plâtre. Ainsi préparées, les jarres pouvaient voyager. Pour la consommation, la bière était transvasée dans des cruches qui pouvaient contenir un litre ou deux. Les buveurs avaient des gobelets de pierre, de faïence ou de métal. La bière amère, que les Nubiens fabriquent à peu près de la même façon, ne se conservait que peu de temps. On promettait au roi défunt des pains qui ne se briseront pas et de la bière qui ne s'aigrira pas. Cela veut dire que la bière des vivants tournait souvent à l'aigre.

Depuis que l'Egypte avait le bonheur d'être gouvernée par une famille du Delta, les amateurs du jus de la treille, de ce don d'Osiris, qui n'avaient jamais manqué, étaient plus nombreux que jamais. Il se faisait alors un grand commerce de vin. Un fonctionnaire du palais royal chargé du ravitaillement atteint les dépendances de Pi-Ramsès en trois bateaux, le sien et des chalands fournis par le château de millions d'années d'Ousirmarê. Il embarque 21 personnes, 1 500 jarres de vin scellé, 50 jarres d'une boisson appelée *chedeh,* 50 d'une autre boisson appelée *pa-our,* en même temps que des paniers de raisins et de grenades et d'autres encore, dont le contenu n'est pas révélé[47]. On peut supposer que l'une de ces deux boissons est de la grenadine et l'autre une liqueur dérivée du vin. Quoi qu'il en soit, le *chedeh* est souvent nommé à côté du vin. Les jeunes étudiants s'enivraient aussi bien avec l'un qu'avec l'autre à la grande colère des vieux scribes.

On a trouvé au Ramesseum une grande quantité de jarres à vin, brisées, naturellement, qui portaient tracées à l'encre, en écriture hiératique, d'intéressantes indications concernant d'abord la provenance[48]. Presque tous les vignobles étaient dans le Delta et plutôt dans la région orientale. On lit aussi « bon vin de la huitième fois », ou « vin de la troisième fois » ou « vin doux ». Je supposerais volontiers que le vin doux est du vin nouveau, que troisième, huitième fois signifie troisième, huitième soutirage. Des soutirages fréquents sont en effet un des moyens par lesquels on empêche le vin de s'altérer. La cuisson en est un autre. Une peinture de Beni-Hassan, qui n'est pas très bien conservée, me paraît se rapporter à cette opération[49]. Je ne sais si les Egyptiens enduisaient de résine, comme les Grecs, l'intérieur des jarres. C'est douteux, car la qualité qu'ils appréciaient dans le vin, c'est la douceur qui dépasse celle du miel.

VII. — LES REPAS.

Nous avons achevé l'inventaire des principales ressources dont disposaient les familles égyptiennes pour s'alimenter au cours de l'année. Les documents font défaut qui nous permettraient de décrire en détail les repas pris à la maison. Une chose au moins est sûre. Les Egyptiens mangeaient assis, seuls ou par deux, devant le guéridon sur lequel on avait accumulé des provisions variées : viandes, volailles, légumes et fruits, ou dressé en rond les tranches d'un pain conique à la manière du kougelhopf alsacien. Les enfants s'asseyaient sur des coussins ou même sur la natte.

La famille ne se rassemblait pas pour le déjeuner du matin. Le père est servi dès que sa toilette est finie. Il avait du pain et de la bière, une tranche de viande prise dans la cuisse et un gâteau (*chens*). La mère également déjeunait pendant qu'on la coiffait ou tout de suite après. Sur une peinture thébaine[50] la servante apporte un gobelet à sa maîtresse dont la main est encore embarrassée du miroir. A côté, une table est garnie d'un couffin et de deux vases.

Le menu des deux grands repas comprenait, selon toute vraisemblance, des viandes, de la volaille, les légumes et les fruits de la saison avec des pains et des gâteaux, le tout bien arrosé de bière. Il n'est pas certain du tout que les Egyptiens, même ceux de la classe aisée, aient mangé de la viande à tous les repas. Il ne faut pas oublier que l'Egypte est un pays chaud et que le commerce de détail existait à peine. Seuls pouvaient faire abattre un bœuf ceux qui étaient sûrs de le consommer en trois ou quatre jours, les grands propriétaires qui avaient un nombreux personnel, les gens des temples, ceux qui donnaient un festin et les petites gens seulement pour les fêtes et pèlerinages. Je ne connais qu'un seul bas-relief représentant des gens en train de prendre leur repas. Il se trouve dans un tombeau d'El Amarna et les convives sont Akhenaton et sa famille[51]. Le roi dévore à belles dents une épaule roulée et la reine une volaille. La reine mère porte quelque chose à sa bouche et de l'autre main tend un morceau à l'une des petites princesses assise près d'elle sur un coussin. Dans le voisinage des convives on voit des tables chargées de provisions, mais ni plat, ni assiette, ni bol. Cela est d'autant plus surprenant que nos collections archéologiques comprennent une vaisselle aussi variée qu'abondante, qui permettrait de consommer des potages, des purées, des plats garnis accompagnés de sauce, des compotes, des entremets et des crèmes. Je pense donc qu'à un certain moment on distribuait aux convives non seulement des assiettes, mais aussi des couteaux à découper, des cuillères et des fourchettes, car les objets de ce genre, sans être des plus fréquents, existent aussi dans nos musées. Le Louvre possède une admirable série de cuillères de bois dont les manches sont ornés avec la plus gracieuse fantaisie, et qui n'ont peut-être jamais servi. J'ai trouvé au-dessus du tombeau d'Osorkon II une cuillère dont le creux était tenu par une main qui s'emmanchait d'un tube de métal. Remarquons d'autre part qu'un service de toilette, composé d'un broc et d'une cuvette, est fréquemment déposé sous les guéridons chargés d'aliments[52]. Tout cela prouve que les Egyptiens, à table, se servaient beaucoup de leurs doigts.

L'après-midi pouvait être coupé par une collation servie vers quatre ou cinq heures, qui était suivie soit d'une nouvelle séance de travail, soit de divertissements.

VIII. — La veillée.

En automne et en hiver, le paysan ne rentrait des champs qu'à la tombée de la nuit. Il s'attendait alors à trouver la maison éclairée. Entrant dans sa maison plongée dans les ténèbres, Anoupou a tout de suite le pressentiment d'une catastrophe. Même chez les paysans on pouvait avoir de la lumière pendant la veillée. Les écoliers et les artisans dans les petits jours continuaient leur travail à la lumière des lampes[53]. Dans les lampes on brûlait soit de l'huile de ricin, soit de l'huile d'olive. Nos musées ne sont pas riches en matériel d'éclairage. Dans une tombe de la Ire dynastie, j'ai trouvé une belle lampe de pierre qui a la forme d'une nacelle de papyrus pourvue d'un anneau horizontal pour le passage de la mèche[54]. D'autres lampes sont en forme de lis. Il existe, au Louvre, des petites coupes en terre rondes et plates où reste un morceau de mèche en corde encore noirci, qui a dû être enduit de graisse. Ce sont des lampes tout à fait communes dont se sont servis les ouvriers des nécropoles pour travailler dans les tombes. On fabriquait aussi des chandelles qu'on allumait dans les temples la nuit du nouvel an, le soir du nouvel an, la nuit de la fête *ouaga*. C'étaient des objets de valeur, car le fonctionnaire du temple qui en avait la garde était payé très cher pour les remettre, après qu'elles avaient déjà servi, au prêtre de double d'Hapi-Djefaï qui en éclairera la statue de son client[55]. On souhaitait au mort d'avoir sa lampe allumée jusqu'au lever du soleil et on lui offrait, à l'occasion des cinq jours épagomènes, cinq ustensiles de forme conique, pourvus d'un manche, qui faisaient penser à un arbre. La partie supérieure, garnie de cire, pouvait s'enflammer. Ces lampes éclairaient le mort dans sa solitude, mais l'on n'a pas de preuve qu'elles aient servi pour les vivants[56].

Ces quelques renseignements ne nous donnent pas une idée très avantageuse de l'éclairage des habitations. Les veillées n'étaient pas fort longues. Les Egyptiens se levaient avec le jour et se couchaient tôt, à l'exception des prêtres et des gardes qui avaient un service de nuit. Le roi Amenemhat Ier faisant le récit du coup d'Etat qui l'a instruit sur l'ingratitude des humains, raconte qu'après le repas de *mesyt,* la nuit étant venue, il avait pris une heure de loisir, puis s'étant couché sur son lit, en proie à la fatigue, il n'avait pas tardé à s'endormir[57]. Ainsi, après le repas du soir, les Egyptiens restaient une heure ou deux à bavarder autour d'une lampe fumeuse, puis le silence se faisait dans la maison.

IX. — Les festins.

Les occupations d'un riche Egyptien lui laissaient des loisirs qu'il n'était pas embarrassé pour employer. La chasse dans le désert, la promenade, les pèlerinages, la pêche et la chasse dans les marais, les cabarets le tentaient tour à tour. Mais des distractions nullement négligeables se tenaient à portée de sa main. C'est de celles-là que nous voulons nous occuper tout d'abord.

Un des plus grands plaisirs des Egyptiens était de réunir pour le déjeuner ou le dîner un grand nombre de parents et d'amis. Dans les tombeaux on a très souvent représenté des festins qui se donnent dans les demeures d'éternité, dans les châteaux perpétuels. Les convives en sont des ombres, mais ces festins sont l'image de ceux que le maître du tombeau avait célébrés quand il était sur terre. Ces peintures et quelques passages des moralistes et des conteurs nous permettront de décrire un repas d'amis dans une bonne maison.

Le repas était naturellement précédé d'un grand branlebas dans les magasins, dans la cuisine et dans toute la maison. On a abattu un bœuf suivant les méthodes connues. On l'a dépecé. On a classé les morceaux. On a préparé des grillades, des daubes et des sauces. Des oies ont été rôties à la broche. La bière est prête dans les jarres ainsi que le vin et les liqueurs. Les fruits sont dressés en pyramides dans les compotiers et dans les corbeilles. Le tout est tenu à l'abri des mouches et de la poussière. Les coupes d'or et d'argent, la vaisselle d'albâtre, la vaisselle de poterie peinte ont été retirées des armoires. L'eau rafraîchit dans les zirs. La maison a été lavée, frottée, astiquée, les allées du jardin balayées, les moindres feuilles enlevées. On a alerté des musiciens, des chanteurs et des danseurs des deux sexes. Les portiers sont aux aguets. Les conviés n'ont plus qu'à venir.

Si des personnages de marque étaient attendus, les maîtres de maison se tenaient debout près de l'entrée et traversaient le jardin avec leurs hôtes. Ainsi font les prêtres quand le roi se rend au temple. Le maître de la maison lui-même, s'il revient du palais chargé des faveurs du souverain, trouve les siens groupés devant la porte principale. Il pouvait arriver que les maîtres demeurassent dans la pièce de réception comme Pharaon dans sa salle d'audience. Les arrivants étaient reçus par les enfants et par les domestiques.

Dans le compliment les Egyptiens étaient intarissables. S'ils sont capables d'épuiser pour leur propre éloge, sur les stèles destinées à la postérité, toutes les ressources du vocabulaire, les conviés devaient, à l'adresse de celui qui les régalait, employer à peu près les mêmes termes que nous lisons sur un papyrus ramesside. « Que la grâce d'Amon soit dans ton cœur ! Qu'il te donne une heureuse vieillesse ! de passer la durée de ta vie dans la joie et d'arriver à l'honorariat. Tes lèvres sont saines, tes membres forts. Ton œil voit de loin. Tu es habillé de lin. Tu montes un équipage, le fouet à manche d'or est dans ta main. Des guides neuves sont en ta possession. Des poulains de Syrie sont attelés. Des nègres courent devant toi pour faciliter ta course. Tu descends dans ton bateau de sapin orné de la proue à la poupe. Tu arrives à ton beau château fort que tu as construit toi-même. Ta bouche est pleine de vin et de bière, de pain, de viande et de gâteaux. Les bœufs sont dépecés. Le vin est décacheté. Un chant suave retentit près de toi. Ton parfumeur répand le parfum des gommes. Ton chef jardinier est présent avec des guirlandes. Ton chef des oasis te présente les cailles, ton chef des pêcheurs, des poissons. Ton bateau est arrivé de Syrie chargé de toutes les bonnes choses. Ton étable est pleine de veaux. Tes fileuses prospèrent. Tu es stable et tes ennemis tombent. Ce qu'on dit de toi (en mal) n'existe pas. Tu entres devant l'Ennéade des dieux et tu sors triomphant[58] ! »

Les hôtes avaient le choix entre plusieurs formules. Ils pouvaient, d'un ton légèrement protecteur, murmurer « bienvenue, bienvenue », ou « pain et bière », ou appeler sur l'arrivant les bénédictions des dieux : « En vie, santé, force. Dans les faveurs d'Amonrâsonter. Je demande à Prâ-Harakhté, à Seth et Nephtys, à tous les dieux et à toutes les déesses du district suave qu'ils t'accordent la santé, qu'ils t'accordent la vie, que je puisse te voir bien portant, te serrer dans mes bras[59] ! » Voici un souhait pour un courtisan : « Je demande à Prâ-Harakhté, depuis son lever jusqu'à son coucher, à tous les dieux de Pi-Ramsès, le grand ka de Prâ-Harakhté, qu'ils t'accordent d'être dans les faveurs d'Amonrâsonter le ka du roi Banrê-Miamoun, vie, santé, force, ton bon seigneur, vie, santé, force, chaque jour[60].

Quand les souhaits et les compliments étaient épuisés, quand on s'était bien embrassé, il n'y avait plus qu'à prendre place. Les maîtres de la maison s'asseyent sur des sièges à haut dossier dont les boiseries sont incrustées d'or et d'argent, de turquoise, de cornaline et de lapis-lazuli. Des sièges aussi luxueux sont mis à la disposition de quelques invités. Les autres se contentent de tabourets en X ou même de tabourets à pieds verticaux. Chez les humbles, on s'assied tout simplement sur des nattes. Des coussins de cuir fort bien ouvragés sont le siège préféré des jeunes filles. Les hommes se rangent d'un côté, les femmes de l'autre[61]. Le moraliste Ptah-hotep, qui sait à quoi s'en tenir, recommande aux jeunes gens et même aux hommes mûrs invités dans une maison amie de ne pas trop regarder du côté des femmes[62]. Ce n'est pas une règle absolue. Lorsqu'on mêle les hommes et les femmes, les ménages ne sont pas séparés. L'invité peut s'il le veut rester près de sa femme. Les serviteurs et les servantes se mettent à circuler parmi les convives, distribuant les fleurs et les parfums. Les servantes sont toujours jeunes et jolies. Une robe transparente ne dissimule rien de leurs charmes. Le plus souvent, même, elles n'ont sur le corps qu'un gorgerin et une ceinture. Bientôt, toutes les dames, tous les hommes ont une fleur de lotus à la main. Bientôt, chacun aura sur la tête un cône de couleur blanche. Les servantes le confectionnaient au moyen d'une pommade parfumée qu'elles puisaient dans une large coupe. Les maîtres, les jeunes filles de la maison, les servantes, portent également sur la tête cet accessoire indispensable d'une réception. C'est à cela que faisaient allusion, dans le compliment que nous avons cité plus haut, les mots : « Ton parfumeur répand les gommes. » Pas de jour heureux sans parfum. Cela n'était pas inutile pour masquer les odeurs de la bière, du vin et des grillades. Les servantes qui portent le cône sur la tête, n'en paraissent nullement gênées pour leur service. Les dessinateurs qui ne se privent pas, même dans un tombeau, de représenter des épisodes plaisants ou grotesques n'ont jamais montré la chute lamentable de cet accessoire parfumé. Tout en le confectionnant, les serveuses, d'une main agile, remettent en place le gorgerin d'un invité qui faisait mine d'être dérangé.

Le moment est enfin venu de servir tout ce que les cuisiniers et pâtissiers ont préparé pour la réception. Il y a de quoi satisfaire les plus exigeants, car le vieux Ptah-hotep, s'il recommande aux invités d'être discrets en coups d'œil et en paroles, conseille d'autre part de contenter les visiteurs selon ses moyens. On mérite la louange de Dieu et une bonne réputation. Pour cela le plaisir de l'oreille doit s'ajouter aux joies du palais. En même temps que les dîneurs s'installaient, les musiciens entraient avec leurs instruments. Les Egyptiens ont aimé la musique de tout temps. Ils l'aimaient déjà avant l'invention de tout instrument, alors qu'ils ne savaient que battre des mains pour soutenir la voix. La flûte, le hautbois, la harpe ont déjà fait leur apparition à l'époque des pyramides. On les combine pour des duos ou des trios et l'on peut associer la harpe ou l'un quelconque des trois instruments ou les trois ensemble à la voix et aux mains. A partir du Nouvel Empire, et pour une part à l'exemple des peuples voisins, les ressources instrumentales sont en progrès véritable. Les harpes sont plus volumineuses. Le corps sonore a doublé de volume et les cordes sont plus nombreuses. On fabrique des harpes portatives, des harpes de grandeur moyenne pourvues d'un pied et des harpes monumentales, qui sont de véritables œuvres d'art, couvertes d'ornements floraux ou géométriques, enrichies d'une tête de bois doré qui s'emmanche à l'extrémité supérieure ou s'adapte à la base. La cithare est d'importation asiatique. Les Amou nomades se présentent à Menat-Khoufou, chez le gouverneur du nome de l'Oryx, en jouant de la cithare. Des musiciens d'un type étranger jouent quelquefois d'une cithare à pied de grand module. Les cithares portatives, souvent fort élégantes, n'ont que cinq cordes. La double flûte n'est plus comme autrefois, formée de deux roseaux parallèles ajustés l'un contre l'autre, mais de deux roseaux formant un angle aigu. Le luth est une petite boîte oblongue, percée de six ou huit trous, plate des deux côtés et munie d'un long manche orné de banderoles sur lequel on a tendu quatre cordes. Les tambourins sont ronds ou carrés, mais ils servaient surtout dans les fêtes populaires et religieuses. Il en était de même des autres instruments de percussion, les crotales et les sistres, bien que la déesse Hathor, à qui ils étaient consacrés, fût une déesse des festins en même temps que de la musique. Les crotales, en égyptien *menat*, étaient faites de deux plaquettes semblables en ivoire ou en bois que l'on accrochait à un collier. Les sistres se composaient d'une tête d'Hathor plantée sur un manche. Les cornes étaient remplacées par deux appendices beaucoup plus longs en métal entre lesquels étaient tendus des fils de métal, qui traversaient des petites cymbales de métal également. En agitant les sistres on produisait à volonté des tenues et des brèves très propres à soutenir le chant où à le rythmer. Les crotales correspondaient à nos castagnettes. Ceux qui de nos jours ont applaudi l'Argentina ou telle autre danseuse espagnole peuvent sans peine imaginer le parti que les Egyptiens tiraient des sistres et des crotales. Les chanteuses avaient d'ailleurs la ressource de s'accompagner elles-mêmes en battant des mains. La danse complétait les attractions. Quelquefois une acrobate se mettait de la partie. Renversée en arrière, elle laissait répandre ses cheveux sur le sol[63].

Quand l'appétit était rassasié, les chants, la musique, la danse prolongeaient encore la réunion. On consommait de nouvelles friandises avec plus de joie puisqu'il ne s'agissait que de satisfaire la gourmandise. Les chanteurs improvisaient au besoin des vers qui célébraient les largesses de l'hôte ou la bonté des dieux. « ...Sa perfection est dans tous les cœurs... Ptah a fait cela avec ses propres mains pour l'onction de son cœur. Les canaux sont pleins de l'eau nouvelle. La terre est inondée de son amour. » « C'est un jour heureux, disait un autre, que celui où l'on pense à la beauté d'Amon. Quelle suavité de pousser une acclamation jusqu'à la hauteur du ciel ! » Il était convenable de remercier les dieux, mais personne n'ignorait que c'est pour un temps bien court que nous jouissons ici-bas de leurs dons. Profitons donc largement de ce beau jour où la clémence des dieux et la liberalité de l'hôte se complètent si bien. Le harpiste de Neferhotep rappelait dans un banquet ces vérités :

« Les corps s'y rendent depuis le temps du dieu et les jeunes générations prennent leur place. Tant que Râ se lèvera le matin et que Toup se couchera à Manou, les mâles engendreront, les femelles concevront, les nez respireront, mais ce qui est né rejoint un jour sa place. Fais un heureux jour, ô prêtre. Que l'on donne des parfums de la première qualité, des essences à ton nez, des guirlandes et des lis pour tes épaules et pour la gorge de ta sœur bien aimée qui est assise à côté de toi, qu'il y ait du chant et de la musique de harpe devant ta face. Négligeant donc tous les maux, ne songe plus qu'aux plaisirs jusqu'à ce qu'il vienne, ce jour où il faut aborder à la terre de l'amie du silence. Fais un heureux jour, Neferhotep, juste de voix, excellent père divin aux mains pures. J'ai entendu tout ce qui est arrivé [aux ancêtres]. Leurs [murailles] sont détruites. Leurs places ne sont plus. Eux-mêmes ils sont comme celui qui n'a jamais existé depuis le temps du dieu. Tes murs à toi sont fermes. Tu as planté des sycomores sur la rive de ton bassin. Ton âme reste sous eux et boit de leur eau. Suis ton cœur résolument aussi longtemps que tu es sur la terre. Donne du pain à qui n'a pas de domaine, afin de gagner une bonne renommée à tout jamais. Fais un jour heureux... Figure-toi ce jour où l'on te conduira au pays qui mêle les hommes. Il n'y a point d'homme qui y ait emmené ses bien absolument. On ne peut en revenir[64]. »

Un autre joueur de harpe enseigne l'inutilité des efforts des hommes pour vaincre la mort. L'Egypte est déjà au temps des Ramsès un vieux pays et chacun pouvait voir ce qu'il était advenu des pyramides ! « Les dieux qui ont été auparavant et qui reposent dans leurs pyramides, les momies et les mânes pareillement qui sont ensevelis dans leurs pyramides dont on a construit les châteaux, leurs places ne sont plus ! Qu'a-t-on fait d'eux ?... J'ai entendu les paroles d'Imhotep et d'Hardidif que l'on chante en des chants dont le nombre est grand. Leur enclos est détruit, leurs places ne sont plus, comme s'ils n'avaient jamais existé. Personne n'y vient qui célèbre leurs qualités, qui célèbre leurs biens. »

« Suis ton cœur tant que tu existes. Mets de

l'encens sur ta tête. Habille-toi de lin. Oins-toi de ce qu'il y a de plus merveilleux parmi les essences du dieu... Suis ton cœur et ton bonheur aussi longtemps que tu seras sur terre. N'use pas ton cœur jusqu'à ce que vienne pour toi ce jour où l'on supplie, sans que le dieu dont le cœur ne bat plus écoute ceux qui l'implorent[65]... »

A la basse époque on ne se contentait plus d'opposer par des paroles les tristesses du royaume des morts aux joies de la vie et à exhorter les convives à profiter de ces dernières. On exhibait, selon les auteurs grecs qui semblent cette fois bien informés, dans les banquets des riches, après que le repas était terminé, une figurine de bois dans un cercueil, peinte et sculptée à l'imitation très exacte d'un mort, d'un mort momifié naturellement et non d'un squelette comme le croiraient peut-être des modernes. J'ai trouvé à Tanis, dans une maison privée, des statuettes de momie qui, intactes, pouvaient mesurer une coudée de long et ont servi peut-être à cet usage. L'hôte montre donc cette figure à chacun des convives en lui disant : « Regarde celui-là et puis bois et prends du plaisir, car une fois mort tu seras comme lui. » Voilà ce qu'ils font pendant qu'ils sont réunis à boire. C'est du moins ce qu'affirment Hérodote et Plutarque. Lucien, parlant comme un témoin oculaire, prétend que les morts étaient bel et bien présents au festin. De mieux en mieux, mais rien ne prouve que Neferhotep ait invité des morts à s'asseoir parmi les vivants ou fait circuler une petite momie et encore moins un squelette articulé en argent comme celui de l'opulent Trimalcion[66].

D'ailleurs les convives obéissent très bien à l'avertissement du mélodieux harpiste. Sous le prétexte de célébrer un jour heureux, il arrive que la réunion de famille tourne à la beuverie. Voici, par exemple, une réception chez Paheri et sa femme[67]. Les maîtres de maison sont assis l'un à côté de l'autre. Un singe, attaché au pied de la chaise de Paheri puise des figues dans un couffin et les croque. Les serviteurs sont groupés en arrière. Vis-à-vis sont assis sur de beaux sièges les parents de Paheri. Les oncles, les cousins, les amis sont assis sur les nattes. Ils ne sont d'ailleurs pas oubliés. Des serviteurs circulent parmi eux portant des coupes à godrons et d'autres passent au milieu des dames invitées. « A ton Ka, dit l'un d'eux, en tendant une coupe pleine, bois jusqu'à t'enivrer. Fais un jour heureux ! Ecoute ce que dit ta compagne. » Celle-ci venait de dire au serveur : « Donne-moi dix-huit mesures de vin. Vois ! je l'aime jusqu'à l'ivresse. » Un autre serveur n'est pas moins engageant : « Ne te gêne pas. Car voici, je ne vais pas le laisser (le broc de vin). » La voisine qui attend son tour intervient : « Bois donc, ne fais pas la dégoûtée. Tu permets que le gobelet vienne jusqu'à moi ? Voici, c'est le prince du boire. » Plus loin, deux invitées délaissées par les serveurs font le geste de repousser une offre imaginaire. Chez Paheri, nous sommes à Nekhabit, au sortir de la guerre de libération. Ces provinciaux ont la joie un peu rude. Pourtant, à Thèbes, on ne pratiquait pas mieux le Maneros, mot qui, selon Plutarque, voudrait dire qu'en toute chose il faut agir avec modération. Il n'est pas rare de trouver dans les scènes de banquet un convive à qui l'excès du boire et du manger a tourné la tête et soulevé le cœur[68]. Un jet disgracieux lui échappe de la bouche. Ses voisins, que l'incident n'étonne pas outre mesure, soutiennent la tête du malade ou de la malade. S'il en est besoin on l'étendra sur un lit. Les traces du méfait seront vite enlevées et la fête continuera.

X. — Les jeux.

Les festins n'avaient pas lieu tous les jours. Quand ils étaient seuls, le maître et la maîtresse de la maison aimaient s'installer au jardin, sous un kiosque léger, respirer en buvant frais le doux vent du nord, ou encore ils faisaient en barque le tour de leur lac et se livraient aux délices de la pêche à la ligne. Une distraction très appréciée des époux était le jeu de dames. On joue sur un damier rectangulaire divisé en trente ou en trente-trois cases. Les pions noirs ou blancs ont à peu près la forme du pion de notre jeu d'échecs. Les joueurs s'installent sur des tabourets, un coussin sous les pieds. Souvent les époux jouent l'un contre l'autre. Le père est assisté de sa fille qui a passé le bras autour de son cou. Petosiris joue avec ses amis après déjeuner en attendant le moment de se rafraîchir dans la salle de la bière. Un Thébain n'attend pas ce moment et préfère boire tout en jouant aux dames[69]. Nous ne savons rien de la marche du jeu. Elle paraît résulter de coups de dés et non de manœuvres libres comme dans notre jeu de dames.

Aux époques anciennes, les jeux étaient plus nombreux et plus variés. Le plus en faveur était le jeu du serpent *mehen* qui se jouait sur un guéridon où apparaissait en gravure ou en travail d'incrustation un serpent enroulé sur lui-même, la tête au centre, le corps divisé en compartiments. Les joueurs disposaient de trois lions, de trois lionnes, de boules blanches et rouges. Quand la partie était finie, tout ce matériel était rangé dans un coffret d'ébène. Ce jeu n'est plus attesté après l'Ancien Empire[70]. Néanmoins, on ne peut affirmer qu'il ait été abandonné. Deux tombeaux de la Ire dynastie, qui nous ont conservé les plus jolies séries de lions et de lionnes en ivoire, nous ont aussi gardé des pièces de jeu fort curieuses en ivoire; les unes représentent une maison formée de trois bâtiments à toit pointu; d'autres ressemblent au roi et à la tour de notre jeu d'échecs. Les pions sont des cylindres dont l'extrémité supérieure arrondie se termine par un bouton. Il est difficile de croire que les jeux variés inventés par leurs ingénieux ancêtres aient été délaissés au profit d'un ou deux seulement. Les Egyptiens étaient joueurs. Les époux, les amis jouaient par passe-temps. Même des ennemis pouvaient trancher par le jeu un différend quelconque[71].

Les enfants jouaient aussi à des jeux qui n'exigeaient pas une grande mise de fonds. Si les garçons sont en nombre, ils se partagent en deux camps. Dans chaque camp chaque joueur noue ses bras autour du corps du camarade qui le précède. Les deux premiers s'affrontent pied contre pied, entrecroisent les mains, s'efforcent mutuellement de se faire tomber. Ceux qui sont à l'arrière encouragent leur chef de file : « Ton bras est plus fort que lui, beaucoup. Ne lâche pas ! » Les autres répondent : « Le camp est plus fort que toi. Empare-toi d'eux, camarade. »

Le jeu du chevreau à terre est une sorte de saut d'obstacle[72]. Deux garçons s'asseyent par terre l'un en face de l'autre, les bras et les jambes tendus, les doigts de la main bien écartés, le talon gauche sur la pointe du pied droit. Ils forment l'obstacle et c'est cet obstacle que les autres joueurs doivent sauter sans se faire prendre. Les joueurs qui forment l'obstacle essaieront naturellement d'attraper la jambe du sauteur et d'envoyer « le chevreau en terre ». Le sauteur n'est pas autorisé à faire des feintes, mais il annonce son départ en disant : « Tiens-toi bien ! Me voici qui viens, camarade ! » D'autres enfants luttent de vitesse, mais comme il serait trop simple de courir sur leurs pieds, ils courent sur les genoux, les jambes croisées, tenant les pieds dans leurs mains. S'il y a dans la bande un grand garçon, il se mettra à quatre pattes et deux petits s'enchaînant par les mains et par les pieds, se balanceront sur son dos. On joue aussi à lancer des javelots sur une cible dessinée sur le sol. Cette cible porte, on ne sait pourquoi, le nom du dieu Sechemou, le dieu du pressoir, qui est un dieu bien respectable. On attendrait plutôt le nom du meurtrier d'Osiris. La lutte avait des amateurs. Si l'on est assez nombreux, une partie des joueurs forme une sorte de tour, chacun étendant les bras sur les épaules de ses voisins. Les autres doivent sauter sur la tour sans se faire prendre par le gardien.

Quelquefois le jeu tournait mal. L'enfant maladroit ou tricheur était puni à coups de poing et à coups de pied. Le puni est même parfois ligoté comme un vrai criminel. Ses bourreaux le fustigent avec des bâtons terminés par une main.

Les fillettes préféraient les jeux d'adresse. Elles jonglent. Les petites montées sur le dos des grandes s'envoient des balles. Elles luttent aussi à bras-le-corps. Mais le passe-temps préféré, c'était la danse. Toute jeune fille devait savoir danser, et pas seulement celles qui désiraient devenir danseuses professionnelles. Elles attachent une boule à leur tresse et prolongent aussi leur bras par un miroir ou un de ces bâtons sculptés qu'elles empruntent aux garçons du voisinage. Ainsi parées, elles tournent, elles sautent, elles se contorsionnent pendant que les compagnes font cercle en chantant et en battant des mains. Leur chanson, qui n'est pas très claire pour nous, invoque Hathor, la patronne de tous les plaisirs. Voici une façon de danser qui ne manque pas d'imprévu. Deux grandes se placent dos contre dos et allongent les bras à droite et à gauche. Quatre autres fillettes butant leurs pieds contre les pieds des deux autres saisissent ces quatre mains tendues et, raidissant leur corps, demeurent suspendues. Au commandement tout l'appareil tournait au moins trois fois à moins qu'une chute n'interrompît le jeu.

Dans les chambres du harem il y avait presque toujours à demeure des harpes, des cithares, des luths et des tambourins[73]. Ce n'était pas pour rien. Je suppose qu'après le repas du soir les chants, la musique, la danse charmaient la soirée passée en famille. Les récits également. Un papyrus du musée de Berlin appelé le papyrus Westcar, montre Khéops distrait, puis prodigieusement intéressé par les histoires de magiciens que chacun de ses fils conte à tour de rôle. Nous avons bien le droit de penser que ce passe-temps royal était aussi à l'occasion le plaisir de celui qui voulait bien le prendre.

CHAPITRE V

LA VIE A LA CAMPAGNE

I. — Les paysans.

Pour le scribe tous les métiers manuels sont méprisables, mais le métier d'agriculteur est le pire de tous. Les gens s'y usent aussi vite que le matériel. Battu et exploité par ses maîtres et par les agents du fisc, volé par ses voisins, par les maraudeurs, déçu par les éléments, ruiné par les sauterelles, les rongeurs et tous les ennemis de l'homme, tel est l'homme des champs[1]. Sa femme emprisonnée, ses enfants pris pour gages
Lui font d'un malheureux la peinture achevée.
Mais les Grecs qui venaient d'un pays pauvre, où l'on n'obtient un peu de récolte qu'au prix d'un âpre travail, en jugeaient tout autrement. Quand les champs sont ensemencés, dit Hérodote, le paysan n'a plus qu'à attendre tranquillement le temps de la moisson. Diodore enchérissant sur son devancier écrit : « En général, chez les autres peuples, l'agriculture demande de grandes dépenses et bien des soins. Ce n'est que chez les Egyptiens qu'elle est exercée avec peu de moyens et de travail[2]. » Parmi les Egyptiens qui fréquentaient les écoles il y avait d'ailleurs des

partisans du retour à la terre. C'étaient les fous pour lesquels le scribe a composé son sinistre tableau. Le paysan de l'oasis du sel ne nous est pas dépeint comme un malheureux. La liste est longue des bons produits de sa terre qu'il a chargés sur ses ânes pour les vendre à Nennisout. Il prétend rapporter avec le produit de cette vente de bons gâteaux pour sa femme et ses enfants. Sans doute un méchant homme voyant passer la petite caravane s'empare des ânes et du chargement. Mais en haut lieu on s'intéresse à lui. Si nous avions la fin de l'histoire, nous verrions sûrement s'exercer en sa faveur la justice du roi. L'aîné des deux frères qu'un autre conte a rendus célèbres n'est nullement un pauvre hère. Il a une maison, des champs, des bestiaux, du matériel, des grains, le tout bien à lui. Sa femme vit comme une dame, reste à la maison, pendant que le mari et le beau-frère travaillent aux champs. Elle peut s'attarder à sa toilette. Elle aura tout le temps de faire le ménage, de préparer le repas du soir, d'allumer la lampe avant le retour du mari à qui elle présentera le broc et la cuvette.

II. — L'arrosage des jardins.

Quand nous avons décrit l'habitation, nous avons noté le goût des Egyptiens pour les jardins. A la ville, comme à la campagne, tout propriétaire voulait avoir le sien et lui faire produire des légumes et des fruits. Le travail de l'arrosage était le plus absorbant. C'est le seul parmi les travaux du jardinage sur lequel nous soyons un peu informés. Le jardin potager était divisé en petits carrés par des rigoles qui se coupaient à angle droit.

Pendant longtemps, et encore au Moyen Empire, les jardiniers allaient emplir au bassin les jarres rondes en poterie qui servaient d'arrosoirs, les emportaient suspendues par deux à une palanche et les vidaient dans la rigole qui faisait bénéficier de l'arrosage le jardin tout entier. C'était un travail long et pénible[3]. L'invention du chadouf dut paraître un progrès bienfaisant[4].

On enfonce en terre au bord de l'eau un gros pilier vertical à peu près deux fois aussi haut qu'un homme. Un arbre ébranché peut aussi faire l'affaire s'il est à la bonne place. On y installe une longue perche de façon qu'elle puisse osciller dans tous les sens. Le gros bout de la perche est emmanché dans une grosse pierre. Un récipient de toile ou de poterie est suspendu au petit bout par une corde de cinq à six coudées. L'homme agit sur la corde pour emplir ce récipient, puis pour le soulever à la hauteur d'une rigole. Il le vide et il recommence. Dans le jardin d'Apouy quatre chadoufs travaillent à la fois. Le chien du jardinier suit de l'œil le trajet des seaux d'eau. Le rendement de ces machines primitives était satisfaisant. Ce qui le prouve, c'est qu'elles sont toujours employées. Néanmoins il semble que les Égyptiens du Nouvel Empire en aient réservé l'emploi pour l'irrigation des jardins. On n'en a jamais observé dans les tableaux qui représentent les travaux des champs. Quant à la roue à pots, dont le grincement semble maintenant inséparable de la campagne égyptienne, elle ne figure jamais dans les documents pharaoniques. On ignore à quel moment elle fut introduite dans la vallée du Nil. Des beaux puits d'un large diamètre ont été découverts dans la nécropole des prêtres de Thot à Hermopolis, non loin du tombeau de

Petosiris, à Antinoë, et dans le temple de Tanis. Le premier a certainement été fait pour recevoir un saqqieh, mais ce puits ne peut être plus ancien que le tombeau de Petosiris qui date, croit-on, du règne de Ptolémée Sôter.

III. — LES VENDANGES.

Tout jardin contenait au moins quelques pieds de vigne rangés contre le mur ou bordant de chaque côté l'allée centrale. Les sarments accrochés aux poteaux et aux poutrelles formaient une voûte d'où pendaient au fort de l'été les belles grappes aux baies bleues que dégustaient les citadins. Dans le Delta, la culture de la vigne était beaucoup plus développée, moins en vue du raisin de table que pour le vin. De tout temps on connaissait les vins du Marais (*meh*) d'Imit au nord de Faqous, de la Pêcherie (*ham*), de Sin dans la région de Péluse, le vin d'Abech qui se logeait dans des jarres d'un type spécial protégées par un coussin de vannerie, mentionnés dans la pancarte. Avant même que la pancarte fût créée, le produit du vignoble de Seba-Hor-khenti-pet était transporté dans des jarres scellées jusqu'à la résidence des Pharaons thinites. Grands buveurs de vin, parce qu'ils étaient originaires d'Avaris, entre Imit et Sin, les Ramsès ont beaucoup développé à la fois la culture de la vigne et le commerce des vins. C'est du règne de Ramsès II que datent la plupart des tessons de jarre à vin qui ont été recueillis au Ramesseum, à Qantir, dans des tombes thébaines et permettraient d'établir une carte provisoire du vignoble égyptien si la géographie pharaonique n'était pas encore dans l'enfance[5]. Quant à Ramsès III il s'exprime ainsi : « Je t'ai fait des vergers à vin dans les oasis du sud et du nord, sans compter d'autres dans la partie méridionale en grand nombre. Ils sont multipliés dans le Delta par centaines de mille. Je les ai pourvus de jardiniers pris parmi les captifs des pays étrangers, ainsi que les bassins que j'ai creusés et qui sont munis de nénufars; la liqueur et le vin sont comme l'eau qu'on tire, pour être donnés à ta face dans Thèbes la victorieuse[6]. »

De la culture de la vigne, de la vie du vigneron, nous ne connaissons qu'un épisode, la vendange[7]. Les vendangeurs se répandent sous les treilles. Ils détachent avec les doigts, sans couteau, les grosses grappes à baies bleues. Ils en emplissent des couffins sans les écraser, car le couffin n'est pas étanche, et partent en chantant, le couffin sur la tête, pour jeter les raisins dans la cuve. Puis ils retournent à la vigne. Nulle part, à ma connaissance du moins, on n'utilise les animaux pour le transport des raisins. Dans les pays où la vigne était cultivée en grand, il était avantageux d'utiliser les barques pour transporter les couffins du vignoble au sellier, toujours pour éviter l'écrasement prématuré des raisins et la perte du précieux jus.

Les cuves étaient rondes et basses. Nous ne savons pas en quelle matière elles étaient faites. Le bois doit être exclu. Les Egyptiens qui ne savaient pas fabriquer des tonneaux n'étaient pas capables de construire des cuves de bois, bien qu'après tout la construction d'une barque fût aussi difficile. Je crois qu'elles étaient en pierre. Le plâtre, la poterie, la faïence auraient donné des déboires, mais une pierre dure et susceptible d'un beau poli comme le granit ou le schiste permettait d'obtenir des cuves parfaitement étanches et d'entretien facile. Elles sont parfois exhaussées sur un soubassement haut de deux ou trois coudées et décorées de bas-reliefs. De deux points diamétralement opposés partent deux colonnettes ou deux perches fourchues, si le propriétaire n'a pas de prétentions à l'élégance, qui supportent une poutrelle d'où pendent cinq ou six cordes. Quand on a apporté une quantité suffisante de raisins, les vendangeurs montent dans la cuve et se tenant aux cordes, probablement parce que le fond n'était pas plat, piétinent la vendange avec entrain. Chez Mera, vizir du roi Pepi Ier, deux musiciens assis sur un tapis chantent en s'accompagnant de leurs crotales de bois pour stimuler les vignerons et les faires danser avec ensemble[8]. Il n'y a pas de raison pour qu'une aussi bonne coutume ait été abandonnée. Pourtant au Nouvel Empire, ces auxilliaires ont disparu. Après tout, les fouleurs pouvaient chanter tout en dansant dans la cuve. Le jus s'écoule par une, deux ou trois ouvertures dans un bassin.

Quand le foulage avait donné tout ce qu'il pouvait, les raisins écrasés étaient mis dans un sac robuste, muni d'une perche, à chaque bout. Quatre hommes tenaient l'appareil soulevé au-dessus d'un baquet, et faisant tourner en sens inverse les perches tordaient le sac. Ce procédé avait bien des inconvénients. Les opérateurs supportaient le poids du sac en même temps qu'ils agissaient sur les perches. Au moindre déplacement le vin coulait sur le sol. C'est pourquoi un aide se tenait entre les quatre opérateurs pour empêcher ces déplacements ou pour déplacer en même temps le baquet à vin. Au Nouvel Empire les vignerons utilisent un pressoir composé de deux montants solidement plantés en terre et percés à la même hauteur de deux trous semblables où l'on introduisait les extrémités du sac à vendange. On fait passer les perches dans une ganse pratiquée à cet effet et l'on n'a plus qu'à serrer. Toute la force des opéraeurs est employée utilement et pas une goutte de vin ne sera perdue[9].

Recueilli dans des baquets à large ouverture, le vin était transvasé dans des jarres à fond plat où il subissait la fermentation. Celle-ci achevée, on le soutirait dans des jarres faites pour le voyage, longues, pointues, munies de deux oreilles et d'un col étroit, qu'on bouchait avec du plâtre. On les porte sur l'épaule. Quand elles sont très grandes et très lourdes on les suspend à une perche et l'on se met à deux. L'inévitable scribe assistait à tous ces travaux. Il avait compté les couffins au fur et à mesure qu'ils étaient apportés par les vendangeurs et maintenant il inscrivait sur la jarre les indications, année, cru, nom des vignerons, qu'il reportait sur ses registres. Le propriétaire tient quelquefois à surveiller lui-même vendanges et pressurage. Sa présence est aussitôt remarquée et les travailleurs improvisent des chants à sa louange. Ainsi, chez Petosiris : « Viens, notre maître, tu verras tes vignes en lesquelles ton cœur se complaît, pendant que les vignerons, devant toi, sont à fouler. Abondant le raisin sur les ceps. Il y a en lui beaucoup de jus, plus que n'importe quelle année. Bois, enivre-toi en faisant ce que tu aimes. Les choses arriveront pour toi selon ton cœur. La dame d'Imit a agrandi tes vignes parce qu'elle souhaite ton bonheur. »

« Les vignerons coupent les raisins; leurs enfants portent leur part. C'est la huitième heure du jour, « celle qui ferme ses bras ». La nuit vient.

Abondante est la rosée du ciel sur les raisins. Qu'on se dépêche de les fouler et de les porter à la maison de notre maître. »

« Toutes choses arrivent par Dieu. Notre maître boira avec suavité en remerciant Dieu pour ton *ka*. »

« Qu'on fasse une libation à Cha (le génie de la vigne), afin qu'il donne de nombreux raisins pour une autre année[10]. »

Les Egyptiens n'étaient pas ingrats, mais ils étaient prévoyants et profitaient des bonnes dispositions où leur piété mettait la divinité pour lui demander de nouvelles faveurs. On remarque parfois à côté de la cuve un serpent à la gorge gonflée prêt à l'attaque. Il peut être coiffé du disque entre les cornes, comme Isis ou Hathor, abrité dans un élégant naos, à moins qu'il ne préfère le voisinage d'un fourré de papyrus. Des mains pieuses ont placé près de lui un petit guéridon chargé de pains, d'une botte de laitue, d'un bouquet de lotus et flanqué de deux calices. Ce serpent n'est autre que la déesse Renoutet, déesse des moissons, de qui dépendaient en outre les greniers, les vêtements, les raisins, les celliers. Sa fête principale avait lieu au début de la saison de *chemou*, qui était aussi le début des moissons. Les vignerons la fêtaient à leur tour quand le pressurage prenait fin.

IV. — LABOURS ET SEMAILLES[11].

La culture des céréales demeure, au temps des Ramsès, la culture essentielle. Les champs d'orge et de blé se succédaient depuis les marais du Delta jusqu'à la cataracte. Les paysans égyptiens étaient principalement des laboureurs. Tant que l'Egypte demeurait sous l'eau, pendant les quatre mois de la saison *akhit*, ils n'avaient pas grand-chose à faire, mais dès que le Nil était rentré dans son lit, il fallait profiter des jours où la terre encore molle de l'inondation se laissait facilement travailler. Dans quelques peintures qui représentent les labours, des flaques d'eau visibles au second plan attestent qu'on n'attendait même pas que le Nil fût complètement rentré dans son lit. A cette condition seulement l'on est dispensé des labours préparatoires que l'on donne à la terre dans les pays d'Europe. C'est le moment que l'auteur du conte des deux frères a choisi pour commencer son récit. L'aîné dit au cadet : « Allons préparer l'attelage pour labourer. Voilà que la terre est sortie de l'eau, elle est bonne pour labourer. Toi, donc, tu iras aux champs avec la semence, afin que nous commencions les labours demain matin. » Ainsi dit-il. Le petit frère se mit en devoir de faire tous les préparatifs dont son grand frère lui avait parlé. Quand la terre s'éclaira le lendemain matin, ils marchaient dans les champs avec leur semence et commençaient à labourer[12]. Semeurs et laboureurs opèrent, on le voit, de compagnie, ou plutôt, contrairement à ce qui se passe dans nos pays, on sème d'abord et on laboure ensuite pour recouvrir la semence de terre et non pour tracer des sillons[13]. Le semeur a empli de grains un panier à deux anses haut d'une coudée et à peu près aussi long. Pour venir du village il le porte sur l'épaule et quand il est arrivé il l'accroche à son cou avec une corde assez longue pour que sa main puisse aisément puiser les grains qu'il répand sur le sol.

La charrue est toujours, au temps de Ramsès,

l'instrument rudimentaire qu'avaient mis au point les premiers laboureurs. Même à la basse époque on n'en voudra pas d'autre. Elle est tout juste bonne à égratigner un sol très meuble sans mauvaise herbe ni pierre. Deux mancherons verticaux, réunis par une traverse aboutissent au cep auquel est adapté le soc de métal ou peut-être de bois. Le timon s'engage entre les deux mancherons et bute contre le cep auquel il est fixé par un cordage. Une traverse de bois fixée à l'extrémité du timon repose sur la nuque des deux bêtes qui tirent l'attelage. Elle est attachée aux cornes.

Ce sont des vaches, jamais des bœufs, qui sont employées pour les labours. Leur petite taille prouve qu'on n'exigeait pas d'elles un très gros effort. On sait que les vaches qui travaillent donnent peu de lait. Il y avait donc assez de vaches pour satisfaire aux exigences des consommateurs de lait et des laboureurs. Quant aux bœufs, ils étaient réservés pour les enterrements. Ce sont eux qui tirent le sarcophage. Ce sont eux qui tirent aussi les gros blocs de pierre. Si donc on labourait avec des vaches, c'est parce qu'elles suffisaient pour ce travail. Le dommage qui en résultait pour la production du lait, n'étant que momentané, ne faisait pas renoncer à leur emploi.

Les conducteurs sont généralement au nombre de deux. Le travail le plus fatigant est celui de l'homme qui tient les mancherons. Au départ, le corps droit, une seule main sur un mancheron, il fait claquer son fouet. Dès que les bêtes se sont mises en mouvement, pliant le corps en deux, les deux mains sur les mancherons, il pèse de toutes ses forces sur la charrue. Son compagnon n'a guère qu'à guider l'attelage, mais au lieu de le précéder en marchant à reculons, il se tient de côté et marche dans le même sens. Quelquefois ce compagnon est un enfant nu, la boucle de cheveux couvrant sa joue droite, qui porte un tout petit couffin. On ne l'a pas jugé capable de manier un fouet ou un bâton. Pour se faire obéir, il n'a que ses cris. Quelquefois c'est la femme du laboureur qui répand la semence.

Ces longues journées de travail ne se passent pas toujours sans incident. Les deux frères du conte ont épuisé leur provision de semence. Bytaou doit en toute hâte retourner à la maison. Ailleurs, il vient de se produire un de ces fâcheux accidents prévus par le scribe qui n'aime pas la culture. Une vache ayant buté sur un obstacle s'est effondrée. Elle a failli casser le timon et entraîner sa voisine. Le conducteur accourt. Il délie la pauvre bête. Il la relève. Au bout d'un instant l'attelage repartira de plus belle[14].

Bien que la campagne égyptienne soit un peu monotone, elle n'était pas plus qu'aujourd'hui dépourvue d'arbres. Le large sycomore, les perséas, les tamaris, les jujubiers, les balanites agrémentaient de taches vertes le noir des terres labourées. Ces arbres fournissaient le bois pour le matériel agricole. Leur ombre était l'amie du laboureur qui, dès son arrivée, avait accroché aux branches d'un sycomore l'outre qu'il allait caresser de temps à autre, abrité contre le tronc son couffin à provisions et un grand zir d'eau fraîche. Voici qu'il faut laisser souffler l'attelage. Les laboureurs échangent leurs réflexions : « Le beau jour ! On a frais. L'attelage tire. Le ciel fait ce que nous voulons. Travaillons pour le prince. » Le prince, Paheri, vient justement se rendre compte du travail. Il descend du char pendant que l'écuyer tient les rênes et calme les chevaux. Un laboureur l'aperçoit et prévient ses compagnons : « Dépêche-toi, premier, commande les vaches. Tu feras arrêter le prince pour regarder. » Chez ce même Paheri il n'y avait pas assez de vaches pour toutes les charrues et l'on craignait en attendant un jour de plus que la terre ne devînt trop sèche. Quatre hommes remplacent l'attelage et saisissent le timon. Ils se consolent de leur dur labeur en chantant : « Nous faisons; nous voici. Ne crains rien sur le terrain. Il est si beau ! » Le conducteur, un sémite qui pourrait bien être, ainsi que ses compagnons, un ancien prisonnier de guerre, content de son sort, répond par une plaisanterie : « Combien bon ton propos, mon petit. Belle est l'année quand elle est exempte de calamités. L'herbe est drue sous les veaux. Bon plus que toute chose[15] ! »

Le soir venu, les bêtes sont dételées et on les réconforte par de bonnes paroles et de la nourriture : « Hou (l'éloquence) est dans les bœufs, Sia (la sagesse) dans les vaches. Qu'on donne à manger, en hâte[16]. » Le troupeau rassemblé prend la direction du village. Les laboureurs se chargent des charrues. S'ils les laissaient dans le champ, ils ne seraient pas sûrs de les retrouver. Comme dit le scribe : « Il ne le trouvera pas (son attelage) en place. Il passera trois jours à le chercher. Il le trouvera dans la poussière, mais il n'y trouvera pas le cuir qui y était. Les loups l'ont déchiqueté[17]. »

La charrue n'était pas le seul moyen employé pour recouvrir la semence. Suivant les terrains on peut employer la pioche et le maillet. La pioche n'est pas moins rudimentaire que la charrue. Elle se compose d'un manche, d'une palette de bois et d'une traverse. C'est un A majuscule dont une tranche est plus longue que l'autre. La pioche s'usait encore plus vite que la charrue et l'agriculteur devait passer la nuit à la réparer. Cette perspective ne compromet par la bonne humeur : « Je vais faire plus que le travail du patron, dit un ouvrier. Silence ! » L'autre réplique : « Mon ami, dépêche-toi au travail. Tu nous feras libérer en un bon temps[18] ! »

Dans les terrains qui avaient été longtemps immergés on pouvait s'épargner toute cette peine en y lâchant, après avoir répandu les grains, un troupeau. Les bœufs et les ânes étaient trop pesants. Dans les anciens temps on avait recours à un troupeau de moutons. Le berger prenait un peu de nourriture dans sa main et en donnait à la brebis de tête qui suivait docilement et entraînait le reste du troupeau. Pour des raisons inconnues de nous on préfère au Nouvel Empire employer les porcs et c'est encore un troupeau de porcs qu'Hérodote a vu en action[19].

L'enfouissement des grains suggérait aux Egyptiens des idées sérieuses ou, pour mieux dire, des idées funèbres. Les Grecs avaient remarqué qu'ils accomplissaient à cette époque des cérémonies analogues à celles qui se font dans les funérailles et dans les jours de deuil. Certains jugeaient ces coutumes extravagantes ; d'autres les justifiaient[20]. Les documents pharaoniques qui nous sont accessibles et d'après lesquels j'ai décrit les travaux de la saison de *perit* ne contiennent que peu de traces de ces rites. Les bergers qui arrivent sur le terrain avec leurs moutons entonnent une complainte qu'ils font encore entendre lorsque ces moutons piétinent les épis étendus sur l'aire :

Le berger est dans l'eau au milieu des poissons.
Il s'entretient avec le silure
Il échange des salutations avec le mormyre
Occident! Où est le berger, le berger d'occident[21]*?*

Al. Moret a soupçonné le premier que ce couplet n'était pas une simple plaisanterie de paysans qui plaignaient le berger de patauger dans la boue. Car la boue n'est pas le domaine des poissons et l'aire bien sèche où les épis sont étalés bien moins encore. Ce berger d'occident n'est autre que le noyé de la première fois, Osiris, coupé en morceaux par Seth et jeté au Nil où le lépidote, le phagre et l'oxyrhynque avaient englouti ses parties génitales. On évoquait donc à l'occasion des semailles et du dépiquage le dieu qui a procuré à l'homme les plantes utiles, et qui s'identifie si bien avec ces plantes qu'on représentait parfois des épis et des arbres poussant sur son cadavre.

Hérodote croit naïvement qu'après les labours et les semailles le paysan n'avait qu'à se croiser les bras jusqu'à la moisson. S'il l'avait fait, sa récolte eût été bien compromise, car, même au Delta, il ne pleut pas assez pour que l'on se dispense d'irriguer les champs. En Haute Egypte, surtout, la terre n'aurait pas tardé à sécher et les céréales à flétrir, comme l'orge des jardins d'Osiris quand on les abandonne à eux-mêmes. L'irrigation était donc un devoir impérieux. C'est ce que rappelle Moïse à son peuple, quand il fait miroiter les avantages qui l'attendent au pays de Canan : « Car le pays dont tu vas entrer en possession n'est pas comme le pays d'Egypte d'où vous êtes sorti, où tu jetais dans les champs la semence et les arrosais avec ton pied comme un jardin potager. Le pays que vous allez posséder est un pays de montagnes et de vallées et qui boit les eaux de la pluie du ciel[22]. » On a conclu de ce passage que l'eau était élevée dans les champs au moyen d'une machine mue avec le pied, mais ni les textes ni les documents figurés ne permettent de croire à l'existence d'une telle machine. Ce qui est vraisemblable, c'est que les ingénieurs qui réglaient les écluses du lac Moeris les ouvraient quand les agriculteurs avaient besoin d'eau. Les canaux s'emplissaient. Par le moyen du chadouf ou, plus péniblement, avec des pots, l'eau était distribuée dans des rigoles. On les ouvrait, on les bouchait à tour de rôle, on en bâtissait de nouvelles, on édifiait des barrages, tout cela avec les pieds, car nous voyons sur une peinture thébaine que l'on piétinait le limon utilisé pour la fabrication des poteries.

V. — La moisson.

Quand les épis commençaient à jaunir, le paysan voyait avec appréhension les champs envahis par ses ennemis naturels, ses maîtres ou les représentants de ses maîtres, avec une nuée de scribes, d'arpenteurs, d'employés et de gendarmes qui allaient tout d'abord mesurer les champs[23]. Après cela on mesurerait les grains au boisseau et l'on pourrait se faire une idée très exacte de ce que le paysan aurait à livrer, soit aux agents du trésor, soit aux administrateurs d'un dieu tel que Amon qui possédait les meilleures terres du pays.

Le propriétaire ou son représentant a quitté de

bonne heure la maison. Il conduit son char lui-même, tenant les guides fermes. Des serviteurs suivent à pied, emportant des sièges, des nattes, des sacs et des coffrets, tout ce dont les mesureurs auront besoin pour leur inspection et même beaucoup plus. Les chars sont arrêtés près d'un bouquet d'arbres. Des hommes venus on ne sait d'où s'en emparent, détellent les chevaux, les attachent au pied d'un arbre, leur apportent de l'eau et du fourrage. Ils dressent en même temps une étagère pour trois zirs. Des coffres ils retirent des pains, des mets variés, qu'ils répartissent sur des assiettes et dans des corbeilles et jusqu'à un service de toilette. L'écuyer s'installe à l'ombre et s'endort, sachant bien qu'il peut compter sur quelques heures de tranquillité. Le maître est déjà au milieu des arpenteurs. Il a son costume des grands jours, perruque, chemise à manches courtes nouée à la ceinture par-dessus le pagne, gorgerin, canne et sceptre. Ses pieds sont chaussés de sandales et ses mollets protégés contre les herbes piquantes par des jambières à lacets. Les aides se contentent du pagne. Quelques-uns ont des sandales. D'autres vont pieds nus. Chez Menna, les arpenteurs ont aussi revêtu par-dessus le pagne une chemise à manches courtes et un jupon plissé. Ils se partagent les instruments de la profession, des rouleaux de papyrus, des palettes, des sacs et des serviettes d'où l'on extraira les encriers et les calames, des rouleaux de corde, des piquets longs de trois coudées. Quand on opère dans le domaine d'Amon qui est le plus opulent et le plus avide des dieux égyptiens, le cordeau est enroulé sur une pièce de bois où s'emmanche une tête de bélier, car le bélier est l'animal sacré du dieu.

Le chef des arpenteurs découvre une borne du champ. Il constate en invoquant le grand dieu qui est dans le ciel qu'elle est exactement à sa place. Il y pose son sceptre qui ressemble à l'enseigne du nome thébain, pendant qu'on déroule et qu'on tend le cordeau. Les enfants font de grands gestes pour éloigner les cailles qui volent par-dessus les épis déjà lourds. On aurait tort de croire que cette opération ne rassemble que les intéressés. A côté de ceux qui travaillent s'empressent les curieux et les conseillers. Les exécutants eux-mêmes seraient vite fatigués si une dévouée servante n'apportait une collation pendant qu'un repas substantiel est préparé sous le sycomore.

La moisson et le dépiquage allaient occuper les ouvriers agricoles pendant plusieurs semaines. La population normale n'y suffisait pas toujours. Pour le domaine de l'Etat et les propriétés des grands dieux on recrutait des équipes mobiles qui commençaient le travail dans les nomes du sud. Quand elles avaient fini il leur suffisait de remonter un peu vers le nord pour trouver des champs prêts à être moissonnés. Quand toutes les céréales étaient rentrées en Haute et Moyenne Egypte, la moisson ne faisait que commencer dans le Delta. L'existence de ces corvées allant de pays en pays faire la moisson est attestée par un décret de Sétoui Ier qui en exempte le personnel de son temple de millions d'années en Abydos[24].

Les moissonneurs coupent les épis avec une faucille à manche court que l'on a bien en main. La lame assez large du côté du manche finit en pointe. On ne cherche nullement à couper les épis près du sol. L'ouvrier à peine courbé prend une bonne poignée dans sa main gauche, la tranche au-dessous des épis et la pose sur le sol, laissant en place les tiges décapitées. Des femmes qui viennent derrière les moissonneurs ramassent les épis dans des couffins pour les transporter au bout du champ. Certaines de ces femmes sont munies d'une écuelle où elles mettent les grains tombés à terre. Il est peu probable que la paille ait été abandonnée, mais nous n'avons là-dessus aucune information. Les propriétaires sont parfois représentés en train de moissonner et de ramasser les épis. Ils n'ont même pas ôté leur belle robe blanche à plis. On serait tenté de croire qu'ils inaugurent le travail pour laisser bien vite la place aux véritables moissonneurs. En réalité, les décorateurs ont représenté un épisode de la vie future dans les champs d'Ialou où rien ne manquait, mais où chacun devait cultiver son jardin[25]. En général, les maîtres se contentent d'assister à la moisson. Ainsi fait Menna assis sur un tabouret en X à l'ombre d'un sycomore, avec des provisions à portée de la main.

Le travail commencé à l'aube ne prenait fin que le soir. Sous le soleil de midi, les moissonneurs s'interrompaient de temps à autre, mettaient la faucille sous le bras et vidaient une cruche d'eau : « Donne beaucoup pour le paysan et donne-moi de l'eau pour étancher ma soif[26]. » Les gens d'autrefois étaient plus exigeants : « De la bière, dit l'un d'eux, pour qui coupe l'orge » (l'orge *becha* avec laquelle on fabrique la bière[27]). Ceux qui s'interrompent trop souvent ne tardent pas à être réprimandés par le surveillant : « Le soleil brille, cela s'est vu. On n'a encore rien reçu de tes mains. As-tu fait une gerbe ? Ne t'arrête plus pour boire en ce jour avant d'avoir travaillé. »

Pendant que les moissonneurs peinent durement, quelques hommes restent assis à l'ombre, la tête sur les genoux. Qui sont-ils ? Des ouvriers qui ont trompé la surveillance, ou des curieux, ou les serviteurs particuliers du maître qui attendent que l'inspection soit finie ? On découvre aussi assis sur un sac un musicien qui souffle dans sa double flûte. C'est une vieille connaissance, car au tombeau de Ti, qui date de l'Ancien Empire, un musicien muni d'une flûte longue de deux coudées suivait la ligne des moissonneurs. Un ouvrier se campait devant lui et tout en frappant des mains, sans lâcher sa faucille, chantait la chanson des bœufs, puis une autre qui commençait par : « Je me suis mis en route ! » La mauvaise humeur du surveillant était donc plus apparente que réelle. Chez Paheri il n'y a pas de flûtiste, mais les moissonneurs improvisent un dialogue chanté : « Quel beau jour ! Sors de la terre. Le vent du nord se lève. Le ciel travaille pour nos cœurs. Notre travail c'est ce que nous aimons. »

Les glaneurs n'attendent pas que tout le champ soit moissonné pour ramasser les épis tombés ou mendier un supplément. Ce sont des femmes et des enfants. Une femme tend la main et joignant la parole au geste : « Donne-moi une seule poignée. Je suis venue le soir. Ne me fais pas la méchanceté d'hier, dans le jour ! » Un moissonneur sollicité pareillement répond un peu durement : « Dehors, avec ce qui est dans ta main. Cela s'est vu qu'on est chassé pour cela. » Dans les temps très anciens l'usage était d'abandonner aux travailleurs à la fin de la campagne l'orge ou l'amidonnier qu'ils pouvaient faucher en une journée. Cet usage a persisté à travers les temps pharaoniques. Chez Petosiris, quand les moissonneurs travaillaient pour le compte du maître, ils disaient : « Je suis le bon cultivateur qui porte le grain et remplit les deux greniers dans les mauvaises années pour son maître, par le travail de ses bras, avec toutes les herbes des champs, quand vient l'akhit. » Maintenant leur tour est venu : « Deux fois joyeux ceux qui font prospérer ce jour du champ. Ils abandonnent ce qu'ils font, les paysans! » Dans un autre groupe on déclare que le salaire est modeste, mais qu'il vaut la peine d'être ramassé : « Une petite gerbe dans le jour, je travaille pour elle. Si tu te donnes la peine de moissonner pour une gerbe, les rayons du soleil tomberont sur nous pour inonder notre travail[28]. »

Par crainte des voleurs et pour ne pas abandonner à la gent ailée une trop forte part, on enlève la récolte au fur et à mesure qu'avancent les moissonneurs. Ce transport dans la région memphite se fait à dos d'âne. Conduite par leurs âniers, l'escouade des ânes arrive au trot en soulevant des nuages de poussière. Les gerbes sont jetées dans un bissac de corde. Quand les deux moitiés sont pleines, on ajoute de nouvelles gerbes qui seront assujetties avec des cordes. Les ânes portent leur charge, allègrement précédés des ânons qui galopent en tous sens sans que l'on s'occupe d'eux et suivis des âniers qui plaisantent ou récriminent en jouant du bâton : « J'ai apporté quatre pots de bière! » « Moi, j'ai enlevé avec mes ânes 202 sacs pendant que tu restais assis[29]. »

En Haute Egypte, il peut arriver qu'on emploie des ânes[30], mais la plupart du temps ce sont des hommes qui font le transport. C'est peut-être pour ne pas allonger indéfiniment cette corvée qu'on avait pris l'habitude de couper les épis très haut et de laisser la paille sur place. Les porteurs disposent d'un sac fait en filet, tendu sur une armature de bois et muni de deux boucles de suspension. Quand il est bien plein et qu'on ne peut plus y ajouter une seule poignée d'épis on enfile dans les boucles un brancard long de quatre à cinq coudées. On fixe par un nœud. Deux hommes se mettent le brancard sur l'épaule et se dirigent vers l'aire toujours en chantant, comme s'ils voulaient prouver au scribe que leur sort vaut bien le sien : « Le soleil brûle par-derrière. A Chou on donnera le prix de l'orge en poissons ! » Un officieux feint de croire que, si les porteurs ne vont pas plus vite que cela, l'inondation les gagnera : « Dépêchez-vous. Remplissez vos jambes. L'eau vient. Elle atteint les gerbes ! » L'officieux exagère, car les premiers flots de l'inondation devaient se faire attendre au moins deux mois[31].

Ce couple est à peine parti qu'un autre se présente. Un porteur s'est chargé du sac. L'autre, qui a pris le brancard, semble disposé à ralentir le rythme du travail, car il remarque : « Le brancard ne séjourne guère sur mon épaule. Qu'il est dur, ô mon cœur ! »

Les épis sont répandus sur l'aire dont le sol a été soigneusement battu. Quand la couche est assez épaisse, des bœufs et des hommes, armés, les uns, d'un fouet, les autres, d'une fourche, envahissent l'aire. Pendant que les bœufs piétinent sur place, les hommes ne cessent avec leur fourche de remuer les épis. La chaleur et la poussière rendaient ce travail pénible. Pourtant le bouvier excite ses bêtes : « Foulez pour vous, foulez, foulez pour vous. La paille est votre nourriture. Les grains sont à vos maîtres. Ne vous arrêtez pas. Il fait si frais ! » De temps à autre un bœuf baisse son énorme tête et il emplit sa bouche de ce qu'il trouve, paille ou grains, mais personne n'y trouve à redire[32].

Avec les fourches on pouvait déjà faire, quand les bœufs sont emmenés, une séparation sommaire de la paille et des grains. Les impuretés plus légères que les grains remontent à la surface. Avec une balayette il est possible d'en éliminer la plus grande part. Pour parfaire le nettoyage on utilise des ustensiles qui ressemblent un peu à des écorces. Les ouvriers saisissent l'écope par le manche, l'emplissent de grains et se dressant sur la pointe des pieds, levant les bras aussi haut qu'ils peuvent, laissent retomber les grains. Le vent emporte la balle[33].

Les grains sont nettoyés. C'est l'heure des scribes qui s'avancent avec tout ce qu'il faut pour écrire et des mesureurs qui ont pris leur boisseau. Malheur au paysan qui a dissimulé une partie de sa récolte ou qui, même s'il est de bonne foi, ne peut pas livrer aux hommes de loi tout ce que l'arpentage du champ permet d'exiger. Il est allongé sur le sol et frappé en cadence et de pires malheurs l'attendent peut-être. Les hommes de corvée quittent l'aire avec leur boisseau plein de grains, passent devant les scribes et entrent dans une cour bornée par de hautes murailles où se trouvent les silos qui menacent le ciel. Ce sont des constructions en forme de pains de sucre, enduits très soigneusement à l'intérieur, badigeonnés de blanc à l'extérieur. Un escalier permet d'atteindre la fenêtre où chacun à tour de rôle vide son boisseau. Plus tard ceux qui voudront prendre des grains se serviront, grâce à une petite porte au ras du sol.

Dans l'ensemble ces durs travaux se passaient gaiement. Quelques coups de bâton sont vite oubliés. Le fellah en avait l'habitude. Il se consolait en pensant que le bâton dans son pays n'épargnait pas beaucoup de monde et qu'il caressait des épaules moins dures que les siennes. Ce que dit le Psalmiste pouvait s'appliquer aux Égyptiens : « Ceux qui sèment avec larmes moissonneront avec des chants d'allégresse. Celui qui marche en pleurant quand il porte la semence, revient avec allégresse quand il porte ses gerbes[34]. » On avait gémi sur le berger divin quand on enfonçait le grain en terre; maintenant il est permis de se réjouir, mais il faut faire leur part aux dieux. Pendant qu'on vannait les grains on se mettait sous la protection d'une singulière idole qui a la forme d'un croissant renflé dans sa partie centrale[35]. De nos jours les paysans du Fayoum plantent au faîte des maisons ou accrochent à la porte, à l'époque du battage, une sorte de mannequin dressé avec des épis qu'ils appellent *arouseh,* la fiancée. A cette fiancée ils offrent une coupe, des œufs, des pains. On a pensé non sans vraisemblance que l'idole en forme de croissant était aussi une *arouseh.* Cela ne dispensait pas les propriétaires d'offrir à la déesse serpent Renoutet que nous avons déjà vue honorée par les vignerons un assortiment plus imposant : gerbes de blé, volailles, concombres et pastèques, pains, fruits variés. A Siout, chaque métayer offrait au dieu local Oup-ouayt les prémices de sa récolte. Partout sans doute le dieu local recevait pareille offrande. Le roi lui-même présentait une gerbe de blé à Min, dieu de la fécondité, devant un grand concours de peuple, au cours d'une fête célébrée au premier mois de la saison de *chemou*[36]. Du plus grand au plus petit chacun remerciait les dieux maîtres de toutes les choses et attendait avec confiance la nouvelle inondation qui ramènerait le cycle des travaux agricoles.

VI. — LE LIN.

Le lin poussait haut et dru. On l'arrache généralement quand il est en fleur. Sur les documents coloriés, au tombeau d'Apouy, au tombeau de Petosiris, les tiges se terminent par une petite tache bleue. Des bleuets poussent au travers[37].

Pour arracher le lin on isole une poignée, on la saisit à deux mains, assez haut, en prenant soin de ne pas casser les fibres. On la retourne de haut en bas pour faire tomber la terre et l'on égalise les tiges par le bas. Puis étalant les poignées sur le sol, tantôt dans un sens, tantôt dans l'autre, on obtient des bottes terminées aux deux bouts par des fleurs : on les lie par le milieu avec une corde que l'on confectionne sur place au moyen de quelques tiges sacrifiées. On sait que les fibres sont plus belles, plus résistantes si le lin est arraché avant la maturité. D'ailleurs, un texte dit formellement qu'on procédait ainsi. Cependant, il fallait bien réserver une partie de la récolte en vue d'obtenir des graines, non seulement pour la semence future, mais aussi pour les pharmaciens.

Les hommes emportent les bottes sur l'épaule, les enfants sur la tête. Les heureux qui ont des ânes emplissent le bissac, et recommandent vivement à l'ânier de ne pas laisser tomber le chargement. Au bout du trajet les porteurs trouvent, installé à l'ombre, un homme qui déjà bat sa poignée de lin contre une planche inclinée. Ils lui crient : « Dépêche-toi, ne parle pas tant, vieux, car les hommes du champ vont vite. » Le vieux répond : « Quand tu m'en apporterais 1 109, je les peignerais ! » La servante de Rouddidit, évidemment poussée par quelque diable, va trouver son frère au moment où il se livrait à ce travail pour lui raconter les secrets de sa maîtresse. Il lui en cuit, parce que le jeune homme avait justement en main ce qu'il fallait pour corriger les indiscrets [38].

VII. — Les ennemis des cultures.

Nous savons déjà que les récoltes étaient menacées par de nombreux ennemis. Quand l'orge était en épis et le lin en fleur le tonnerre et la grêle frappèrent les champs dans tout le pays d'Egypte, ainsi que les hommes et les animaux. Ce fut la septième plaie, et comme le cœur de Pharaon restait endurci, car le froment et l'épeautre qui sont tardifs avaient été épargnés, le vent d'orient apporta un nuage de sauterelles qui dévorèrent ce que la grêle avait laissé ; il ne resta aucune verdure aux arbres ni à l'herbe des champs. Contre de tels ennemis le paysan ne pouvait qu'invoquer ses dieux et plus spécialement le dieu sauterelle. Mais il pouvait se défendre efficacement contre deux hôtes fâcheux qui visitaient les jardins au printemps et à l'automne : le loriot, *genou,* et le rollier, *sourout* [39]. Ces oiseaux utiles, parce qu'ils détruisent beaucoup d'insectes, sont à redouter parce qu'ils sont friands de fruits. Les artistes les représentent voletant autour des arbres fruitiers. Les chasseurs parvenaient à en capturer en étalant sur les arbres un vaste filet dont les coins étaient soutenus par des piquets. Ce filet n'empêchait point les oiseaux de se poser sur l'arbre. Quand il y en avait un bon nombre, des enfants s'approchaient doucement et faisaient tomber les piquets. Le filet enveloppait l'arbre et ses hôtes. Les chasseurs s'introduisaient dans cette légère prison, cueillaient les oiseaux comme des fruits et les mettaient en cage. Cela ne dispensait pas d'utiliser les pièges à ressort connus depuis une haute antiquité et toujours en faveur[40].

A l'époque de leur migration, les cailles arrivent en Egypte par nuages épais. Elles sont si fatiguées qu'elles se laissent tomber sur le sol. On préférait naturellement capturer des oiseaux en bonne santé. Une peinture du musée de Berlin montre des chasseurs au nombre de six, utilisant un filet à mailles serrées tendu sur un cadre rectangulaire. Le costume des chasseurs doit retenir notre attention. Ils sont chaussés de sandales pour ne pas se piquer aux chaumes, et ont noué une écharpe blanche autour de leur corps. Quand les cailles passent en masses sur le champ moissonné, les chasseurs se montrent brusquement et en agitant leurs écharpes déterminent la panique dans leur troupe qui cesse de voler et s'abat sur le filet. Beaucoup se prennent les pattes dans les mailles et serrées par leurs compagnes ne peuvent se dégager à temps. Quatre chasseurs soulèvent le filet et leurs deux compagnons prennent autant de cailles qu'ils le veulent[41]. Les cailles étaient certainement appréciées par la famille du paysan. Les dieux ne les dédaignaient pas. Amon, pour sa part, en reçut 21 700 pendant le règne de Ramsès III[42]. Ce nombre est à peu près le sixième du nombre total des oiseaux divers offerts à ce dieu dans le même temps.

VIII. — L'ÉLEVAGE.

Les Egyptiens des origines ont tâtonné assez longtemps avant de reconnaître les animaux qu'il était avantageux de domestiquer. L'homme et le chien ont fait alliance à la chasse. Le bœuf et l'âne ont été reconnus aptes aux transports. La laine des moutons est appréciée des Bédouins, tandis que les Egyptiens la redoutent pour leurs morts et même pour les vivants. Au mouton ils préfèrent la chèvre. Outre ces animaux qui ont été vite domestiqués, ainsi que le porc, les Egyptiens capturaient à la chasse et élevaient dans des parcs la gazelle et le cerf, l'oryx, le bubale, l'addax, le bouquetin et même l'abominable hyène[43]. Même au Moyen Empire, le gouverneur de l'Oryx élève dans ses étables quelques représentants de l'espèce dont son nome avait pris le nom. Au Nouvel Empire on est bien revenu de ces tentatives. Un écolier se fait dire : « Tu es plus mauvais que le bubale du désert qui vit en courant. Il n'apprend pas à labourer. Il ne foule pas l'aire avec ordre. Il vit de ce que font les bœufs, mais il n'entre pas parmi eux[44]. » Le commun des éleveurs s'en tient donc aux véritables amis de l'homme : le cheval, le bœuf et l'âne, la chèvre et le mouton, le porc, les oies et les canards[45]. Le chameau n'est guère connu que des habitants du Delta oriental. Quant au coq, il ne devait paraître que plus tard. D'autres animaux, bien entendu, sont l'objet de soins attentifs et même touchants, mais dans les temples et pour des raisons religieuses. Nous ne parlons ici que de l'élevage agricole.

Il n'y avait pas encore bien longtemps, au

temps des Ramsès, que le cheval avait été introduit en Egypte et malgré les contributions de guerre imposées aux peuples asiatiques, il n'était pas encore très répandu[46]. Houy possède une écurie distincte de l'étable à bœufs et du local des ânes, mais Houy, fils royal de Kouch, est dans l'Etat un très grand personnage[47]. Il est du nombre des privilégiés qui montaient en char quand ils étaient convoqués au palais, pour se promener, pour visiter leur domaine. Les propriétaires de chevaux ne se risquaient guère à faire le cavalier. Deux ou trois fois seulement, à notre connaissance, un artiste égyptien a représenté un homme à cheval[48]. Les Bédouins étaient plus hardis. A la guerre, quand le char ne pouvait plus rouler, ils dételaient, sautaient sur le dos d'un cheval et s'enfuyaient au galop. Dans les prairies, les chevaux n'étaient pas mêlés aux autres animaux.

L'étable à bœufs était située non loin de la maison du maître et des greniers à grains, dans la même clôture. Les valets y logeaient pour protéger leurs bêtes contre les voleurs et pour être plus vite prêts le matin. C'est dans ces modestes maisons de boue, noires au-dedans et au-dehors, qu'ils se ménageaient un coin pour préparer leur repas du soir et entreposer les provisions. Ils marchent, lourdement chargés, en tête ou en queue du troupeau. Pour se donner plus d'aisance, ils font de leur fardeau deux parts égales, dans des jarres, dans des couffins, dans des bourriches, qu'ils accrochent à une palanche. S'ils n'ont qu'un colis, ils le portent sur le dos, avec un bâton. Tel est le genre de vie de Bytaou, mais Bytaou est un solide gaillard. Les femmes le regardent d'un œil favorable. La plupart des bergers sont de pauvres diables, usés par une vie de travail, chauves avec une barbe hirsute, quelquefois bedonnants, quelquefois d'une maigreur à faire peur, infirmes. Dans un tombeau de Meir un dessinateur impitoyable les a représentés sans les embellir[49].

Cette vie était exempte de monotonie. Quand le berger aimait ses bêtes il ne cessait de leur parler. Il savait les endroits où poussaient les herbes qu'elles aimaient et les leur proposait. Les bêtes approuvaient et le payaient de ses soins en grandissant, en grossissant, en donnant des veaux en grand nombre. A l'occasion elles savaient rendre au berger un petit service.

La traversée des marécages était toujours un moment difficile. Où l'homme et les animaux adultes ne perdent pas pied, un veau pourrait se noyer. Le berger le prend sur son dos par les pattes et entre dans l'eau résolument. La mère suit en meuglant, les yeux agrandis par l'angoisse. Les autres vaches ne l'abandonnent pas. Les sages bœufs encadrés par d'autres bergers avancent en bon ordre. Si l'eau est profonde, au voisinage des roseaux et des papyrus, le crocodile est à craindre. Les bergers des anciens temps savaient ce qu'il faut dire pour transformer l'ennemi en un végétal inoffensif ou pour l'aveugler[50]. Cette science, je suppose, n'était pas perdue, mais les documents récents sont muets là-dessus. Un tombeau d'El-Bercheh nous a conservé la chanson d'un berger qui avait parcouru beaucoup de pays : « Vous avez piqué les bœufs par tous les chemins. Vous avez piétiné les sables. Maintenant vous foulez l'herbe. Vous mangez les plantes chevelues. Vous voilà rassasiés. Il y a bon pour vos corps[51]. » Chez Petosiris, le berger donne à ses vaches des noms poétiques, la Dorée, la Brillante, la Belle, comme si elles avaient pu incarner la déesse Hathor qui possédait toutes ces épithètes[52].

La saillie, la naissance du veau, les combats de taureaux sont, avec les déplacements, les principales occasions qu'avait un berger de montrer son savoir et son dévouement. S'il échouait, tant pis pour lui. Si le crocodile happe un veau, si le voleur s'empare d'un bœuf, si l'épidémie dévaste le troupeau, point d'explication. Le coupable est étendu par terre et bâtonné[53].

Une excellente précaution contre le vol était de marquer les bestiaux. Cela se faisait surtout dans le domaine d'Amon et des grands dieux et dans le domaine royal. Vaches et veaux sont rassemblés dans un coin de la prairie, chaque bête à son tour est prise au lasso. On ligote ses pattes. On la renverse comme si on voulait l'abattre. Les opérateurs chauffent le fer sur un réchaud et l'impriment sur l'épaule droite. Les scribes, bien entendu, sont présents avec tout leur attirail, et les bergers baisent respectueusement la terre devant ces représentants du pouvoir[54].

Des chèvres viennent d'envahir un bosquet dont les arbres doivent être abattus et sont en moins d'un instant dépouillés de leur verdure[55]. Elles font bien de se hâter car le bûcheron est déjà là. Il a donné le premier coup de hache sans que les chèvres songent à abandonner la partie. Les chevreaux gambadent. Les boucs ne perdent pas leur temps. Mais déjà le chevrier, qui porte fièrement un bâton semblable au sceptre de Thèbes, rassemble son troupeau. A une palanche il a suspendu un gros sac et pour faire contrepoids un chevreau. Il emporte aussi une flûte, mais nul Théocrite, nul Virgile n'a chanté sur les bords du Nil les amours des bergers et des chevriers.

L'élevage de la volaille avait lieu dans des locaux spéciaux qui n'ont guère changé de forme entre l'Ancien et le Nouvel Empire. On entre dans une cour que décorent une stèle et des statues de Renoutet. D'un côté, un magasin rempli de jarres et de ballots, une balance pour peser les grains. De l'autre un terrain limité par un grillage dont une mare occupe le centre. Les oies et les canards se baignent ou se promènent sur les bords lorsque le valet leur apporte la ration de grains[56].

IX. — LES HABITANTS DES MARAIS.

Les marais couvrent une grande partie de la vallée du Nil. Lorsque le fleuve rentre dans son lit, il laisse chaque année, à la lisière des terrains cultivés, de grandes flaques qui conserveront de l'eau jusqu'à la fin de la saison de *chemou*. Ces marais sont tapissés de nénufars, bordés de roseaux, de papyrus et d'autres plantes aquatiques. Les fourrés de papyrus sont parfois si épais qu'ils ne laissent pas filtrer le moindre rayon de lumière et si hauts que les oiseaux nichés dans les ombelles s'y croient en sûreté. Les virtuoses exécutent des exercices d'acrobatie aérienne. Une femelle couve ses œufs. Une chouette immobile attend la nuit. Pourtant les ennemis de la gent ailée, la genette, le chat sauvage, grimpent le long des tiges jusqu'à la hauteur des nids. Le père et la mère luttent courageusement contre l'agresseur pendant que des oisillons appellent désespérément et secouent leurs ailes sans plumes. Des poissons agiles se faufilent entre les tiges. On remarque surtout les muges, les silures, les mormyres, l'énorme latès, le chromis à peine moins gros, le fahaka créé par la nature, a écrit Maspero, dans un accès de bonne humeur. Le *batensoda* nage à la renverse. Si fort il affectionne cette position que son dos a blanchi tandis que son ventre s'assombrissait. Une femelle d'hippopotame a trouvé un coin tranquille pour mettre bas. Un crocodile la guette hypocritement et attend le moment où il ne fera qu'une bouchée du nouveau-né, du moins si le mâle ne revient pas auparavant. Un combat sans merci s'engagera où le crocodile n'aura pas l'avantage. L'hippopotame le saisira dans ses mâchoires formidables. C'est en vain que son ennemi essaie de le mordre à la patte. Il a perdu l'équilibre et son corps est traversé[57].

Plus on remontait vers le nord, plus les marais étaient étendus, plus les fourrés de papyrus s'épaississaient. Le nom égyptien du Delta, *menhit*, désigne également un marais bordé de papyrus. Cette langue si riche en synomymes pour désigner ce qui est dans la nature avait d'autres termes qui désignaient les marais tapissés de nénufars, *cha*, ceux où poussaient les roseaux, *sekhet*, ceux que fréquentaient les oiseaux, *ioun*, les flaques d'eau laissées par le retrait de l'inondation, *pehou*. Ces marais étaient le paradis du chasseur et du pêcheur. Presque tout le monde en Egypte s'adonnait à l'occasion à la pêche et à la chasse dans les marais, même les futurs scribes. Les dames, les fillettes applaudissaient aux coups d'adresse, heureuses de rapporter à la maison un bel oiseau vivant. Les garçonnets devenaient très vite habiles à lancer le boomerang et le harpon. C'était là passe-temps d'amateurs. Mais, dans le nord, la population vivait du marais.

Elle en tirait d'abord de quoi se loger et de

quoi exercer son industrie. Quand on avait arraché de nombreuses tiges de papyrus, on les mettait en bottes et chacun courbé sous le faix regagne à pas lents, en trébuchant parfois, le village. On étale la récolte et l'on choisit les tiges avec lesquelles on peut construire des cabanes. Les maisons de briques sont ici remplacées par des maisons de papyrus qu'on calfate avec du limon. Les murs sont minces. L'enduit tombe souvent, mais il est facile de boucher les fissures. Avec les fibres du papyrus on fabrique des cordes de toute grosseur, des nattes, des sièges et des cages que l'on vendait aux terriens. Avec des cordes et des tiges on confectionne les barques élégantes et pratiques sans lesquelles on ne pourrait ni chasser, ni pêcher. Mais avant de se lancer à la poursuite du gibier, il fallait éprouver le matériel neuf. Couronné de fleurs champêtres, cravaté d'un nénufar, chacun monte dans sa barque et la dirige avec une longue gaffe fourchue. Le combat commence par des injures souvent assez vertes. Les menaces et les coups vont pleuvoir. On dirait que l'amusement va mal tourner, mais chacun vise seulement à culbuter son adversaire dans l'eau et à retourner sa barque. Quand il ne reste plus qu'un jouteur debout dans sa barque, la fête est finie. Vainqueurs et vaincus rentrent au village et reprendront, réconciliés, le métier que le satiriste égyptien proclame le plus dur de tous[58].

Les pêcheurs qui voulaient entreprendre une longue campagne s'embarquaient dans une barque de bois pourvue d'un mât. Des cordes sont tendues entre les câbles pour faire sécher les poissons fendus. Un oiseau de proie se pose sur le mât[59].

Il y avait bien des façons de pêcher. Le pêcheur

solitaire s'installait avec ses provisions dans une petite barque et, quand il avait trouvé un endroit tranquille, laissait flotter sa ligne. Un beau clarias ayant mordu à l'hameçon, il tire avec précaution et assomme sa capture d'un coup de massue. Dans les marais peu profonds, on pose des nasses simples, en forme de bouteille ou même des nasses à deux compartiments. Les muges attirés par un appât trouvent l'entrée, écartent les joncs, mais ne peuvent plus ressortir. Bientôt la nasse sera un véritable vivier. Le pêcheur sûr du succès craint seulement son voisin qui l'a épié et qui est bien capable de revenir sur les lieux le premier. Avec l'épuisette, il faut de la patience et une grande sûreté de main. Le pêcheur s'arrête dans un endroit très poissonneux, immerge son engin et attend. Quand les poissons d'eux-mêmes y auront élu domicile, il devra le soulever très vite et sans brusquerie, sinon il ne lèverait qu'un filet vide. La pêche à la senne exige une dizaine d'hommes, au moins deux barques et un immense filet rectangulaire garni de flotteurs sur un côté, de poids de pierre sur le côté opposé. On tend ce filet dans un lac et l'on y rabat les poissons. Puis l'on ramène doucement au rivage l'appareil et les poissons. L'atterrissage est un moment délicat, car le synodonte qui est un poisson agile et vigoureux bondit hors du filet pour retrouver son domaine. Il faut que le pêcheur l'attrape au vol[60]. Contre l'énorme latès, si grand que sa queue balaye le sol quand deux pêcheurs l'emportent pendu à une rame, le harpon était le meilleur engin[61]. C'était encore le harpon que l'on employait pour chasser l'hippopotame, mais le harpon du pêcheur se serait brisé comme un jouet sur le corps du monstre. Il fallait un engin solide composé d'un crochet de fer enfoncé dans une lance de bois, réunie par une corde à un chapelet de flotteurs. Quand le harpon a atteint son but le bois se brise, le crochet reste enfoncé dans la chair du monstre qui s'enfuit. Les chasseurs rattrapent les flotteurs, tirent la corde pour raccourcir la distance. L'hippopotame tourne vers les chasseurs son énorme tête, découvre ses mâchoires capables de broyer un canot, mais il est achevé à coups de harpon[62].

La chasse au boomerang était plutôt un sport de gens riches qu'un travail de bateliers. Apouy a pris place dans une barque de luxe qui a la forme d'un canard géant. La plupart des chasseurs se contentent pourtant d'un canot de papyrus du type ordinaire. Il est bon d'avoir à bord une oie du Nil dressée à servir d'appelant. Le chasseur lance son boomerang terminé par une tête de serpent. L'engin et sa victime retombent au point de départ. Les compagnons du chasseur, sa femme, ses enfants les rattrapent prestement. Un petit garçon, ravi, dit à son père : « Prince, j'ai attrapé un loriot ! » Mais un chat sauvage en a attrapé trois à lui seul[63].

La chasse au filet permettait de capturer d'un seul coup un grand nombre d'oiseaux vivants. C'était un sport d'équipe. Des princes, des hommes d'une haute situation ne dédaignaient pas d'y prendre part comme chef ou comme guetteur. On choisissait dans un terrain bien plat une mare de forme rectangulaire ou ovale, longue au plus de quelques mètres. De part et d'autre de cette mare, on étalait deux filets rectangulaires qui pouvaient, si on les rejoignait, la couvrir entièrement. Il fallait trouver le moyen de rabattre ces deux nappes ensemble et brusquement de telle manière que les oiseaux qui s'étaient posés sur la mare fussent prisonniers. On enfonçait en terre quatre piquets, deux à droite de la mare et deux à gauche. On y attachait les deux volets dont les angles extérieurs étaient reliés, deux à un gros pieu situé à quelque distance sur l'axe de la mare prolongé et deux à une corde de manœuvre qui pouvait être longue d'une vingtaine de mètres ou davantage. L'appareil étant prêt à fonctionner, un guetteur se cachait dans un fourré à courte distance, les jambes dans l'eau, ou s'asseyait derrière un paravent percé de trous. Des oiseaux dressés, complices des chasseurs, se promenaient au bord de la mare. Bientôt des canards s'y posaient en grand nombre. Les chasseurs au nombre de trois ou quatre ont déjà saisi la corde de manœuvre. Ils sont assez loin de la mare pour ne pas effrayer les oiseaux qui s'envoleraient au moindre bruit. Le guetteur lève le bras, ou étend une écharpe. A ce signal, les tireurs, se jetant en arrière brusquement et avec ensemble, ont fait fonctionner le piège. Les deux nappes se soulèvent et se rabattent sur la garnison d'oiseaux, qui, tout entière, est faite prisonnière. C'est en vain que les plus vivaces essaient de secouer le filet en se débattant. Sans leur donner le temps d'y réussir, les chasseurs que leur brusque effort a jetés par terre, se relèvent, accourent avec des cages. Quand elles sont pleines, s'il reste encore des oiseaux sous le filet, on leur croise les ailes en enchevêtrant les plumes, ce qui suffira au moins pour retourner au village[64].

Tous ces procédés exigeaient de l'adresse, de la patience, parfois du courage, mais ces qualités fussent restées sans effet si les chasseurs n'avaient été dans les faveurs d'une divinité qu'ils appelaient Sekhet, « Prairie ». Elle avait l'aspect d'une paysanne vêtue de la robe fourreau. Des longs cheveux couvraient ses épaules. Le filet lui-même est le bien d'un dieu spécial, le dieu « Filet » qui est le fils de « Prairie ». Les travaux que nous venons de décrire sont les travaux de la déesse « Prairie ». Les poissons, les oiseaux sont ses biens, mais elle n'en est pas avare et les distribue volontiers aux chasseurs et aux pêcheurs qui sont ses associés et ses amis [65].

X. — La chasse dans le désert.

La chasse dans le désert était un passe-temps pour les nobles et les princes et aussi un métier. D'une part, il n'existe pour ainsi dire pas de tombe décorée dont le maître ne soit représenté, criblant de ses flèches infaillibles les antilopes et les gazelles réunies comme en un jardin d'acclimatation dans un terrain barricadé. D'autre part, les archers qui faisaient la police des déserts, les préposés à la montagne de l'or de Coptos, sont accompagnés quand ils vont rendre compte de leur mission au grand prêtre d'Amon Menkheper-rêsenb par un préposé aux chasses qui présente un butin magnifique : œufs et plumes d'autruche, des autruches et des gazelles vivantes, des animaux tués [66]. Ramsès III avait constitué des équipes d'archers et de chasseurs professionnels chargés en même temps qu'ils accompagnaient les ramasseurs de miel et de résine de ramener des oryx pour les présenter au ka du dieu Râ dans toutes ses fêtes, car l'offrande des animaux du désert demeurait en pleine époque historique, comme à l'époque où l'homme vivait surtout de la chasse, la plus agréable aux dieux[67].

Amateurs ou professionnels, tous les chasseurs cherchaient à s'épargner la peine de poursuivre indéfiniment un gibier que la nature a doué de bonnes jambes au risque de s'égarer et de devenir eux-mêmes un gibier pour les hyènes et les oiseaux de proie. Connaissant les mœurs des animaux, les endroits où ils vont boire, ils s'efforcent d'en attirer le plus grand nombre possible dans un terrain préparé où ils pourront les capturer ou les massacrer à volonté. On choisissait un fond de vallée, où peut-être un soupçon d'humidité entretient encore quelque végétation, dont les bords sont tellement escarpés qu'on ne peut s'enfuir ni à droite, ni à gauche. On tendait sur des piquets deux barrages de filet séparés par une distance que l'expérience faisait juger convenable, mais que nous ne pouvons guère apprécier sur les peintures. Le filet du fond est continu et interdit toute fuite. Du côté opposé, on a aménagé une ouverture pour le passage des bêtes et des chasseurs. A l'intérieur, on a placé de l'eau et de la nourriture[68]. Bientôt l'enclos se remplit. Les animaux s'abandonnent à la joie de vivre comme si leurs instants n'étaient pas comptés. Des bœufs sauvages gambadent dans tous les sens. Des autruches dansent pour saluer le soleil levant. Une gazelle allaite son petit. Un âne sauvage allonge le cou pour dormir. Un lièvre s'installe sur un monticule pour humer le vent[69].

Autrefois, les chasseurs partaient à pied. Le seigneur marchait les mains vides. Son escorte se répartissait les vivres, les arcs, les flèches, les cages, les cordes et les bourriches. Un valet tenait en laisse les lévriers et les hyènes gavées au préalable et dressées en vue de la chasse. Depuis que l'usage du char s'était répandu, le seigneur partait en char, comme pour la guerre, avec son arc et ses flèches. Les *chemsou* suivaient à pied, portant au moyen d'une palanche des cruches, des outres pleines, des couffins, des sacs et des cordes. Quand la petite troupe est arrivée à destination le chef descend de son char avec ses armes. Un valet tient en laisse la meute des lévriers [70]. Depuis longtemps on a renoncé aux hyènes, que les chasseurs de l'Ancien Empire étaient parvenus à dresser.

Le gibier est brusquement surpris par la pluie des flèches et par l'irruption des féroces lévriers. Les malheureuses bêtes cherchent en vain une issue. Les falaises et les barrières les retiennent sur le lieu du carnage. Des cerfs, des bœufs sauvages sont déjà atteints. Une autruche se défend à coups de bec contre le chien qui l'assaille. Une femelle pleine met bas en sautant. Un lévrier étrangle tout net le petit qui vient de naître. Un oryx s'élance dans un bond désespéré, mais il tombe tout droit dans la gueule de son ennemi. Un lévrier a terrassé une gazelle et l'égorge proprement. D'après une peinture du tombeau d'un certain Ousir, il semble que des pièges ont été placés dans l'enclos, mais la peinture est trop mal conservée pour qu'on puisse en décrire le mécanisme. L'existence de ces pièges est toutefois certaine. Si le chasseur n'avait eu que des flèches et des chiens, on ne voit pas comment il pourrait ramener un aussi grand nombre d'animaux vivants que le font ce même Ousir et un Amenemhat [71]. Au retour, ces chasseurs ramènent, attachés par un pied, un bouquetin, une gazelle, un oryx, une autruche, tous capables de marcher. Un aide porte sur ses épaules un petit d'antilope. D'autres tiennent par les oreilles des lièvres qui ont bien l'air tués. Une hyène suspendue à une perche par les quatre pieds, la tête pendante, est sûrement morte. Ils n'avaient pas perdu leur temps, mais d'autres chasseurs, dédaigneux du profit ou amis de la difficulté, ne craignaient pas de poursuivre les antilopes sur leur char rapide comme l'éclair. Ainsi faisait l'infatigable prince Amenhotep. Un certain Ousirhat s'engage lui aussi sur son char, dans le désert immense, conduisant seul et tirant de l'arc. Il pousse devant lui un troupeau d'antilopes qui entraîne dans sa fuite des lièvres, une hyène, un loup et il reviendra chargé de dépouilles[72].

CHAPITRE VI

LES ARTS ET LES MÉTIERS

La nation égyptienne ne comprenait pas seulement des agriculteurs, des scribes et des prêtres. S'il en avait été ainsi, les pyramides n'existeraient pas, ni les temples, ni les hypogées. La princesse Khnoumit n'aurait pas posé sur ses cheveux noirs un diadème qui semble l'œuvre des fées. Enlever de la carrière une aiguille de granit longue de plus de trente mètres, la transporter d'Assouan à Thèbes, la tailler en forme d'obélisque, y graver des hiéroglyphes impeccables, finalement la dresser sur son socle, tel est le tour de force que les Egyptiens pouvaient accomplir en sept mois et qui fut renouvelé plusieurs fois par règne pendant tout le Nouvel Empire. Les scribes estimaient ces prodigieux artisans fort au-dessous d'eux-mêmes. Essayons de nous faire une idée de leurs travaux et de leur genre de vie.

I. — Les carriers.

L'Egypte possède dans les deux déserts qui bordent la vallée du Nil d'admirables roches qui fournissaient aux architectes, aux sculpteurs, aux joailliers, les matériaux des plus grands ouvrages et des plus petits. Le calcaire se trouvait partout entre Memphis et Iounyt, au sud de Thèbes. Le plus fin, le plus blanc était extrait des carrières de Roiaou, non loin de la source d'Hélouan. Le calcaire de la montagne thébaine est également de belle qualité. Le quartzite rouge comme le bois de cèdre, *mery,* venait de la Montagne Rouge, domaine d'Hathor, au nord-est d'On. La carrière était en pleine exploitation sous la XIIe dynastie. C'est en se mêlant aux ouvriers qui allaient de leur village à la carrière, que le déserteur Sinouhit parvint à quitter l'Egypte. Sous Ramsès II, on y travaillait plus que jamais. Un jour, on découvrit un bloc plus long qu'un obélisque de granit, comme on n'en avait pas vu depuis le temps du dieu, sous les yeux du Pharaon qui s'était rendu dans le désert d'On, dans les dépendances du domaine de Râ. Tout le monde crut que Sa Majesté l'avait créé elle-même de ses rayons. Elle le fit élaborer par ses travailleurs d'élite. En une année exactement, le bloc prit la forme d'une statue colossale qui reçut le nom de Ramsès-le-dieu. Le chef des travaux fut récompensé en or et en argent. Tous ceux qui avaient pris part aux travaux eurent leur part des faveurs du roi. Sa Majesté veillait sur eux chaque jour. Aussi l'on travaillait avec grand zèle. Une autre carrière fut découverte à côté de la première. On en tira d'autres colosses pour le temple de Ptah de Memphis, pour les temples de Ptah et d'Amon de Ramsès[1]. Un grès moins beau que celui de la Montagne Rouge, mais encore honorable, existait en abondance dans les trois nomes du sud. La région d'Assouan est la région du granit. On s'en procurait les trois variétés, le rose, le gris, le noir à peu de distance de la ville, ainsi que dans les îles d'Abou, de Satit et de Senmout. Un obélisque, un sarcophage, un colosse osirien prouvent encore l'activité des carriers anciens. Les entailles préparatoires se voient partout. La région du granit s'étend assez loin vers le sud. En partant d'un lieu appelé Idahet vers l'ouest on atteignait en trois jours de marche l'emplacement des carrières de diorite abandonnées depuis le Moyen Empire. La région était si déshéritée, l'exploitation demandait un tel effort et de tels sacrifices que les Ramsès, qui ne ménageaient guère les prisonniers de guerre, ne tentèrent pas d'y reprendre le travail[2]. En Moyenne Egypte, ils pouvaient se procurer à moindres frais d'excellentes pierres, l'albâtre d'Hatnoub, à quelques heures de la capitale délaissée d'Akhenaton et plus au sud, dans la vallée de Rohanou, à trois jours de Coptos, un schiste gréseux noir susceptible d'un très beau poli, le *bekhen*, ainsi que la brèche verte et la brèche universelle. Des nids d'inscriptions existent dans presque toutes ces carrières antiques, mais les inscriptions gravées, dans la vallée de Rohanou, sont les seules qui, au lieu de se borner à des listes de noms et de titres, abondent en détails pittoresques[3].

L'exploitation n'était ni permanente, ni régulière. Lorsque Pharaon avait besoin de pierre de bekhen, il envoyait une expédition qui faisait époque dans son règne, car on réunissait alors des milliers d'hommes. Ramsès IV, dépassant tous ses prédécesseurs, organisa une puissante expédition pour laquelle il mobilisa 9368 hommes. Le roi l'avait préparée minutieusement en consultant les livres de la Maison de vie et par l'envoi d'une expédition préliminaire. L'état-major comprenait treize hauts personnages, dont le grand prêtre d'Amon assisté de ses échansons. Puis venaient les scribes de l'armée au nombre de 20. Ces scribes étaient des techniciens de mérite à qui l'on demandait indifféremment de résoudre des problèmes qui relevaient de l'ingénieur, comme dresser un obélisque, ériger un colosse de trente coudées, construire une rampe de briques crues ou des questions administratives en organisant par exemple une expédition en Syrie. Les chefs des écuries, les écuyers, les écuyers des équipages comptaient pour 91, les policiers gradés pour 50 et des fonctionnaires de diverses catégories également pour 50. On note avec étonnement la présence de 200 chefs des escouades de pêcheurs qui s'explique sans doute par ce que la saison de *chemou* pendant laquelle avait lieu l'expédition n'était pas favorable à la pêche. Le gros de la troupe était formé par 5000 soldats, 2000 hommes venus des temples, 800 auxiliaires étrangers (*Aperou*). 900 fonctionnaires du gouvernement central comptaient dans cet effectif, mais n'accompagnaient l'expédition que de loin. Plusieurs chars traînés par des bœufs accompagnaient cette véritable armée. Les spécialistes proprement dits : un chef des artistes, trois chefs de travaux des carriers, 130 carriers et tailleurs de pierre, 2 dessinateurs et 4 graveurs, ne sont qu'une bien faible partie de la troupe. C'est que la plus grande partie était occupée soit à tirer les pierres sur des traîneaux, soit à porter le ravitaillement. Le grand souci des chefs était de nourrir ces milliers d'hommes en plein désert, de distribuer à chacun un peu d'eau, un peu de bière, un peu de pain, d'attribuer aux spécialistes et aux chefs un menu un peu plus corsé et enfin de remercier dignement les dieux maîtres de la montagne de bekhen, en premier lieu Min, Horus et Isis sans lesquels la mission n'eût pas abouti. C'est ce que les Egyptiens dans leur style imagé appelaient changer le désert en un canton cultivé, le chemin en un canal. Mais aussi quelle joie de pouvoir écrire sur une stèle que pas même un âne n'était tombé, que personne n'avait eu soif sur le chemin ou n'avait fait une heure de découragement. En vérité, ils n'avaient pas eu le droit de se plaindre, ces hommes de corvée abreuvés de bière et nourris de pain comme en Egypte pendant les jours de fête[4].

La méthode de travail était extrêmement primitive. On ne se donnait pas la peine d'attaquer un filon rocheux et d'en extraire des blocs calibrés. On choisissait parmi les blocs détachés ceux qui avaient déjà les dimensions désirées et pouvaient donner soit un sarcophage, soit un couvercle, soit une statue, soit un groupe. Les premiers arrivés avaient enlevé ceux qui gisaient au bord de la route. Leurs successeurs étaient obligés d'escalader les pentes et de faire rouler les blocs du haut en bas. Très souvent ils se brisaient et l'on ne récoltait que des fragments. Un chef de travaux nommé Mery eut l'idée vraiment géniale d'établir à flanc de coteau un chemin en pente et d'y faire glisser les blocs. L'invention réussit à merveille et l'ingénieux ingénieur ramena pour sa part dix statues de cinq coudées. Cela ne s'était jamais vu. Il n'avait fallu qu'une dizaine de siècles pour mettre au point le procédé[5].

Habiles en tout lieu à saisir les signes de l'intervention divine, les Egyptiens qui s'étaient aventurés au désert étaient à l'affût du moindre incident qui ne tardait pas à prendre les proportions d'un miracle. Pendant que les carriers erraient par la montagne de bekhen à la recherche d'un couvercle tout fait pour le roi Nebtaouirê, une gazelle dirigée évidemment par le dieu les mit sur la voie : « Une gazelle pleine parut sur le chemin, tournant sa face vers les hommes qui étaient en face d'elle. Ses yeux regardaient ceux qui cherchaient à l'attraper, mais elle ne retourna pas en arrière jusqu'à ce qu'elle eût atteint la place de cette montagne sacrée où se trouvait un couvercle de sarcophage. Elle mit bas sur lui. Les soldats du roi, qui avaient vu cela, lui coupèrent le cou. On s'établit, on fit un holocauste et l'on redescendit en paix. Or c'était la majesté de ce dieu vénérable, maître des déserts, qui avait fait ce don à son fils Nebtaouirê, qu'il vive à jamais, en vue de sa satisfaction, pour qu'il soit vivant sur son trône, pour toujours et à jamais et qu'il fasse une infinité de jubilés[6]. »

La pierre repérée, amenée intacte sur la route, posée sur un traîneau et prête à partir, les chefs de l'expédition ne pouvaient donner le signal du départ avant d'avoir élevé aux dieux de la montagne de *bekhen*, dont le plus auguste était Min, seigneur de Coptos et d'Ipou, un monument digne de lui. On y était d'autant plus obligé qu'un second miracle avait suivi de près le miracle de la gazelle. On découvrit au milieu de la vallée une citerne qui mesurait dix coudées de côté et pleine d'eau jusqu'aux bords. On prit des mesures pour empêcher les antilopes de la souiller, pour la tenir dissimulée aux nomades. « Or les soldats des rois précédents avaient fait des allées et venues sur ses bords, mais aucun œil ne l'avait aperçue, aucune face d'homme n'était tombée sur elle. Elle ne s'est ouverte que pour Sa Majesté...

Lorsque ceux qui sont en To-mery, les Rekhyt qui sont en Egypte, au nord comme au sud, entendront cela, ils poseront leur front à terre. Ils avoueront la perfection de Sa Majesté pour toujours et à jamais[7]. »

Sur l'ordre de Sa Majesté, « cette stèle fut dressée pour Min son père, maître des déserts en cette montagne sacrée, primitive, première placée dans la terre du soleil levant, palais divin doué de la vie d'Horus, nid divin où ce dieu se réjouit, sa place pure de réjouissance qui est sur les déserts de la terre divine, afin que son ka soit content et que dieu soit exalté en son cœur en exerçant la royauté sur le grand trône qui est en tête des trônes, pour que soient établis les monuments du dieu parfait, maître de la joie, grand de crainte, grand d'amour, héritier d'Horus dans ses deux terres, qui a élevé Isis, la divine mère de Min, la grande enchanteresse pour la royauté de l'Horus des deux rives, le roi du sud et du nord Nebtaouirê, qu'il vive comme Râ éternellement. »

Il dit : « Ma Majesté a fait sortir le prince vizir, chef des travaux qui remplit le cœur du roi, Amenemhat, avec une armée de 10 000 hommes des nomes du sud, depuis Ouabout, pour lui apporter un bloc vénérable, une pierre précieuse, la plus pure qui soit en cette montagne, dont Min a fait la solidité, pour être un sarcophage, rappelant l'éternité plus que les monuments qui sont dans les temples de Haute Egypte en une expédition du roi, chef des deux terres pour lui apporter depuis les déserts de son père Min l'objet de ses désirs[8]. »

Finalement, vingt-deux jours après son arrivée, l'expédition repartait vers l'Egypte emmenant cette pierre si belle qui mesurait huit coudées de long sur quatre de large, épaisse de deux, après avoir sacrifié des bœufs et des antilopes et brûlé de la résine de térébinthe en l'honneur du dieu bienveillant.

Amis du moindre effort, les Egyptiens pratiquaient cette méthode si simple en tout lieu où elle était possible. Il est permis de croire que la découverte du bloc de grès plus haut qu'un obélisque, dans les carrières de la Montagne Rouge, fut aussi un don d'Hathor. Quand il le fallait ils n'hésitaient pas à attaquer la roche ni à creuser des galeries[9]. Le dur travail qu'ils s'imposaient pour creuser les syringes de la montagne thébaine atteignait un double résultat, procurant aux défunts leur maison d'éternité et aux vivants des pierres de tout format. Beaucoup de carriers et de tailleurs de pierre étaient des prisonniers de guerre ou des condamnés, mais on connaît aussi de nombreux Egyptiens qui exerçaient cet état. Tous d'ailleurs, quand ils apprirent sous le dernier Ramsès, que l'Egypte était déchirée par la guerre civile, brisèrent leurs chaînes, se mirent à la disposition des ennemis d'Amon et, répandus dans tout le pays, commirent mille sacrilèges et cruautés. Cela ne prouve pas qu'auparavant ils aient été bien contens de leur sort.

II. — Les mineurs.

L'or se trouvait très abondamment répandu dans le désert, entre le Nil et la mer Rouge. Trois points sont particulièrement à signaler. Il est souvent question dans les textes et encore au papyrus Harris de l'or de Coptos[10]. En réalité, l'or de Coptos se trouvait dans la montagne de bekhen.

La nature avait bien fait les choses en rassemblant près d'un point d'eau, au croisement de plusieurs routes désertiques, à égale distance du Nil et de la mer, les mines d'or et les carrières qui fournissaient une pierre si appréciée des sculpteurs, qui pouvait encore servir de pierre de touche. La région était fréquentée par les préposés aux montagnes de l'or de Coptos, par les chefs des chasseurs qui capturaient des autruches, des lièvres, des gazelles, par des policiers de Coptos responsables de la sécurité des hommes qui circulaient dans le désert porteurs du métal précieux.

D'autres régions aurifères étaient beaucoup moins favorisées que la montagne de *bekhen*. Un jour, le roi Setoui, comme il étudiait les questions concernant les montagnes désertiques, éprouva le désir de voir les mines d'où l'on apporte l'or[11]. Ayant exploré les canaux qui la desservaient en partant d'Edfou, Sa Majesté fit un arrêt sur la route pour tenir conseil avec son cœur. Elle disait : « Combien pénible le chemin qui n'a pas d'eau! Comment peut-on y marcher quand le gosier est desséché? Qui éteindra leur soif? La terre est loin. Le désert est large. L'homme qui a soif sur les buttes se plaint. Comment arrangerai-je leurs affaires? Je trouverai le moyen de les faire vivre. Ils remercieront Dieu en mon nom au long des années à venir. Les générations futures tireront gloire de moi à cause de mon énergie parce que, moi, je suis le clairvoyant qui se retourne vers le voyageur. »

Quand Sa Majesté eut tenu ces discours dans son propre cœur, Elle parcourut le désert pour chercher où creuser un puits. Dieu conduisit ses pas pour lui faire atteindre ce qu'Elle désirait. Des tailleurs de pierre reçurent l'ordre de creuser un puits dans la montagne en vue de réconforter l'épuisé, de rafraîchir celui qui est brûlé par l'été. La tentative réussit parfaitement, si bien que le roi a pu écrire : « Voici que Dieu a réalisé ma requête. Il a fait venir pour moi l'eau sur la montagne. Le chemin horrible depuis les dieux est suave pendant mon règne. »

Ce n'était pourtant qu'un commencement. C'est une véritable ville, au grand nom de « Menmatrê, qui répand l'eau en grande quantité comme les deux gouffres d'Abou » que le roi entendait fonder. Or, il n'y a pas de ville sans temple. Le directeur des travaux royaux fut chargé de le construire. Les carriers des nécropoles se mirent à l'œuvre et bientôt au pied de la montagne s'éleva un temple de petites proportions qui ne le cède pas pour la pureté des figures et des inscriptions aux autres ouvrages de cette époque. On y adorait à la fois un grand nombre de divinités, Amon, Râ, Osiris, Horus, l'Ennéade des dieux qui sont en ce temple, dont faisait partie le roi lui-même. Setoui vint l'inaugurer et adressa à ses pères les dieux, cette prière : « Hommage à vous, grands dieux qui avez fondé le ciel et la terre d'après vos idées, qui me favorisez pour la durée de l'éternité et faites durer mon nom pour toujours. Car je suis bienveillant. Je suis bon pour vous. Je veille sur les choses que vous aimez... Heureux qui agit d'après le discours du dieu, car ses plans ne lui font pas défaut. Qu'on agisse donc par votre parole puisque vous êtes les seigneurs. J'ai passé ma vie et mes forces pour vous, à chercher mon bien en vous. Accordez que mes monuments durent pour moi et que mon nom dure sur eux. » De leur côté, les mineurs reconnaissants ne cessaient de supplier les dieux pour le roi qui, en creusant une citerne et en construisant un temple où les dieux se plaisent, avait réalisé une œuvre sans pareille. Ils disaient de bouche en bouche : « Amon, accorde-lui l'éternité, multiplie pour lui la durée. Dieux qui êtes dans la source, vous lui donnerez votre durée, car il nous a ouvert à la marche la route qui était bouchée devant nos faces. Nous y passons et nous sommes bien portants. Quand nous l'atteignons, cela nous fait vivre. Le chemin qui nous était accessible est devenu un bon chemin. Grâce à lui la marche de l'or est comme la vue du faucon. »

Le temple a été constitué propriétaire des mines. Tout l'or produit dans la montagne doit y être porté avant de grossir le trésor royal. Un commandant et une troupe d'archers ont reçu la mission de protéger le temple et ses travailleurs. Ni les autres chercheurs d'or qui circulent par le désert, ni les archers, ni les gardes ne devront rien changer aux dispositions prises par le roi. Personne n'a le droit de réquisitionner pour quelque travail que ce soit les ouvriers qui lavent l'or pour le compte du temple, ni de toucher à l'or « qui est la chair des dieux ». Les rois à venir qui tiendront compte des volontés de Sétoui, seront fortifiés par Amon, Harakhté et Ptah Tatenen. « Ils gouverneront les terres avec douceur. Ils domineront le désert et la Terre de l'Arc. Leurs kas seront durables. Ils rassasieront ceux qui sont sur terre. Mais malheur à tous ceux, rois ou particuliers, qui seraient sourds à mes paroles. Osiris les poursuivra, Isis poursuivra leurs femmes et Horus leurs enfants avec l'aide de tous les princes de To-Djouser qui collaborent avec lui. »

La situation des mineurs que le roi envoyait en Nubie était encore moins enviable[12]. « Il y a beaucoup d'or, disait-on, au pays d'Ikaïta (à l'est de la deuxième cataracte), mais, à cause de l'eau, sa route est excessivement pénible. Lorsque quelques-uns des conducteurs qui lavent l'or s'y rendent, la moitié seulement réussit à y arriver. Les autres meurent de soif sur la route avec les ânes qui marchent en avant. Ils ne trouvent pas leur ration de boisson ni à l'aller, ni au retour avec l'eau des outres. On ne peut donc plus apporter de l'or de ces pays à cause du manque d'eau. Les rois d'autrefois, disait un rapport du fils royal de Kouch, avaient essayé de creuser des puits, mais sans succès. Le père de Ramsès, le roi Menmatrê qui avait si bien réussi à l'est d'Edfou, n'avait pas été plus heureux. Il avait entrepris de creuser un puits de 120 coudées, mais on l'avait abandonné en chemin sans que l'eau ait paru. Cet échec ne découragea pas les ingénieurs qui, dès le début du règne de Ramsès II, sûrs de l'appui que Hâpi, père des dieux, ne pouvait manquer de fournir à son fils bien-aimé, reprirent le travail et cette fois avec succès. L'eau qui était dans la Douat obéit au roi et monta dans le puits. Les mineurs ne mouraient plus sur le chemin, mais leur travail restait affreusement pénible. Selon Diodore que nous sommes obligés de citer à défaut de textes plus anciens[13], on chauffait la roche pour la rendre cassante, puis on l'attaquait avec des coins de métal en suivant la direction du filon aurifère. Les fragments détachés sont portés à l'entrée de la galerie, écrasés et lavés jusqu'à ce que la poudre soit nette et brillante. Cette poudre traitée chimiquement donnait de l'or très pur. En fait, l'or des bijoux égyptiens est généralement mêlé avec de l'argent, du cuivre et d'autres impuretés[14].

Les Egyptiens trouvaient au Sinaï la précieuse

turquoise, *mafaket*[15], employée par les joailliers, et d'autres composés du cuivre, comme la malachite, *sechmet*[16]. Commencée au temps du vieux roi Sanekht, l'exploitation des mines était, sous les Ramsès, plus active que jamais. On n'était pas gêné par le manque d'eau. Les Bédouins, qui plus d'une fois dans le passé, avaient attaqué les mineurs et les convoyeurs, étaient assagis ou matés. On était toujours exposé à des inconvénients du genre de ceux que nous révèle un ingénieur de la XIIe dynastie, nommé Horourrê, parce qu'ils tiennent à la nature des choses. Cet ingénieur, chargé d'entreprendre des recherches dans la mine, était parvenu sur place au troisième mois de *perit,* alors que ce n'était déjà plus la saison favorable pour venir à la mine. Dès le lendemain de son arrivée, il s'était entretenu avec les techniciens les plus expérimentés, qui avaient été unanimes pour lui dire : « Il y a dans la montagne de la turquoise pour l'éternité, mais c'est la couleur dont il y a lieu de s'occuper en cette saison. Nous avons toujours entendu dire la même chose : les gemmes de la mine se présentent bien en cette saison, mais c'est la couleur qui leur fait défaut en cette mauvaise saison de *chemou.* » « Pendant le *chemou,* ajoute Horourrê, le désert est brûlant. Les montagnes y sont comme chauffés au fer rouge et les couleurs (des pierres) sont troublées. » A la vérité, l'ingénieur était à pied d'œuvre à la fin de l'hiver. Les grosses chaleurs n'étaient pas encore venues, mais elles ne devaient plus se faire attendre bien longtemps et séviraient quand le travail battrait son plein. Mais le désir de servir le roi, la confiance qu'il mettait en la dame du ciel, Hathor, qui est aussi la dame des turquoises et la protectrice des mineurs, le préservèrent du découragement. Tout son personnel était arrivé au complet et sans subir de perte. Dès les premiers rendements, il n'eut plus d'inquiétude. Maintenant toujours le même rythme, il termina son travail au premier mois de *chemou* sans avoir éprouvé les chaleurs qui troublent la couleur des turquoises. Et, tout joyeux, il conclut : « J'avais recueilli cette gemme précieuse. J'avais réussi mieux que tout homme venu avant moi et au-delà de tout ce qui m'avait été commandé. On ne pouvait assurément rien souhaiter de mieux. La couleur (des turquoises) était parfaite et les yeux étaient en fête (à la contempler). La gemme était même plus belle qu'en saison normale... Reposez-vous donc sur Hathor. Faites-le. Vous vous en trouverez bien. Vous réussirez encore mieux que moi. Prospérité en vous [17]. »

Ainsi, grâce à l'activité des ingénieurs et à l'endurance d'un personnel éprouvé, grâce aussi au zèle de ses commerçants, dont nous parlerons en un autre chapitre, l'Egypte amassait dans ses entrepôts de grandes quantités de matières utilisables dans l'industrie, des pierres, des métaux, des bois. Voyons maintenant les ouvriers à l'œuvre dans l'atelier.

III. — LE TRAVAIL DANS LES ATELIERS.

Si l'on consulte les peintures assez nombreuses dans les tombeaux du Nouvel Empire, qui représentent le travail dans les ateliers, ainsi que les légendes qui servent de titre, on est tenté de croire que tous les métiers étaient mélangés dans un local unique : sculpteurs sur pierre et sur bois, creuseurs de vases, orfèvres, joailliers et lapidaires, fabricants de vases en métal, armuriers, menuisiers et carrossiers. Cela peut être un artifice de composition. Ces travaux si divers sont surveillés par un directeur général que l'on représente avec une taille gigantesque tandis que les artisans qui peinent sous ses yeux semblent des nains. Une légende hiéroglyphique l'encadre et définit son activité. Voici, par exemple, la légende d'un certain Douaouneheh, directeur du domaine d'Amon : « Venir pour inspecter l'atelier, pour ouvrir les deux maisons de l'or et de l'argent, pour organiser tous les travaux, pour entreprendre tous les travaux qui dépendent du directeur, etc...[18]. » Il n'est pas interdit de penser que les ateliers spécialisés se succédaient le long d'une rue, comme dans les bazars du Caire et de Damas, et que le directeur les inspectait à tour de rôle, mais l'on observera, d'autre part, qu'une statue de bois, et même de pierre, est rehaussée d'incrustations, que les chars, les meubles, les armes étaient sculptés dans certaines de leurs parties, enrichis d'or et de pierres précieuses, qu'un vase de pierre pouvait être serti d'or et incrusté de turquoise et de lapis-lazuli. Ou bien le même artisan possédait plusieurs techniques, ou bien des spécialistes travaillant l'un près de l'autre, se passaient et se repassaient le même objet jusqu'à son achèvement.

IV. — LES SCULPTEURS.

Les sculpteurs sur pierre préfèrent cependant s'isoler. Chez Douaouneheh déjà nommé, ils achèvent une porte monolithe composée de deux montants, d'un linteau et d'une corniche, la façade d'un édifice ajouré et une colonne monolithe à chapiteau palmiforme comme les colonnes de Tanis et d'Ahnas. Les uns se servent d'une herminette, d'autres d'un ciseau, d'autres d'un polissoir, travaillant debout ou assis sur un tabouret, ou sur le bloc de granit lui-même. Sans attendre qu'ils aient fini, les dessinateurs, tenant un calame d'une main, leur palette de l'autre, tracent les contours des hiéroglyphes qui seront ensuite gravés en creux et peints en bleu ou en vert. Dans l'atelier de Rekhmarê qui dépend aussi du domaine d'Amon[19] un colosse de roi assis sur un siège carré à dossier bas, un colosse debout appuyé contre un pilier, un sphinx, une table d'offrandes sont en cours d'exécution. Les artistes s'installent aussi bien sur les pattes ou sur le dos du sphinx ou sur la table d'offrandes que sur un échafaudage mobile en bois qui permet de travailler au visage et à la coiffure des colosses. Les uns s'escriment du maillet et du ciseau. D'autres frottent le granit avec le polissoir. Le dessinateur trace avec son calame les hiéroglyphes du pilier dorsal. Le peintre applique la couleur avec le pinceau qu'il trempe dans un bol. On se demande si des opérations aussi diverses pouvaient avoir lieu en même temps. A la vérité, le sculpteur qui ciselait quelques détails du visage et le graveur occupé aux hiéroglyphes du pilier et du socle ne se gênaient pas mutuellement, mais le polissage n'aurait dû être entrepris qu'après que le sculpteur et le graveur n'avaient plus rien à faire. Quant au peintre, il ne venait qu'en dernier. L'auteur du tableau peut donc avoir groupé dans un même atelier ceux qui y ont travaillé successivement. Mais nous verrons la même méthode de travail appliquée à d'autres objets. Sans doute il ne déplaisait pas aux Egyptiens de commencer leur ouvrage par plusieurs bouts. Un moment venait où le polissoir heurtait le ciseau et le burin. Un cri était poussé. Celui qui croyait avoir la priorité injuriait l'intrus, qui répondait par une plaisanterie. La statue achevée en un temps de record était prête à être expédiée au temple ou au palais pour attester devant la foule admirative la faveur dont le roi couvrait son serviteur ou l'amour que le dieu portait au Pharaon.

Le transport de la statue au temple était l'occasion d'une véritable fête. C'était aussi, lorsque la statue était colossale et le chemin malaisé, le triomphe de la technique et de l'organisation. Une statue d'albâtre haute de 13 coudées doit être conduite d'un atelier situé dans les faubourgs de la ville, sur la route des carrières d'albâtres, jusqu'à un édifice appelé du nom de son fondateur « l'amour de Thouty-hotep est durable à Ounit[20] ». C'est par une incroyable faveur du roi que cet édifice a reçu le nom d'un particulier et qu'une pareille statue a été exécutée et qu'elle va être transportée en grande pompe. Tout d'abord elle est posée sur un traîneau robuste, consistant en deux gros madriers relevés d'un côté que réunissent de fortes traverses, et assujettie par des cordes. L'albâtre étant une pierre tendre, on a eu la précaution de placer des coussins à tous les endroits que le frottement des cordes risquerait d'endommager. A ce traîneau, qui supporte un poids de cinq ou six tonnes, sont attachées quatre cordes très longues que tireront les porteurs partagés en quatre sections, les hommes qui viennent de l'occident de la province, ceux qui viennent de l'orient, l'infanterie et enfin les hommes du temple.

Deux hommes n'ont pas craint d'augmenter le poids de la statue. Le premier installé sur les genoux tourne son encensoir vers le visage d'albâtre et l'environne de la fumée du térébinthe. Le second répand goutte à goutte l'eau de son aiguière, ainsi que l'on fait dans le temple devant les statues du dieu. Des porteurs d'eau se tiennent près de la statue, jettent de l'eau sur le sol pour le rendre glissant. D'autres porteurs apportent un madrier de forte taille qui sert, paraît-il, à tirer, mais dont l'emploi ne s'explique pas clairement.

On donne le signal du départ. La responsabilité de la manœuvre appartient au chef des travaux concernant la statue et à son adjoint qui communiquent leurs ordres à des hommes qui savent parler, c'est-à-dire qui savent préparer l'attention de cette armée de tireurs, les galvaniser par un discours qui se terminera par un *haya* irrésistible. La statue démarre et s'engage sur le chemin que des carriers ont désencombré des pierres qui le rendaient si malaisé. Une foule immense est venue se masser sur les bords pour jouir du spectacle. Des soldats font la haie. Des bateaux, dans le canal parallèle à la route, accompagnent le cortège. Marins et passagers joignent leur voix à celle de la foule. Sur le quai ont été dressés des reposoirs. Des provisions permettront à ceux qui travaillent, comme à ceux qui se contentent de crier et de voir, de reprendre des forces. Le héros du jour, Thouty-hotep, venu en chaise à porteurs, escorté de ses fils, de quelques soldats et de valets portant des plumeaux et des nattes, assiste en personne à cette apothéose. Il pense que jamais un plus beau spectacle n'a été offert à sa province : « Les princes qui avaient travaillé auparavant, les administrateurs qui avaient agi pour l'éternité à l'intérieur de cette ville que j'ai pourvue d'autels sur le fleuve, ils n'avaient pas imaginé ce que j'ai fait, ce que je ferais pour moi. Voici que j'ai parachevé mon œuvre pour l'éternité après que ce mien tombeau a été terminé en ses travaux d'éternité, pour toujours. »

La scène que nous venons de décrire s'est passée au Moyen Empire, mais elle est beaucoup moins exceptionnelle que ne le pense le gouverneur du Lièvre. Il s'en produisit de pareilles toutes les fois que le roi a autorisé un particulier à faire porter sa statue au temple et aussi pour le transport des statues royales. Les Egyptiens aimaient ces occasions de travailler par masses. On poussait de grands cris. On buvait beaucoup. Chacun rentrait chez soi content de sa journée. Un certain Qenamon fut l'objet d'une faveur plus grande encore puisque les statues portées en cortège étaient au nombre de trois[21]. Une vraie foule les accompagna parmi la fumée du térébinthe en criant et gesticulant. Les hommes portaient des ombrelles de papyrus. Des prêtresses d'Hathor, dame de Thèbes, agitaient leurs sistres et leurs crotales. Des danseuses et des acrobates faisaient mille tours.

V. — Orfèvres, joailliers, lapidaires.

L'industrie des vases de pierre, qui avait été portée à un point élevé de perfection dès la Ire dynastie, florissait toujours à l'époque des Ramsès. On taillait dans l'albâtre, le schiste, la brèche des jarres, des brocs et des amphores, des bols, des coupes et des bassins, parfois enrichis de figures humaines ou animales. L'outillage était fort simple. La pièce la plus caractéristique était un foret emmanché d'une pièce de bois garnie de cuir à l'extrémité supérieure. L'artisan le roulait dans ses mains en tenant son bloc de pierre serré entre les genoux. Parfois, il y avait des ratés. A force de creuser on perforait la paroi, mais ce malheur était réparable. On découpait proprement la partie détériorée et l'on posait une pièce. Le tombeau de Toutankhamon nous a conservé des pièces qui témoignent de plus de virtuosité que de goût, auxquelles beaucoup préféreront par exemple la belle amphore représentée au tombeau de Pouyemrê[22] dont une courte inscription hiéroglyphique constitue tout l'ornement.

Le travail du métal employait un grand nombre d'artisans. Le trésor de Bubaste, avec ses vases d'or et d'argent, ses patères, ses boucles d'oreilles, ses bracelets, les bijoux du tombeau de Siptah, ceux du Serapeum, qui sont au Louvre, constituent sans doute pour la période des Ramsès un ensemble moins riche et moins varié que la prodigieuse collection de Toutankhamon et celle de Psousennès, mais consultons le grand papyrus Harris qui énumère les libéralités de Ramsès III envers les dieux. A chaque instant il est question d'or, d'argent, de cuivre, de lapis-lazuli, de turquoise véritables. Les portes des sanctuaires thébains étaient en or, en cuivre qui brillait comme l'or. Des statues étaient habillées d'or. Des tables d'offrandes, des cratères étaient en argent. Les décrets pris en faveur d'Amon étaient gravés sur de grandes tablettes d'or, d'argent ou de cuivre. Le luxe de la grande maison et du vaisseau sacré défiait toute description. Le temple de Toum, à On, possédait une balance en or telle qu'il n'en existait pas de pareille depuis le temps du dieu. Perché sur le support, un grave cynocéphale en or fondu présidait aux pesées. On énumère des statues du Nil en vingt et une matières différentes. Les statues de lapis vrai et de turquoise étaient au nombre de 13 568, celles d'or et les autres ne faisaient que la moitié de ce chiffre, ce qui est déjà respectable. Il n'y avait pas de temple qui ne possédât son trésor. Ajoutons pour nous faire une idée de l'activité des ouvriers du métal, tout ce que les rois et les particuliers possédaient chez eux et sur eux.

Dans les ateliers, on commençait par peser l'or et l'argent avant de le remettre à ceux qui devaient l'élaborer[23]. Les balances ne servaient qu'à cet usage, du moins en ce monde, et pour peser l'âme en présence d'Osiris et des dieux de l'Amentit. Les céréales étaient mesurées au boisseau. Les lingots de cuivre asiatique étaient comptés, mais l'on dédaignait de les peser. La balance se composait d'une colonne où s'emmanchait la tête de Maât, la déesse Vérité, pourvue d'un couteau de métal et d'un fléau muni au centre d'une aiguille, auquel étaient suspendus, par une triple corde, deux plateaux semblables. Au moment de peser, il suffisait de poser le fléau avec tous ses accessoires sur le couteau et de vérifier si les plateaux se faisaient équilibre. Les poids avaient la forme d'un bœuf accroupi. Le métal était présenté sous forme d'anneaux. L'opérateur arrêtait avec la main les oscillations des plateaux et en se contorsionnant contrôlait la position du peson qui devait coïncider avec la verticale. Le scribe, qui avait tiré de l'étui la palette et le calame, enregistrait les résultats en présence du chef des artisans du temple, qui s'emparait de l'or qu'on venait de peser et le remettait aux artisans.

Ceux-ci allaient avoir besoin de fils pour les chaînes, de plaques et de rubans pour les bijoux cloisonnés, de grandes plaques pour les vases et les coupes, de tubes pour les bracelets, de lingots[24]. Il fallait donc tout d'abord fondre le métal pour obtenir ces formes diverses et, pour cela, l'introduire dans un creuset qu'on plaçait sur un foyer. Les Egyptiens fondaient l'or et l'argent à feu libre. Une demi-douzaine d'hommes rangés en cercle autour du foyer en activaient la flamme en soufflant dans de longs tuyaux terminés par un manchon de poterie et percés d'un tout petit trou. Ils plaisantaient et n'avaient pas peu de mérite, car ce travail était épuisant. Cette méthode qui était celle des anciens temps fut améliorée au début du Nouvel Empire. Les tuyaux étaient adaptés à des outres qui étaient posées sur le sol et munies d'une corde qui ouvrait ou fermait à volonté une fenêtre pratiquée à l'opposé. Le souffleur montait sur deux outres jumelles. Tenant une corde de chaque main, il pesait alternativement sur l'une et sur l'autre. Il tirait sur la corde de l'outre abandonnée à elle-même et lâchait la corde quand il appuyait sur l'outre de façon à chasser l'air par le tuyau. Ainsi, deux hommes faisaient avec moins de peine le travail de six[25]. Quand le métal était en fusion, deux hommes, qui ne craignaient ni la chaleur ni la fumée, saisissaient le creuset avec deux branches de métal. On brisait l'angle. Le métal était versé dans les lingotières alignées sur une table. On en retirait des cubes qui étaient confiés à des ouvriers qui disposaient d'une grosse pierre servant d'enclume et d'une pierre maniable qui tenait lieu de marteau. Ils obtenaient avec ce simple outillage des fils, des barres ou des plaques. Le martelage finissait par durcir le métal, même s'il était très pur. On lui rendait sa souplesse en le recuisant. L'ouvrier saisissait la plaque avec une pince et l'approchait d'un foyer, qu'il activait avec un chalumeau à bouche. On étirait les fils dans une filière pour les rendre de plus en plus minces. Ces procédés très simples donnaient à peu près toutes les formes dont l'orfèvre allait avoir besoin. Il n'y avait plus qu'à les découper et à les assembler. L'ouvrier qui veut fabriquer une coupe d'or ou d'argent, s'assied sur un tabouret devant un valet solidement planté en terre et par un martelage bien conduit donnera à sa plaque la forme désirée. Quand le travail de construction était fini, il fallait s'occuper du décor. La grammaire décorative des Egyptiens était d'une richesse infinie. Ils pouvaient tout aussi bien habiller un cratère ou une amphore de motifs géométriques ou floraux encadrant une scène de genre ou une scène religieuse, ou se contenter, pris d'un accès de sobriété, d'une courte inscription hiéroglyphique parfaitement gravée sur un vase de forme très pure. Après les retouches finales et un dernier nettoyage, la pièce finie est exposée sur une étagère, qui à la fin de la journée sera garnie des objets les plus variés.

VI. — Le travail du bois.

Le menuisier utilisait l'acacia, le caroubier, le genévrier et d'autres bois locaux non identifiés, l'ébène qui venait des pays du sud et les bois syriens, le pin et le sapin *ach* et le bois qui ressemblait au quartzite de la montagne rouge *mer*. Avec des scies à main les troncs d'arbres étaient débités en planches et sectionnés. Les charpentiers avec des haches à long manche obtenaient des poutres. L'herminette, qui se composait d'un ciseau de métal fixé au bout d'un manche long d'une main à une coudée, servait aux mêmes usages que notre plane ou notre rabot. On perçait les trous ronds avec un foret mû par un archet. On creusait des mortaises avec le ciseau et un maillet qui servait, en outre, pour l'assemblage. L'établi était encore inconnu. Si l'on veut scier une pièce de bois dans le sens de la longueur, on l'attache à un pieu enfoncé en terre. Les mouvements de la scie pourraient provoquer des vibrations et finalement la cassure du bois. On obvie à cet inconvénient en liant par le haut la planche et le poteau qu'on sépare par un bâton auquel est attaché un gros poids. Mais si la pièce n'est pas trop grosse l'ouvrier la tient d'une main appuyée au sol et scie de l'autre. Il fait de même s'il travaille de l'herminette et se sert aussi de ses pieds. Pour l'assemblage on préférait les chevilles et les tenons de bois et la colle aux clous de métal qui servaient plutôt à fixer les plaques de métal sur du bois. C'est encore avec l'herminette qu'on faisait disparaître après le montage les menues imperfections. Le polissage venait en dernier lieu. Parfois le meuble ou le coffre terminé était confié à un peintre qui se chargeait de le décorer[26].

Deux grands meubles fabriqués sous la direction d'Apouy pour le temple du roi divinisé, Amenhotep Ier, montrent jusqu'où pouvait aller la richesse de l'ornementation et comment on travaillait[27]. Ils ont à peu près deux fois la hauteur d'un homme. Le premier est rehaussé par une estrade, que l'on atteint par un escalier de cinq marches. Des colonnes papyriformes soutiennent une corniche décorée d'uraeus. Le toit a la forme bombée habituelle. Sur la façade Horus et Seth nouent les plantes symboliques du nord et du sud autour du saint roi. L'autre naos est à trois étages. Chaque étage est soutenu par des colonnettes. L'étage inférieur est laissé vide pour qu'on y entrepose un lit avec son chevet et son escabeau, une table, un miroir. La façade des autres étages est ajourée et sculptée. On y remarque l'emblème d'Hathor, des cartouches royaux, les fétiches d'Isis et d'Osiris, des faucons couronnés, Bès jouant du tambourin et Toueris s'appuyant sur son amulette. Les artisans, qui achèvent ces deux naos, sont de véritables acrobates. Ceux qui gravent les hiéroglyphes des deux grandes colonnes n'ont pas besoin de s'élever au-dessus du sol; mais deux autres, qui travaillent à la corniche, ont grimpé avec leurs outils le long de la colonne. L'un pose son pied sur les banderoles nouées sous le chapiteau, l'autre sur le chapiteau lui-même et tous deux, se tenant d'une main à un uraeus de la corniche frappent du maillet avec la seule main disponible. Sur le second naos, l'arrivée inopinée d'un surveillant a surpris les artisans. En bas, un homme assis sur la plus haute marche ne semblait nullement pressé de prendre l'outil. Un autre grimpe prestement en s'aidant des colonnettes pour mettre le plus de distance possible entre sa personne et l'agent de l'autorité. Du côté opposé, le peintre s'amuse à barbouiller le visage de son voisin, qui ne demande pas mieux. Le surveillant a passé près de lui sans le voir, car toute son attention est réclamée par un ouvrier qui dormait allongé tout de son long devant son travail inachevé. Il l'interpelle. Un des hommes, qui s'était accroché à l'étage supérieur, est si ému de cet appel qu'il perd l'équilibre. Sur le toit, deux hommes ont déjà bondi sur leurs outils. Le premier perce un trou, le second polit le bois, un troisième secoue le dormeur. Dans l'Egypte ancienne, comme de nos jours, on préfère le travail d'équipe au travail solitaire. Si l'on veut du rendement, il faut des surveillants nombreux et attentifs, qui disposent d'un riche vocabulaire et n'hésitent pas à se servir du bâton, et des surveillants de surveillants.

Depuis le nouvel Empire un nouveau métier florissait, celui de carrossier qui n'était en somme qu'une spécialisation de celui de menuisier[28]. Le char est essentiellement construit en bois. Les roues n'ont jamais été cerclées d'une bande métallique, mais on pouvait appliquer sur la caisse des plaques de métal. Les pièces du char sont en grand nombre et un poème en énumère une cinquantaine sans épuiser la liste. Le plus difficile était d'obtenir des roues parfaitement rondes. Elles sont à quatre ou six rayons. Le cercle était fait de plusieurs segments sciés dans une planche d'épaisseur convenable et assemblés.

Une autre spécialisation du menuisier était la fabrication des arcs, flèches et javelots, des cannes et sceptres de toute sorte à l'usage du Pharaon, des grands personnages religieux, militaires et civils et des instruments de musique[29]. Tantôt on voulait obtenir des hampes parfaitement droites, tantôt leur donner une courbure élégante et indéformable. Dans l'atelier de Menkheperrêsonb, un homme essaie un arc, son voisin soupèse une flèche et vérifie si elle est bien droite. Pour courber les branches on les chauffait avant de les écorcer et on les introduisait dans une sorte d'établi primitif consistant en un pieu fourchu planté dans le sol, dont les deux branches étaient réunies par un lien très fort. La branche chauffée une fois introduite dans cet étau, on lui donnait la courbure désirée au moyen d'une barre auxiliaire[30]. Les cannes, les sceptres, les instruments de musique pouvaient être ornés comme les meubles eux-mêmes par incrustation ou placage, ou par l'addition d'une tête sculptée. Une tête féminine, en bois, du Musée du Louvre, était emmanchée sur une harpe[31]. Les cannes de Toutankhamon sont munies de poignées d'ivoire ou d'ébène qui se terminent par un nègre ou un asiatique.

VII. — Le travail du cuir.

L'industrie du cuir remontait à l'Ancien Empire. Un industriel de cette époque, Outa, fabriquait des sandales, des feuilles de parchemin à l'usage du fonctionnaire, qui, un programme à la main, dirigeait les cérémonies religieuses ou profanes, des porte-manuscrits. On continue à frabriquer de tels objets; de plus on produit des casques, des équipements, des carquois, des boucliers en cuir consolidés par des clous, des bordures et des plaques de métal. On a appris à repousser le cuir et à décorer les carquois et les boucliers d'ornements empruntés pour une part au répertoire décoratif syrien, mais rendus avec une élégance qu'ils ne connurent jamais dans leur pays d'origine[32]. Pourtant les Egyptiens ne pratiquent toujours que le tannage à la graisse, que nous appelons le chamoisage. On commence par étirer les peaux en tous sens en se servant d'un établi. Les peaux baignent ensuite dans un pot d'huile. On les retire et, quand elles ont commencé à sécher, on les martèle pour y faire pénétrer intimement l'huile. Ainsi, la peau acquiert les qualités du cuir, devient souple, imperméable à l'eau et imputrescible.

VIII. — La condition des artistes et des artisans.

Dans tous les ateliers, les objets au fur et à mesure qu'ils sont terminés sont étalés sur des tables, posés sur des étagères, soumis à l'approbation du directeur des travaux et définitivement jugés dignes de figurer dans les magasins du dieu ou du roi. Il existait, en outre, des expositions générales qui réunissaient tous les produits de l'industrie égyptienne. Au tombeau de Qenamon, on a reproduit une sorte de catalogue illustré des cadeaux offerts au roi à l'occasion du nouvel an[33]. Au temple de Karnak est déployé un autre catalogue admirablement gravé de tout ce que le roi consacre à Amon[34]. La statuaire est richement représentée par des statues royales rangées dans leur naos qui se dresse sur une barque du type archaïque, des statues d'homme ou de femme debout, assises, agenouillées, des sphinx à tête humaine, à tête de faucon, avec ou sans couronne, l'art animalier par des gazelles, des oryx, des bouquetins. Aux vases de pierre, qui rappellent l'ancien temps, s'ajoutent des amphores à panse ronde posées sur un pied minuscule. On apprécie beaucoup les cratères et les coupes à pied décorés de côtes sur la panse et contenant à l'intérieur un petit jardin artificiel formé de lotus, de papyrus, de chrysanthèmes, de grenadiers entourant une grenouille juchée sur un socle. Des saucières affectent la forme d'un oiseau. Quelquefois la poignée est une tête de canard tournée vers l'intérieur, parce que le contenu inspire de la convoitise ou parce qu'un caneton y nage. Plus étonnants encore les grands cratères qui servent de piédestal à une forteresse syrienne garnie de ses défenseurs ou à un édifice que des panthères s'efforcent d'atteindre pour saisir un bel oiseau posé sur le toit. Le mobilier consiste surtout en coffres, en fauteuils, en tabourets. Les orfèvres ont exposé des colliers à plusieurs rangs dont le fermoir supporte des plantes à fleurs. Les armuriers et les carrossiers ont envoyé des chars avec tous leurs accessoires, des harnais, des couvertures, des arcs, des glaives, des fouets, des épées, des boucliers, des cottes de mailles, des étuis d'arc, des carquois, des haches, des poignards, des casques. Parmi les objets ménagers, nous citerons des miroirs, des parasols en plumes d'autruche, pourvus d'un manche en ébène garni d'or, des têtes d'oiseau à long bec emmanchées d'un cou immense, dont on ne s'explique guère l'usage, sans doute parce qu'ils n'en avaient aucun. On adopte d'ailleurs de plus en plus les meubles et objets de pur apparat dont le dessus est hérissé de palmiers chargés de fruits où gambade toute une famille de singes. C'est vraiment une belle exposition. Les ouvriers de l'atelier royal et de l'atelier d'Amon ont bien mérité de leur maître humain ou divin.

La question se pose maintenant de savoir si ces admirables artisans, dont beaucoup étaient des artistes, étaient récompensés selon leur mérite. Lorsque Pouyemrê, deuxième prophète d'Amon et directeur général des travaux du temple d'Amon, se fait présenter les ouvrages exécutés dans ses ateliers et reçoit le chef des arts et le chef des travaux, ce sont ces subordonnés qui disent à leur directeur : « Tout cœur est heureux de ce qui t'arrive », mais Pouyemrê n'a pas un mot de remerciement. Il regarde des merveilles d'ingéniosité et de technique comme il regarde les paniers d'offrandes, les échantillons, les minerais, les produits alimentaires rassemblés par les collecteurs d'impôts[35]. Rien ne prouve qu'il ait eu une bonne parole, un mot de félicitation pour les plus habiles de ses ouvriers. Quand Rekhmarê visite l'atelier du temps d'Amon, il nous fait savoir qu'en sa qualité de directeur des travaux il apprenait à chaque homme sa voie, mais, s'il rappelle à cette occasion ses titres et qualités, il ne songe pas à nous faire connaître ceux qui ont le mieux travaillé. Le surveillant parle aux artistes comme à de simples manœuvres : « Faites agir vos bras, compagnons. Faisons ce que loue ce magistrat en parachevant des monuments pour son maître dans le domaine de son père Amon dont le nom durera sur eux, établi pour toutes les années à venir[36]. » L'atelier avait travaillé pour la gloire d'Amon, du roi, du vizir ou du prophète, mais la production était anonyme et la postérité devait ignorer le nom des maîtres à qui revenait le principal mérite. Personne ne semble se douter qu'un grand sculpteur est un présent des dieux.

Pourtant, en l'an VIII de son règne, Ramsès II fit dresser dans un temple d'On, à l'occasion de sa visite aux carrières de la Montagne Rouge et de la découverte d'un bloc colossal, une stèle où il se vante de l'intérêt qu'il portait à tous ceux qui participaient à l'élaboration des sphinx, des statues debout, assises, agenouillées dont il peuplait tous les sanctuaires de l'Egypte : « Ecoutez ce que je vous dis. Voici les biens que vous possédez. La réalité est conforme à mes paroles. C'est moi, Ramsès, qui crée et fais vivre les générations. Des aliments et des boissons sont devant vous, sans qu'il y ait rien à désirer... J'améliore votre situation pour dire que vous travaillez pour moi avec amour, moi qui suis fortifié par vos saluts. D'amples provisions vous sont remises pour les travaux dans l'espoir que vous vivrez pour les réaliser... Il existe des greniers à céréales pour que je ne vous laisse pas passer un jour sans vivres. Chacun de vous est payé pour un mois.

« J'ai rempli pour vous des magasins de toutes sortes de choses, pâtisseries, viande, gâteaux, pour vous alimenter, sandales, vêtements, parfums variés pour oindre vos têtes tous les dix jours, pour que vous soyez habillés toute l'année, que vous ayez de bonnes chaussures aux pieds chaque jour, pour qu'il n'y ait personne parmi vous qui passe la nuit dans la crainte de la misère. J'ai préposé des hommes de diverses catégories pour vous alimenter même dans les années de famine, des gens des marais pour vous apporter poissons et gibier, d'autres hommes comme jardiniers pour faire le compte (de ce qui vous est dû). J'ai bâti un atelier de modelage pour faire les poteries où rafraîchira votre eau dans la saison de *chemou*. Des bateaux naviguent pour vous du sud au nord. Des bateaux naviguent pour vous du nord au sud avec de l'orge, de l'amidonnier, du froment, du sel, des fèves, sans arrêt.

J'ai fait tout cela en disant : « Tant que vous « existez, vous êtes d'un même cœur à travailler « pour moi[37]. »

Voilà qui est fort bien. Le roi veut faire durer

son nom sur des monuments qui défient l'éternité, mais il veut que ses artistes soient bien nourris et bien habillés, qu'ils soient heureux de travailler pour un souverain libéral. Louis XIV attribuait des pensions et des charges. Ce que pouvait faire Pharaon et ce que faisait en effet Ramsès, c'était de constituer un immense domaine, mis en valeur par un nombreux personnel, dont les revenus faisaient vivre les artistes d'un atelier comme celui d'On. Toutefois nous saurions encore meilleur gré au plus illustre des Pharaons s'il avait distingué parmi tant de bons artisans quelque véritable artiste et s'il lui avait témoigné sa satisfaction au cours d'une de ces scènes de récompense dont les bénéficiaires sont éternellement un haut fonctionnaire, un courtisan, un grand prêtre. Le scribe avait peut-être raison de dire : « Je n'ai pas vu un sculpteur en ambassade, ni un fondeur chargé de mission; mais j'ai vu le forgeron à son travail à la gueule du four. Ses doigts sont comme des choses de crocodile. Il pue, plus que les œufs de poisson[38] ! »

Cependant nous pouvons glaner quelques preuves de la considération vouée aux artistes les plus originaux. La stèle qu'un artiste du Moyen Empire a fait graver, montre d'abord quel cas il faisait de lui-même :

« Je connais le secret des paroles divines, la conduite des fêtes. Toute magie, je l'ai pratiquée sans que rien ne m'échappe. Rien de ce qui a rapport à ces matières ne m'est caché. Je suis chef du secret. Je vois Râ en ses manifestations[39]. »

La liturgie, la mythologie, tous les attributs royaux et divins devaient être familiers à l'artiste. Ce n'était pas un mince mérite. Les Phéniciens, qui copiaient avec adresse les modèles égyptiens, commettent à ce sujet des erreurs qui auraient certainement choqué le public égyptien. Notre artiste loue ensuite sa propre technique :

« D'ailleurs je suis un artiste excellent en son art, un homme au-dessus du commun par ses connaissances. Je connais la démarche d'une statue [d'homme], la pose de la femme, la stature du..., le maintien de qui frappe du harpon, le regard d'un œil à son second, l'air ahuri d'un éveillé, la levée du bras du lanceur, l'attitude penchée du coureur. Je sais faire les incrustations qui résistent au feu et qui ne se dissolvent pas dans l'eau.

« Il n'est personne qui s'y distingue en dehors de moi-même et de mon propre fils aîné. Quand le dieu a ordonné, il travaille et il s'en tire. J'ai vu les ouvrages de ses mains dans l'emploi de directeur des travaux en toute pierre précieuse et depuis l'or et l'argent jusqu'à l'ivoire et l'ébène... »

Nous espérons que de si grands mérites ont été reconnus par d'autres que par celui qui les possédait. Dans le tombeau de l'un des nombreux Amenemhat à Thèbes, on remarque un tableau qui n'a peut-être pas son pareil dans le répertoire connu de nous[40]. Amenemhat invite de la voix et du geste quatre hommes assis sur des nattes, en face de lui, à se partager de riches offrandes exposées à leur portée, des pains, de la viande, des volailles, des légumes et des fruits, des boissons et des parfums. L'un de ces quatre hommes est le dessinateur Ahmosé; un autre, un sculpteur faisant des statues, dont le nom n'est pas conservé. Ce repas en image était offert aux artistes qui avaient décoré le tombeau comme une récompense suprême. Les artistes y devaient trouver les mêmes avantages que procurait à Amenemhat la vue des richesses figurées dans son tombeau. Déjà, à l'époque des pyramides, un majordome du nom de Meni se flattait d'avoir bien rémunéré ceux qui avaient participé à la construction et à la décoration de son tombeau : « Tout homme qui a fait ceci, jamais il ne s'en repentira. Artiste, ou tailleur de pierre, je l'ai récompensé[41] ! » Le premier prophète de Nekhabit, Setaou, confia sous Ramsès IX la décoration de son tombeau à un artiste éminent, Meryré, dont il s'est plu à proclamer et l'originalité et les mérites : « Il a fait les inscriptions de ses propres doigts quand il vint pour décorer le tombeau de Setaou... Quant au scribe des livres divins, Meryré, ce n'est pas un [simple] copiste. C'est son cœur qui l'inspire. Il n'a pas de maître qui lui fournisse de modèle, le scrible habile de ses doigts et intelligent en toute matière[42]. »

On peut donc affirmer que les rois, les princes, le clergé, le public, en un mot, n'étaient pas ingrats pour ceux qui ont si bien travaillé pour leur gloire. Ils les ont payés et remerciés selon les idées et avec les moyens du temps. Un artiste qui vécut au temps de Ramsès III et de Ramsès IV, et qui eut à décorer un grand tombeau de Deir el Medineh s'est représenté lui-même en plein travail peignant les statues du roi Amenhotep Ier et de sa mère[43]. Abandonnant le style un peu compassé dont il a usé pour exécuter sa commande, il s'est représenté dans une pose tout à fait naturelle, accroupi sur un socle, les pieds nus croisés, le pied gauche, qui est vu par-dessous, sur le droit, ses longs cheveux retombant sur les épaules, le pinceau d'une main, la palette de l'autre. Ce tableau ne passa pas inaperçu. Un élève en fit une copie sur un éclat de calcaire qui nous est parvenu[44]. Moins bonne que le modèle, cette copie est très précieuse parce que nous y lisons, avant le nom de l'artiste, les titres de prince et de scribe. Des artistes contemporains d'Akhenaton, tels que Djéhoutimosé, Houya, semblent avoir été des hommes riches et considérés. Nous voyons à la fin de la période ramesside, un peintre qui parvient à une situation élevée et que l'on considère comme l'égal d'un gouverneur de province.

IX. — Maçons et petits métiers.

Nous passons maintenant à des métiers ou plus durs, exercés surtout par des étrangers prisonniers ou libres, ou plus humbles et qui ne valurent jamais à personne le titre de prince.

Le maçon égyptien est essentiellement occupé à mouler et à assembler des briques crues. Toute ville est entourée d'une enceinte épaisse d'une quinzaine de mètres, haute d'une vingtaine. Les portes seules sont en pierre, la muraille est faite de briques. Les bâtiments administratifs, les maisons des particuliers comprenaient aussi beaucoup plus de briques que de pierres, comme aussi les murs de clôture. Quand Ramsès II entreprit la construction de sa ville favorite de Ramsès, que les Egyptiens appellent plutôt Pi-Ramsès, et des entrepôts de Pithom, il fit rassembler les enfants d'Israël, établit sur eux des chefs de corvée, et les obligea, avec une dure oppression, à mouler des briques[45]. C'était un travail fastidieux, mais nullement difficile. On prenait du limon du Nil qu'on mélangeait avec du sable et de la paille hachée.

Pour que le mélange soit bon, il fallait humecter ces matériaux, les piétiner longuement et remuer l'ensemble de temps à autre avec une pioche. L'ouvrier ayant son moule près de lui y jette de ce mélange humide, le remplit très exactement, enlève l'excédent avec une palette de bois, puis ôte prestement le moule sans endommager la brique. On la laisse sécher pendant huit jours, puis elle est bonne à employer. De préférence, les mouleurs s'établissent près d'un bassin. Des porteurs les alimentent en eau. D'autres vont dans les champs moissonnés arracher les chaumes, pour en faire de la paille hachée. Quand Pharaon exigea des enfants d'Israël qu'ils allassent eux-mêmes chercher la paille, sans réduire le nombre de briques qu'ils devaient fournir chaque jour, c'était une assez dure aggravation de leur sort, mais les récriminations ne pouvaient servir qu'à attirer sur leur dos les bâtons des chefs de corvée. On transportait les briques sur deux plateaux semblables accrochés à une palanche.

Le même mot *iqdou* désigne deux métiers en apparence bien différents, le maçon et le potier. Cependant le premier était qualifié *iqdou inebou* « maçon des murs », et le second *iqdou nedjesit* « le maçon en petit[46] ». Tous deux usaient du même matériau, le limon du Nil, mais la véritable raison est fournie par la langue égyptienne. La racine *qed* signifie « rond ». Les maisons primitives étaient rondes comme des pots. Elles n'étaient pas autre chose que de grands pots. Le potier pétrissait la pâte avec les pieds. Il plaçait son bloc d'argile sur le tour, un simple disque de bois qu'on pouvait faire tourner sur un pivot. Le bloc sous ses doigts agiles prenait la forme d'un pot ventru, d'un bol, d'un broc, d'un gobelet ou d'une jatte, ou de ces grandes jarres à fond pointu, où l'on conservait le vin et la bière, ou des grandes jarres à fond arrondi semblables à des sacs[47]. Quand le tour avait donné tout ce qu'on pouvait en attendre, le potier terminait le modelage avec ses doigts. On portait les pots au four, sorte de cheminée ronde ayant à peu près deux fois la hauteur d'un homme et un diamètre de deux coudées, du moins si l'on se fie aux documents figurés, mais il importe de répéter que les dessinateurs égyptiens tiennent médiocrement compte des dimensions relatives des êtres et des choses. Au Nouvel Empire, on ne se contente pas de fabriquer des pots d'une forme plus ou moins élégante et d'une couleur uniforme. Le potier sait peindre sur les brocs et sur les jarres des motifs variés empruntés au répertoire des graveurs, ou inspirés par leur fantaisie, frises d'ornements géométriques ou floraux, des pampres, des végétaux, un échassier dévorant un poisson, un taureau au galop[48]. La clientèle modeste pouvait s'offrir, à défaut de pièces de métal, une vaisselle qui n'était pas sans beauté.

Le barbier, lui aussi, allait de quartier en quartier. Il s'installait à un carrefour, sur une place ombragée que les clients ne tardaient pas à envahir[49]. L'attente menaçait d'être longue. Parfois, un chanteur ou un narrateur l'abrégeait. Se disputer était encore un moyen de passer le temps. C'est bien ce que font deux hommes assis dos contre dos sur le même tabouret, mais le partage n'est pas égal. Tandis qu'un client est assis confortablement, son concurrent n'est assis que sur le bord et risque de choir par une simple poussée. Indifférents à cette compétition, d'autres clients préfèrent dormir, le menton appuyé sur les genoux, la tête enfouie dans les bras croisés.

Les uns après les autres, les clients iront s'asseoir sur le tabouret à trois pieds, les mains sagement posées sur les genoux, et livreront leur tête au barbier qui les débarrassera de leurs cheveux et de leur barbe. Une coupe à pied contient l'eau savonneuse. Le rasoir est une lame un peu moins longue que la main, de forme irrégulière, munie d'un arrêtoir. Les barbiers des riches particuliers possédaient un assortiment de poinçons, de pinces, de ciseaux et de rasoirs, qu'ils portaient dans des sacs de cuir et rangeaient dans d'élégants coffrets d'ébène. Ils opéraient à domicile. Leur état était considéré. Certains étaient aussi des médecins. Dans la cour céleste, il y avait un dieu barbier. Mais le barbier pour gens du peuple inspirait moins d'envie que de pitié[50].

X. — Patrons et ouvriers.

Le grand prêtre d'Amon Romé-Roy mérite d'être cité comme un exemple du bon patron égyptien. « O prêtres, scribes de la maison d'Amon, serviteurs excellents des offrandes divines, boulangers, brasseurs, confiseurs, qui entrerez dans cet atelier qui est dans la maison d'Amon, prononcez mon nom chaque jour en m'accordant un bon souvenir, glorifiez-moi à cause de mes bonnes actions, car je fus un brave homme.

« J'ai trouvé cette pièce complètement en ruine, ses murs croulant, ses boiseries pourries, les chambranles qui étaient en bois s'en allant ainsi que les peintures recouvrant ses bas-reliefs.

Je la rétablis en son entier, plus vaste qu'elle n'était, élevée, élargie. Je fis ses chambranles en pierre de grès; j'y adaptai des portes en sapin véritable. J'en fis un atelier confortable pour les boulangers et les brasseurs qui y sont. Je fis cela en travail meilleur qu'auparavant pour la protection du personnel de mon dieu Amonrâsonter[51]. »

Un autre grand prêtre d'Amon, Bakenkhonsou, semble avoir mérité le même éloge : « Je fus un bon père pour mes subordonnés, instruisant leurs jeunes gens, donnant la main à ceux qui étaient malheureux, assurant l'existence de ceux qui étaient dans le besoin et faisant des choses utiles dans son temple en ma qualité de grand directeur des travaux dans Thèbes, pour le compte de... Ramsès II[52]. » Espérons que les subordonnés, s'ils avaient été interrogés, ne les auraient pas démentis. La morale courante interdisait de faire travailler les ouvriers et les serviteurs au-delà de ce qui était raisonnable[53]. Il n'en est pas moins vrai que le peuple des travailleurs eut à se plaindre plus d'une fois. Ses plaintes prenaient même parfois l'allure d'une révolte. Les ouvriers recevaient leur ration de vivres et de vêtements tantôt en une fois chaque mois, tantôt en deux ou même en quatre fois. Les imprévoyants trouvaient toujours, et probablement sans faire d'excès, le moyen d'épuiser leurs provisions avant la nouvelle distribution : « Nous crevons de faim et il y a encore dix-huit jours jusqu'au mois prochain[54]. » Les ouvriers se rassemblent sur une place, près d'un monument : « Nous ne reviendrons pas, déclarez-le à vos chefs qui sont assemblés là-bas. » Un employé rend compte de la situation : « Nous allâmes pour les entendre et ils nous dirent des paroles vraies. » Les affamés se rendent en foule vers les magasins. Pourtant, ils n'essaient pas de forcer les portes. L'un d'eux fait cette harangue : « Nous venons pressés par la faim, pressés par la soif, n'ayant plus d'étoffe, n'ayant plus d'huile, n'ayant plus de poisson, n'ayant plus de légumes. Envoyez à Pharaon notre maître, envoyez au roi notre Seigneur pour qu'on nous fournisse le moyen de vivre ! » Cette plainte est répétée devant un magistrat, mais déjà ses camarades ont peur pour lui et sont prêts à dire que tout va bien en somme. D'autres refusent de se disperser si l'on ne fait pas une distribution immédiate. C'est à quoi se décident les magistrats. Ils convoquent un scribe-comptable et lui disent : « Vois les grains que tu as reçus et en donne aux gens de la nécropole. » On fit donc venir Pe-Montou-nebiat et l'on nous donna des rations de blé chaque jour ! »

Ainsi la menace de grève est écartée. Le sort des ouvriers n'était pas trop misérable quand ses maîtres prenaient la peine de leur construire, comme Bakenkhonsou et Romé-Roy, des logements et des ateliers propres, bien aérés, commodes, quand les vivres et les vêtements étaient régulièrement distribués et si quelque distribution supplémentaire calmait l'appréhension des imprévoyants. Les congés, les jours de fête étaient fréquents. Il n'est nullement interdit de penser que les plus sérieux, les plus habiles pouvaient devenir surveillants, contremaîtres, amasser quelque bien et finir leurs jours comme petits propriétaires ou patrons. Quand vinrent des temps troublés, au moment de la lutte d'Amon contre Seth, les ouvriers souffrirent plus vite et plus que les autres et grossirent en foule les éléments de désordre.

XI. — Le commerce et la monnaie.

Dans les domaines de l'Etat, dans les domaines des grands dieux, on tenait une comptabilité très stricte des denrées et des produits qui entraient journellement et de ce qui était consommé par le personnel. C'était un circuit fermé. Les magasins et les entrepôts regorgeaient de marchandises, mais ces marchandises étaient destinées à l'usage d'une fraction de la population. Quand tous les besoins de cette collectivité étaient satisfaits, l'excédent pouvait être livré au commerce. Ou bien deux grands domaines échangeaient directement leurs produits. Ou bien les produits d'un domaine étaient vendus à des négociants, qui les écoulaient à leurs risques et périls. A côté des grands domaines collectifs, il existait une masse de propriétaires particuliers, grands, moyens et petits, éleveurs ou producteurs de grains, de fruits et de légumes qui devaient se procurer des vêtements, des meubles, des objets de parure ou de luxe et qui ne pouvaient le faire qu'en vendant l'excédent de leur récolte ou de leur élevage. De même il existait des artisans libres, exploitant un atelier dont ils étaient propriétaires, qui vivaient de ce qu'ils fabriquaient. Enfin, il existait des marchands qui ne produisaient rien, mais achetaient et revendaient tout ce qui avait cours dans le pays. Tout le monde, acheteurs, vendeurs et marchands, se rencontrait dans des marchés. Le paysan du conte a chargé ses ânes de tous les bons produits de l'oasis du sel. S'il n'avait pas été dévalisé en chemin, s'il avait pu atteindre avec sa cargaison la bonne ville de Nen-nisout, il aurait étalé sur la place son natron, ses oiseaux aquatiques, ses poissons séchés et il les aurait échangés contre des pâtisseries, des étoffes, des vêtements. Sa malchance a été exceptionnelle. En temps ordinaire, quand la police faisait bonne garde, chacun arrivait sans encombre. Au tombeau de Khaemhat[55], l'artiste a représenté des marchands qui ont étalé des ballots et des corbeilles et gesticulent, assis ou debout, en vociférant. Ces marchands ont un type très spécial. Leur tête est énorme. Leur chevelure abondante et rebelle. Les clients qui arrivent avec leur sac sur l'épaule gesticulent aussi et, sans aucun doute, leur vocabulaire n'était ni moins riche, ni moins vert que celui des marchands. L'arrivée d'un bateau étranger, qui venait soit du Haut Nil, soit de la Syrie, attirait, en même temps que les curieux toujours amusés par la vue des étrangers au costume bariolé et de leur pacotille, des marchands qui installaient une échoppe et vendaient des provisions aux Phéniciens. Ceux-ci leur cédaient en échange une corne décorée ou une tête emmanchée d'une défense d'éléphant[56].

L'échange des marchandises était facilité par l'habitude qu'on avait prise de bonne heure d'évaluer les denrées ou les produits manufacturés au moyen d'une unité appelée *chât*. Sur un document de la IVe dynastie une maison est évaluée en *chât*[57]. Sur un papyrus de la XVIIIe, une esclave, les services d'une esclave pendant un temps donné, sont évalués de la même manière[58]. Toutefois, cette unité était purement idéale. On n'a jamais eu l'idée dans les milieux officiels de découper des rondelles de métal d'un poids uniforme exactement contrôlé et de les poinçonner, mais les négociants et le public connaissaient le poids d'or, d'argent ou de cuivre qui correspondait à une *chât*. On ne pouvait donc pas échanger des marchandises contre des pièces de monnaie. Mais celui qui voulait vendre une maison et qui avait pu s'accorder avec un acheteur sur sa valeur en chât recevait des bestiaux ou des grains pour la même valeur. Ce cas était simple. Si l'on échangeait des animaux ou des objets dont la valeur n'était pas équivalente, il fallait évaluer la différence en *chât* et trouver une denrée que l'une des parties pouvait fournir et que l'autre pouvait accepter. Cela n'allait pas sans discussion. Il semble que la *chât* soit tombée en désuétude vers l'époque des Ramsès parce qu'elle ne rendait pas les transactions plus aisées. Il n'en est jamais question au grand papyrus Harris, où l'on note très exactement en *deben* de 90 grammes et en *qites* de 9 grammes l'or, l'argent, le cuivre et les pierres précieuses, sans indiquer leur valeur d'une façon quelconque. Sur ce document, comme d'ailleurs au calendrier de Médinet-Habou, on dénombre les boisseaux de céréales, les corbeilles de fruits, les sacs ou couffins de différentes grandeurs pour d'autres produits. Les animaux, les arbres sont comptés par espèces. Quand on nous dit le nombre des bœufs, des bœufs sauvages, des oryx, des bubales et des gazelles, on additionne ces nombres pour donner le total des têtes de bétail et l'on fait de même pour les volailles, mais sans éprouver le besoin d'en fixer la valeur d'une façon quelconque. Si on avait voulu le faire on aurait exprimé cette valeur par son poids d'or, d'argent ou de cuivre. Le prix d'un bœuf varie de trente à cent trente *deben* de cuivre. Un sac d'amidonnier (*bôti*) équivaut à un *deben* de cuivre[59]. Mais en général l'acheteur n'est pas en état de fournir du cuivre, encore moins de l'argent ou de l'or. Ce règlement en métal précieux ne s'est vu que sous les derniers Ramsès, lorsque le pillage des temples et des tombeaux eut remis en circulation d'assez grandes quantités de ces trois métaux enfouis depuis des siècles dans les hypogées ou réservés dans les temples. Un voleur consacre un *deben* d'argent et cinq *qites* d'or à un achat de terrain; pour deux *deben* d'argent un autre acquiert deux bœufs. L'esclave Dega fut payé deux *deben* d'argent plus soixante de cuivre. Cinq pots de miel furent acquis pour cinq *qites* d'argent et un bœuf pour cinq *qites* d'or[60]. Avant cette période d'anarchie, les acheteurs, faute de métal, payaient avec des denrées dont le vendeur voulait bien s'accommoder et qui étaient elles-mêmes évaluées au poids de l'or, de l'argent ou du cuivre. Le scribe Penanouqit ayant vendu un bœuf estimé cent trente *deben* de cuivre reçoit une tunique de lin valant soixante *deben*, dix sacs et trois boisseaux et demi valant vingt *deben*, des perles d'un collier qui en valaient trente et enfin deux tuniques d'une valeur de dix *deben*[61]. Une thébaine ayant acquis d'un marchand une esclave pour le prix de quarante et un *deben* d'argent, énumère devant les magistrats différents articles, les uns, des pièces d'étoffe, fournis par elle directement, les autres, des objets de bronze et de cuivre qui seront réunis par différentes personnes[62].

L'Etat lui-même n'avait pas d'autre méthode de règlement. Ounamon, étant allé négocier un achat de bois auprès du roi de Byblos Zekerbaal, obtint tout de suite sept pièces de bois pour lesquelles il laissa en gage son propre bateau. Il se fait expédier de Tanis des cruches et des bassins d'or, cinq cruches d'argent, dix pièces de lin royal, cinq cents rouleaux de papyrus, cinq cents peaux de bœuf, cinq cent vingt sacs de lentilles, trente couffins de poisson sec et dans un autre envoi cinq pièces de lin royal, un sac de lentilles, cinq couffins de poisson sec[63]. A quel poids d'or ou d'argent équivalait cette pacotille, l'histoire ne le dit pas. Le roi de Byblos, en apparence, ne s'en soucie pas. Il envoie couper des arbres, les fait traîner sur le rivage et, enfin, les remet à l'envoyé d'Amon, mais auparavant il lui a fait une scène épouvantable. Il y a tout lieu de croire que l'Egyptien comme le Syrien avaient fait chacun de son côté une conversion de ces marchandises en or et argent et que les deux parts étaient équivalentes. Quoi qu'il en soit, l'absence d'une monnaie véritable rendait les transactions laborieuses. Cela explique la mimique expressive des vendeurs au tombeau de Khaemhat et les interminables discussions qui ont précédé la conclusion du marché entre le roi de Byblos et son acheteur égyptien.

CHAPITRE VII

LES VOYAGES

I. — Déplacements a l'intérieur du pays.

Contrairement à l'opinion généralement admise, les anciens Egyptiens voyageaient beaucoup. Entre les villages et le chef-lieu du nome, entre les chefs-lieux et la résidence, les allées et venues étaient continuelles. Les grandes fêtes religieuses rassemblaient les pèlerins de toute l'Egypte. Certaines villes, Coptos, Silè, Sounou, Pi-Ramsès, Memphis, étaient animées en toute saison par les voyageurs qui partaient vers les mines et les carrières, vers les oasis, en Asie, en Nubie, et revenaient chargés de tous les bons produits étrangers.

Les gens peu fortunés ne connaissaient que la seule façon de voyager que Jean-Jacques Rousseau estime la plus agréable de toutes. Ils allaient à pied. Leur tenue était légère : un bâton, un pagne, des sandales[1]. Sinouhit n'avait rien de plus quand, ayant cru sa vie menacée, il traversa le Delta de l'ouest à l'est, en faisant de nombreux zigzags, pour atteindre les Lacs Amers. A l'appel de son frère, Anoupou quitte son village avec son bâton, ses sandales, un vêtement et des armes et atteint la vallée de l'arbre Ach, près de Byblos[2]. Le paysan de l'oasis du sel qui se rendait à Nennisout marchait à pied derrière ses ânes chargés de toutes sortes de produits. Il avait la ressource d'enfourcher l'un d'eux au risque de provoquer, comme le meunier de La Fontaine, les quolibets des passants. Ce qui lui arriva fut bien plus pénible, puisqu'un individu qui habitait un endroit isolé, et n'en était pas à son coup d'essai, le détroussa prestement. Les soldats étaient la terreur des voyageurs. Quand ils rencontraient un homme sans arme, chargé d'un sac de farine et ses belles sandales à la main, c'était assez dans leurs habitudes de le détrousser et de le laisser nu sur le chemin. Ouni prit des mesures pour empêcher ces abus[3]. Un nomarque de Siout soutient que de son temps le voyageur surpris par la nuit pouvait s'endormir tranquillement en laissant à côté de lui, sur le chemin, ses provisions et ses chèvres. La crainte qu'inspiraient ses gendarmes lui servait de protection[4]. Nous voulons bien les croire, mais les précautions que prenaient quelques administrateurs prouvent justement l'existence du brigandage et le danger des voyages.

Les routes étaient nombreuses. Il y en avait autant que de canaux, car toutes les fois qu'on creusait un canal, les déblais permettaient de faire une levée de terre assez haute pour ne pas être submergée en temps d'inondation. On entretenait du même coup les canaux et les chemins. En curant les premiers on se procurait la terre pour réparer les brèches du second. Ces digues servaient au trafic des piétons, aux allées et venues des troupeaux, au halage des barques. On ne connaît aucun mot égyptien signifiant

« pont », mais il existe au moins un dessin d'un pont sur le bas-relief qui représente le retour de Setoui Ier après sa campagne triomphale en Palestine. Etabli sur un lac bordé de roseaux et peuplé de crocodiles, ce pont relie deux bâtiments militaires dont l'un est sur la rive asiatique et l'autre sur la rive africaine[5]. Il devait consister en piliers, architraves et traverses. Evidemment, il n'y eut jamais de pont sur le grand Nil ni même sur les branches secondaires du Delta. Sur les canaux les ponts de pierre ou de bois n'ont jamais été bien nombreux. Quand il fallait traverser un canal ou un marais peu profond, bêtes et gens n'hésitaient pas à entrer dans l'eau. Beaucoup d'Egyptiens savaient nager. Les Tentyristes plongeaient dans le Nil et le traversaient tranquillement sans crainte des crocodiles, mais ce n'était pas à la portée de tout le monde[6]. Les chasseurs d'oiseaux aquatiques et les pêcheurs avaient, si l'on en croit la satire des métiers, grand-peur du monstre. C'était pour les personnages importants un devoir de faire passer l'eau à celui qui n'avait pas de barque, aussi impérieux que de donner du pain à l'affamé et des vêtements au nu. A Thèbes et dans les grandes villes c'était un métier. Un passeur accusé d'être complice des voleurs de tombes est cité au tribunal[7]. Les dieux s'étant retirés dans l'île du milieu donnent l'ordre au passeur, le dieu Anti, de refuser le passage à Isis[8]. Sinouhit dans sa fuite trouve sur le rivage un canot sans gouvernail et s'en empare pour traverser le fleuve.

Pour les petits déplacements, les gens riches utilisèrent pendant longtemps la chaise à porteurs. C'était pompeux, mais lent, dispendieux et peu confortable. Les porteurs chantaient au rythme de leurs pas : « Nous l'aimons mieux pleine que si elle était vide »; mais il fallait les payer ou du moins les nourrir[9]. Au Nouvel Empire, le roi ne monte en chaise que pour certaines cérémonies. Ainsi fait Horonemheb quand il célèbre son triomphe. Pour l'ordinaire le roi, comme les particuliers, préfère le char. Le char et les chevaux sont à peine des articles de luxe. Ils font partie de ce que tout homme souhaite à ses amis et désire pour lui-même : « Tu montes un équipage, le fouet d'or en ta main. Tu as des rênes neuves. Des poulains de Syrie sont attelés. Des nègres courent devant toi, suivant tes indications[10]. » Le deuxième prophète d'Amon, Amenhotep-sisé va partir pour la promenade[11]. Son char élégant et solide, rehaussé de figures en relief et en ronde-bosse est attelé de deux chevaux. Ceux-ci n'ont ni mors, ni œillères. Les harnais comprennent principalement deux grandes bandes de cuir, l'une appliquée sur le milieu du cou et très gênante pour le cheval, l'autre passant sous le corps et un licol auquel sont attachées les rênes. Amenhotep-sisé conduit lui-même debout, sans écuyer. Des saïs le précèdent. Une escouade de *chemsou* suit sans trop d'effort. Ils portent tout ce qui sera nécessaire au maître quand il voudra se reposer, faire un brin de toilette.

Un char était utile pour une visite au palais du roi ou du vizir, pour une tournée d'inspection à la campagne, pour aller à la chasse. Il ne permettait pas d'aller bien loin dans de bonnes conditions. Le vrai moyen de transport dans l'ancienne Egypte, c'était le bateau. Le fils royal Dedefhor part en bateau de Memphis, passe par Khent-khetyt pour aller dans le nord chercher le devin qui habite Dedi-Snefrou et c'est en bateau qu'il le ramène à la cour. Quand Sinouhit gracié reçoit, au poste des Chemins d'Horus, son laissez-passer, c'est en bateau qu'il parcourt toute la distance entre l'isthme de Suez et la résidence d'Ity-taoui, au sud de Memphis. Il occupe les loisirs du voyage en prenant de bons repas confectionnés sous ses yeux. Quand un Egyptien accomplissait le pèlerinage d'Abydos, il mobilisait souvent toute une flottille[12]. Les passagers montaient dans une barque de type archaïque, très relevée à l'avant comme à l'arrière. On comprenait que le but du voyage n'avait rien de profane. Ils s'asseyaient sur des sièges dans une cabine en forme de naos, comme dans le kiosque de leur jardin. Devant la cabine des mets couvraient un guéridon. L'avant servait d'abattoir et de cuisine. On dépèce un bœuf, on prépare la bière pour que les voyageurs aient le plaisir de la consommer fraîche. Cette barque, qui n'avait ni rames ni voile, était remorquée par une barque motrice. Son équipage consistait seulement en deux mariniers. L'un était préposé au câble d'attache, réglait son allonge, l'autre aux deux gouvernails en bois peint, terminés par une tête d'Hathor, dame des pays lointains et protectrice des voyageurs. La barque motrice était pourvue d'un mât consolidé par deux câbles qui s'attachaient à l'avant et à l'arrière. Une grande cabine ornée d'une corniche, les parois couvertes de sujets peints, occupait le centre. Le gouvernail était appuyé sur un petit mât et dans une encoche creusée dans l'arrière. Le pilote le manœuvrait par un bras. Il arrive que deux yeux soient peints sur la pale. Ce sont des organes très utiles à un gouvernail qui doit éviter les obstacles. Quand on descendait le courant, quand on traversait de grandes étendues d'eau et qu'il n'y avait pas de vent, on ne pouvait éviter de ramer. Les rameurs sont au nombre de dix ou douze, souvent davantage. Le capitaine, à l'avant, tient une grande pique qui lui permet de sonder le fond de l'eau. Un second, installé sur le toit de la cabine, est muni d'un fouet avec lequel il caresse de temps à autre les épaules des rameurs paresseux. Le pilote complète cet état-major. Si l'on remontait le courant, on hissait la voile unique, une grande pièce rectangulaire, souvent plus large que haute, tendue entre deux vergues, qui se manœuvrait par de nombreux câbles. Les rameurs restaient à leur banc. Les chefs grimpaient le long des cordes pour mieux observer. Tant que l'on naviguait sur le Nil on pouvait espérer un voyage relativement rapide et sans histoire. Si l'on devait emprunter les canaux qui n'étaient pas navigables en toute saison, il fallait s'informer. Le roi Khoufou voudrait aller au temple de Râ, seigneur de Sakhebou, quelque part dans le deuxième nome du Delta, mais il n'y a pas d'eau dans le canal des deux poissons. Qu'à cela ne tienne, dit son ami le magicien : « Je ferai venir quatre coudées d'eau dans le canal des deux poissons. » Ouni, qui n'a pas de magicien à son service, a pourtant pu voyager en barque à la saison des basses eaux. Le lac Mœris avait été aménagé précisément pour fournir de l'eau tant à l'agriculture qu'à la navigation, mais nous ignorons par quel mécanisme.

Les barques destinées à remonter le Nil jusqu'en Nubie étaient de véritables maisons flottantes. La dahabieh du fils royal de Kouch est une longue barque en forme de croissant dont ni l'avant ni l'arrière ne plongent dans l'eau[13]. Un seul mât au centre soutient par de nombreux cordages une voile immense. Au lieu d'un gouvernail dans l'axe, nous avons un gouvernail à bâbord et un à tribord, pas tout à fait à l'arrière, attachés à un grand poteau et contre la coque. Les passagers logent dans une grande cabine centrale prolongée par un box pour les chevaux. Deux cabines plus petites se trouvent l'une à l'avant et l'autre à l'arrière.

La propriété semble avoir été très morcelée. Les riches thébains avaient des biens dans le Delta. Amon possédait des fermes et même des villes non seulement dans toute l'Egypte, mais en Nubie et en Syrie. Le temple d'Abydos, fondé par Setoui, avait des propriétés en Nubie. Ces grandes collectivités et les riches particuliers disposaient pour centraliser leurs ressources, pour importer et exporter, d'une véritable flottille composée de grandes barques à fond plat, elles aussi en forme de croissant, avec une ou deux cabines dans la partie centrale[14]. Les documents figurés ne donnent d'ailleurs qu'une idée imparfaite du nombre et de la variété des bateaux qui descendaient et remontaient le Nil, car le nombre des mots signifiant bateau est très grand en langue égyptienne. Il existait des chalands pour le transport des gros blocs sortis de la carrière, des obélisques, des statues colossales. Une statue de Thoutmosé III est l'objet pendant son voyage d'égards vraiment dignes d'un roi. Elle est abritée dans un naos. On l'encense. La barque qui la contient est attachée à une barque motrice[15]. Des chalands sans cabine étaient affectés surtout au transport des bestiaux. Les bateaux avec cabine centrale servaient au transport des céréales. Les bateaux étant amenés à quai, on installe un plan incliné pourvu de traverses régulièrement espacées. Les porteurs se rangent en colonne par un et viennent déverser leur couffin. Ils chantent à la fois pour marcher au pas et pour tromper l'ennui : « Allons-nous passer le jour à porter l'orge et le *bôti* ? Il fait clair. Les greniers regorgent. Il y a des tas pour leur bouche. Les bateaux sont si chargés que l'orge coule au-dehors. On voudrait que nous marchions plus vite. Vraiment, nos cœurs sont-ils en métal[16] ? » Quand la flottille arrivait à destination, le plan incliné était raccroché. Les bestiaux, les marchandises étaient descendus sur le quai. Des marchands arrivaient, dressaient une table, une étagère, allumaient un fourneau, et les matelots, en buvant et en mangeant, fêtaient la fin de leur voyage.

II. — Voyages dans le désert.

Le désert inspirait aux Egyptiens de la crainte et du respect. Ils n'oubliaient pas, en pleine époque historique, que leurs ancêtres l'avaient parcouru en tous sens avant de se fixer dans la vallée du Nil. Un de leurs grands dieux, Min, qui avait ses principaux lieux de culte à Ipou et à Coptos, régnait sur toute la région comprise entre cette ville et la mer Rouge. Sa résidence favorite était « une montagne vénérable, primordiale, première placée dans la terre des Akhetiou (l'Akhit est le pays situé au-delà des terres connues des Egyptiens), le palais divin doué de la vie d'Horus, nid divin où prospère ce dieu, sa place sacrée de divertissement qui est la reine des montagnes de la terre divine[17] ». Toutes sortes de dangers guettaient le voyageur qui s'aventurait sans préparation dans ce domaine sacré, la faim et la soif et les mauvaises rencontres. Le lion, qui autrefois s'approchait de la vallée du Nil et s'attaquait aux bœufs, avait disparu, mais le loup, la panthère, le léopard étaient toujours à craindre. Un jour, Horemheb se trouva face à face avec une hyène de forte taille. Ce guerrier, heureusement, en avait bien vu d'autres. Il n'était pas désarmé. Tendant le bras gauche vers le monstre, sa pique dans la main droite, le regardant fixement, il sut l'obliger à faire demi-tour[18]. La région à l'est d'Héliopolis était infestée de serpents qui se cachaient dans le sable. Des voyageurs avaient aperçu des êtres étranges, des griffons, qui avaient une tête humaine sur le dos, des panthères ailées, des guépards, dont le cou était plus long que celui d'une girafe, des lévriers à oreilles carrées, dont la queue était raide comme une flèche[19]. On avait des chances de rencontrer des tribus bédouines, comme celle qui se présenta un jour chez le prince de Menat-Khoufou. Elle comprenait des guerriers armés du bois de jet, d'arcs et de javelots, des femmes et des enfants conduits par un cheik et par un prêtre qui jouait de la cithare[20]. Cette tribu était pacifique. Elle ne demandait qu'à échanger contre des grains les poudres verte et noire avec lesquelles on fabriquait des fards et des collyres. Mais d'autres Bédouins ne songeaient qu'au pillage. Pour la sécurité des coureurs du désert, on avait aménagé des oratoires. On vient de découvrir, dans un de ces oratoires, à l'orée des pistes qui vont d'Héliopolis à la mer Rouge, un groupe sculpté représentant Ramsès III et une déesse, couvert d'inscriptions tirées pour la plupart d'un vieux recueil où il est beaucoup question des femmes d'Horus[21]. Les gens lisaient, s'ils en était capables, ces inscriptions. Peut-être suffisait-il de les regarder ou de les toucher. Ils continuaient leur route, sûrs de bénéficier des égards que les dieux avaient pour le roi lui-même.

Soit qu'ils n'aient pas su s'assurer tout de suite la protection des dieux, soit qu'ils n'aient pas eu la main heureuse en choisissant leur guide, il arrivait que des voyageurs se perdissent dans le désert. « Mon maître, dit un nommé Antef, qui, sous Amenemhat Ier, avait reçu mission d'atteindre les carrières de *bekhen,* m'avait envoyé à Rohanou pour rapporter cette pierre merveilleuse, telle que jamais on n'avait apporté sa pareille depuis le temps du dieu. Il n'y avait aucun chasseur qui connût sa situation et qui sût l'atteindre. Voici que je passai huit jours à parcourir ce désert, n'en connaissant pas l'emplacement. Voici que je me jetai sur le ventre devant Min, Mout la grande magicienne et tous les dieux du désert. Je brûlai pour eux du térébinthe. La terre s'éclaira le matin et un second jour fut, et nous parûmes sur cette montagne du Rohanou supérieur[22] » Le chef ajoute que sa troupe ne se dispersa pas au cours de ces errements et qu'il n'eut pas de mort à déplorer. Mais il l'avait échappé belle.

Ce digne ingénieur avait fait à ses dépens l'apprentissage de la vie au désert. Il existait des Egyptiens qui y passaient leur vie pour en inventorier les ressources et les voies d'accès et sans doute aussi parce que la vie nomade leur plaisait. Un certain Sankh, qui était chef des soldats pour le désert, intendant pour l'Egypte, chef des harponneurs pour le fleuve, dirigeait des expéditions où il avait constitué de tels approvisionnements en outres, vêtements, pains, bière et légumes frais qu'il semblait avoir transformé la vallée de Rohanou en une verte prairie, et la montagne de bekhen en une étendue d'eau. Agé de soixante ans, et chef d'une famille qui comprenait, comme celle du patriarche Jacob, soixante-dix enfants, il parcourait toujours le désert de Taâou à Menat-Khoufou jusqu'à la Grande Verte, chassant en route les oiseaux et les mammifères[23]. C'est à ces infatigables prospecteurs que sont dues les cartes, comme celles que possède le musée de Turin et qui ont été appelées à juste titre les plus anciennes cartes du monde. Elles ont été établies dans la région des carrières et des mines d'or dites de Coptos. Les terrains sont peints en rouge vif, les montagnes en ocre sombre. Des pas semés dans les chemins indiquent la direction. Un château marquait l'emplacement des ruines où le roi Setoui avait fait ériger une stèle[24].

Nous avons parlé des efforts de Setoui et de son fils pour trouver de l'eau dans ce pays de la soif. Ramsès III se souvient avec orgueil d'avoir construit une grande citerne dans le désert d'Ayan, qu'il entoura d'une enceinte solide comme une montagne d'airain... Les portails de l'entrée étaient en sapin, les verrous et les serrures en bronze[25].

Dans quelques ouadis du désert oriental poussait un arbre bien précieux, le térébinthe, dont la résine, *sonté*, était brûlée dans les temples, dans les palais, dans les maisons. Sans doute, l'encens qu'on allait chercher au pays de Pount plaisait davantage aux dieux. Quand le naufragé s'est enfin convaincu que le serpent qui règne sur l'île où il a été jeté par la tempête est moins méchant qu'il n'en a l'air, il lui promet de la résine de térébinthe. Mais le serpent souriant de sa naïveté lui répond : « Tu n'as pas beaucoup d'encens, encore que tu sois devenu possesseur de térébinthe. Mais moi, je suis le souverain de Pount[26] ! » De l'encens, on n'en avait pas toujours, mais à défaut, la résine de térébinthe, jetée sur la braise allumée des encensoirs, produisait une odeur agréable aux narines des dieux et même à celles des humains. Il n'était pas superflu d'en brûler quand on abattait des animaux dans la cour des temples, et même dans les maisons les particuliers en faisaient usage pour assainir les appartements, pour lutter contre la vermine et les insectes et aussi pour la toilette. Les abeilles affectionnaient les bosquets de térébinthe. Deux sortes de chasseurs se rassemblaient donc autour de ces bosquets, les uns pour recueillir de la résine et se procurer des boutures, qui seraient mises en terre dans les jardins des temples, les autres, pour récolter le miel sauvage dont on faisait une grande consommation. Ramsès III avait constitué des corps de policiers et d'archers pour veiller sur ces caravanes. Grâce à lui, le voyageur se sentait en sécurité dans le désert inhospitalier, aussi bien que dans le *To-mery,* la terre chérie[27].

III. — VOYAGES A BYBLOS.

Les Egyptiens concevaient la mer, *iôm,* comme un dieu cupide. Lorsque ce dieu Iôm a aperçu la belle créature que les dieux ont donnée comme compagne à Bytaou, il envahit les terres pour s'en emparer. Pourtant, de même qu'ils ne reculèrent pas devant les périls du désert, ils osèrent affronter ce dieu terrible. Leurs marins avaient une longue habitude du rivage syrien. Au temps où les dieux vivaient encore sur terre, le cercueil d'Osiris, jeté par Seth dans le Nil, avait descendu la branche tanitique. La mer l'avait poussé jusqu'à Byblos où un arbre l'avait absorbé. Isis, à son tour, se rendit dans le lieu miraculeux. S'installant près d'une fontaine, à l'heure où les servantes de la reine venaient emplir leurs jarres, elle arrangea leur chevelure, elle leur communiqua l'odeur exquise émanant de sa personne. Séduite par tant de gentillesse, la reine de Byblos avait rendu à la déesse l'arbre sacré qui contenait le corps de son époux. Les relations si bien commencées ne devaient plus s'interrompre. Les Egyptiens débarquaient dans le petit port de Keben. Ils apportaient des offrandes pour la dame de Byblos. Ils lui construisaient un temple, avec le concours des gens du pays. Au roi, ils présentaient des cadeaux de bienvenue, des vases d'albâtre, des bijoux, des amulettes. Ils repartaient avec de la résine, des madriers et des planches et même avec des bateaux complètement équipés, si bien que le mot *kebenit*, dérivé du nom égyptien de Byblos, *Keben*, désigna seul les navires naviguant en mer. Les Egyptiens et les Asiatiques se battaient partout où ils se rencontraient, au Sinaï, en Palestine, au Carmel, dans le Retenou supérieur, mais il y avait en Syrie un endroit, un seul, où l'on était bien accueilli. C'était Byblos. Pourtant, un jour, des Egyptiens y furent massacrés, mais les auteurs de l'attentat n'étaient point les négociants ni les marins giblites; ils s'étaient recrutés parmi les Arabes, coureurs de sable, les éternels et perfides ennemis de l'Egypte[28].

Avec le temps, les Egyptiens avaient élargi leur zone d'influence. Leurs missionnaires au Moyen

Empire allaient à Beyrouth, à Qatna, à Ougarit, et laissaient en souvenir de leur passage des statues et des sphinx. Mais Byblos gardait un rang privilégié. Son roi était fier de posséder le titre de prince égyptien, fier de sa culture égyptienne. Il se faisait bâtir un tombeau à l'imitation des tombeaux pharaoniques, le meublait selon les idées égyptiennes et même en partie avec les objets précieux directement envoyés d'Ity-taoui. Nous ignorons si, pendant l'invasion des Hyksos, les Giblites trahirent leurs amis dans la détresse. Quoi qu'il en soit, les voyages maritimes furent interrompus et les personnes pieuses se demandaient comment se procurer les sapins *âch* dont le bois servait à faire les cercueils des prêtres et la résine à les embaumer. L'abandon du trafic avait même bien d'autres conséquences fâcheuses puisque les barques sacrées, les mâts à banderoles dressés devant les temples et qui dépassaient la corniche des pylônes de plusieurs coudées et d'autres objets mobiliers étaient aussi en sapin. Ces temps détestables firent place à des temps meilleurs. Dès que l'Egypte eut reprit possession de son territoire, elle retourna à Byblos. Thoutmosé III ne manqua pas de s'y arrêter pendant ses campagnes triomphales et il obtint de son alliée plus de bois et plus de bateaux que les anciens Pharaons n'en avaient jamais demandé. Plus tard, lorsque la Syrie intrigue avec les ennemis de l'Egypte, Ribaddi reste fidèle à Amenhotep III et à son successeur. Ramsès II grave des stèles au bord du fleuve du Chien, entre Beyrouth et Byblos. Dans la vallée de l'*Ach*, où un conteur de son temps a placé les aventures de Bytaou, il fonde une ville appelée de son nom. A Byblos même, il dépose des stèles dans le temple. De son temps, le roi de

Byblos s'appelait Ahiram. Comme tous ses sujets, il parlait et écrivait l'égyptien et pour sa propre langue employait une écriture alphabétique inventée peut-être à Byblos même par simplification de l'écriture hiératique[29].

Les Pharaons guerriers de la XVIIIe dynastie insistent sur le fait que leurs messagers parcouraient la Syrie en tous sens sans être molestés. Sans aucun doute, ces messagers étaient bien reçus à Byblos, mais un peu plus tard, sous les derniers Ramsès et au début de la XXIe dynastie, les choses étaient bien changées. Le roi Zekerbaal, lointain successeur du Melcandre qui traita si bien Isis, ne craint pas de proposer à l'envoyé égyptien de lui montrer les tombeaux de plusieurs messagers de Khaemhat, le dixième des Ramsès, qui étaient morts à Byblos après une longue captivité[30]. Plus heureux, Ounamon obtient à force de patience de quitter le port avec sa cargaison de bois, mais il dut sa réussite à la protection de son dieu Amon-du-chemin, qu'il avait eu l'heureuse idée d'emporter dans ses bagages.

Il faut avouer, d'ailleurs, que le cas d'Ounamon était un peu spécial. Chargé par le grand prêtre d'Amon de rapporter un ouvrage de bois pour le vaisseau sacré du dieu, l'Amonousirhat qui, au milieu de la saison de l'inondation, naviguait sur le Nil entre Karnak et Louxor, aux acclamations d'un peuple immense, il s'était d'abord rendu à Tanis, auprès de Smendès et de sa femme Tentamon, qui, sans être encore reconnus pour le roi et la reine, étaient déjà les maîtres du pays. On lui équipe un bateau que commandait le capitaine Mengabouti et moins de quinze jours après il entrait dans la grande mer de Syrie. Il relâche à

Dor, ville des Sakkales, et pendant qu'il faisait monter à son bord un peu de ravitaillement, dix couffins de pains, une jarre de vin, une épaule de bœuf, un de ses matelots déserte avec le trésor, cinq *deben* d'or et trente et un d'argent. Très ému, Ounamon descend chez le roi du pays, Badil, et le met au courant: « A ta bonne et à ta mauvaise humeur, répond le Sakkale, mais vois, je ne sais rien de l'affaire dont tu me parles. Si donc le voleur qui est descendu dans ton navire et a pris ton argent est de mon pays, je te le rembourserai avec mon trésor en attendant qu'on trouve ton voleur en personne, mais si le voleur qui t'a volé t'appartient, s'il fait partie de ton équipage, demeure quelques jours ici pour que je le cherche ! » La réponse était honnête, mais au bout de neuf jours, on n'avait trouvé ni le voleur, ni l'argent. Ounamon réussit à prendre en gage trente *deben* d'argent et débarque à Byblos sur un bateau qu'il avait trouvé à Tyr. Pendant vingt-neuf jours, le roi Zekerbaal refuse de le recevoir. Il s'y décide seulement lorsque Amon, le dieu thébain, ayant saisi un jeune homme de sa suite et parlant par sa bouche, lui eut ordonné : « Amène le dieu en haut. Amène le messager d'Amon qui est avec lui. Envoie-le. Laisse-le partir. » Le lendemain, Ounamon monte au palais; il trouve le roi assis sur son trône, tournant le dos au balcon derrière lequel battaient les vagues de la grande mer de Syrie. L'entrevue manque de cordialité. Les faits condamnaient Ounamon. Au lieu d'arriver comme un messager officiel dans un navire frété par Smendès, et d'exhiber ses lettres de créance, il est descendu, sans papier, d'un bateau de rencontre. Ounamon réussit à expliquer qu'il est venu chercher le bois du vaisseau sacré d'Amonrâsonter. Le roi répond : « Autrefois les miens exécutèrent cette mission parce que Pharaon, Vie, Santé, Force, faisait amener six navires chargés de produits d'Egypte qui étaient vendus dans mes entrepôts. Est-ce toi qui m'apporteras mon dû ? » La discussion continue : « Il fit apporter le livre de raison de ses pères. Il le fit lire en ma présence. On trouva en tout sur son livre mille *deben* d'argent. Il me dit : « Si le souverain d'Egypte était mon maître, si moi j'étais son serviteur, il n'aurait pas fait envoyer de l'or et de l'argent pour dire : « Fais la commande d'Amon », sans apporter les barakat, car c'est ce qu'il faisait à mon père. Mais moi, certes, je ne suis pas ton serviteur, je ne suis pas le serviteur de celui qui t'a envoyé... » Ounamon répond en exaltant la puissance d'Amonrâsonter, maître de la vie et de la santé, « Maître de tes pères, dit-il au roi, qui ont passé la durée de leur vie à servir Amon. Et toi aussi, continue l'envoyé, tu es le serviteur d'Amon. Si tu dis, je fais, je fais pour Amon, si tu t'occupes de son affaire, tu vivras sain et en bonne santé. Tu seras le bienfaiteur de son pays tout entier. Tes hommes te souhaiteront les choses d'Amonrâsonter.» Après cet échange de vues, Zekerbaal charge sur un navire une tête de proue, une tête de poupe, une autre pièce et quatre poutres qu'il expédie en Egypte avec une lettre d'Ounamon. Smendès et Tentamon envoient alors des marchandises, de l'or et de l'argent. Ounamon reçoit personnellement de quoi s'habiller et de quoi manger. Le roi était content. A défaut des bénédictions d'Amon, dont le messager voulait qu'il se contentât et sans beaucoup se soucier de ses menaces, il emmagasine les marchandises égyptiennes, lève trois cents hommes, autant de bœufs, met des chefs à leur tête. On abat des arbres, et quand ils eurent passé l'hiver on les traîna sur le rivage. Il semble que maintenant Ounamon n'ait plus qu'à partir avec son bois, mais les choses ne sont pas aussi simples. Zekerbaal ne se trouve pas assez payé. Ounamon, très sérieux, l'engage à faire graver sur une stèle : « Amonrâsonter m'a envoyé son messager, Amon-du-chemin, Vie, Santé, Force, avec Ounamon, son messager humain, pour la boiserie du vaisseau sacré d'Amonrâsonter. Je l'ai coupé. Je l'ai chargé. Je l'ai enlevé grâce à mes navires et à mes équipages. Je les ai fait atteindre l'Egypte pour m'obtenir d'Amon cinquante années de vie en plus de mon destin. Ainsi soit-il ! » « Plus tard, ajoute encore le facétieux Ounamon, quand un autre Egyptien lira ton nom sur cette stèle, tu recevras l'eau de l'*Amentit* et de tous les dieux qui sont ici ! » C'est juste, concède le Giblite vaincu, et Ounamon promet que le premier prophète d'Amon, sur son rapport circonstancié, lui enverra quelques dons.

Les commentateurs modernes ont généralement fait ressortir à l'aide de ce récit combien l'Egypte était faible et méprisée au temps de Smendès. En fait, même à l'époque de sa puissance, Pharaon n'avait jamais considéré le roi de Byblos comme un vaincu, comme un esclave qui devait livrer son bois pour rien. Le messager égyptien se présentait avec des lettres officielles, avec de l'or, et de l'argent, et des marchandises. Le roi de Byblos encaissait et livrait le bois. Après cela, on échangeait des bénédictions et des remerciements. Pharaon ajoutait à son envoi quelques cadeaux qui ne lui coûtaient guère, des amulettes, sa statue. Le roi de Byblos flatté prenait cette statue. Il y faisait graver en phénicien le vœu que la déesse de Byblos augmente ses années de règne. Cela durait ainsi depuis le temps du dieu.

En quittant le port de Byblos, Ounamon échappe de justesse aux Sakkales qui le guettaient, puis il tombe entre les mains des Chypriotes qui veulent le tuer. Le papyrus étant déchiré vers la fin, nous ne savons pas au juste comment il se tirait de ce nouveau danger, mais il s'en tirait de toute évidence. Les peuples de la mer commencent à faire parler d'eux, sous le règne de Ramsès II. Dès ce temps-là leur présence constitua pour les navigateurs égyptiens un danger supplémentaire, bien que le trafic n'ait jamais cessé. Nous avons là-dessus le témoignage formel de Ramsès III : « Je t'ai fait (à Amon) des barques, des transports, des bateaux avec des arcs, pourvus de leurs agrès sur la Grande-Verte. Je leur ai donné des chefs d'archers, des capitaines accompagnés de nombreux équipages, sans compter, pour transporter les biens de la terre de Phénicie et des pays étrangers des extrémités de la terre à tes grands magasins dans Thèbes la victorieuse[31]. » Il y a lieu de noter que Pharaon ne compte pas simplement sur Amon. Des compagnies d'archers bien commandés et bien armés avaient pour mission de défendre les navires contre toute agression et de faire respecter à terre ses messagers.

IV. — Voyages dans la mer Rouge.

Le but des voyages en mer Rouge était le pays de Pount, au-delà du détroit de Bal el Mandeb, sur la côte des Somalis et, en face, sur la côte arabique. C'était le pays de l'encens. Le bon serpent, que nous fait connaître le conte du Naufragé, se proclame en même temps le souverain de Pount et le maître de l'encens *ânti*. Les Egyptiens fréquentaient Pount depuis le temps du dieu. Ils avaient même organisé, dès l'Ancien Empire, une ligne de navigation, qui reliait Byblos sur la côte syrienne au rivage de Pount, les Echelles du sapin aux Echelles de l'encens[32]. Les bateaux partaient de Byblos, atteignaient le littoral égyptien, remontaient la branche tanitique du Nil jusqu'à Bubaste, gagnaient par un canal le ouadi Toumilat qui peut être considéré comme la plus orientale des branches du Nil. L'ouadi n'était pas navigable toute l'année, mais il pouvait, à l'époque des hautes eaux, porter les galères des Egyptiens dont le tirant d'eau était faible. Traversant les Lacs Amers, ces galères atteignaient le fond du golfe de Suez et poursuivaient leur lente navigation jusqu'au pays de Pount. Les Bédouins-qui-sont-sur-les-sables, qui, tout barbares qu'ils étaient, transportaient par terre des voyageurs et des marchandises de Syrie en Arabie, essayèrent d'empêcher le fonctionnement de la ligne maritime. Pépi Ier fit contre eux plusieurs expéditions, mais les attentats recommençaient. Il semble qu'après le règne de Pépi II on ait renoncé pour un temps à ces voyages qui recommencèrent au Moyen Empire et furent encore interrompus pendant l'occupation des Hyksos. La reine Hatchepsouit en reprit la tradition que maintinrent après elle Thoutmosé III, Amenhotep II, Horonemheb, Ramsès II et Ramsès III[33]. C'est pour mettre sa résidence du Delta en communication avec la mer Rouge que Ramsès II restaura à grands frais le canal des deux mers dont on a retrouvé les vestiges en creusant le canal actuel. Il était jalonné par les villes de Pi-Ramsès, de Bubaste et de Pithom et par des stèles de granit dressées sur un haut piédestal qui disaient aux navigateurs émerveillés la gloire du roi et la hardiesse de ses desseins[34].

Supposons donc que les bateaux venus de Syrie ont déchargé des voyageurs et des marchandises sur le quai de Pi-Ramsès, et qu'ils vont en reprendre d'autres à destination du pays de Pount. Ce sont des *Kebenit,* c'est-à-dire des navires du type giblite, construits soit à Byblos même et vendus aux Egyptiens par les Libanais, soit dans les chantiers navals des Egyptiens, mais avec des bois importés de Syrie et sur le modèle de Byblos. Nous en possédons deux représentations. La plus ancienne date de Sahourê, la seconde de la reine Hatchepsouit[35]. Or dans cet intervalle de plus d'un millénaire, le type n'a presque pas varié. Une longue coque munie à l'avant d'un éperon, dont l'arrière se relève et se recourbe pour finir par une énorme ombrelle. Deux postes d'observation, l'un à l'avant, l'autre à l'arrière. Double gouvernail, un de chaque côté, près de l'arrière. Un énorme câble soutenu par quatre pieux fourchus relie les deux extrémités de la coque. Un mât unique, maintenu par quatre câbles, dressé non loin du centre, soutient une voile unique plus large que haute. L'équipage est nombreux, car dès que le vent ne gonflait plus la voile, les marins s'emparaient des rames. Ces marins sont des hommes expérimentés « qui avaient vu le ciel, qui avaient vu la terre, qui étaient prudents, plus que les bêtes sauvages, sachant prédire la tempête avant qu'elle n'éclate ». Des représentants de Sa Majesté, des scribes, des soldats, sont du voyage.

On a chargé les bateaux des bons produits égyptiens que les indigènes de Pount apprécient le plus, des objets de parure, des miroirs, des armes. La flotte part, saluée par le roi, s'engage dans les canaux, dépasse Pitoum où les Hébreux peinent à mouler la brique, et atteint la Grande Verte. Sur l'une ou l'autre des deux rives de la Terre divine un guetteur a vu et a annoncé les navires égyptiens. Le roi, la reine et les chefs sortent des huttes bâties sur pilotis dans une lagune, montent sur des ânes pour aller au-devant des Egyptiens. Ils sont grands comme eux, larges d'épaules. Leur tête est ronde. leur barbe est tressée comme celle des dieux de la vallée du Nil et des Pharaons. La seule différence est qu'elle est naturelle, tandis que l'égyptienne est postiche. Ils portent au cou un médaillon rond comme celui qui est de mode chez les Syriens. La reine est une bien étrange personne. Ce n'est qu'un amas de chairs tremblotantes et l'on s'étonne qu'elle puisse marcher. Sa fille, quoique jeune, n'est pas loin de l'égaler. Les dessinateurs égyptiens regardent de tous leurs yeux ce monde si nouveau pour eux. Ont-ils noté, à la dérobée, sur un bout de papyrus une esquisse de leurs hôtes ou ont-ils attendu d'être remontés à bord pour fixer le souvenir de l'expédition ? Ce qui est sûr, c'est qu'ils en ont fait un tableau saisissant et qu'ils ont reproduit avec une fidélité scrupuleuse tout ce qui méritait d'être noté, le roi et la reine, le village et ses habitants, les poissons et les crustacés.

Vite une tente est dressée et des souhaits de bienvenue sont échangés. Les indigènes avec respect adorent Amonrâ, dieu primordial qui parcourt les pays étrangers. Ils sont tout heureux de voir les Egyptiens et savent parfaitement ce qu'ils veulent. Pourtant ils feignent de s'étonner et demandent : « Pour quelle raison avez-vous atteint ceci dans ce pays inconnu des hommes ? Etes-vous descendu du ciel ? Avez-vous navigué par eau ou par terre ? Combien fertile est la Terre divine que vous foulez. C'est Râ, le roi de Tomery. Il n'y a pas de trône éloigné pour Sa Majesté. Nous vivons par le souffle qu'Elle donne ! » Conformément aux ordres du palais Vie, Santé, Force, on offre aux souverains du pain et de la bière, du vin, de la viande et des fruits et toutes les choses qui sont en Tomery.

Voici maintenant la liste de ce qui sera embarqué sur les bateaux des Egyptiens. Ils n'ont pas perdu au change. Tous les beaux troncs de Tonoutir, des tas de grains d'encens, des arbres à encens vert, ébène et ivoire, or frais d'Amou, trois parfums (tichepses, khasyt, ihmet), térébinthe, collyre noir, deux espèces de singes, lévriers, peaux de panthère du midi, serfs avec leurs enfants. Tout cela était très précieux, mais après tout les caravanes qui venaient du Haut Nil apportaient aussi de l'ébène et de l'ivoire, des peaux de panthère et d'autres produits, mais ce qu'elles n'apportaient pas, et ce qui valait le voyage avec ses peines et ses risques, c'étaient les arbres de Tonoutir, les grains d'encens et surtout les trente et un arbres à encens emballés comme par le meilleur jardinier de France avec ses racines et sa terre d'origine. Qu'on ne s'étonne pas si les heureux navigateurs furent reçus par des acclamations quand ils abordèrent le quai d'Apitesout. Les porteurs, heureux de peiner pour le service du roi, s'adressent aux arbres verts comme à des êtres sacrés : « Soyez heureux, avec nous, arbres à encens qui étiez dans le Tonoutir, au domaine d'Amon où sera votre place. Makarê (la reine) vous fera pousser dans son jardin sur les deux côtés de son temple, comme l'a ordonné son père. »

Les Pountiens avaient demandé à leurs visiteurs s'ils étaient arrivés par terre ou par mer. Pour aller d'Egypte à Point on avait, en effet, le choix entre ces deux façons de voyager. Avant les Ramsès et avant même la reine Hatchepsout, sous la XIe dynastie, un explorateur, nommé Henou, était allé d'Egypte à Point et en était revenu en voyageant tantôt sur terre et tantôt en bateau. Son maître l'avait chargé d'acheter de l'encens frais aux cheiks du désert. Il devait aussi répandre la crainte du Pharaon. Son voyage avait donc un double but, commercial et politique : « Je partis de Coptos, dit-il, sur le chemin qu'avait fixé Sa Majesté. Les soldats qui étaient avec moi appartenaient au midi, dans le domaine d'Ouabout, depuis Gebelein jusqu'à Chabit. Toute fonction royale, les gens de la ville et de la campagne réunis marchaient derrière moi. Les éclaireurs ouvraient le chemin en avant pour renverser les ennemis du roi. Les enfants du désert étaient placés en gardes du corps. Tout le bureau de Sa Majesté était mis sous ma direction. Ils correspondaient avec les messagers. Par un ordre unique Sa Majesté entendait des millions. »

« Je partis avec une armée de trois mille hommes. J'ai transformé le chemin en fleuve, le pays rouge en un coin de prairie. Je donnais une outre, un bâton, deux jarres d'eau, vingt pains à chaque homme, chaque jour. Des ânes portaient des jarres. Quand l'un était fatigué, un autre le remplaçait. J'ai fait douze citernes dans le ouadi, deux citernes à Idahet qui mesuraient vingt coudées sur trente. J'en ai fait une autre à Iaheteb qui avait dix coudées de chaque côté, au point de rassemblement des eaux.

« Voici que j'atteignis la Grande Verte. Je fis ce navire. Je l'équipai en toute chose. Je fis pour lui une grande offrande de bœufs sauvages, de bœufs africains et de petit bétail. Après que je fus allé dans la Grande Verte, je fis ce qu'avait ordonné Sa Majesté et je lui rapportai tous les produits que je trouvai sur les deux rives de la Terre divine (Tonoutir). Je revins par Ouag et par Rohanou. Je lui rapportai des pierres magnifiques pour les statues des sanctuaires. Jamais pareille chose n'était arrivée à la résidence royale. Jamais rien de pareil n'avait été fait par aucun connu du roi depuis le temps du Dieu[36]. »

Il s'agit, comme on le voit, d'une expédition d'envergure. Henou a traversé le désert avec trois mille hommes. Guidé par les enfants du désert, restant en liaison avec la résidence, il s'est dirigé vers le sud-est, au lieu de prendre la route commune qui allait droit à l'est. Tout en creusant des citernes, il a atteint le point du littoral où se trouvera plus tard le petit port de Bérénice. Là, il construisit un navire, affirme-t-il, sans doute avec des matériaux importés du Liban et venus par mer. Il gagna le pays de Pount, visita les deux rives de la Terre divine, acheta de l'encens et tous les produits de ces pays. Au retour, son bateau le déposa à Qosseir d'où il passa à la vallée de Rohanou. Il s'y arrêta non pour se reposer, mais pour préparer une cargaison de pierres destinée aux ateliers de sculpture. Henou avait vraiment bien employé son temps et a mérité que son nom soit cité parmi les explorateurs de l'antiquité, car le Romain Aelius Gallus eut, sous le règne d'Auguste, toutes les peines du monde à renouveler son exploit[37].

Profitant de l'expérience acquise, les expéditions à Pount, sous Ramsès III, utilisaient la route de terre et la route de mer. Ce roi avait organisé ces expéditions avec de puissants moyens. La flotte comprenait plusieurs grands navires et des barques d'escorte. Le personnel se composait de marins, d'archers, avec leurs commandants, et de ravitailleurs. On avait embarqué d'énormes quantités de vivres et de marchandises à la fois pour la nourriture des équipages et pour faciliter les transactions. Selon le chroniqueur égyptien cette flotte ne partit pas de la mer Rouge, mais de la mer de Mou-qedi qui ne peut être que le golfe Persique, car, Mou-qedi, l'eau du pays de Qédé dans le Naharina, est le nom que les Egyptiens donnaient à l'Euphrate[38]. Il se peut que Ramsès III ait réussi à traîner les sapins du Liban jusqu'à l'Euphrate, comme l'avait fait autrefois Thoutmosé III[39], et qu'il ait construit une flotte sur les bords de ce fleuve. Peut-être a-t-il négocié avec le roi de Babylone une entente au terme de laquelle ses soldats et ses fonctionnaires ayant atteint l'Euphrate purent embarquer et continuer leur voyage sur des navires babyloniens. Quoi qu'il en soit la flotte qui portait les envoyés de Ramsès III dut descendre l'Euphrate et contourner l'énorme péninsule arabique pour atteindre sans accident, grâce à la crainte qu'inspirait le nom de Pharaon, le pays de Pount.

Les choses se passèrent alors comme du temps de la reine Hatchepsout. Les Egyptiens prirent contact avec les indigènes, leur remirent les cadeaux du Pharaon. Puis les navires et les barques furent chargés des produits de Tonoutir, de toutes les merveilles mystérieuses de leurs montagnes; surtout on n'avait pas oublié l'encens sec. Ils remontèrent la mer Rouge jusqu'au golfe de Suez, atteignirent la vallée du Nil par le canal de Pithom. Mais, pendant ce temps, les enfants des chefs de Tonoutir avaient débarqué soit dans la région de Bérénice, soit dans celle de Qosseir avec leurs produits. Ils se formèrent en caravane, chargèrent leur cargaison sur des ânes et sur des hommes. Ils arrivèrent en parfait état à la montagne de Coptos, embarquèrent à Coptos même sur des transports fluviaux et finirent par atteindre Thèbes en fête. « Il y eut un défilé des produits et des merveilles, conclut le roi, en ma présence. Les enfants de leurs princes saluaient ma face, baisaient la terre, se mettaient à plat ventre en ma présence. Je les ai donnés à l'Ennéade de tous les dieux de ce pays pour satisfaire leurs princes au matin. »

On peut supposer, bien que ce ne soit pas dit expressément, que les caravaniers arrivèrent à Coptos ou à Thèbes en même temps que ceux qui avaient continué le voyage en bateau. La décision d'utiliser deux moyens de voyager avait évidemment pour but d'augmenter les chances de recevoir les produits de Pount, car les risques du voyage par mer étaient grands. Combien de navires périrent corps et bien, sans qu'un seul survivant puisse raconter comme le naufragé poète : « La tempête survint alors que nous étions dans la Grande Verte, avant que nous eussions atteint la terre. Le vent se leva. Il redoubla. Il portait une vague de huit coudées. Une planche, je l'arrachai. Voici que le bateau périt. Ceux qui s'y trouvaient, il n'en reste pas un ! »

C'était un beau voyage, mais les Egyptiens, sous

Ramsès II, en avaient accompli de plus lointains et de plus audacieux encore, dont les auteurs classiques ont encore entendu parler. Depuis toujours, en effet, les Egyptiens utilisaient la pierre bleue, le lapis-lazuli, qui ne se trouve pas dans les déserts africains[40]. Tout le lapis-lazuli connu des anciens était fourni par un seul pays, par la Bactriane, qui pouvait communiquer avec la Syrie et l'Egypte par terre et plus commodément peut-être en descendant l'Indus et en suivant la côte, comme devait le faire Néarque, jusqu'à l'embouchure de l'Euphrate. Les Egyptiens n'allaient pas chercher le lapis-lazuli dans son pays d'origine. Ils se contentaient de l'acheter dans une ville qu'ils appelaient Tefrer[41], qui, si je ne me trompe, est Sippar, ville fort bien située sur un canal qui relie le Tigre et l'Euphrate très rapprochés l'un de l'autre dans cette région. Il était connu en Egypte que le lapis venait de Tefrer et ce nom de ville était, en outre, donné à une pierre en provenance du même endroit qui n'est pas identifiée.

Or, une certaine année, Pharaon, qui se trouvait dans le Naharina et était occupé à recevoir l'hommage des princes étrangers, vit venir à lui le roi de Bakhtan, le roi de Bactriane en personne, qui lui offrit sa propre fille et de beaux présents et sollicitait son alliance. Pharaon ayant accepté rentra à Thèbes avec la princesse. Quelque temps après cela un envoyé du roi de Bakhtan vint demander audience et aussitôt reçu informa Pharaon que la sœur de la princesse était malade. Pharaon envoya au pays de Bakhtan un de ses meilleurs médecins désigné par la Maison de vie, mais la princesse ne guérissait pas et un nouvel envoyé fit le long voyage du Bakhtan en Egypte. Puisque le médecin n'avait pas réussi, il n'y avait plus qu'à envoyer un dieu au pays de Bakhtan. C'est le dieu Khonsou, celui qui règle les destinées, qui fut choisi. Il partit dans un grand bateau escorté de cinq petits et arriva au Bakhtan en l'espace d'un an et de cinq mois, qui ne paraît pas invraisemblable si l'on pense que la flottille traversa toute la mer Rouge, contourna l'Arabie, suivit la côte des Ichthyophages et remonta l'Indus jusqu'en un point où débarquèrent les passagers pour atteindre la résidence du roi de Bakhtan. Le dieu demeura trois ans et neuf mois dans cette résidence. Puis le roi, un peu à contrecœur, le laissa repartir en Egypte avec de nombreux cadeaux et une forte escorte de soldats et de chevaux. Le premier messager de Bakhtan était arrivé à Thèbes en l'an XV. Le dieu rentra chez lui en l'an XXXIII. Dans l'intervalle se sont passés le premier voyage de l'envoyé et son retour avec le médecin égyptien, le second voyage et son retour avec le dieu, et enfin, après trois ans et neuf mois d'attente, le retour du dieu en Egypte. La distance entre Thèbes et Bakhtan a été parcourue cinq fois.

La stèle du Louvre où ces événements sont racontés a partout l'allure d'un document officiel[42]. Elle débute par un protocole royal dont les trois premiers noms sont tirés du protocole de Thoutmès IV, le premier souverain du Nouvel Empire qui ait épousé une princesse étrangère, tandis que les deux cartouches sont identiques à ceux de Ramsès II. Ce n'est pas une raison, croyons-nous, pour dater le document de la basse époque et considérer cette histoire comme inventée de toutes pièces. Les rois de l'antiquité s'écrivaient beaucoup et les médecins égyptiens étaient très demandés à l'étranger[43]. Le souvenir des expéditions de Sesostris, dans la mer Erythrée, était encore vivace au temps d'Alexandre le Grand[44]. Il n'y a rien d'invraisemblable à ce que Ramsès ait voulu communiquer directement avec le pays d'où l'Egypte recevait depuis tant de siècles une pierre précieuse si appréciée des sculpteurs et du public.

CHAPITRE VIII

LE PHARAON

I. — Devoir essentiel des rois.

L'art de faire vivre les hommes en société obéissait en Egypte à des règles un peu particulières. Si les dieux ont établi comme souverain Vie, Santé, Force un être issu de leur chair, le pays connaît la paix et la prospérité. Une inondation généreuse fait lever sur la terre l'orge et l'amidonnier. Les troupeaux se multiplient. L'or, l'argent et le cuivre, les bois précieux, l'ivoire, l'encens et les parfums, les pierres affluent des quatre points de l'horizon. Mais tout change si la condition primordiale n'est pas remplie. La terre d'Egypte s'en va à la dérive. Il n'y a plus d'autorité parce que tout le monde veut commander. Chacun assassine son frère. Bientôt, honte suprême, l'étranger est le maître. Le Nil cesse d'inonder les terres. Le peuple n'a plus de quoi manger. Rien n'arrive plus de Syrie ni de Kouch. Il n'est plus présenté d'offrandes dans les temples des dieux, qui détournent leurs regards de ceux qui ont été infidèles.

Le premier devoir de Pharaon sera donc de témoigner sa reconnaissance aux dieux seigneurs de toutes choses. Un lieu commun qui se lit au début d'un grand nombre de stèles officielles consiste à dire que Sa Majesté se trouvait à Memphis, à On, à Pi-Ramsès ou à Thèbes, occupé à faire ce qui plaît aux dieux, à restaurer ce qui était caduc, à construire de nouveaux sanctuaires, à refaire leurs enceintes plus solides, à les peupler de statues, à renouveler le mobilier, les barques sacrées, à dresser des obélisques, à fleurir les autels et les tables d'offrandes, à dépasser en générosité ce qu'avaient fait les rois précédents. Ecoutons la prière et la confession de Ramsès III : « Hommage à vous, dieux et déesses, maîtres du ciel, de la terre, de l'océan, grands de pas dans la barque de millions (d'années), à côté de leur père Râ dont le cœur se réjouit quand il voit leur perfection pour rendre heureux le Tomery... Il est joyeux, il est rajeuni à les voir grands dans le ciel, puissants sur terre, donnant l'air aux nez bouchés. »

« Je suis votre fils qu'ont produit vos deux bras. Vous m'avez fait paraître comme souverain Vie, Santé, Force de toute terre. Vous avez fait pour moi la perfection sur terre. Je remplis ma fonction en paix. Je ne fais pas reposer mon cœur à chercher ce qui est utile et efficace pour vos sanctuaires. Je les dote par grands décrets établis en chaque bureau d'écriture, en hommes, terrains, bestiaux, bateaux. Leurs chalands sont sur le Nil. J'ai rendu la prospérité à vos sanctuaires qui étaient auparavant en décadence. J'ai institué pour vous des offrandes divines en plus de celles qui existaient devant vous. J'ai travaillé pour vous dans vos maisons d'or avec de l'or, de l'argent, du lapis-lazuli, de la turquoise. J'ai contrôlé vos trésors. Je les ai complétés en choses nombreuses. J'ai rempli vos greniers de tas d'orge et d'amidonnier. Je vous ai bâti des chateaux, des sanctuaires, des villes. Vos noms y sont gravés pour l'éternité. J'ai garni vos équipes, les complétant par un grand nombre d'hommes. Je n'ai pas emmené les hommes ni les dizainiers qui se trouvaient dans les sanctuaires des dieux, depuis qu'il y a eu des rois pour en faire, afin de les inscrire pour l'armée et les équipages. J'ai fait des décrets pour les établir sur terre à l'usage des rois qui viendront après moi. Je vous ai consacré des offrandes consistant en toutes bonnes choses. Je vous ai fait des entrepôts de fêtes, remplis de nourriture. Je vous ai fait des vases émaillés en or, argent et cuivre par millions. J'ai construit vos barques qui sont sur le fleuve avec leur grande demeure revêtue d'or[1]. »

Après ce préambule Ramsès énumère ce qu'il a fait dans les principaux temples d'Egypte. Déjà il s'était expliqué longuement sur les donations qu'il avait consenties en faveur d'Amon, seigneur des trônes des deux terres, de Toum, maître des deux terres d'On, de Ptah, le grand, qui est au sud de son mur et de leurs parèdres. En se dépouillant, en dépouillant l'Egypte au profit des dieux, Ramsès III n'innovait rien. Depuis qu'il y avait des Pharaons, on pouvait dire presque de chacun d'eux ce qu'on lit sur la stèle d'Amada. « C'est un roi bienfaisant par les travaux qu'il entreprend pour tous les dieux en construisant leurs temples, en façonnant leurs images[2]. » Ramsès II était à peine couronné qu'il conçut l'ambition de se comporter comme un fils pieux, tant à l'égard de ses pères les dieux que de son père selon la chair Menmatrê Setoui-Merenptah, dont les vastes entreprises dans la cité d'Anhour et d'Ounnefer la faisaient ressembler, depuis qu'elles étaient suspendues, par endroits, à un chantier et ailleurs à une ruine. Les bornes-frontière du domaine divin n'avaient pas été solidement plantées en terre et chacun venait les arracher. Ramsès convoqua donc, par la voix du scelleur royal, les courtisans, les nobles royaux, les chefs de l'armée, les préposés aux travaux et les conservateurs de la maison des livres et leur tint ce discours : « Voyez, je vous ai fait appeler à cause d'une idée qui me vint à l'esprit. J'ai vu les constructions de la nécropole et les tombeaux qui sont en Abydos. Les travaux qu'on y a faits sont restés inachevés depuis l'époque de leur maître jusqu'à ce jour. Lorsqu'un fils est monté à la place de son père il ne répara pas le monument de celui qui l'avait engendré. Alors je me suis dit : « Cela porte bonheur de rétablir « ce qui est tombé. Il est profitable de faire le « bien. Aussi mon cœur me pousse à faire des « choses utiles en faveur de Merenptah. » Je ferai dire éternellement dans la suite des temps : « Ce « fut son fils qui fit vivre son nom. » Le roi continue longtemps sur ce ton et conclut : « Il est beau de faire monument sur monument, deux bonnes choses d'un seul coup. Tel est le fils, tel était celui qui l'a engendré. » La proposition royale déchaîne l'enthousiasme des conseillers. Après qu'Elle les eut entendus, Sa Majesté donna l'ordre de confier les travaux aux architectes. Elle choisit des soldats, des maçons, des graveurs, des sculpteurs et dessinateurs, des travailleurs de toutes les corporations pour construire le saint des saints de son père, pour remettre sur pied tout ce qui était ruiné dans la nécropole. Elle dressa une fois pour toutes l'inventaire de ses champs, cultivateurs et troupeaux. Elle nomma des prêtres, avec leurs attributions bien définies, un prophète... Puis, s'adressant directement au roi son père, Ousirmaré rappelle ce qu'il a fait pour lui et pour son temple : « Tout ira bien pour toi tant que j'existerai, aussi longtemps que Ramsès-Miamoun, que la vie lui soit donnée comme Râ, le fils de Râ, vivra. » Et le roi Menmatrê, lui parlant comme un père à son fils, l'assure qu'il a plaidé sa cause auprès de Râ et que tous les dieux, Râ, Toum, Thot et Ounnofré et la grande Ennéade divine exultent à cause de ce qu'a fait Sa Majesté[3].

On ne peut reprendre qu'une chose dans les propos du grand Ramsès. Il a eu tort d'accuser d'indifférence ses prédécesseurs. Un siècle et demi avant lui, Menkheperrê avait trouvé le temple de Ptah thébain dans un état indigne d'un aussi grand dieu. Les murs étaient en briques, les colonnes et les portes en bois, et tout tombait en ruine. Sa Majesté ordonna de tendre le cordeau sur ce temple à nouveau. Il le fit s'élever en pierre belle et blanche de grès. Le mur d'enceinte fut consolidé pour l'éternité. Les portes neuves étaient en sapin, les gonds en cuivre d'Asie. « Jamais rien de pareil n'avait été fait avant Ma Majesté, dit-il, partageant l'illusion chère à tous les Egyptiens, je l'ai fait plus grand qu'auparavant. J'ai purifié sa grande demeure en or des pays montagneux, tous ses vases en or, en argent et toutes sortes de pierres précieuses, le linge de lin blanc, les parfums de choses divines pour faire ce qui lui plaît dans les fêtes du début des saisons qui ont lieu en ce sanctuaire... J'ai rempli son temple de toutes bonnes choses, bœufs, volailles, résine, vins, cadeaux, légumes, lorsque Ma Majesté revint des montagnes de Retenou[4]. »

Quand le roi avait comblé les dieux, qu'il avait restauré les anciens sanctuaires et qu'il en avait construit de nouveaux avec les produits les plus rares et qu'il les avait dotés, il n'avait pas encore assez fait. Il devait peiner en personne, surveiller l'exécution de ses ordres et, quand les travaux étaient terminés, inaugurer le temple et le consacrer aux dieux[5]. Il lance autour de lui des grains de *besin.* Il frappe douze fois avec sa massue la porte du temple, consacre le naos par le feu, court autour des murs en portant un vase de chaque main ou en d'autres cas une rame et une équerre. Ou encore à côté du bœuf Apis. Il avait un rôle à jouer dans quelques-unes des grandes fêtes religieuses. Lors de la grande fête d'Opet, le roi ne pouvait se dispenser de paraître sur le vaisseau sacré long de plus de cent coudées, qui était remorqué de Karnak à Louxor. La fête de Min, au début de la saison de *chemou,* n'était pas moins populaire. Le roi devait y couper une poignée de *bôti.* Ramsès III, en particulier, ne pouvait se décharger de ce soin sur une autre personne, car l'anniversaire de son couronnement tombait ce même jour. Lorsque Piankhi entreprit la conquête de l'Egypte, il célébra d'abord à Napata son pays la fête du jour de l'an. Arrivant à Thèbes, au moment de la grande navigation d'Amon, il escorta le dieu[6]. A partir de ce moment, les batailles et les cérémonies alterneront jusqu'à la victoire finale. Aux habitants de Memphis il fait dire : « Ne vous enfermez point. Ne combattez pas la résidence de Chou dans la première fois. Quand j'entre, il entre. Quand je sors, il sort. On ne repousse pas mes marches. Je présenterai des offrandes à Ptah et aux divinités du Mur Blanc. J'honorerai Sokari dans son coffre mystérieux. Je contemplerai Celui qui est au sud de son mur. Et je m'en retournerai en paix... laissant le nome du

Mur Blanc intact sans que pleurent les enfants. Voyez les nomes du midi. On n'y a massacré personne, excepté les impies qui avaient blasphémé Dieu[7]. » Quand la ville eut été prise, il la purifia avec du sel et des parfums, se rendit au temple de Ptah, se purifia dans la chambre de purification, accomplit toutes les cérémonies réservées au roi, entra dans le temple et offrit à son père Ptah, Risanbouf une grande offrande.

Les cérémonies recommencèrent bientôt après à On. Après divers actes préliminaires qui devaient lui permettre de se présenter dignement dans le saint des saints, ayant reçu les hommages du grand prêtre et entendu la prière qui écarte les ennemis du roi, il gravit l'escalier de la grande terrasse pour voir Râ dans le château du Pyramidion. Seul, il tira les verrous, écarta les battants et contempla son père, la barque de Râ et celle de Toum. Puis, il referma les portes, y posa de l'argile et y imprima le sceau royal. Les prêtres se prosternèrent devant Sa Majesté et lui souhaitèrent longue vie et prospérité[8].

Piankhi voulait montrer aux Egyptiens qu'il était aussi pieux qu'eux-mêmes et aussi respectueux, sinon davantage, des anciens usages. Mais tout ce qu'il raconte, les Ramsès l'avaient fait avant lui. S'ils traversaient une ville, ils entraient au temple et adoraient ses dieux. Partout Pharaon était chez lui. Partout il voyait sur les murs l'image d'un Pharaon offrant aux dieux l'eau, le vin, le lait, présentant l'image de la vérité, brûlant des grains de térébinthe dans l'encensoir. D'ailleurs, Ramsès Ier et son fils avaient été, avant de s'asseoir sur le trône, grands prêtres de Seth et attachés à divers titres au culte du bélier de Mendès et de Ouadjit la déesse-serpent honorée dans leur ville natale et le pays environnant[9]. Ramsès II lui-même se pare au début de son règne du titre de grand prêtre d'Amon. Cela ne l'empêche point de nommer presque immédiatement un grand prêtre en titre à qui un roi de son âge, si bien fait pour les plaisirs, pour la chasse et pour la guerre, était certainement heureux de céder les minutieuses obligations de sa charge[10]. Mais Ramsès II, pas plus que ses prédécesseurs et que ses successeurs, ne s'est dérobé aux obligations que tout Pharaon avait contractées envers les dieux. Par ce moyen, il achetait, cher sans doute, la paix du pays, du moment que le peuple des travailleurs était, somme toute, content de son sort et incapable de se révolter sérieusement, et que ceux qui auraient pu troubler l'ordre avaient tout intérêt à le conserver.

II. — La toilette royale.

Le lever du roi avait certainement lieu en cérémonie. Un haut fonctionnaire nommé Ptah-mosé rappelle qu'il s'est levé matin chaque jour pour être le premier à saluer son maître[11]. Je ne connais aucune représentation du lever royal, mais l'on peut voir au tombeau de Ptah-hotep comment un grand personnage se faisait accommoder par le barbier, le manucure et le pédicure en présence des membres de sa famille et de ses employés. On ne pouvait pas faire moins pour le roi.

Le costume royal n'était pas seulement plus somptueux que celui des princes, des chefs civils et militaires. Il devait indiquer la qualité de celui qui en était revêtu. Le roi ne paraît jamais tête nue en public et même dans l'intimité il porte presque toujours une coiffure. Ses cheveux étaient coupés court afin qu'il puisse en changer facilement. La plus simple est une perruque ronde décorée d'un diadème qui se noue derrière et laisse ses retombées flotter sur la nuque. Un uraeus d'or s'enroule sur ce diadème et sa gorge gonflée se dresse au milieu du front. La couronne du sud, celle du nord, la double couronne sont déjà des coiffures de cérémonie. La première consiste en un haut bonnet qui s'amincit vers le haut et se termine par un renflement; la seconde en un mortier prolongé en arrière par une tige rigide, tandis qu'un ruban de métal, partant de la base de cette tige, s'avance en décrivant une spirale. La double couronne est une combinaison des deux premières. Le roi se coiffe encore volontiers, surtout pour les parades militaires et pour la guerre, du casque bleu au galbe si pur, orné aussi d'un uraeus et de deux banderoles sur la nuque.

Couronnes et casque étaient posés directement sur la tête. Le *nems* était assez large pour contenir la perruque ronde. On pouvait le bâtir avec une étoffe qui ceignait le front, passait par-dessus les oreilles, retombait de chaque côté du visage sur la poitrine et formait par-derrière une poche qui finissait en pointe au milieu du dos. Cette étoffe était blanche et rayée de rouge. On pouvait aussi poser sur la tête du roi un *nems* préparé à l'avance. Un bandeau d'or le consolidait, ce qui était particulièrement nécessaire lorsque la double couronne, la couronne du nord ou celle du sud, était posée par-dessus le *nems.* On pouvait également poser sur le *nems* soit deux hautes plumes rigides, soit un *atef* composé du bonnet de la Haute Egypte flanqué de deux plumes souples et posé sur deux cornes de bélier entre lesquelles brille un disque d'or et qui supportaient en outre des uraeus eux-mêmes coiffés du disque. Il est évident que ces coiffures étaient réservées pour les cérémonies où le roi gardait une immobilité presque complète.

La tenue de cérémonie comportait une barbe postiche imitée de la barbe tressée qu'affectionnaient les habitants de Pount, de la Terre divine, ainsi appelée parce que plusieurs des grands dieux égyptiens en étaient originaires. Cette barbe était réunie par deux supports à la coiffure, quelle qu'elle fût. Le roi se faisait d'ordinaire raser la barbe et la moustache, mais quelquefois il se laissait pousser une barbe courte, taillée en carré.

La pièce essentielle du costume pour Pharaon comme pour les Egyptiens de tout rang est le pagne, mais le pagne royal est plissé. Il est soutenu par une large ceinture qu'orne au milieu une boucle de métal où son cartouche est gravé en beaux hiéroglyphes. Une queue de taureau est attachée par-derrière. Quelquefois un devanteau en forme de trapèze allongé est accroché à la ceinture. Ce devanteau peut être tout entier en métal, ou bien, si le cadre seulement est en métal, l'intérieur est occupé par des enfilages de perles. Des uraeus coiffés du disque sont accrochés à la base ou accompagnent le devanteau à droite et à gauche. Le roi ne dédaigne nullement de marcher pieds nus, mais il dispose d'un riche assortiment de sandales de métal, de cuir, de vannerie[12].

Les bijoux et les objets de parure complètent ce que ce vêtement aurait de sommaire. Les colliers du roi sont très variés. Souvent ils consistent en enfilages de piécettes d'or percées d'un trou, de perles ou de boules, qui aboutissent à un fermoir plat posé sur la nuque, d'où s'échappe une sorte de toison d'or d'un grand effet formée par des chaînes et des fleurettes. Ces colliers sont de création relativement récente. Le collier classique comprenait plusieurs rangs de perles soutenues entre deux fermoirs à tête de faucon qui s'attachaient sur la nuque au moyen de deux cordons. Les perles du dernier rang avaient la forme de larmes. Les autres étaient rondes ou en forme d'olive. Ces colliers pèsent parfois plusieurs kilogrammes. Comme si cela n'était pas suffisant, le roi suspend à son cou, par une double chaîne, un pectoral en forme de façade de temple et s'accroche au moins trois paires de bracelets, une près de l'épaule, une autre aux poignets, une autre aux chevilles[13]. Il peut lui arriver de mettre par-dessus tout cela une robe longue, légère et transparente, à manches courtes, pourvue d'une ceinture pareille qui se noue par-devant.

III. — LE ROI AU TRAVAIL.

Diodore, qui se flatte d'avoir soigneusement examiné les faits consignés dans les Annales des prêtres égyptiens, assure que toute la vie publique et privée des rois était sévèrement réglée. Eveillé dès le matin, il lisait son courrier. Après s'être baigné et revêtu des insignes de la royauté, il offrait un sacrifice, écoutait les prières et les exhortations du grand prêtre, des histoires édifiantes, qu'après cela l'emploi du temps se partageait entre les audiences et les jugements, la promenade et les plaisirs. Il devait garder la sobriété, agir en tout conformément aux lois. Comme c'étaient là des coutumes établies, il ne s'en fâchait point et s'estimait content de son sort[14]. La conduite de Pharaon ne fut sans doute pas toujours aussi édifiante qu'il plaît à Diodore de le croire, pourtant l'emploi du temps qu'il nous donne doit correspondre à la vérité et les faits que nous connaissons s'y rangent aisément.

Beaucoup de rois ont certainement fait leur métier consciencieusement. On leur lisait les dépêches. Ils se tenaient au courant de tous les événements. Ils dictaient les réponses et, s'il y avait lieu, convoquaient leur conseil. La formule « On vint dire à Sa Majesté... » se rencontre au début d'un grand nombre de stèles officielles. Le plus souvent, ce qu'on est venu dire à Sa Majesté concerne les entreprises de ses ennemis. Le roi Psametik, deuxième du nom, se trouvait à Tanis en train de faire ce qui plaisait aux dieux de la contrée, quand on vint l'informer que le nègre Kouar avait pris les armes contre l'Egypte[15]. La guerre et la paix dépendent donc de lui, mais les questions techniques ne le laissent pas indifférent. Nous avons vu Setoui préoccupé de fournir de l'eau aux chercheurs d'or qui exploitaient la région à l'est d'Edfou. Cette question le préoccupait si fort qu'il y alla en personne pour se rendre compte des souffrances des hommes qui travaillaient, privés d'eau, sous un soleil brûlant[16]. Ramsès IV voulant élever des monuments à ses pères, les dieux et les déesses de l'Egypte, commença par se documenter au moyen des livres de la Maison de vie sur les voies d'accès à la montagne de *bekhen*, puis il parcourut lui-même la montagne sacrée[17]. La grandeur de Ramsès II l'attachant au rivage, il se borna à étudier dans son palais d'Hatkaptah les moyens de trouver de l'eau dans l'épouvantable désert d'Ykayta. S'étant assis sur son trône d'or, coiffé du diadème et des deux plumes, il dit au scelleur royal qui était à son côté : « Appelle les grands qui sont devant [la salle, pour que] Ma Majesté prenne leur avis au sujet de ce pays. Je vais mettre le problème en face. » On les tira immédiatement en face du dieu bon, comme des coupables, car personne, pas même les conseillers, ne devait contempler sans terreur la face auguste du Pharaon. Ils baisèrent la terre et on les mit au courant. Ils auraient manqué à la plus élémentaire des politesses s'ils avaient répondu directement et cherché à faire valoir leur science. La gloire de l'opération que l'on va tenter est tout entière pour le roi. Ils répondent donc comme les courtisans que Ramsès avait réunis quelques mois plus tôt pour leur annoncer son intention d'achever le temple d'Abydos, par un éloge éperdu de ce roi sans pareil, dont les projets conçus pendant la nuit sont réalisés dès qu'il fait clair et ils concluent, après avoir rappelé l'échec des tentatives antérieures et récentes : « Si tu dis toi-même à ton père Hâpi, père des dieux, de faire monter l'eau sur la montagne, il fera tout ce que tu dis, selon les plans qui s'élaborent devant nous, car tous tes pères les dieux t'aiment plus que n'importe quel roi qui est venu depuis Râ. » L'audience est finie. Les techniciens n'ont plus qu'à se mettre à l'ouvrage. Ils tiendront le roi au courant. Une stèle de granit éternisera la réussite de l'entreprise[18].

La nomination des hauts fonctionnaires et des grands dignitaires était évidemment du ressort du roi. Le choix du grand prêtre d'Amon était de la plus haute importance. Les Ramsès n'avaient pas oublié le conflit qui avait mis aux prises la monarchie et le clergé du plus opulent et du plus ambitieux de tous les dieux. Ramsès II s'était même attribué, tout au début de son règne, le titre de grand prêtre. S'étant résolu au bout de très peu de temps à nommer un grand prêtre, il choisit, en dehors du clergé d'Amon, un personnage qui d'ailleurs n'était pas le premier venu, puisqu'il était grand prêtre d'Anhour dans le nome Thinite. Le roi l'avait sans doute distingué quand il avait visité les constructions entreprises par son père dans cette contrée si sainte. Avant de se décider, il avait procédé à une sorte de consultation, dont le mécanisme nous échappe un peu, auprès du dieu lui-même. Il lui avait nommé le personnel de la cour, les chefs des soldats, les prophètes des dieux, les dignitaires de sa maison alors qu'ils se tenaient devant sa face. Amon ne fut satisfait d'aucun d'eux et ne marqua d'approbation que lorsqu'on prononça le nom de Nebounnef : « Sois-lui bienfaisant, dit le roi en terminant, car il te réclame. » A ces mots les courtisans et le groupe des Trente louèrent ensemble la bonté de Sa Majesté, se prosternant de nombreuses fois devant ce dieu bon et exaltant ses âmes jusqu'à la hauteur du ciel. Quand ce concert de louanges eut pris fin, le roi remit au nouveau pontife ses deux anneaux d'or et sa canne de vermeil. Toute l'Egypte fut informée que le domaine d'Amon lui était remis corps et bien [19].

IV. — LE DROIT DE GRACE.

Les Mémoires de Sinouhit nous apportent le seul exemple connu d'un coupable gracié par Pharaon. Mais le narrateur nous a longuement expliqué comment les choses se passèrent. Le roi ne s'est pas contenté de lever la peine de Sinouhit et de l'autoriser à rentrer. Il a voulu le voir. L'aventurier est arrivé au poste des chemins d'Horus, sur la frontière. Il a quitté ses amis les Bédouins après leur avoir distribué les cadeaux envoyés par la cour et il s'est confié aux soldats qui l'emmèneront sur un bateau jusqu'à la résidence d'Itytaoui. Le palais est prévenu. Les enfants royaux étaient massés dans le corps de garde. Les courtisans, chargés d'introduire les visiteurs dans la salle à colonnes, l'ont mis dans la bonne direction et voici le sujet devant son souverain, assis sur son grand trône dans la salle de vermeil. Sinouhit s'allonge sur le sol. L'énormité de sa faute lui emplit l'esprit. « J'étais comme un homme qui est pris dans les ténèbres. Mon âme s'en allait. Mes membres tressaillaient. Mon cœur n'était plus dans ma poitrine. Je connus la vie d'avec la mort. »

On fait lever Sinouhit. Le roi, qui l'avait interpellé rudement, se radoucit et l'engage à parler. Sinouhit n'abusera pas de la permission et terminera son petit discours en disant : « Me voici devant toi. Tu es la vie, que Ta Majesté fasse d'après son plaisir. »

Le roi fait entrer les enfants royaux. Pendant qu'ils se préparent il ne peut s'empêcher de faire remarquer à la reine que Sinouhit a bien changé. A force de vivre chez les Asiatiques, il leur est devenu semblable. La reine pousse un cri d'étonnement et les enfants royaux approuvent avec ensemble la remarque du roi : « Ce n'est pas lui, en vérité, Souverain, mon seigneur. » Là-dessus ils apportent les crotales et les deux sortes de sistres qui servent à marquer le rythme et les présentent au roi : « Que tes deux mains soient sur ces belles choses, ô roi, pose les ornements d'Hathor. Que la Dorée donne la vie à ton nez, que la Dame des étoiles soit unie à toi ! » Après avoir débité un assez long compliment, ils demandent le pardon de Sinouhit, qui a agi sans discernement. La déesse, à qui appartiennent les sistres et les crotales, qu'on appelle aussi la Dorée, la Dame des étoiles, est une déesse de la joie, des danses et des banquets. Elle intervient ici pour préparer la mesure gracieuse que va prendre le roi en faveur de l'égaré. Cette intervention était sans doute de règle en pareil cas. Enfin, Sinouhit sort du palais non seulement gracié, mais enrichi, possesseur d'une maison et nourri dorénavant des choses exquises que donne le roi[20].

V. — Récompenses royales.

Un courtisan a défini Pharaon « celui qui multiplie les biens, qui sait donner. Il est le dieu, roi des dieux. Il connaît qui le connaît. Il récompense qui le sert. Il protège ses partisans. C'est Râ dont le corps visible est le disque et qui vit pour l'éternité[21]. » Au cours des guerres de libération, et pendant la conquête de la Syrie, Pharaon dut attribuer l'or de la vaillance à plus d'un brave. L'habitude était prise. Bientôt les civils eurent leur tour.

Il peut arriver qu'une récompense soit attribuée à un homme isolément, mais plus généralement on attend pour les convoquer au palais d'avoir plusieurs personnages à récompenser. Ils ont revêtu leurs plus beaux habits. Quand ils sortent de leur maison pour monter en char, les serviteurs, les voisins font la haie près de la porte pour les acclamer. Devant le palais les chars sont rassemblés dans un parc. Les écuyers causent entre eux ou avec les gardes. Chacun vante son maître et les faveurs qui vont le combler. « Pour qui fait-on cette réjouissance, mon petit ? — On fait cette réjouissance pour Aÿ, le père divin, et pour Taïa. Les voilà devenus des gens en or. » Quelqu'un, qui n'a pas entendu, questionne à son tour : « Qui est-ce que l'on fête ? — Tiens, voici un beau discours ! Ce que fait Pharaon, Vie, Santé, Force est en faveur d'Aÿ, le père divin, et de Taïa. Pharaon V.S.F. leur donne à emporter des millions de choses ? Regarde vers la fenêtre. Nous verrons ce que l'on fait pour Aÿ, le père divin [22]. » Quand tout le monde est là, le roi s'installe au balcon d'apparition que prolonge une salle à colonnes.

Du dehors on aperçoit l'enfilade des appartements royaux meublés de fauteuils et de coffrets somptueux. Les cadeaux sont étalés sur des tables qu'on poussera près du roi. Ils seront renouvelés autant qu'il faudra. Dans le reste du palais les serviteurs continuent d'aller et de venir comme à l'ordinaire. Des gens causent paisiblement. Des femmes chantent, dansent, jouent de la harpe. Dans la cour les porte-ombrelle, les porte-évantail, des officiers rangent les futurs décorés et les introduisent, chacun à son tour, au pied du balcon. L'impétrant salue le roi, mais seulement avec les bras; sans se prosterner, il prononce l'éloge du roi. Le roi répond par l'éloge de son serviteur. Il vante sa fidélité, son adresse, son dévouement. Parfois, il lui donne de l'avancement : « Tu es mon grand serviteur, qui as écouté les instructions concernant toutes les missions que tu as faites et dont je suis satisfait. Je te donne cette fonction en disant : « Tu mangeras le pain de Pharaon V.S.F. ton maître, dans le temple d'Aton. » Puis il lui lance des coupes et des colliers d'or. Les officiers attrapent au vol ces objets précieux. Tout de suite on accroche au cou du décoré les colliers, parfois trois ou quatre. Le décoré alourdi, pénétré de joie et de reconnaissance, gagne la sortie, suivie des officiers qui portent les objets qui n'ont pu être accrochés. Des subalternes se chargent des aliments. Les scribes enregistrent le tout. Hors du palais, le décoré retrouve ses amis, ses serviteurs ou subordonnés qui témoignent de leur joie. Il remonte sur son char et rentre à la maison escorté d'un bruyant cortège qui grossit à chaque pas. Il est accueilli par sa femme, qui lève les bras au ciel devant tant de richesses. D'autres femmes jouent du tambourin en chantant et en dansant. Les parents et les amis entrent aussi et les réjouissances se prolongeront longtemps dans la maison[23].

Les cérémonies de récompense n'étaient pas le privilège des hommes. Aÿ, le père divin, que nous avons vu récompensé par Akhenaton, est devenu Pharaon. C'est lui maintenant qui distribue les récompenses. Ayant déjà décoré Neferhotep, scribe et directeur des troupeaux d'Amon, il a décidé d'accorder une distinction à sa femme Meryt-Rê. La scène a lieu dans une maison de campagne du roi, un cube de maçonnerie percé sur les côtés de petites fenêtres carrées, sur la façade d'une grande fenêtre précédée d'un balcon à colonnes. Le jardin qui entoure cette simple demeure est planté de ceps de vigne rangés le long de l'allée, dont les pampres s'accrochent à des colonnettes de même style que celles de l'habitation. Des vases, des corbeilles, des piles d'assiettes sont entreposés au pied du mur. Meryt-Rê, très belle dans sa robe transparente, un cône parfumé sur ses cheveux, s'approche de la façade et reçoit dans ses deux mains le collier que le roi lui jette par la fenêtre. A cette cérémonie tout intime n'assistaient que peu de témoins. Une femme applaudit. Une autre baise la terre. Des bouquets sont apportés. Une musicienne engagée pour la circonstance boit sans cesser d'agiter son sistre. Deux enfants ont réussi à se glisser dans le jardin et regardent en curieux. Ils ont attiré l'attention d'un ghafir qui les menace de son bâton. L'audience finie, Meryt-Rê rentre chez elle à pied, donnant le bras à un homme qu'on ne nous fait pas connaître, son mari peut-être, ou quelque officier que le roi a chargé de la raccompagner. Sa démarche est noble. Les colliers du roi sont toujours suspendus à son cou. Un cortège se forme derrière le couple, où nous retrouvons la joueuse de sistre qu'ont rejointe deux fillettes nues. Des serviteurs se sont partagé les jarres, les ballots et les corbeilles qui permettront de célébrer par un bon repas un aussi grand jour. Les cadeaux les plus précieux sont enfermés dans un coffre[24].

Ces audiences de récompense ont quelquefois lieu en plein air soit parce que le personnage récompensé est trop important pour que Pharaon se contente de lui lancer quelques colliers du haut d'un balcon, soit tout simplement parce que le public est trop nombreux. Au milieu d'une vaste cour on édifie avec des matériaux légers un baldaquin dont les habiles ébénistes feront une merveille de goût et de luxe. Sur un socle décoré de bas-reliefs qui représentent des Syriens, des Libyens ou des nègres agenouillés et tendant des mains suppliantes, ou piétinés par le roi métamorphosé en griffon, s'élèvent quatre colonnes papyriformes sculptées et incrustées du haut en bas, qui supportent une corniche à plusieurs étages sur laquelle repose un toit bombé. Pharaon monte l'escalier protégé par des sphinx à tête de faucon, et s'assied sur un fauteuil d'une magnificence inouïe. Le personnage qu'il attend est Horemheb, qui sera roi lui-même et qui, pourvu déjà d'un important commandement militaire, avait secouru des Bédouins persécutés par d'autres nomades. Il avait capturé toute la tribu des agresseurs et atteint la résidence avec ses prisonniers et avec ceux qu'il avait délivrés et qui venaient humblement demander la faveur de passer en territoire égyptien avec leurs troupeaux, ainsi que cela se faisait depuis toujours. Les uns et les autres assisteront à la glorification d'Horemheb. Le général, en grande tenue, lève les bras en témoignage d'exaltation pendant que des officiers accrochent à son cou collier sur collier et que d'autres officiers, marchant courbés, en apportent de nouveaux sur des plateaux. Les subordonnés d'Horemheb montrent la longue file des prisonniers. Les hommes opulents en barbe et en cheveux, les traits accusés, grimacent de douleur. Leurs mains sont prises dans un garrot. Les femmes ont été laissées libres. Elles marchent avec dignité. Un soldat tient par la main une mère de famille, vêtue d'une robe à volants, qui porte un enfant sur l'épaule, un plus petit dans une besace. Une autre femme semble vouloir engager la conversation avec le soldat qui la précède. Plus intéressants encore que ces captifs, qui iront mouler la brique ou extraire la pierre, sont les chevaux qu'un officier égyptien tient maintenant en laisse.

Maintenant qu'Horemheb a été récompensé, c'est lui-même qui plaide la cause des nomades qui, sans son intervention, allaient être dépouillés de leurs troupeaux et de tous leurs biens. Toujours paré de ses colliers, tenant droit l'éventail à manche, il harangue Pharaon, exalte sa puissance et explique l'affaire. Puis il se retourne vers l'interprète et celui-ci va expliquer aux nomades que Pharaon veut bien autoriser leur séjour. Ce sont des Libyens qu'on reconnaît à la plume plantée sur leur crâne, aux cheveux coupés assez court sur le front, à la grande boucle qui couvre tout un côté de la figure, mêlés à des Syriens vêtus d'une robe à manches longues et d'une large écharpe. Ils témoignent leur reconnaissance par une mimique expressive, levant les bras au ciel, les tendant vers Pharaon, s'étendant à plat ventre. Saisis d'un véritable délire, ils se roulent dans la poussière[25].

Horemheb avait mérité sa récompense. On n'en saurait dire autant du grand prêtre d'Amon Amenhotep, que Ramsès IX reçut comme un égal, pour achever de se dépouiller entre ses mains. La réception eut lieu dans un kiosque d'apparat où le roi et le grand prêtre se tenaient debout, face à face, séparés seulement par les étagères chargées de cadeaux. Le grand prêtre est tête nue, tandis que le roi coiffé du casque bleu pose les pieds sur une natte, mais l'artiste qui a représenté la scène à Karnak leur donne une taille égale. Les cadeaux étaient d'importance : dix *deben* d'or, vingt d'argent, des provisions pour un festin, vingt aroures de terres cultivées. Les concessions arrachées au roi valaient bien davantage, car Amenhotep se faisait délivrer des pouvoirs extraordinaires qui soustrayaient le domaine d'Amon, si riche, à tout contrôle. Cela devenait un Etat dans l'Etat. Par un long et patient effort, les grands prêtres d'Amon, si malmenés par Akhenaton, tenus en suspicion par Ramsès II, avaient retrouvé l'influence qu'ils avaient su acquérir au temps de la reine Hatchepsouit et des Thoutmosé[26].

VI. — Réception des ambassadeurs étrangers.

La réception des ambassadeurs étrangers était, plus encore que la distribution des récompenses, une cérémonie qui permettait d'étaler un grand faste et qui flattait l'orgueil du Pharaon, surtout quand l'on admettait en une seule audience les délégués venus des quatre coins de l'horizon. Les Ramsès reçoivent toujours des Nubiens, des nègres, des gens de Pount, des Libyens, des Syriens et des gens venus du Naharina. Ils ne voient plus venir de la Crête des hommes au pagne bariolé, à longs cheveux bouclés, qui portaient des rhytons, des vases en cornet, des gobelets à anse, des cratères à fleurs et sollicitaient d'être dans l'eau du roi. Ces ambassades avaient cessé, mais la renommée du roi a touché du côté de l'Orient des pays dont les Thoutmosé et les Amenhotep n'avaient jamais entendu parler, la Médie, la Perse, la Bactriane, les rivages de l'Indus. Pour ces cérémonies, un kiosque était dressé pour le roi, au milieu d'une place. La garde, les porte-parasol, les scribes entourent le kiosque. Les délégués se rangent sur les quatre côtés, derrière les objets précieux qu'ils ont apportés. Les scribes les enregistrent, puis ils les font porter au magasin du temple voisin[27]. En échange, le roi leur accorde le souffle de vie, et parfois des dons plus substantiels que ceux qu'on lui avait présentés. Pharaon se plaît en effet à se considérer comme une montagne d'or pour tout pays. Il ne pouvait s'abstenir de subventionner les princes besogneux qui souhaitaient de s'allier avec lui par un mariage ou autrement, mais parfaitement capables, à l'occasion, de jeter un coup d'œil du côté de ses rivaux.

VII: — Plaisirs royaux : les sports.

La grande occupation d'un roi c'est la guerre. Dès leur enfance, les princes s'y préparaient. Sesoosis, autrement dit Ramsès II, avait été habitué par son père, ainsi que tous ses camarades, à des exercices continuels et aux fatigues du corps. Il n'était permis à aucun d'eux de prendre de la nourriture avant d'avoir fait cent quatre-vingts stades à la course. Aussi, parvenus à l'âge viril, étaient-ils tous des athlètes [28]. Le poème de Qadech et bien d'autres textes vantent la force physique du roi, son endurance, son adresse, sa bravoure, mais si nous voulons des détails sur l'éducation sportive des jeunes princes nous les trouverons dans une stèle de Thoutmosé III [29], le vaillant guerrier et surtout dans une stèle de son fils et successeur Amenhotep II [30] qui fut, d'après les médecins qui ont examiné sa momie, un homme d'une vigueur exceptionnelle et dont ses contemporains disaient : « C'est un roi au bras si pesant qu'on ne peut bander son arc, ni parmi ses soldats, ni parmi les cheiks des pays étrangers, ni parmi les grands de Retenou [31]. » Voici donc comment un prince que sa naissance désignait pour occuper le trône d'Horus, employait son temps. « Il atteignait dix-huit ans avec la plénitude de sa force. Il avait appris à connaître tous les travaux de Montou. Il n'avait pas son égal sur les champs de bataille. Il avait appris l'équitation. Il n'avait pas son pareil dans cette nombreuse armée. Il n'y avait pas un seul homme qui pût bander son arc. Il ne pouvait être atteint à la course. » En un mot, un athlète complet. Il avait poussé son entraînement dans trois directions, à la fois rameur, archer et cavalier.

« Il était dur de bras et infatigable aussi longtemps qu'il tenait la rame et qu'il gouvernait à la poupe de son bateau royal, comme chef d'un équipage de deux cents hommes. A l'arrêt, quand ces hommes avaient fait la moitié d'un *atour* de navigation, ils n'en pouvaient plus; leurs membres étaient flasques, étouffés. Par contre, Sa Majesté tenait le coup avec sa rame de vingt coudées. A l'arrêt, lorsqu'Elle amarrait son bateau royal, Elle avait fait trois *atours* de gouvernail sans avoir pris de repos dans l'appareillage. Les gens étaient réjouis de La voir faisant cela. »

Il ne faut pas oublier, d'ailleurs, que la fonction de pilote était devenue moins dure depuis que le gouvernail était soutenu près de l'extrémité par un mât et par une mortaise pratiquée à l'arrière dans l'axe, ou sur les côtés, quand il y avait deux gouvernails. Sous l'Ancien Empire, les pilotes tenaient à deux mains, sans aucun secours, les rames qui servaient de gouvernail et il fallait déployer, pour lutter contre le courant ou changer de direction, un effort prodigieux. Il n'y a vraiment aucune raison de penser que le prince était revenu à l'ancien système. Mais la manœuvre du gouvernail, même après les perfectionnements indiqués, exigeait sans doute beaucoup de force et d'endurance.

Un bon archer doit s'y connaître en arcs : « Il banda trois cents arcs durs pour comparer le travail de leurs fabricants, afin de distinguer un ouvrier ignorant d'un connaisseur. » Ayant donc fait choix d'un arc irréprochable, tel que pas un homme, à part lui-même, n'aurait pu le bander, voici ce qu'il fit :

« Il entra sur son stand septentrional et trouva qu'on lui avait dressé quatre cibles en cuivre d'Asie d'une palme d'épaisseur. Vingt coudées séparaient un poteau du suivant.

« Quand Sa Majesté apparut sur un attelage comme Montou dans sa puissance, Elle saisit son arc, empoigna quatre flèches à la fois et s'avança en tirant sur les cibles, comme Montou, avec son équipement. Ses traits sortaient de l'autre côté. Il attaquait une autre.

« C'est là un coup qu'il n'est arrivé à personne de faire ni qu'on n'a jamais entendu raconter, de tirer une flèche contre une cible de cuivre et qu'elle sortît et tombât à terre, excepté [par] le roi fort et puissant que Amon a fait victorieux. »

En fait, le prince Akheperourê ne faisait que renouveler un exploit de son père Menkheperrê, qui, lui aussi, transperçait avec ses flèches une plaque de cuivre. Cela n'en était pas moins une jolie prouesse. Si, comme Ulysse, Akheperourê avait dû rentrer chez lui sous l'aspect d'un mendiant, il aurait pu, de son bras invincible, avec son arc incomparable, châtier ceux qui pillaient son palais et convoitaient ses femmes.

Un guerrier accompli aimait ses chevaux, et même tous les chevaux, plus que lui-même. Le prince Nemarot avait beau ne régner que sur une

partie de la Moyenne Egypte, il avait une écurie
dans sa capitale de Chmounou. Pendant le siège,
tout le monde avait souffert, les chevaux et les
hommes. Piankhi, entrant dans la ville en vainqueur, visita l'écurie. Il vit les greniers sans fourrage, les chevaux affamés. Il eut pitié et aussi
colère en constatant que l'aveuglement de son
adversaire avait mis d'aussi belles bêtes en pareil
état : « Aussi vrai que je vis et que j'aime Râ et
que mon nez fleurit en vie, d'avoir affamé les chevaux, c'est dur à mon cœur plus que tout le mal
que tu as fait par ta méchanceté. Ne sais-tu pas
que l'ombre du dieu est sur moi ? Je n'ai pas fauté
contre lui. Je suis né du ventre divin. Dieu m'a
fait exister dès l'œuf. La semence divine est en
moi. J'atteste son *Ka* que je n'agis pas à son insu.
C'est lui qui m'ordonne d'agir[32]. » Ramsès III ne
se reposait pas sur ses officiers de vérifier si ses
chevaux étaient bien tenus et en état de faire campagne. En grand costume, sa canne d'une main,
une cravache de l'autre, encadré par ses porte-
parasol et des porte-éventail, suivi de ses officiers
d'ordonnance, il arrive à la grande écurie du
palais. La sonnerie du roi retentit. Les gardes
d'écurie bondissent à leur poste. Chacun ramasse
les rênes d'un couple de chevaux. Le roi les
inspecte l'un après l'autre[33].

Le prince Amenhotep, dans son âge le plus tendre, et bien avant qu'il fût en état d'entreprendre
les travaux de Montou, dominait les besoins de
son corps. Il aimait les chevaux et s'en glorifiait.
Parce qu'il les aimait, il connaissait toutes les
manières de les dresser. Les succès qu'il obtenait
parvinrent aux oreilles de son père. Le terrible
Menkheperrê se sentit heureux et fier de ce que
l'on disait de son fils aîné. Il dit à ceux de son

entourage : « Qu'on lui donne le plus bel attelage de l'écurie de Ma Majesté qui se trouve dans [le nome] du Mur [blanc] et dites-lui : « Occupe-t'en, dresse-les, entraîne-les, fortifie-les. On t'adjure ! » Ainsi encouragé et aidé par Rechef et Astarté, ces dieux du pays d'où venaient les chevaux, le jeune prince se mit à l'ouvrage. » Il en fit des chevaux sans pareils, infatigables, aussi longtemps qu'il tenait les rênes. Ils n'entraient pas en transpiration pendant une longue course.

C'est dans la région à l'ouest de Memphis, au voisinage des grandes pyramides qu'avaient lieu la plupart de ces randonnées. Lorsque l'uraeus eut brillé à son front, Amenhotep ordonna d'y faire un reposoir où l'on dressa la grande stèle de pierre blanche qui nous a conservé le souvenir de ses prouesses. Le fils d'Amenhotep, Thoutmosé, eut à cœur de les renouveler. Il aimait tirer à la cible près du grand sphinx, puis il allait chasser les bêtes du désert. Un jour, il s'endormit entre les pattes du monstre qui lui apparut, lui ordonna d'ôter le sable qui l'étouffait et de mériter ainsi de s'asseoir sur le trône de Geb. Le prince ne pouvait manquer d'obéir et ne pouvait manquer de raconter à la postérité un songe aussi merveilleux[34]. Sans la piété de ces jeunes gens, nous ne connaîtrions pas comment ils se sont préparés à leur fonction royale.

VIII. — Les chasses royales.

Tirer sur une cible de cuivre, chasser les antilopes dans le désert voisin des pyramides sous la protection d'Harakhté, c'étaient divertissements de prince. Des sports plus excitants attendaient

Pharaon, qui n'avait qu'à le vouloir pour se mesurer au-delà de l'Euphrate et au sud de la cataracte avec des bêtes féroces qu'on n'avait plus aucune chance de rencontrer dans les deux déserts qui bordent le Nil égyptien.

C'est ainsi que dans la vallée de l'Euphrate, à un endroit appelé Niy, où le fleuve coule entre deux rochers, le roi Menkheperrê et son escorte se heurtèrent à un troupeau de cent vingt éléphants. Le combat commença dans l'eau. « Jamais roi n'avait fait chose pareille depuis le temps du dieu. » Le plus grand de ces éléphants fut placé, sans doute par la volonté du dieu, en face de Sa Majesté qui se trouva en grand danger. Heureusement, son vieux compagnon d'armes Amonemhed était là. Il coupa la trompe du monstre. Son maître lui donna l'or de la louange. Pourtant il passa sous silence le dévouement d'Amonemheb dans le récit officiel qu'il fit graver sur la stèle de Napata, bien qu'il eût déclaré : « J'ai dit ces choses sans forfaiture. Il n'y a point ici de mensonge. » Nous n'aurions pas connu la vérité si Amonemheb n'avait composé à son tour un récit, trop bref encore, de cette chasse mémorable[35]. Mais si un soldat d'un grade plus modeste que Amonemheb a pris part à l'événement, qui nous le dira ?

Les textes connus omettent de nous dire si Setoui et Ramsès ont chassé l'éléphant sur l'Euphrate et le rhinocéros entre la troisième et la quatrième cataracte, mais les bas-reliefs de Médinet-Habou représentent Ramsès III chassant le lion, le taureau sauvage, l'antilope[36]. Le roi est équipé comme s'il partait en guerre. Il est monté sur son char. Sous le ventre des chevaux, un lion blessé, renversé sur le dos, essaie avec ses griffes d'arracher la flèche enfoncée dans sa poitrine. Un autre lion, atteint de deux flèches et d'un javelot, va en rugissant se cacher dans les roseaux. Un troisième lion bondit d'un fourré situé en arrière du char, mais déjà le roi s'est retourné, le javelot en main et ce nouvel agresseur n'évitera pas le coup mortel.

Chassant près d'un marécage bordé de roseaux et de hautes herbes, la troupe royale poursuit un troupeau de taureaux sauvages. Les soldats armés comme pour la bataille avec des arcs, des piques, des glaives et des boucliers, sont rangés en ligne. Les animaux affolés, contraints de fuir en ligne droite, sont rattrapés par le char du roi armé lui-même comme pour la guerre de l'arc triangulaire et d'une pique. Un taureau lardé de flèches est tombé sur le dos dans un fourré et bat l'air avec ses pieds. Un autre a roulé sous les pieds des chevaux. Un troisième, d'un bond désespéré qui lui raidit la queue et projette sa langue hors de la bouche, a voulu sauter dans l'eau, mais il retombe épuisé sur les genoux.

La chasse aux antilopes, en comparaison de ces poursuites passionnantes, semble un amusement. Le roi, seul sur son char, s'engage sans escorte dans le désert. Il ne cherche pas, comme les bourgeois de Thèbes ou les chasseurs professionnels, à attirer des gazelles dans un espace clos, mais, s'il aperçoit au loin un troupeau d'ânes sauvages ou d'antilopes, il force l'allure jusqu'à ce qu'il les rejoigne.

IX. — Le roi dans l'intimité.

Quand il revenait d'un long voyage ou quand il rentrait d'une randonnée à travers le désert, le roi trouvait bien de l'agrément dans ses palais de Pi-Ramsès[37], de Memphis ou de Thèbes. Akhenaton se plaisait tellement dans son palais tout neuf d'Akhetaton qu'il ne le quittait presque jamais. Père tendre, mari fidèle, fils affectueux, il ne se plaisait que dans la compagnie de la reine et des princesses. Elles l'accompagnaient dans ses promenades. Elles entraient au temple avec lui. Elles assistaient aux distributions de récompenses. Elles aidaient le roi à recevoir les délégués étrangers. Elles lui préparaient des breuvages et des friandises. La reine prenait la théière et la passoire pour lui servir elle-même une infusion chaude. Quand la reine mère rendait visite à ses enfants, c'était le bonheur complet. Le déjeuner de midi et le dîner se prenaient aussi en famille[38]. Mais il n'est pas certain que ces manières aient été celles de tous les Pharaons. Akhenaton réagit contre beaucoup d'usages et d'idées de l'époque précédente qui refleurirent après lui. Au début de la XVIIIe dynastie, le roi vivait beaucoup moins en famille. Le roi Ahmosé, étant venu se reposer dans son divan, y retrouve la très louée, la très gracieuse fille royale, sœur royale, divine épouse, grande épouse royale Ahmosé-Nefertari. Sur quoi va rouler l'entretien ? Sur le bien qu'ils pourraient faire à ceux qui sont là-bas, aux trépassés qui réclament de l'eau et des tables d'offrandes garnies à toutes les fêtes du ciel et de la terre. Légèrement étonnée, la reine, qui peut-être attendait quelque chose de plus galant, demande :

« Pourquoi a-t-on ces pensées ? A quel propos tient-on ce discours ? Qu'est-ce qui est entré dans ton cœur ? » Le roi lui-même répondit auprès d'elle : « C'est que je me suis souvenu de la mère de ma mère, de la mère de mon père, la grande épouse royale, la mère royale, Teti-Cheri, juste de voix, dont la syringe et le monument sont présentement dans la poussière de Thèbes et de Tini. J'ai dit cela auprès de toi, parce que Ma Majesté souhaitait de lui faire une pyramide et un château à To-djousir, au voisinage du monument de Ma Majesté, que soit creusé son bassin, plantés ses arbres, établis ses pains, qu'ils soient fondés en hommes, dotés en terrains, gratifiés en troupeaux, en prêtres de double, en chargés de cérémonie à leur affaire et de tout homme connaissant sa fonction [39]. » On admirera la piété du roi, la dignité de son langage, les égards qu'il témoigne à sa femme, mais l'on ne peut s'empêcher de penser que la reine eût peut-être aimé parler d'autre chose. Ramsès II était moins austère. Les nombreux textes qui parlent de Pi-Ramsès, la résidence qu'il a fondée sur les ruines d'Avaris, dans le delta oriental, en vantent le charme et la gaieté. On mangeait bien. On buvait mieux. Le vin avait le goût du miel. On était couronné de fleurs. On acclamait le roi tous les jours. Bref, un paradis [40]. A Akhetaton aussi la vie s'écoulait parmi les fêtes, mais il y a au moins une différence. Le roi hérétique pratiquait les vertus familiales, telles que nous les entendons. Les Ramsès ont aimé le changement. Sous Ramsès II, cinq femmes, à notre connaissance, ont porté le titre de grande épouse royale. Ce nombre n'est pas extraordinaire pour un roi qui a régné soixante-sept ans, mais ses cent soixante-deux enfants prouvent qu'il ne s'en est certainement pas tenu aux épouses officielles. Comment tout ce monde parvenait-il à s'accorder, c'est ce que la pénurie de nos documents ne permet pas d'imaginer. Notons seulement un exemple de galanterie donné par le grand roi. Il avait conclu la paix avec son adversaire Khattousil, le roi des Hittites. Néanmoins les hostilités ne cessaient pas. Toutes les fois qu'une troupe égyptienne rencontrait une troupe hittite il y avait bataille. Khattousil prit un grand parti. Se dépouillant de tous ses biens et mettant à leur tête sa fille bien-aimée, il les envoya à Ramsès. Le cortège partit dans la mauvaise saison, mais le dieu Soutekh, qui n'avait rien à refuser à Ramsès, son lointain descendant, fit sur sa demande un miracle. Des jours d'été survinrent. Un soleil radieux éclaira le long voyage de la princesse depuis sa capitale au centre de l'Asie Mineure jusqu'en Egypte. Ce ne fut pas tout. Ramsès décida d'élever un château fort entre Egypte et Phénicie, qu'il appela Ramsès-grand-de-victoires. Il le plaça sous la protection de quatre divinités, deux asiatiques, Soutekh et Astarté, et deux égyptiennes, Amon et Ouadjit. Il y concentra des approvisionnements, y envoya quatre statues et s'y rendit lui-même pour attendre la princesse et son escorte et la conduire à sa grande résidence de Pi-Ramsès, pendant que le peuple exprimait bruyamment sa joie de voir une si belle princesse et que, pour la première fois, les soldats hittites et égyptiens fraternisaient[41].

Les successeurs de Ramsès II ne tentèrent pas de lui ravir cette gloire. Ramsès III, lui-même, bien qu'il fût jaloux de l'égaler en tout, s'est contenté d'un trio d'épouses et d'une dizaine d'enfants, mais il aimait la société des femmes. Il jouait volontiers aux dames avec de jolies personnes dévêtues, qui lui apportaient des fleurs, des boissons et des friandises.

Les rois aimaient aussi la société de leurs compagnons d'armes et de chasse, ainsi que des gens réputés par leur savoir. Khoufou a convoqué ses fils et chacun à tour de rôle lui raconte une histoire. Le même Khoufou ayant appris qu'il existe de son temps un savant qui est aussi un faiseur de miracles, l'envoie chercher par un de ses fils. Snefrou fait venir à la cour un savant qui connaît le passé et sait lire dans l'avenir. Beaucoup plus tard, Amenhotep III confiait à un sage, qui portait le même nom que lui, ses appréhensions et son désir de voir les dieux.

X. — Intrigues de harem.

Pharaon avait beau passer pour un dieu, pour le fils légitime d'Amon, il ne manquait pas d'impies qui complotaient sa perte, cherchaient le moyen d'abréger son règne et de changer le cours naturel des successions. Vers la fin du règne de Ramsès III, l'une de ses femmes, qui s'appelait Taïa, médita d'assurer la succession du vieux roi à son fils que le papyrus judiciaire de Turin désigne sous le nom, qui n'est pas le sien, de Pentaour[42]. Elle s'entendit avec un majordome, Pabakikamun, dont le nom signifie le serviteur aveugle. Cet homme fit l'agent de liaison entre les femmes du harem dévouées à Taïa et leurs mères et leurs sœurs, qui se chargeaient d'enrôler des gens, de les faire révolter contre leur seigneur[43]. Il crut trouver une recrue précieuse en la personne d'un directeur des troupeaux. Pen-houi-bin, et sur sa demande lui procura un livre du roi Ousirmarê Miamoun, le dieu grand, son maître Vie, Santé, Force[44]. Muni de ce livre, Pen-houi-bin se mit à fabriquer des écrits et des figurines de cire qui devaient avoir le plus merveilleux effet sur Pharaon et ses partisans, soit pour les affaiblir, soit pour leur faire oublier leurs devoirs. En effet, des fonctionnaires, des femmes, entrèrent dans le complot. Un conjuré, chef des archers de Kouch, frère d'une femme du harem qui écrivait trop de lettres, est désigné sur le procès-verbal par le nom de Bin-m-Yat (Le mal est à Thèbes). Un autre officier est appelé Mesed-sou-Rê (Râ le déteste[45]). Sans aucun doute, ces hommes s'appelaient avant le drame « le bien est à Thèbes » et « Râ le chérit », mais ils n'étaient plus dignes de noms aussi favorables. Beaucoup de personnes eurent connaissance du complot, beaucoup trop qui parlèrent trop. Le dieu Râ ne permit pas leur succès. Sans qu'on nous fasse connaître par quel moyen, il sut des méchants arrêter le complot, nous apprenons que les grands coupables et leurs complices sont arrêtés, ainsi que ceux qui avaient connu ces détestables agissements et qui ne les avaient pas révélés. Un tribunal fut constitué, qui comprenait deux trésoriers, un porte-éventail, quatre échansons, un héraut. Aux magistrats de profession, Pharaon avait préféré des hommes de son entourage. Dans un discours préliminaire, dont le début est mal conservé, il les engageait à se montrer impitoyables : « Que tout ce qu'ils ont fait retombe sur leur tête. Quant à moi, qui suis protégé, qui suis sauvegardé pour l'éternité, je suis avec les rois véritables qui sont devant Amonrâsonter et devant Osiris, seigneur de l'éternité[46]. »

Le roi n'avait pas eu la main heureuse en désignant les membres de la commission. Deux d'entre eux et un officier du corps de garde abandonnèrent le témoignage de la perfection quand ils eurent appris que des femmes s'étaient sauvées. Ils allèrent les rejoindre dans un mauvais lieu. Pas pour longtemps. Ils furent retrouvés à leur tour, mais par des gens sérieux. On leur coupa, comme première punition, le nez et les oreilles[47]. C'est ainsi que le roi Horonembeb punissait les magistrats et les préfets qui abusaient de leurs fonctions.

Le scribe emploie pour faire connaître le châtiment définitif de ces grands coupables une expression singulière. « Il les ont mis sur leur place. Ils sont morts eux-mêmes. » Cela pourrait signifier que ces malheureux ont été laissés dans la salle du jugement, en tête-à-tête avec leurs remords. et un couteau bien affilé à portée de leur main. Ils savaient ce qu'il leur restait à faire. Mais une explication plus dramatique a été suggérée à Gaston Maspero par l'examen d'une momie déterrée à Deir el Bahari et connue sous le nom de momie du prince sans nom. C'est celle d'un sujet mâle, de vingt-cinq à trente ans, bien constitué et sans lésion, qui a été enseveli sans avoir subi les opérations ordinaires de l'embaumement. La masse cérébrale n'a pas été extraite. Les organes internes étaient intacts. « Jamais visage ne retraça plus fidèlement le tableau d'une plus poignante et plus épouvantable agonie. Les traits horriblement convulsés indiquent d'une façon presque certaine, que le malheureux a dû succomber à une asphyxie voulue et causée par un ensevelissement de son vivant[48]. On trouvera peut-être cette explication trop romanesque, mais, contre la première, on peut objecter qu'il n'y a pas de preuve qu'on ait jamais laissé aux coupables, en Egypte, le soin de se châtier eux-mêmes, et enfin qu'aucun ménagement n'était de mise pour ceux qui s'étaient attaqués au Pharaon.

XI. — Pensées royales.

Un long règne et quelques mésaventures du genre de celle que nous venons de conter pouvaient inspirer au Pharaon le désir de communiquer à la postérité son expérience des hommes. Plusieurs souverains ont laissé des instructions, le père de Merikaré, Sehotepibrê[49]. Mais l'on n'a recueilli aucune confidence de Setoui, qui est entré dans l'Amentit dans la force de l'âge, ni de Ramsès II, qui n'était nullement fatigué d'avoir joué pendant tant d'années le rôle d'un dieu parmi les hommes. Quant à Ramsès III, le long document qu'il a dicté à la fin de sa vie, nous est parvenu pour ainsi dire intact[50]. Le roi a conscience d'avoir bien travaillé. Il a consacré le meilleur des ressources du pays à agrandir, à embellir les temples des dieux, spécialement celui d'Amon à Opet, celui de Toum à Ioun de Râ, celui de Ptah à Memphis et de leurs parèdres, sans oublier d'ailleurs les seigneurs de moindre importance. Il les a pourvus d'un personnel nombreux et bien stylé, de troupeaux et de propriétés. A chacune de leurs fêtes il a dirigé sur leurs sanctuaires de quoi boire et manger. Ce faisant, il n'a pas négligé les humains. Il a fait régner l'ordre et la paix. Les Libyens qui s'installaient comme chez eux dans toute la bande du Delta comprise entre le Nil d'occident et le Sahara, il les a taillés en pièces et enrôlés dans ses casernes. Les peuples de la mer ont été guéris pour longtemps d'affronter le littoral égyptien. Il a construit des flottes entières, envoyé d'innombrables expéditions dans toutes les directions pour rapporter l'encens, le térébinthe, la turquoise d'or et le cuivre, l'ébène et l'ivoire, les sapins du Liban. L'Egypte est devenue un jardin. Personne n'y trouble la paix.

« J'ai fait vivre la terre entière avec ses habitants, *Rekhyt, Payt* et *Henmyt,* hommes et femmes. J'ai arraché l'homme à sa misère. Je lui ai donné de l'air. Je l'ai protégé contre le fort qui l'opprimait... La terre a été rassasiée, heureuse pendant mon règne. J'ai fait du bien aux dieux comme aux hommes. Je ne me suis rien approprié de ce qui était à tout le monde.

« J'ai fini mon règne sur terre comme souverain des deux terres. Vous étiez mes serviteurs, sous mes deux pieds. Vous étiez précieux à mon cœur comme vos actions. Puissiez-vous lire mes décrets, mes paroles. Voici que je repose dans la nécropole, comme mon père Râ. Je me mêle à la Grande Ennéade des dieux du ciel, sur terre, dans le Douat[51]. »

Confiant dans ses dieux, il reste au roi une inquiétude : son fils que Râ a engendré lui-même, le fils d'Amon sorti de sa chair, couronné maître des deux terres comme Ta-tenen. Sans doute le monde est sous ses sandales. On baise la terre devant lui. Mais les Egyptiens suivront-ils le conseil de celui qui est maintenant confondu dans les dieux qui l'ont créé, demandant qu'on le suive en tout temps, qu'on l'adore, qu'on l'exalte et qu'on augmente sa beauté comme on le fait pour Râ au matin ? Comme s'il devinait que les beaux jours de l'Egypte pharaonique sont finis, le roi multiplie les appels à tous les dieux en faveur de son fils. A Amon, il dit :

« Ecoute mes prières, mon père, mon seigneur. Je suis seul dans l'Ennéade des dieux qui sont à côté de toi. Fais paraître mon fils comme roi dans la demeure de Toum... C'est toi qui l'as proclamé roi lorsqu'il était jeune homme, qui l'as placé comme souverain Vie, Santé, Force des terres, au-dessus des humains. Donne-lui une royauté de millions d'années... Donne la jeunesse à ses membres, des enfants quotidiennement. Tu es le bouclier qui l'environne chaque jour. Mets son glaive et sa massue au-dessus des Asiatiques renversés sous sa crainte comme s'il était Baal. Qu'il élargisse les frontières à son gré. Que les terres et les déserts soient dans la terreur de lui. Donne-lui Tomery avec les acclamations. Ecarte le mal, les catastrophes, les désastres. Fais que la joie demeure dans son cœur, que l'on crie, que l'on chante et danse à sa belle face. Mets l'amour de lui au cœur des dieux et des déesses, la tendresse, la vénération pour lui au cœur des Païyt...

« Ce que tu prédis se réalise ferme et solide. Ce que tu dis est fait merveilleusement solide. Puisses-tu m'attribuer une royauté de deux cents ans, la consolidant pour mon fils qui est sur terre. Augmente sa durée plus que celle de tout roi, en tenant compte du bien que j'ai fait à ta personne. Il fera le roi sur son ordre, car c'est toi qui le couronnes. Il ne se détournera pas de ce que tu fais, maître des dieux. Accorde des Nils grands et forts en ton temps pour alimenter sa royauté avec de nombreuses provisions. Fais venir à son palais sacré les rois qui ignorent l'Egypte, le dos chargé[52]... »

En termes aussi pressants le roi répète sa

prière à Toum, à Ptah, à tous les dieux et à toutes les déesses de la Grande Ennéade. Les dernières lignes du document seront un suprême appel aux dieux comme aux hommes, pour ce fils bien-aimé. Quelque sage, comme l'Egypte en a tant produit, avait-il averti Ramsès III que les fléaux, que son habileté, son courage, sa chance avaient écartés, allaient fondre sur le Tomery ? Khoufou, dans les temps anciens, avait été averti de cette manière que sa dynastie allait finir après trois générations. La dynastie de Ramsès n'avait plus devant elle que soixante-dix ans environ et les dernières années devaient être fort malheureuses, mais, sous d'autres maîtres, l'Egypte allait connaître encore de beaux jours.

CHAPITRE IX

L'ARMÉE ET LA GUERRE

I. — Avantages et inconvénients du métier militaire.

Les scribes jugeaient l'état militaire fort au-dessous du leur, mais leurs disciples, éblouis par de vaines apparences, en venaient quelquefois à préférer le glaive et l'arc, et surtout le char attelé de deux chevaux fringants, au calame et à la palette. A ces jeunes fous il fallait montrer les misères du soldat. Parmi les exercices de style que l'Epoque ramesside nous a laissés, la description de ces misères tient une large place. Le futur officier d'infanterie était pris au berceau. Dès qu'il avait deux coudées de haut, il était enfermé à la caserne. On le soumettait à un entraînement si dur que bientôt sa tête et son corps étaient sillonnés de plaies qui ne guérissaient jamais. S'il se reposait, il était battu comme un parchemin. Lorsque, enfin, il était apte à faire campagne, sa vie devenait un cauchemar : « Viens que je te raconte ses expéditions en Syrie, ses marches à travers les montagnes. Son pain, son eau sont sur ses épaules comme la charge d'un âne. Les vertèbres de son dos sont faussées. Il boit de l'eau saumâtre et dort éveillé. Quand il atteint l'ennemi, il est comme un oiseau pris au piège. Il n'y a plus de forces dans tout son corps. Quand le moment est venu de rentrer en Egypte, il est comme un bois mangé des vers. Il a mal. La paralysie le saisit. On l'amène sur un âne. Ses vêtements sont pris par les voleurs, et son ordonnance se sauve[1]. » Ces fatigues sont épargnées à l'officier de char. Tout d'abord, quand il a reçu deux beaux chevaux qui viennent de l'écurie royale et cinq ordonnances, il ne se tient plus de joie. Il court se montrer dans sa ville. Il provoque les gens qui osent ne pas l'admirer. Mais il a fourni deux de ces cinq ordonnances et maintenant il lui faut acheter un char. Le timon coûte trois *deben* d'argent, la caisse cinq. La petite fortune qu'il avait héritée du père de sa mère y passe tout entière. Il a de nouvelles querelles. Il tombe. Il est blessé. Son attelage est abandonné dans un fossé, juste comme ses chefs viennent passer l'inspection. On le saisit pour la bastonnade. Il est piétiné sur le sol et frappé de cent coups[2].

Ce tableau manque évidemment de sincérité. Il prouve surtout que les lettrés n'aimaient pas les militaires qui, peut-être, le leur rendaient. Les vieux soldats, qui après leurs nombreuses campagnes en Syrie, en Nubie ou en Libye, ont pu rentrer dans leur pays et finir leur existence dans une retraite confortable, comme Ahmosé, le fils d'Abena, ou ont obtenu une sinécure à la cour, comme Ahmosé de Nekhabit, n'ont pas gardé un trop mauvais souvenir de leur service actif : « Le nom d'un vaillant en ses actions, dit le fils d'Abana, ne disparaîtra jamais de cette terre. » Le métier payait. Après chaque action victorieuse, il y avait partage du butin. Le vaillant, dont le nom a été signalé au héraut royal, reçoit des terrains dans sa ville, puis dans les confiscations opérées aux dépens des ennemis du roi, des esclaves des deux sexes. Ahmosé, pour sa part, en reçut dix-neuf et obtint plusieurs fois l'or de la vaillance, sous forme de colliers et de coupes semblables à la coupe de Thouty, sur laquelle on a gravé en hiéroglyphes : « Donné par la faveur du roi Menkheperrê au noble prince, père divin, aimé du dieu, qui remplit le cœur du roi à travers tous les pays étrangers et les îles de la Grande Verte, qui emplit les magasins de lapis, d'argent et d'or, le préposé aux pays étrangers, le préposé aux soldats, le loué du dieu bon, celui dont le maître des deux terres assure la subsistance, le scribe royal Thouty[3]. »

Un autre soldat de carrière, Didou, qui fut tour à tour préposé aux déserts de l'ouest de Thèbes, messager royal pour tous les pays étrangers, porte-étendard de la garde de Sa Majesté, commandant du bateau *Mery-Amon* et finalement chef de la police, reçut également en mainte occasion l'or de la louange. Il portait accrochés à son cou par un cordon, par-dessus son gorgerin, des abeilles et un lion passant en or[4]. Un autre porte-étendard, son contemporain, qui répondait au nom ronflant de Neb-Kêmi (seigneur de l'Egypte) avait reçu un bracelet de vermeil[5].

Plus heureux encore, le porte-étendard Nebamon atteignit la vieillesse en servant Pharaon avec courage et fidélité, sans avoir encouru jamais, au cours de sa longue carrière, punition ni réprimande. Sa Majesté, qui connaît ses mérites, a décidé de lui procurer une vieillesse honorable dans une belle maison à deux étages, pourvue d'une cour intérieure qu'ombrage un palmier. Des domestiques, des troupeaux, des terrains et des serfs en dépendront et seront garantis contre toute réquisition des fonctionnaires royaux. La dignité d'*amakh* lui est conférée. Pharaon, qui n'a pas voulu le retirer complètement du service actif, l'a nommé chef de la police à l'occident de la ville. Ces titres et ces biens lui sont remis au cours d'une véritable prise d'armes. Lorsque Nébamon était porte-étendard, il se trouvait comme Didou nommé plus haut, à bord du bateau de guerre *Mery-Amon*. Son étendard représentait d'ailleurs un bateau avec une cabine centrale, un gouvernail et des agrès. Tout l'équipage est venu, en bateau, voir récompenser son ancien commandant. Les officiers sont assis sur des tabourets en X. Les hommes debout, coude à coude, forment quatre rangs. Nebamon rend l'étendard qu'il a porté quand il était compagnon du maître des deux terres dans les pays étrangers du Sud et du Nord. Il adore l'étendard. Puis un officier, un porte-éventail du roi, lui remet un nouvel étendard, une gazelle qui porte une plume d'autruche sur le dos, qui est celui des policiers opérant à l'ouest de Thèbes, ainsi qu'une colonnette palmiforme un peu plus longue que la main, qui contient peut-être la copie du décret royal concernant Nebamon. Après cette remise, les Medjaiou vont défiler devant leur nouveau chef. Deux officiers, le capitaine des Medjaiou Teri et le lieutenant Mana, mettent devant lui les coudes et les genoux à terre. On lui présente une série de fanions, les uns carrés, les autres en forme de demi-cercle, sur lesquels étaient inscrits sans doute le nom, le numéro ou un signe distinctif des unités qui composaient le corps des Madjaiou. Enfin, le clairon sonne le rassemblement et le défilé va commencer. En tête marche le porte-étendard suivi des archers qui précèdent la grosse infanterie dont les hommes sont armés d'une pique et d'un bouclier. Quand ils passent devant Nebamon, les archers présentent l'arc avec la main droite. Puis ils l'accrochent à leur cou de manière à garder les bras libres et marchent en serrant les poings[6].

Voilà incontestablement des hommes qui n'eurent pas à se plaindre de leur souverain. Nous en savons beaucoup moins long sur les officiers subalternes et les soldats du rang, qui n'eurent pas les moyens de se faire construire un grand tombeau et de le décorer d'images qui rappelaient des épisodes de leur vie militaire. Toutefois, ces images nous apprennent quelque chose sur le sort de la troupe. Les officiers supérieurs, scribes royaux et scribes des recrues, tels que Tjanouni, Horemheb, Amenemheb, se montrent très préoccupés de la nourriture des soldats. L'ordinaire se compose de pain, de viande de bœuf, de vin, de gâteaux, de légumes et de toutes les bonnes choses qui peuvent réconforter. Conduits par leurs gradés, les hommes arrivent en bon ordre, chacun portant son sac. Ils franchissent une porte et trouvent dans une cour des cruches, des couffins remplis de galettes, de boulettes, de morceaux de viande. Des hommes âgés, vêtus d'un manteau blanc, sont assis par terre derrière les couffins. Ce sont sans doute des boulangers et des cuisiniers. Des scribes enregistrent au fur et à mesure les hommes et les rations[7].

Il entrait dans les attributions de Nebamon, quand il fut promu commandant des Medjaiou, de surveiller l'instruction et l'entretien des recrues. Il s'acquitte de cette surveillance, l'heureux homme, assis sur un tabouret, assisté de deux ordonnances qui tiennent à sa disposition un autre tabouret, un sac, des sandales, des cannes. En sa présence, des scribes apportent et enregistrent des provisions, scellent des jarres de vin, marquent des bœufs[8]. Il est permis de supposer que toutes ces victuailles n'étaient pas destinées au seul Nebamon, mais à la troupe placée sous ses ordres, car Nebamon est celui qui entretient les recrues.

Les Ramsès veulent, comme leurs prédécesseurs, que les soldats soient bien nourris et bien équipés. Ils firent ce qui dépendait d'eux pour qu'ils fussent contents de leur sort. C'est pourquoi Ramsès II reproche si sévèrement à son armée de l'avoir abandonné, seul au milieu des ennemis, et ne pouvant compter que sur le secours d'Amon :

« Comme vous fûtes lâches, mes charriers. Certes, je n'ai pas lieu d'être fier de vous. Pourtant, il n'est pas un de vous à qui je n'aie fait du bien dans mon pays. Ne me suis-je pas levé comme un seigneur? N'étiez-vous pas des pauvres? J'ai fait de vous des grands, par mon *Ka,* chaque jour. J'ai mis le fils sur le bien de son père. J'ai écarté tout mal de cette terre. Je vous ai soulagé de vos impôts. Je vous ai donné d'autres choses qui, auparavant, vous avaient été enlevées. Quiconque exprimait un vœu, je l'accomplissais... Aucun seigneur n'a fait pour ses soldats ce que Ma Majesté a fait pour vous. Je vous laissais résider dans vos villes sans faire de service d'officier, mes charriers de même. Je leur donnais le chemin vers leurs villes, disant : « Je les trouverai de même, « toujours, et à l'heure des marches[9]. »

Ramsès aurait pu se demander s'il n'avait pas

fait à son armée la vie trop facile, mais Ramsès III est demeuré dans les mêmes sentiments. Quelques années après son avènement, l'ennemi maté partout n'osait plus se montrer. Les soldats étaient devenus des espèces de rentiers qui résidaient dans la ville de leur choix, avec leur famille, et disposaient de longs loisirs : « J'ai laissé les soldats et les charriers s'installer de mon temps. Les Sardanes, les Qahaq (mercenaires d'origine libyenne), dans leurs villes, dormaient allongés sur le dos. Ils n'avaient plus à craindre ni le guerrier nubien, ni l'ennemi syrien. Les armes, les arcs étaient rangés dans les chambres des magasins. Ils étaient rassasiés, abreuvés, plein de jubilations. Leurs femmes et leurs enfants vivaient à côté d'eux. Ils ne regardaient pas derrière eux. Leur cœur était tranquillisé. J'étais avec eux comme la garantie et la protection de leur chair[10]. » En somme, ce que dit Hérodote de l'armée égyptienne, au temps des Psamétik, était vrai pour l'époque des Ramsès. Il y avait deux sortes de guerriers qu'on appelait calasiries et hermotybies, de même que les Ramsès distinguaient les fantassins, *méchâou,* et les charriers, *tent-hétéri.* Ils n'apprenaient aucun autre métier que le métier des armes et ils s'y succédaient de père en fils. Ils étaient tous propriétaires. Les hommes de la garde royale touchaient des rations supplémentaires de blé, de viande et de bœuf[11].

II. — Le service intérieur.

Lorsque les rois thébains entreprirent contre les Hyksos la guerre de libération, leur armée ne comprenait que des Egyptiens. L'idée leur vint bientôt d'y incorporer des prisonniers. Dans le régiment que commande Tjanouni, scribe royal au temps de Thoutmosé Ier, nous trouvons un escadron de gaillards bien différents des recrues indigènes [12]. Les Egyptiens sont grands et minces, larges d'épaules avec un ventre plat. Ces étrangers ont de gros membres, laissent pousser leurs cheveux assez longs sur le cou. Leur ceinture fait paraître énorme un ventre de toute façon fort important. Ils s'accrochent des queues de panthère derrière le dos et derrière les mollets. Ils viennent certainement des pays méridionaux, mais ce ne sont pas des nègres. A l'exercice, ils marchent à grandes enjambées, avec ensemble, en avançant la main droite qui tient un bâton. Akhenaton préfère même les étrangers. Dans sa garde personnelle qui l'attend à la sortie du palais et l'accompagne au temple, on compte plus d'étrangers syriens, libyens, nègres que d'Egyptiens [13].

Avec Horonemheb les Hittites font leur apparition dans l'armée égyptienne et les peuples de la mer avec Setoui. La garde de Ramsès II était entièrement composée de Sardanes [14]. Ce sont de grands gaillards, maigres, bien découplés. Les dessinateurs égyptiens, si observateurs, ont bien saisi les traits par où ils se distinguaient des Egyptiens au visage régulier, au profil si net, des nègres à la face horizontale, des Libyens osseux, des Sémites au nez crochu. Sur un mur du temple d'Abydos, on dirait que ce sont des Européens que Pharaon a enrégimentés contre la coalition qui le menaçait. Les succès de l'armée de Ramsès III contre les Libyens et les peuples de la mer lui ont permis de faire de nombreux prisonniers, qui ont été aussitôt marqués comme du bétail, scellés à son nom, encadrés, enrégimentés et soumis à la discipline égyptienne[15].

L'entraînement consistait en marches d'ensemble et aussi en combats corps à corps. Un des plaisirs du roi était d'assister aux luttes et aux concours institués parmi les soldats les mieux entraînés et d'y inviter la Cour[16]. Les princes portent l'éventail à manche. Un pendentif, fixé dans les cheveux, couvre leur joue. Des princes étrangers se mêlent à eux, comme le fera le transfuge Hadad, l'ennemi de David. On reconnaît les Syriens à leur grande écharpe nouée autour du corps, à leurs longs cheveux tenus par un ruban, à leur barbe. Le nègre porte de grosses boucles d'oreilles et a piqué une plume d'autruche dans ses cheveux. Le Hittite, le Libyen ont mis leur costume d'apparat. Ils saluent Pharaon d'une seule voix : « Tu es comme Montou, Pharaon Vie, Santé, Force, notre bon maître. Amon t'a soumis ces étrangers qui venaient contre vous, les méchants qu'ils sont. »

Les combattants sont dans l'arène. On met aux prises, en premier lieu, deux hommes armés d'un bâton et vêtus du pagne militaire qui comporte un énorme devanteau de forme triangulaire, la pointe en bas. L'avant-bras gauche est garni d'une brassière, la main droite est protégée par un gant de cuir, le menton et les deux joues par un bandeau épais qui s'attache à un bandeau frontal. L'un des champions s'incline vers le prince royal, grand chef de l'armée, qui l'encourage en disant : « A ton cœur, à ton cœur, ô combattant. » L'autre lève les deux bras au ciel. Puis le combat commence. Les deux adversaires s'administrent de grands coups de bâton, tout en se protégeant le visage avec le bras gauche. Ils se lancent des défis : « Prends garde à toi, je te ferai voir la main d'un combattant. »

Aux escrimeurs succèdent les lutteurs. Un égyptien soulève son adversaire libyen, qui lui mord la main. Le mordu crie : « Gare à toi, syrien (*sic*), qui mord de sa bouche ! Pharaon Vie, Santé, Force, mon maître, est avec moi, contre toi ! » Devons-nous croire que Pharaon va interrompre la lutte et punir le lutteur déloyal, ou simplement que ce mauvais procédé n'empêchera pas le triomphe du champion égyptien que le maître soutient de ses vœux ? Voici maintenant deux égyptiens aux prises. Celui de gauche a soulevé la jambe de son adversaire et il annonce, en langage de soldat, qu'il va le jeter par terre devant Pharaon.

Enfin, un égyptien, peut-être le vainqueur du combat précédent, se mesure avec un nègre. L'arbitre égyptien encourage son compatriote, bien que ce ne soit pas très régulier : « Prends bien garde que tu es devant Pharaon Vie, Santé, Force, notre bon maître ! » Le champion soulève le nègre à bras-le-corps et va le plaquer contre le sol, en joignant la parole au geste : « Ah ! te voilà soulevé, sale nègre ! Je te ferai descendre en miettes devant Pharaon. » Troisième temps. Le nègre est à terre sur les genoux et les épaules. Il a abandonné, sans doute, car son vainqueur se redresse et levant les bras clame sa victoire : « Amon, le dieu verdoyant, le vainqueur des étrangers. Le grand régiment Oursimarê-est-le-guide a apporté toute terre ! »

L'amour-propre des Egyptiens était satisfait. On peut se demander comment la cour accueillait le triomphe des étrangers quand, par hasard, ils étaient les plus forts. Assez mal, sans doute. Mais l'auteur du bas-relief qui a reproduit cette scène de la vie des soldats ne nous fait connaître expressément, ni les réactions du public, ni les récompenses décernées aux vainqueurs. Par contre, il a bien observé les princes étrangers, qui, au second rang des spectateurs, contemplent le spectacle. Leur expression impassible n'annonce rien de bon.

III. — L'ARMÉE A LA GUERRE...

L'armée égyptienne a eu, sous la XIXe et la XXe dynastie, de nombreuses occasions de montrer sa valeur. Si l'on se fie aux récits et aux bas-reliefs officiels, en particulier à ceux qui retracent les hauts faits de Setoui en Palestine, ceux de Ramsès III contre les Libyens et contre les peuples de la mer, les expéditions guerrières nous apparaissent comme un drame en quatre actes : I. Distribution des armes et départ de l'armée. — II. Une grande bataille en rase campagne. — III. Siège et prise d'une ville. — IV. Retour triomphal. Sous les Ramsès, les choses se passèrent souvent de cette façon. Toutefois, la victoire n'était pas dans l'antiquité plus constante que dans les temps modernes. Les Egyptiens ne parlent pas volontiers de leurs défaites. Nous savons qu'ils en subirent d'amères. Dans les derniers temps de la XVIIIe dynastie, les soldats du roi hittite Subbiluliumma battirent et poursuivirent les Egyptiens à travers la Syrie pour venger le meurtre du prince qui s'était rendu en Egypte à l'appel de la veuve du Pharaon[17]. Mais l'époque dont nous nous occupons fut, dans l'ensemble, glorieuse pour les armées égyptiennes. Suivons-les dans leur marche irrésistible.

IV. — Rassemblement et distribution des armes.

Avant de lancer son pays dans la guerre, Pharaon prenait ordinairement l'avis de ses conseillers, même quand il était décidé à n'en faire qu'à sa tête. Ainsi fit Kamosé, l'un des libérateurs de l'Egypte, quand il résolut, sous l'inspiration d'Amon, d'attaquer les Hyksos qui occupaient tout le Delta et les nomes de la Haute Egypte à partir du XIVe et qui avaient eu tout dernièrement l'ambition d'étendre encore leur domination et d'imposer le culte de leur dieu, Setekh, dans l'Egypte restée indépendante. Les conseillers, gens timorés, eussent préféré attendre et craignaient d'empirer une situation peu brillante, mais dont ils avaient l'habitude. L'avis du roi l'emporta. La guerre fut décidée[18]. Nous ignorons si quelque messager notifia aux Hyksos la volonté du Pharaon ou si les occupants ne comprirent les intentions des Thébains qu'en les voyant s'avancer en armes vers le nord. Les rois de l'ancien Orient s'écrivaient beaucoup. Ils s'envoyaient des énigmes, des menaces, des réclamations, des plaintes, s'annonçaient les naissances, les deuils, les intrigues des uns et des autres. Un traité en bonne et due forme, avec préambule, nombreux articles et conclusion, constate la fin des hostilités entre les Hittites et les Egyptiens en l'an XXI de Ramsès III. Ce traité passa longtemps pour le plus ancien traité du monde. Nous en connaissons maintenant plusieurs autres, mais nous ne possédons, pour le moment, aucun document ayant eu pour but de notifier à une autre puissance l'état de guerre. Toutefois, je tiens pour probable qu'une telle notification avait lieu, car nous verrons que pendant les hostilités les adversaires échangent des messages.

Lorsque la guerre semblait imminente, Pharaon préparait son infanterie et son équipage, les Sardanes, qu'avait capturés Sa Majesté, qu'Elle avait ramenés par ses victoires, les armait, leur donnait la méthode de combattre. Les Sardanes constituaient un corps spécial dont Pharaon se réservait le commandement. Le gros de l'armée, composé d'Egyptiens, de Syriens, de Libyens et de méridionaux, était réparti en plusieurs corps. Les textes du temps de Setoui citent le corps d'Amon, connu aussi sous le nom « d'Arcs valeureux », le corps de Râ, dit « Les bras nombreux » et le corps de Soutekh « Arcs puissants [19] ». Un quatrième corps, le corps de Ptah apparaît, à notre connaissance, au début du règne de Ramsès II.

La distribution des armes et des équipements se faisait avec solennité. Le roi y assistait en personne [20]. Ramsès III, ayant pris place sur une estrade à balcon, appuyant le bras sur un coussin, reçoit les saluts et écoute les discours de ses officiers. Puis il prend la parole : « Qu'on sorte les armes, qu'on expose les armes pour mater par la bravoure de mon père Amon les pays révoltés qui ne connaissent pas l'Egypte ! » Il est en costume d'apparat, pagne de luxe, sandales aux pieds. Le fils royal, le scribe royal, plusieurs officiers supérieurs sont groupés près de lui. Les armes sont rangées par catégories. Ici, les casques couvrant bien la tête et la nuque, munis d'une visière et de deux cordons partant du cimier et terminés par des glands, plus loin, les arcs triangulaires, les carquois, les cottes de mailles à manches courtes protégeant le torse entier, les glaives en forme de faucille pourvus d'un long manche terminé par un pommeau que les égyptiens appelaient « khopech », bras. Les soldats, simplement vêtus du pagne à devanteau triangulaire, arrivent en colonnes par un, les mains vides. Ils reçoivent les armes et s'en vont, pendant que de nombreux scribes notent les noms et les armes.

Vers le XIIIe siècle, les Egyptiens avaient fini par adopter les armes de leurs vieux ennemis les Syriens. Ils ne les avaient vaincus qu'avec leurs propres armes. Les casques, que Ramsès III fait distribuer à ses hommes et qui sont, en outre, représentés en couleur dans une chambre de son tombeau, ressemblent beaucoup aux casques des guerriers syriens que nous connaissons bien par les scènes de bataille du char de Thoutmosé IV, par les processions des porteurs étrangers d'offrandes et enfin par des œuvres originales syriennes[21]. La forme est la même. Les Egyptiens ont simplement remplacé la queue de cheval par des cordons à glands. Le dieu Seth, qu'on appelle volontiers Soutekh à cette époque, le plus asiatique des dieux égyptiens, se coiffe d'un casque semblable qu'il orne d'un disque solaire par-devant, de deux cornes acérées et d'un long ruban attaché au sommet, qui le termine à peine au-dessus du sol par une fleur triangulaire. Soutekh étant un dieu guerrier, on pourrait soutenir que le casque des soldats n'est que le casque du dieu transformé pour l'usage pratique, mais il ne faut pas oublier que Soutekh est accoutré à la mode asiatique et qu'il ressemble à Baal comme un frère.

Les guerriers asiatiques usaient depuis longtemps d'un arc triangulaire. Les Egyptiens ont beaucoup varié. Primitivement, ils se servaient d'un arc à double courbure qu'ils ont remplacé dans l'Ancien Empire par un arc à courbure simple, mais l'ancien modèle n'était pas complètement tombé en désuétude. C'est avec un arc de ce modèle que Thoutmosé III et Amenhotep II traversaient des plaques de cuivre. Maintenant l'armée égyptienne tout entière est dotée de l'arc triangulaire peut-être plus facile à fabriquer en série. Quant au glaive en forme de faucille, il est bien prouvé que c'est une arme de haute tradition asiatique[22]. Chaque roi de Byblos, au Moyen Empire, en faisait déposer un exemplaire de luxe dans son tombeau. Des guerriers syriens en présentèrent au grand prêtre d'Amon Menkheperrêsenb. Des bras-à-crochet ont été ramassés en Syrie par Thoutmosé III. Les Egyptiens connurent que c'était une arme redoutable. Le roi l'adopta pour lui-même et tout le monde suivit son exemple.

La cotte de mailles fut également inventée en Syrie[23]. C'était une veste de cuir garnie de petites plaques de métal. Les syriens du char de Thoutmosé III sont en majorité revêtus de la cotte de mailles. Quelques-uns la remplacent par deux larges bandeaux qui se croisent sur la poitrine. La cotte ne préserve pas les vils soldats du Retenou des flèches de Pharaon, mais les Egyptiens ont remarqué qu'elle avait des avantages.

Le char qui joue dans les guerres de ce temps un rôle important est un emprunt de l'Egypte à la Syrie[24]. On ne sait pas exactement à quel moment le cheval fut connu des Syriens, ni quand le char fut inventé. Sur les documents du Moyen Empire, tant syriens qu'égyptiens, on ne voit ni l'un ni l'autre. Le récit de Kamosé n'en fait pas mention, mais dès le début de la XVIII° dynastie, le cheval et le char sont employés par les deux adversaires. La priorité appartient aux Syriens, car les noms du char et des parties du char, du cheval et des harnais, en égyptien, sont tirés du vocabulaire sémitique. Les ornements figurés le plus ordinairement sur les caisses du char, les palmettes, les animaux affrontés, le lacis de spirales, sont aussi de provenance asiatique. Toutefois, les chars de Pharaon et des princes,

« Où tant d'or se relève en bosse »,

font paraître un luxe dont les grands du Retenou n'auraient pas eu les moyens[25]. Les harnais sont aussi embellis de disques d'or et armés de métal. Toutefois, ni cette élégance ni cette richesse ne doivent faire oublier qu'ils sont mal adaptés à leur rôle qui est d'utiliser au maximum la force des chevaux et de la discipliner. Les harnais de tête se composent d'une muserolle et de deux montants qui se réunissent à une cocarde en même temps que le frontal, la têtière et les œillères. La tête est coiffée d'un mortier d'où jaillissent des fleurs artificielles ou des plumes d'autruche. Les rênes et les fausses rênes partent du mors. Au collier moderne correspondait un harnais formé de trois pièces principales, une bande assez large, de forme arrondie, couvrant le garrot, une bande plus mince qui passait sous le corps, assez lâche, une bande plus serrée qui était appuyée contre le poitrail. Le reste du corps était libre. Des banderoles, attachées un peu partout, flottaient au vent. Des disques d'or brillaient sur le cuir. L'image de Soutekh, maître des chevaux, est gravée sur les œillères.

L'équipage du char comprenait deux hommes, l'écuyer et le combattant. Le premier possède un fouet qui est lui-même souvent un objet de luxe. Le combattant dispose d'un arc, de flèches et d'une dizaine de javelines dans un carquois et un étui fixés contre la caisse. La plate-forme de la caisse était à environ une coudée et demie au-dessus du sol. Elle est posée directement sur l'essieu, sans l'intermédiaire de ressorts. De tels engins se renversaient facilement sur les chemins pierreux de la Syrie. Il est vrai que l'équipage, s'il avait prévu l'accident, avait le temps de sauter à terre, puisque la caisse était ouverte par-derrière. Quand le char était démonté, ce que les occupants avaient de mieux à faire était de dételer les chevaux et de leur sauter sur le dos. C'est ce que faisaient les Syriens. Les Egyptiens ne se privaient pas de le faire à l'occasion, du moins je le suppose, car leurs dessinateurs, quand ils composaient une scène de bataille, ne concevaient même pas l'idée qu'un char égyptien pût être renversé.

Quant aux Sardannes, tels ils étaient quand ils combattaient Pharaon, tels ils restent après que Pharaon les a incorporés dans son armée. Ils ont gardé leur pagne, leur bouclier rond, leur épée à lame triangulaire et leur casque, qui a la forme d'une écuelle renversée que surmonte un cimier orné du disque et du croissant. Il en est de même des Philistins qui se laissaient reconnaître dans l'armée du Pharaon à leur diadème de plumes. Quant aux Syriens, l'armement égyptien ne les dépaysait pas puisqu'il était pareil au leur. Quelques-uns ont gardé leur médaillon et leur pagne orné de glands. Les nègres sont restés fidèles à l'arc à double courbure que leurs ancêtres employaient depuis des siècles. Beaucoup portent aussi des bois de jet.

V. — L'ordre de marche.

L'Egypte est maintenant prête à se battre. Son armée est rassemblée dans les plaines du Delta. Une fois de plus, elle va se mettre en ordre de marche et franchira allégrement, sur le pont de Silè, le lac aux crocodiles qu'un dessinateur du temps de Setoui a représenté sur un mur de Karnak. Un régiment d'infanterie ouvre la marche[26]. Les hommes sont formés en colonnes par un, qui avancent parallèlement au nombre de sept ou huit. Puis viennent les trompettes dont l'instrument de cuivre ou d'argent, long seulement d'une coudée et droit ne pouvait donner qu'un petit nombre de notes peu éclatantes. Le tambour était connu, mais je ne l'ai pas noté dans les scènes de guerre, tandis qu'il figure dans la présentation des recrues et dans les fêtes, ce qui laisse croire qu'il était réservé au service intérieur.

Venait ensuite un groupe d'officiers tout spécialement affecté à la personne du roi, puis un premier char sur lequel était planté l'enseigne du bélier coiffé du disque, qui assurait à toute l'armée la protection du grand dieu thébain. Ce char était suivi d'un autre groupe d'officiers. Enfin, précédé de deux porte-parasol qui marchent à pied, s'avance le char du roi que Ramsès conduit lui-même. Un lion sans laisse marche près des chevaux. Toute l'armée emboîte le pas, les fantassins de toutes catégories, les chars et les hommes du ravitaillement poussant leurs ânes chargés de ballots et de jarres ou conduisant des chars attelés de six bœufs. Le désert est vaste. La Palestine est un pays pauvre. Les Egyptiens savaient, par expérience, que pendant bien longtemps l'armée ne vivrait que de ce qu'elle avait apporté.

Longuement, la file des guerriers et des chars s'étire à travers les pistes. Elle atteint le premier point d'eau dit « Houpana » à côté d'un migdol et d'un ouvrage appelé l'ouvrage du Lion[27]. De point d'eau en point d'eau on atteignait, suivant les cas, Bir-Sabé et Hébron, ou Gaza au bord de la mer. Les plages, les dunes, les palmeraies allaient se succéder jusqu'aux approches de Magedo où l'on verrait le sol s'élever et devenir rocailleux. Puis les jardins de Tyr et de Sidon permettaient de goûter un repos délicieux. Dans la plaine de Beyrouth, on trouvait d'abondantes ressources. De là, on commençait à apercevoir les sommets neigeux de la haute montagne, par-dessus les pentes couvertes de pins et de sapins. A moins d'une étape, on passait près d'un torrent rapide et glacé devant les stèles gravées au début du règne de Ramsès II et déjà frustes. Quand on avait traversé quelques villages de pêcheurs, de bûcherons, de laboureurs, on atteignait un autre fleuve qui ressemblait beaucoup au premier. Ses eaux, chaque année, étaient rouges du sang d'un dieu. C'était le moment de s'engager dans la montagne, mais en continuant à longer la côte on atteignait, après une courte étape, la sainte ville de Kapni qu'habitaient des négociants avides et astucieux, toujours prêts à vendre leur bois, à louer leurs bateaux aux Egyptiens. Cela valait la peine de s'y arrêter et de demander sa protection à la déesse du lieu, qui ressemblait comme une sœur à l'Hathor de Memphis et de Iounit. Maintenant, on tournait le dos à la mer. On traversait des forêts, on montait toujours plus haut pour atteindre le désert. La montagne neigeuse, si lointaine quand on suivait le bord de la mer, ne semblait pas plus haute que les pyramides quand on les contemplait de Memphis. Enfin, une brise délicieuse rafraîchissait les soldats fatigués. Le plateau finissait brusquement et l'on dévalait sur une plaine, verdoyante, aussi bien cultivée que la plaine d'Egypte, semée de bourgs aussi nombreux, parcourue dans tous les sens par de frais ruisseaux. Tout le monde savait que Qadech n'était pas bien loin.

VI. — La bataille.

L'ennemi pouvait se contenter de mener une guerre défensive à l'abri de ses places fortes. S'il se sentait de force à affronter l'envahisseur en rase campagne, l'usage était de proposer un jour et un lieu pour la bataille et de tenir compte des convenances de l'adversaire. Lorsque l'Ethiopien Piankhi envoya son armée vers le nord pour attaquer les Egyptiens, il lui rappela cet usage, ou plutôt cette loi, dans une instruction célèbre :

« Que l'on n'attaque pas de nuit, mais suivant la règle du jeu, combattez à la vue; annoncez-lui le combat de loin. S'il dit que les soldats ou la cavalerie de quelque autre ville est en retard, alors demeurez jusqu'à ce que son armée soit arrivée. Vous combattrez quand il le dira. Si ses alliés se trouvent en quelque autre ville, que l'on retarde pour eux. Les princes qu'il amène pour l'aider, les Libyens, ses combattants fidèles, qu'on

leur annonce le combat à l'avance en disant :
« Toi de quelque nom que tu te nommes, qui com-
« mandes les troupes, attelle les meilleurs cour-
« siers de ton écurie, fais ta ligne de bataille. Tu
« apprendras que c'est Amon le dieu qui nous
« envoie[28]. »

Cette instruction de Piankhi n'a pas toujours été comprise[29]. Elle est en réalité conforme à la loi de la guerre telle que l'Antiquité et le Moyen Age l'ont pratiquée, ou du moins recommandée. Montaigne rapporte qu'à la suite d'une ruse du légat Lucius Marcius : « les vieux du Sénat, mémoratifs des mœurs de leurs pères, accusèrent cette pratique comme ennemie de leur style ancien, qui peut, disaient-ils, combattre de vertu, non de finesse, ni par surprises et rencontres de nuit, ni par fuites apportées et recharges inopinées, n'entreprenant guerre qu'après l'avoir dénoncée et souvent après avoir assigné l'heure et le lieu de la bataille[30]. » Des Egyptiens aux vieux Romains, les usages n'ont pas varié. Nous comprenons, grâce à Montaigne, ce que le chef éthiopien voulait dire avec sa « règle du jeu ». Les adversaires doivent prendre position l'un en face de l'autre sans tricher, sans rien dissimuler de leurs forces et de leurs intentions et entreprendre la lutte à égalité de chances, comme les joueurs qui ont le même nombre de pions au début de la partie. Dieu donnera la victoire au meilleur.

Que les Egyptiens aient adopté cette loyale pratique bien avant Piankhi, nous en trouvons la preuve dans l'épithète que l'on donne parfois à Seth, le dieu guerrier : « l'annonceur du combat[31] ». Et, mieux encore, dans le récit de la bataille de Magedo que livra l'armée de Thoutsomé III à une coalition asiatique[32].

L'armée égyptienne était arrivée le 16 du premier mois de *chemou* à la ville de Yiehem. Sa Majesté ordonna de réunir en conseil ses vaillants soldats et leur apprit que le vil tombé de Qadech, installé à Magedo, avait rassemblé autour de lui les grands des pays qui se trouvaient auparavant dans l'eau de l'Égypte depuis le Naharina et qu'il avait dit : « Je me tiens pour combattre Sa Majesté ici, à Magedo. » « Dites-moi ce que vous en pensez », ajoutait le roi. Les conseillers flairent un piège. Le chemin qui mène de Yahem à Magedo se rétrécit très vite. Il faudra marcher en colonne par un, cheval après cheval, et les hommes pareillement. L'avant-garde sera engagée dans le combat que l'arrière-garde n'aura pas quitté Alouna. Mieux vaudrait prendre un chemin détourné qui permettrait d'aborder Magedo par le nord et tous ensemble. Ce plan raisonnable est repoussé par Pharaon qui s'écrie : « Aussi vrai que je vis, aussi vrai que Râ m'aime, que mon père Amon me favorise, que mon nez fleurit en vie et en durée, Ma Majesté marchera par le grand chemin d'Alouna. Marchera celui d'entre vous qui le voudra sur le chemin que vous dites. Marchera qui voudra à la suite de Ma Majesté. Car ces ennemis qu'abominent Râ penseraient : « Sa Majesté va par un autre chemin « et s'éloigne par crainte de nous. » Cette harangue rallie aussitôt les opposants. Ils disent auprès de Sa Majesté : « Voici, nous suivrons Ta Majesté en tout lieu où elle ira. Le serviteur sera derrière son maître. »

A la lumière des instructions de Piankhi, la situation que le conseil de guerre avait à examiner paraît claire. Le tombé de Qadech avait envoyé un message au Pharaon pour lui proposer un jour et un emplacement pour la bataille. Les conseillers se méfient, mais Menkheperrê juge indigne de lui et des divinités qui l'aiment et le protègent d'écarter une proposition conforme aux usages. L'événement lui donna raison. L'armée s'engagea dans l'étroite vallée, le roi marchant à sa tête, et la remplit tout entière. Toujours méfiants, les officiers supplièrent leur seigneur de les écouter cette fois et de ne pas avancer avant que l'arrière-garde n'ait dépassé l'endroit dangereux. Mais cette précaution se trouva inutile. Les ennemis déployés entre Taanakh et Magedo n'essayèrent nullement de contrecarrer les mouvements de l'armée égyptienne, qui put prendre ses positions de combat au sud de Magedo vers le milieu du jour et se préparer tranquillement au combat qui devait commencer le lendemain matin. La règle du jeu avait été respectée.

Les conseillers étaient pourtant dans leur rôle en engageant Pharaon à se montrer prudent. L'armée qu'ils avaient devant eux était sous le commandement du roi de Mitani, toutefois elle comprenait un grand nombre d'Amou, ces éternels et perfides ennemis, dont un vieux roi de la XIe dynastie disait, dans les instructions qu'il composa pour son fils Mérikarê : « Quant au vil Amou... il ne peut demeurer en place, ses pieds ne cessent de bouger. Il combat depuis le temps du dieu sans être ni vainqueur, ni vaincu. Il n'annonce pas le jour du combat, comme celui qui va faire un mauvais coup[33]. » L'Amou, qui connaissait bien ses bois et ses montagnes, fuyait le combat en rase campagne où il n'était pas de force. Il harcelait l'armée égyptienne, puis disparaissait. Le secret et la surprise étaient ses meilleures armes. Pourtant, même quand les Egyptiens avaient un adversaire à leur taille, la surprise pouvait jouer un rôle. Elle faillit jouer un rôle désastreux pour les Egyptiens devant Qadech, lorsque Ramsès II et son armée se portaient à la rencontre de l'armée hittite.[34].

Le vil tombé de Khatti avait coalisé contre l'Egypte tous les pays septentrionaux depuis l'extrémité de la mer. Aux adversaires habituels de Pharaon, qui se recrutaient dans toute la Syrie jusqu'à l'Euphrate, s'étaient joints les peuples de l'Asie Mineure, les Dardaniens, Ilion, Kechkech, Qarqech, les Lyciens et des peuples de l'Europe, comme les Mysiens. Le roi de Khatti s'était dépouillé de tous ses biens pour les amener à combattre avec lui. Ils couvraient les montagnes et les vallées. On aurait dit, tant ils étaient nombreux, une invasion de sauterelles. Toutes ces forces se tenaient cachées au nord-est de Qadech. Les Egyptiens, qui les croyaient encore attardées dans la région d'Alep, parce que leurs agents de renseignements ne les avaient encore signalées nulle part, avançaient sans méfiance dans la vallée de l'Oronte. Ramsès, qui avait franchi le fleuve à gué, ouvrait la marche avec son escorte, suivi par le corps d'Amon. Le corps de Râ ne faisait que traverser l'Oronte au gué de Chabtoun. Le corps de Ptah attendait que le gué fût libre dans son cantonnement d'Irnam. Le corps de Soutekh, bon dernier, s'efforçait de rattraper les autres, mais il était encore à plusieurs jours de marche.

Pendant que le roi se trouvait à Chabtoun, deux Chasous, deux de ces Bédouins qui étaient la terreur des caravanes qui circulaient entre la Syrie et l'Egypte, et des cultivateurs voisins de l'isthme de Suez, se présentèrent pour dire à Sa Majesté, de la part de leurs frères, qu'ils voulaient se détacher du roi de Khatti et devenir les serviteurs du Pharaon. « Où sont-ils donc vos frères, demanda Pharaon, et quels renseignements apportez-vous à Sa Majesté ? — Ils sont, répondent les Bédouins, à l'endroit où est le vil roi de Khatti, car le tombé de Khatti est au pays d'Alep, au nord du Tounip. Il craint trop Pharaon, Vie, Santé, Force pour venir vers le sud, depuis qu'il a entendu dire que Pharaon remontait vers le nord. » Ils mentaient. C'est par ordre du tombé de Khatti que ces espions étaient venus s'informer de la position des Egyptiens et qu'ils cherchaient, par de faux rapports, à endormir leur vigilance.

En effet, le roi décida de camper au nord de Qadech, sur la rive ouest de l'Oronte. On traça dans la plaine un vaste rectangle qu'on borda d'une palissade faite de boucliers ou d'éléments ayant forme de bouclier. Au centre, on monta une grande tente pour le roi et trois tentes plus petites et, un peu partout, des tentes plus petites encore. Le lion du roi, attaché par la patte à un arceau, s'allonge sur le sol et somnole. On a dételé les chevaux pour les faire manger. On a déchargé les ânes qui se roulent dans la poussière, envoient des ruades, font un temps de galop. On range les armes, les balances, pendant que de nouveaux chariots, traînés par des bœufs, font leur entrée. Les officiers supérieurs, de leur côté, s'installent dans des baraques de bois dont le toit était soutenu par une colonne, pourvues d'une porte, comme une maison. A l'intérieur, des zirs et des bassines sont installés sur des supports. On a déballé des réchauds, des tables, des tabourets et des nattes. Les hommes de corvée, dirigés par un gradé, enlèvent la poussière avec une balayette, jettent de l'eau. D'autres vont et viennent, poussant des ânes, emportant des ballots suspendus à leur palanche. À côté des baraques, un cheval plonge la tête dans une mangeoire. Un valet d'écurie calme deux autres coursiers qui piaffent. Quant à l'écuyer, bien installé dans la caisse de son char, il dort profondément. Un soldat boit. Personne ne pense au danger[35]. Mais une patrouille égyptienne a capturé deux patrouilleurs du tombé de Khatti. On les amène en présence du roi assis sur le trône d'or qu'on a placé pour lui sur une estrade. La bâton est un moyen infaillible pour fairer parler les gens. Les prisonniers avouent tout ce que l'on veut : « Nous appartenons au roi de Khatti, il nous a envoyés pour voir l'endroit où était Sa Majesté. — Mais où est-il, le tombé de Khatti ? J'avais entendu dire qu'il était au pays d'Alep, au nord de Tounip ! — Voici, le vil roi de Khatti vient avec les nombreuses nations qui sont avec lui... Ils sont plus nombreux que le sable de la mer. Les voici en position et prêts à combattre à l'entour de Qadech-le-Vieil. » Le roi éclate de fureur : « Les voici cachés à l'entour de Qadech-le-Vieil et mes chefs étrangers ne le savaient pas, ni mes officiers du pays de Pharaon qui sont avec eux ! Et l'on nous dit qu'ils viennent ! » Les conseillers reconnaissent que des fautes ont été commises : « Pas bon, c'est une grande faute qu'ont faite les chefs étrangers et les officiers de Pharaon Vie, Santé, Force qui n'ont pas fait connaître l'endroit où était le vil tombé de Khatti, en faisant leur rapport quotidien à Pharaon Vie, Santé, Force. » On chargea le vizir de presser les éléments attardés au sud de Chabtoun pour les amener à l'endroit où se tenait Sa Majesté, mais, pendant que Sa Majesté tenait conseil, le vil tombé de Khatti s'approchait avec ses soldats et ses équipages et tous ses alliés. Ils franchissaient au sud de Qadech un gué qui n'était pas défendu. Surpris, les soldats et les chars égyptiens fuient en désordre. Les ennemis faisaient déjà des prisonniers dans l'escorte de Sa Majesté.

Dans ce grand péril, Sa Majesté se leva comme son père Montou. Elle saisit son équipement de combat. Elle revêtit sa cuirasse. Elle était comme Baal à son heure. L'écuyer Menna, quand il vit quel grand nombre de chars entourait son maître, se mit à trembler. Son cœur l'abandonna. Une grande crainte entra dans ses membres. Il dit à Sa Majesté : « Mon bon seigneur, ô brave souverain, grand protecteur de l'Egypte au jour du combat, nous voilà tous seuls au-dedans de nos ennemis. Les soldats et les équipages nous ont abandonnés. Comment feras-tu pour les sauver ? Fais que nous soyons purs. Sauve-nous, Ousirmarê ! »

Sa Majesté rassure son compagnon. Elle ne craint rien. Ses soldats l'ont abandonnée. Ils ramassaient du butin au lieu de prendre position. Il n'y a ici ni prince, ni écuyer, ni guide, ni officier, mais ce n'est pas en vain que Ramsès a bâti tant de monuments, dressé tant d'obélisques à son père, empli de tant de captifs ses châteaux de millions d'années, expédié des navires chargés de produits exotiques. L'appel du roi retentit jusqu'à Thèbes. Il a maintenant un allié qui vaut mieux que des millions. Ramsès lance des flèches à sa droite. Il se garde à sa gauche. Les deux mille cinq cents chars ennemis sont renversés avec leurs chevaux. Ils ne trouvent plus leurs mains pour s'en servir. Leurs cœurs sont tombés dans le ventre. Ils ne savent plus tirer, ni saisir le glaive. Le roi les pousse à l'eau comme des crocodiles. Ceux qui rampaient ne se relèvent pas. Le vil roi de Khatti, qui assistait, au milieu de ses soldats et de ses chars montés par trois guerriers, au combat de Sa Majesté, tourne le dos en tremblant. Ses soldats, ses équipages, ses alliés, le roi d'Irtou, le roi de Mesa, le roi d'Alouna, le roi de Lycie, celui de Dardanie, le roi de Karkemich, le roi de Qerqech, celui d'Alep et ses propres frères, tous battent en retraite, étonnés de la vaillance de Pharaon et criant : « Sauve qui peut. » Sa Majesté courait derrière eux comme le griffon. Elle les chargea cinq fois, semblable à Baal dans l'instant de sa puissance. Elle mit le feu à la campagne de Qadech pour que l'on ne connaisse plus la place qui a été foulée par leur multitude.

Les soldats arrivent, enfin, maintenant que la bataille est gagnée par la force et le courage de Pharaon et aussi par quelque autre cause dont l'auteur du poème n'a pas jugé utile de nous informer. Pharaon les accable de sarcasmes : « Aucun de vous n'était là... aucun hommme ne s'est levé pour mettre sa main avec moi pendant que je combattais. J'atteste la *Kâ* de mon père Amon... Aucun de vous n'est venu pour dire ensuite ses exploits dans la terre d'Egypte... Les étrangers qui m'ont vu feront dire mon nom jusqu'aux contrées les plus lointaines qu'on ne connaît pas. »

Docilement, les soldats rendent grâce à la valeur de leur maître. Ses nobles, ses équipages exaltent la force de son bras : « Le magnifique combattant ferme de cœur, tu as sauvé ton armée et tes chars. Tu es le fils d'Amon qui agit par tes bras. Tu as ligoté la terre de Khatti par ton bras vaillant. Tu as brisé le dos de Khatti pour toujours ! »

Le roi ne répond que par de nouveaux reproches : « ... Il est beau le nom de celui qui a bien combattu. On respectait l'homme à cause de son bras depuis l'ancien temps, mais je ne ferai aucun bien à aucun de vous, car vous m'avez abandonné quand j'étais seul au-dedans de mes ennemis. »

Ces reproches ne sont pas bien terribles. L'armée aura perdu une occasion d'obtenir des récompenses. Il arriva à un autre roi, Piankhi, d'entrer en fureur contre son armée. Pourtant cette armée avait bien combattu. Elle avait obligé Tefnakht à s'enfuir vers le nord avec les faibles restes de ses troupes, mais le roi aurait voulu capturer ou anéantir d'un seul coup tous ses ennemis. Quand l'armée eut compris que son chef était déçu, elle s'empara de trois places fortes défendues avec acharnement. Piankhi l'apprit, mais son cœur n'était pas apaisé. Un jour, Sa Majesté parut montée sur son char attelé de deux chevaux, sur la plate-forme de son vaisseau. Furieuse comme la panthère, elle renouvela ses invectives contre ses soldats : « Attendez-vous mon messager pour combattre ceux-ci ? Est-ce que l'année tout entière doit finir avant que la terreur de moi soit dans le Delta ? » Tous ses soldats se frappèrent dans une extrême douleur[36].

Cependant le vil du roi de Khatti, ce tombé, envoie un messager pour exalter le nom de Pharaon comme celui de Râ, disant : « Tu es Soutekh, Baal en personne, la crainte de toi est un feu dans le pays de Khatti ! » Le messager était porteur d'une lettre qui n'était pas autre chose qu'une demande d'armistice : « Le serviteur ici présent parle et te fait connaître que tu es le fils de Râ en personne. Il t'a donné toutes les terres réunies en une. La terre de Kêmi, la terre de Khatti, les voilà à ton service. Elles sont sous tes pieds. Prâ, ton père vénérable te les a données pour exercer en nous la royauté... Est-il bon de massacrer tes serviteurs ?... Vois ce que tu as fait hier. Tu en as massacré des millions... Tu ne laisseras pas d'héritage. Ne fais pas le brigandage de tes biens, roi puissant, glorieux de combattre. Accorde-nous le souffle[37] ! »

Alors Sa Majesté s'empressa de convoquer les premiers de l'armée et des équipages et ses nobles, et leur fit entendre ce que lui mandait le vil roi de Khatti. Sans hésiter un instant, ils dirent d'une seule voix : « C'est une bonne chose, extrêmement bonne, la paix, souverain notre maître ! » C'était le cri du cœur; mais ils se corrigent aussitôt : « Il n'y a pas de mal dans la paix, si c'est toi qui la fais. Qui te saluera, le jour de ta colère[38] ? »

Le roi voulut bien écouter ces paroles. L'armée égyptienne s'en alla en paix vers le sud sans avoir pris Qadech, dont chacun avait pu apercevoir les remparts crénelés derrière un bras de l'Oronte.

En fait, Pharaon avait échappé de justesse à un désastre complet. Mal renseigné sur la position des Hittites, sans éclaireur, sans flanc-garde, il avait lancé son armée en pays ennemi. Il avait dû son salut à la fermeté de la garde royale, surtout composée de Sardanes, car on a pu observer que ses reproches ne s'adressent qu'aux Egyptiens. Il est possible que les Hittites, une fois entrés dans le camp de Pharaon, n'aient plus pensé qu'à piller. Victimes de leur avidité, leur succès initial se changea en déroute. Leur roi n'était pas fâché d'obtenir à bon compte le départ de cette grande armée.

D'autres journées militaires eurent un résultat plus net, par exemple, la grande bataille gagnée par Ramsès III contre les Libyens[39]. Comme son aïeul, le roi paie de sa personne. Les chevaux de son char sont lancés au galop. Il a attaché les rênes à sa ceinture pour tirer de l'arc. Il porte sur la tête le casque des soldats, des bracelets aux deux bras et, aux poignets, deux colliers. Deux larges bandeaux se croisent sur sa poitrine. Il a en bandoulière un carquois ouvert. L'étui fixé au flanc du char est garni de piques. L'officier qui se tient derrière le roi ne combat pas, mais il porte le gobelet et la carafe en or que nous avions notés au départ de l'Egypte. D'autres chars, montés par deux guerriers, suivent le char du roi. Les Philistins, enrôlés dans l'armée égyptienne, font merveille contre les Libyens. Le chef libyen Mecheher, fils de Kapouro, se voit perdu. Ses chevaux se sont abattus. Son écuyer percé d'une lance est tombé de son char. Il se tourne vers Pharaon et, levant le bras, dressant l'index, s'avoue vaincu. Ses soldats se rendent par groupes entiers. Ils tiennent leur longue épée verticale comme un cierge et tendent le bras gauche en tournant la paume vers le sol[40].

Les peuples de la mer étaient venus au temps de Ramsès III en hordes innombrables par mer et par toutes les routes qui menaient en Egypte[41]. Des chariots à roues pleines tenues par une goupille, traînés par des buffles, transportaient les femmes et les enfants. De longs vaisseaux, ornés à la proue d'une tête de lion ou d'une tête d'oiseau, relevés à la poupe, étaient chargés de guerriers à couler. Sur terre et sur mer, la mêlée fut terrible. Le roi est descendu de son char pour mieux tirer de l'arc. Toute sa suite est avec lui. Les officiers qui portent l'arc, le carquois, le javelot, les valets qui se répartissent le service de toilette, le plumeau, des sacs d'où l'on tirera des vêtements de rechange et tout ce qu'il faut pour réparer le désordre de la bataille.

Quand la victoire est acquise, le roi monte sur une estrade pour embrasser du regard le champ de bataille. Les parasols sont tendus à bout de bras pour l'ombrager. Les étendards sont rangés près de l'estrade. Les princes et les chefs de l'armée viennent féliciter leur souverain pendant que commencent les longues opérations de recensement en vue d'évaluer la victoire. Comme au temps d'Ahmosé, tout guerrier qui avait tué un ennemi lui coupait la main et, si cet ennemi était un libyen, le membre. Il présentait son trophée aux hérauts du roi. Tout cela était mis en tas avec les armes ramassées sur le lieu du combat, au voisinage de l'estrade, patiemment trié et compté par une armée de scribes. Les prisonniers liés ou garrottés sont présentés au roi. Les chefs sont réservés pour d'autres cérémonies. Les hommes valides sont marqués au fer rouge. Ils attendent par petits groupes et se lèvent à tour de rôle. Des soldats armés jusqu'aux dents sont prêts à mater toute tentative de rebellion, mais les vaincus sont résignés à leur sort[42]. Une fois marqués, Dénanaens et Philistins grossiront l'armée pharaonique qui, petit à petit, se videra de nationaux, car il est plus commode, sur le moment, de faire faire la guerre par les autres.

VII. — La guerre de siège.

Très souvent, la guerre prend forme d'une guerre de siège, soit que l'ennemi n'ait pas eu l'audace d'affronter l'armée égyptienne, soit que la bataille en rase campagne lui ait laissé assez de guerriers pour défendre ses forteresses. Celles-ci sont bâties sur une éminence, quelquefois sur une montagne escarpée. Un fossé plein d'eau, une palissade formaient les premiers obstacles. La forêt voisine offrait un abri aux fuyards et à ceux qui n'ont pas eu le temps de gagner les murs avant la fermeture des portes. Ils y poussent leurs troupeaux de buffles, préférant la dent des ours aux flèches des Egyptiens. Les abords immédiats de la forteresse sont généralement cultivés. Les vignes et les figuiers couvrent les pentes. Des buissons fleuris bordent les chemins. Les Egyptiens, avant de se retirer, couperont les arbres utiles comme l'exigeait l'usage[43].

Les forteresses syriennes consistent en hautes tours qui portent une plate-forme débordante, garnie de créneaux et en longs murs épousant les contours du terrain, percés de portes et de fenêtres. Les villes défendues par deux ou même trois enceintes ne sont pas rares. Quelquefois une tour sert de piédestal à une autre et celle-ci à une troisième. Un drapeau est attaché au sommet de la tour la plus haute[44].

Les Egyptiens criblent les créneaux de leurs flèches et poussent devant eux les fuyards. Ceux qui sont déjà à l'abri se penchent, les mains tendues, pour hisser quelques retardataires. Les défenseurs lancent des flèches, des javelots et des pierres. D'autres attendent, l'épée au poing. Le prêtre brûle de la résine sur un réchaud à manche, semblable à celui que les Egyptiens appelaient *akh*, pour demander le secours des dieux de la cité, et tient la main levée comme Moïse dans le combat contre Amalec. Parfois il se penche hors des créneaux vers les guerriers de l'étage intérieur pour les encourager. Tous les moyens de défense demeurent inopérants. Les abords de la forteresse sont jonchés de cadavres. Des défenseurs sont tués à leur poste. Les Egyptiens arrivent au pied des murailles, enfoncent les portes à coups de hache et dressent des échelles. Bientôt la première ligne est occupée.

Quand les choses en étaient à ce point, il ne restait aux assiégés, s'ils tenaient à la vie, qu'à cesser la résistance et à adoucir, à force de présents, la férocité des vainqueurs. Le chef d'Amar tourne son brûle-résine vers Ramsès III et du bras gauche esquisse un geste d'adoration : « Donne-nous le souffle de vie, que nous puissions respirer de fils en fils par ta puissance[45]. » Les chefs sortent un par un. Les uns rampent sur les coudes et les genoux. Les autres apportent des cratères à fleurs artificielles, des amphores décorées de figures d'animaux en ronde-bosse, des bijoux. Ces objets étaient fort appréciés du roi et des grands prêtres, qui en dernier lieu allaient les recueillir dans les trésors des temples. D'autres profits intéressaient l'armée entière, les grains, le vin et les bestiaux, les armes. Les soldats étaient nourris et abreuvés tous les jours comme les bonnes gens d'Egypte un jour de fête. Les villes syriennes étaient riches en chevaux. L'élite des guerriers était montée sur des chars. Dans la seule ville de Magedo, Thoutmosé III prit les chars revêtus d'or des vils tombés de Qadech et de Magedo et huit cent quatre-vingt-douze chars de ses vils soldats. Il est vrai que ces princes avaient réuni une véritable coalition contre l'Egypte. Il leur était venu des alliés depuis l'Euphrate. Ces princes lointains, Thoutmosé les renvoya, montés sur des ânes, la tête tournée vers la queue de leur monture. La victoire avais mis Pharaon de belle humeur.

Les pentes du Liban étaient couvertes de forêts. Depuis le temps du dieu, les Egyptiens venaient à Byblos chercher du bois pour les barques divines, pour les mâts à banderoles, que l'on dressait devant les pylônes des temples, pour cent usages profanes et sacrés. Le bois le plus apprécié était celui du sapin *âch,* plus pointu que la barbe des épis et droit comme une lance, le bois rouge du cèdre, *mer,* le caroubier, *sesnedjem,* un bois non identifié qu'on appelait *ouân,* qui est peut-être le genévrier. Maîtres de la Syrie, les Egyptiens s'appliquèrent à intensifier l'exploitation des forêts. Sous Thoutmosé III les soldats se répandirent dans les montagnes et coupèrent les arbres. Les chefs syriens les traînaient sur le rivage avec des bœufs. Sur les navires, construits en série, on embarquait les princes du Liban avec les bons produits de la Terre divine[46]. Pour les Egyptiens de la XIXe dynastie, la Syrie n'est plus une colonie d'exploitation. Les Hittites la leur disputent et les Syriens eux-mêmes se défendent mieux. Pourtant, d'énormes quantités de produits et de marchandises sont encore tous les ans acheminées vers l'Egypte. Setoui saura aussi contraindre les émirs libanais à couper pour lui leurs sapins[47].

VIII. — La guerre en Nubie.

Contre les pays du midi la guerre semble avoir le caractère d'une simple promenade militaire. Les Egyptiens cernent les douars. Les hommes sont vêtus d'une peau de panthère, armés d'un bouclier et d'un grand coutelas. Les femmes portent les tout petits dans une hotte. Elles rassemblent leurs enfants et courent se cacher dans les palmiers. La lutte est inégale et se termine naturellement à l'avantage des Egyptiens, qui s'apprêtent à faire un riche butin, car les méridionaux étaient fort industrieux et confectionnaient des meubles barbares et somptueux en or, ébène, ivoire. Ils avaient dans leur cabane de grandes provisions de plumes d'autruche, de défenses d'éléphant, de peaux de panthère, de cornes et de parfums[48].

IX. — Retour triomphal.

Pharaon a montré sa puissance jusqu'aux extrémités de la terre. Tout ce que le soleil inonde de ses rayons a été témoin de ses succès. Il a établi sa frontière où il voulait. Ainsi l'avait décrété son père Amon-Râ et tous les dieux ses pères. Il ne restait plus qu'à revenir au cher pays, Tomery, recueillir les acclamations du peuple, les adulations des prêtres qui se préparaient à couvrir de noms et de chiffres les pages de leur livre d'entrée, consacrer aux dieux la plus belle part du butin, récompenser les braves et punir les révoltés pour donner un exemple à la terre entière.

L'armée se forme pour le retour à peu près

dans le même ordre qu'au départ. Les prisonniers de marque précèdent le char du roi, leurs mains prises dans un carcan qui est parfois taillé en forme de panthère, la corde au cou. Le plus grand nombre a les bras liés derrière le dos ou par-dessus la tête[49]. Les réjouissances commencent dès qu'on a mis le pied sur le sol égyptien. Les prophètes, massés devant le pont de Silé, tendent des bouquets[50]. Quelques-uns parmi les chefs prisonniers devaient être massacrés en grande pompe. Amenhotep II, semblable à Hercule, en assomma huit à l'avant de son navire. Six furent pendus à Thèbes, devant la muraille du temple, et les deux autres à Napata, « afin de faire voir les victoires de Sa Majesté pour toujours et à jamais, dans toutes les terres et dans toutes les montagnes du pays nègre[51] ». Au dernier moment, les vaincus font encore un geste de soumission, les Libyens en levant l'index, les autres en tournant la paume de la main vers leur bourreau. Après la victoire de Ramsès III, le vieux roi Libyen Kapouro avait écrit au Pharaon pour lui demander la grâce de son fils tombé vivant aux mains des Egyptiens et proposé de subir le supplice à sa place[52]. Ce fut inutile. Les Libyens étaient devenus si menaçants que le cœur de Pharaon ne voulut pas s'ouvrir à la clémence : « Ils avaient, dit Ramsès III dans son testament politique, leur siège en Egypte, ayant pris les villes du côté de l'Occident depuis Hatkaptah jusqu'à Qarban. Ils avaient atteint toute la rive du grand courant, s'emparant des villes du district, des bœufs pendant nombre d'années. Ils étaient en Egypte. Mais je les ai détruits, les massacrant en une seule fois..., je les ai contraints à repasser la frontière de l'Egypte. J'ai amené le reste en nombreux butins, à coups d'aiguillon, les rassemblant comme des volailles devant mes chevaux, leurs femmes, leurs enfants par myriades, leurs bestiaux par millions. J'ai enrégimenté leurs princes. Je leur ai donné des commandants d'archers, des chefs de tribu. Je les ai marqués, esclaves scellés à mon nom [53]. »

Quand les ennemis désignés pour le supplice avaient été exécutés, une autre cérémonie avait lieu dans les temples au cours de laquelle on statuait sur le sort des prisonniers en même temps que l'on consacrait le butin.

Devant les images des dieux on a exposé les trésors rapportés du vil pays de Khatti. Ce sont des cratères et des amphores, des rhytons et des gobelets en or et en argent, incrustés de pierres précieuses, pareils à ceux que les Syriens assiégés offrent aux vainqueurs en rendant leur ville, pareils à ceux qu'apportent en temps de paix les délégués de Retenou, d'Amar ou du Naharina pour acquitter leur contribution de guerre ou pour être dans l'eau du roi. Le roi arrive à son tour, traînant les prisonniers qui ont les mains liées et la corde au cou; ce sont des nègres, des Libyens, des Syriens, des Amou, des Amoritains, des Hittites.

Les prisonniers avouent leur défaite. Pharaon est comme le feu qui court quand l'eau manque. Il supprime toute révolte, tout blasphème de la bouche. Il enlève le souffle des narines. Pharaon reconnaît que son père Amon lui a accordé la victoire sur les peuples ennemis. Il rend donc aux dieux ce qu'ils lui ont donné en faisant don à leurs temples d'une partie des prisonniers et des trésors [54].

CHAPITRE X

LES SCRIBES ET LES JUGES

I. — L'administration.

L'Égypte a possédé, dès les origines, une administration savante. Déjà sous la Ire dynastie, les employés du roi imprimaient sur des bouchons de jarre, au moyen d'un cylindre, leur nom et leurs titres. Tous les personnages connus de nous soit par une statue ou une stèle, soit par leur tombeau, ont au moins un titre. Quelques-uns peuvent en citer plusieurs douzaines. Pour la période de l'Ancien Empire les titres et les noms de fonction sont assez nombreux pour emplir un volume. Un manuel de hiérarchie égyptienne nous est parvenu de l'époque ramesside[1]. Il place en tête les dieux et les déesses, les esprits, le roi régnant, l'épouse royale, la mère divine du roi et les enfants royaux. Puis viennent les magistrats, dont le vizir est le premier nommé, et tous ceux qui avaient le bonheur de vivre près du soleil, les fils royaux, grands chefs des troupes, scribes des livres de la bibliothèque royale, majordomes, hérauts, porte-parasol et porte-éventail, scribes royaux, préposés à la maison blanche, le supérieur scribe des rôles de la cour suprême, les scribes des contributions. Une seconde série comprend les représentants de Pharaon à l'étranger, dans les provinces et dans les villes, les messagers royaux pour tout pays, le préposé au sceau de la maison de la mer, le préposé aux bouches des canaux. Les emplois spécialisés forment une véritable légion. Chacun de ces hauts fonctionnaires disposait lui-même d'un nombreux personnel. Les gouverneurs de nomes s'efforçaient de vivre dans leur résidence comme Pharaon dans sa capitale et se constituaient une maison à l'instar de la maison royale. Un dieu tel qu'Amon, qui possédait d'immenses richesses, avait créé, pour les administrer, un corps savamment hiérarchisé[2]. Le premier prophète a près de lui un majordome, un chef de maison, un chambellan, un gardien de chambre, des scribes, un chef des marins et des serviteurs. Le deuxième prophète a aussi des fonctionnaires attachés à sa personne. Le quatrième prophète serait le plus infortuné des hommes si une petite cour ne l'accompagnait dans toutes ses sorties. Maintenant, il faut énumérer le peuple des directeurs, des supérieurs, des scribes, qui se partageaient toutes les opérations, tous les embellissements que décidaient les membres du haut clergé. Les plus importants de ces fonctionnaires étaient les directeurs et les scribes du trésor, le grand du sceau du trésor, le scribe du sceau divin de la maison d'Amon. Un dieu moins universellement répandu que Amon, mais encore très important, tel que Min, seigneur d'Ipou et de Coptos, possède, à côté de son nombreux clergé, un personnel administratif considérable, scribes, chefs des travaux, préposés aux troupeaux, à la lingerie, aux transports, des magasiniers et des comptables[3]. Comme dans tous les pays l'administration égyptienne tendait à s'enfler plutôt qu'à se réduire. Ramsès III a enrichi les dieux d'un bout à l'autre de son règne de trente et un ans. A chaque extension de leur domaine ont correspondu des créations d'emploi. Il fallait toujours plus de scribes pour lever les impôts, pour les transporter, pour encadrer les esclaves, pour entretenir les canaux et les chemins, les quais et les entrepôts.

II. — Recrutement et formation des fonctionnaires.

Le fondateur de la XIXe dynastie, Paramsès, était parvenu, au cours d'une longue carrière, à cumuler d'importantes fonctions civiles, des titres religieux et des commandements militaires dans la région orientale du Delta. Appelé à Thèbes par le roi Horonemheb, pour diriger les travaux du temple d'Opet, il passa à son fils Setoui, qui était déjà dans la force de l'âge, la plupart de ses titres et de ses fonctions[4]. Les petits fonctionnaires imitaient les grands. Un nommé Neferperit, qui faisait partie de l'escorte royale quand Pharaon se trouvait dans les montagnes de Retenou, avait convoyé en Egypte quatre vaches de race phénicienne, deux de race égyptienne et un taureau, tous destinés au château de millions d'années. Il obtint pour son frère l'emploi de gardien de ce petit troupeau, pour son fils l'emploi de porteur des vases à lait. Non seulement ces emplois étaient garantis à leur titulaire pour la durée de leur vie, mais ils devaient rester dans la famille et être transmis de fils en fils, d'héritier en héritier[5]. Personne ne trouvait à redire à cela.

Tous les pères de famille souhaitaient d'en faire autant. Dans une formule qui s'adresse aux visiteurs des tombeaux, on lit : « Si vous voulez léguer vos places à vos enfants, alors dites... » Celui qui se conduirait mal dans un tombeau tombe sous le coup d'une grave menace : « Il ne sera pas. Son fils ne sera pas en sa place. » La loi prévoit que le fonctionnaire désobéissant sera privé de son emploi, et puni sévèrement et qu'il sera, en outre, puni dans ses enfants, qui seront réduits à des conditions manuelles ou serviles[6]. On ne saurait d'ailleurs conclure de ces textes que des emplois lourds de responsabilités, exigeant de grandes capacités, étaient donnés d'emblée au fils du titulaire quand celui-ci mourait. En fait, les enfants de fonctionnaires entraient dans l'administration quand ils sortaient de l'école et montaient en grade suivant leur zèle et leur talent et suivant la puissance de leur protecteur.

L'école fait généralement partie du temple. Le futur grand prêtre d'Amon, Bakenkhonsou, fréquenta pendant douze ans l'école des écritures qui se trouvait dans le temple de la Dame du ciel[7]. On a trouvé dans l'enceinte du Ramesseum, à Tanis, à Deir el Medineh et dans d'autres sanctuaires, des ostraca et des papyrus qui sont des ouvrages d'écoliers. Les études commençaient de bonne heure. Bakenkhonsou n'avait que cinq ans lorsqu'on l'envoya à l'école, mais son père, qui était un prêtre éminent et qui avait de l'ambition pour lui, l'a peut-être poussé plus qu'un enfant ordinaire. Toutefois, on admettra que le jour où les petits garçons cessaient d'aller tout nus et nouaient leur première ceinture n'était pas éloigné du jour où ils prenaient le chemin de l'école.

Nous savons déjà que le futur officier était

enlevé tout jeune à ses parents, mais le régime des écoles était généralement l'externat. Le petit écolier emportait dans un couffin un peu de pain et une cruche de bière que sa mère préparait pour lui chaque matin[8]. Pendant qu'il allait de la maison à l'école, ainsi qu'au retour, il avait tout le temps de se chamailler et de se battre avec ses petits camarades. Un conte égyptien, récemment publié, nous présente un enfant si bien doué qu'il dépassait ses camarades plus âgés. Ceux-ci surent lui découvrir une tare et ils lui demandèrent un jour : « De qui es-tu le fils ? Tu n'as pas de père ? » Et comme il ne répondait rien, ils ne cessaient de l'accabler de railleries et de coups, en répétant : « De qui es-tu le fils ? Il n'y a pas de père chez toi[9] ! »

L'enfant apprenait d'abord à lire et à écrire. Le papyrus était une matière beaucoup trop précieuse pour qu'on en distribuât aux écoliers. On leur remettait, pour leurs exercices, des plaquettes de calcaire soigneusement polies sur lesquelles on avait tracé des lignes ou des quadrillés. A Thèbes on se contentait d'éclats de pierre grossièrement taillés. C'étaient leurs cahiers de devoirs. Ils s'exerçaient à y tracer des signes isolés, hiéroglyphes ou signes cursifs, des petits dessins, à copier des fragments de plus en plus étendus. C'étaient aussi leurs cahiers de leçons. Quelques-uns portent en effet des dates. Si elles étaient suffisamment nombreuses et complètes, nous pourrions conjecturer combien il fallait de jours à un écolier pour étudier, apprendre par cœur une œuvre classique, telle que l'hymne au Nil ou les instructions d'Amenemhat[10]. Quand il avait gâché assez de ces matériaux peu coûteux, l'écolier promu étudiant était autorisé à recopier sur un beau papyrus intact non plus un extrait, mais un ouvrage complet. Accroupi, il déroule une partie du rouleau tout neuf, égale en largeur à une page du modèle. Il a préparé son encore rouge et son encore noire, choisi dans sa tablette les calames appropriés et commence à recopier soit un conte, soit un recueil poétique ou moral, soit des modèles de lettres. Les titres et les débuts de chapitres sont écrits à l'encre rouge, le texte ordinaire à l'encre noire. Mais tout scribe était en même temps un dessinateur et un peintre. Il employait pour les enluminures des encres verte, bleue, jaune ou blanche.

L'éducation ne consistait pas simplement dans l'étude de la grammaire et de l'écriture, dans la connaissance des textes classiques, des histoires divines, d'un peu de dessin. Les fonctionnaires égyptiens ont des occupations extrêmement variées et passent avec une étonnante facilité d'un service à l'autre. Ouni fut d'abord un policier et un juge, puis il alla chercher des pierres au loin, construisit des bateaux, cura des canaux, et, quand la guerre eut éclaté, fit fonction de chef d'état-major. Il fallait donc que les étudiants fussent initiés à la connaissance des lois et des règlements, de l'histoire et de la géographie et aux principales techniques. Y avait-il des concours et des diplômes ? Nous serions tentés de le croire en voyant les questions que le scribe Hori pose à l'un de ses confrères qu'il voudrait prendre en défaut : Quelle est la ration d'une troupe en campagne ? Combien de briques exige la construction d'une rampe de dimensions données ? Combien faut-il d'hommes pour transporter un obélisque ? Comment dresser un colosse ? Comment organiser une expédition militaire ? Et, pour finir, toutes sortes de questions sur la géographie de la Syrie. Il y a là tout un programme d'études[11].

L'ardeur au travail était naturellement très variable chez tous ces scribes en espérance. Souvent les maîtres se désolent de les trouver si paresseux : « Ecris de ta main, ne cesse de répéter le scribe Amenmosé, discute avec de plus savants que toi... On est fort en s'exerçant chaque jour... Si tu fais un seul jour de négligence, tu seras frappé. L'oreille du jeune homme est sur son dos. Il n'écoute que celui qui le frappe. Laisse ton cœur écouter mes paroles. Cela te profitera. On apprend aux singes à danser. On dresse les chevaux. On prend le milan au nid. On fait voler le faucon. N'oublie pas qu'on progresse en discutant. Ne néglige pas les écritures. Mets ton cœur à écouter mes paroles, tu les trouveras profitables[12]. » Ce pédagogue croit, ou feint de croire, que l'étude n'a pas d'autre ennemi dans le cœur du jeune homme que la paresse et l'entêtement. Mais puisque l'on dompte et que l'on dresse les animaux, il compte, en faisant appel à l'ambition et au bon sens et surtout grâce à d'énergiques corrections, ramener l'élève dissipé sur la voie triomphale qui conduit aux plus honorables fonctions. Hélas ! les jeunes Egyptiens avaient des penchants plus funestes : « On me dit que tu délaisses les écritures, dit un autre maître aussi grognon qu'Amenmosé, mais mieux informé, et que tu te livres à la danse. Tu vas de cabaret en cabaret. L'odeur de la bière accompagne chacun de tes pas... Tu es comme une chapelle privée de son dieu, comme une maison sans pain. On te trouve cognant les murs. Les hommes s'enfuient au-devant de toi. Si tu pouvais savoir que le vin est une abomination ! Si tu pouvais oublier les gobelets ! Mais tu méconnais ta grandeur[13]. » Il y avait pire. La facilité que l'homme avait en Égypte d'introduire sous son toit des concubines, d'acheter ou de louer des esclaves, empêchait dans une certaine mesure le développement des maisons de débauche. Il en existait cependant où les clients n'étaient pas seulement entraînés à boire plus que de raison, mais où ils trouvaient des danseuses, des chanteuses et musiciennes de profession, qui étaient généralement, même si elles étaient chanteuses d'Amon, des femmes faciles. Là, on s'initiait aux charmes de la musique étrangère. On chantait, on déclamait, accompagné par le tambourin, par la harpe. On s'initiait à d'autres plaisirs en attendant de se retrouver dans la rue dans une tenue abjecte et, après de vains efforts pour assurer une marche chancelante, de rouler dans les ordures, ou avec une mauvaise querelle sur les bras[14].

III. — BONS ET MAUVAIS MAGISTRATS.

Les hommes de loi, même du grade le plus infime, étaient redoutés de la population, des artisans et des fellahs. Trop souvent leur visite annonçait une bastonnade en règle, la confiscation d'humbles richesses. Sans doute les moralistes recommandaient aux agents de l'autorité d'user de modération et de clémence : « Ne fraude pas sur la perception des impôts, mais ne sois pas non plus trop dur. Si tu trouves dans la liste un grand arriéré chez un pauvre, partage-le en trois parts. Tu en laisseras deux, pour qu'il n'en subsiste qu'une seule[15]. » Quelques fonctionnaires ont rappelé, sur une stèle dans leur tombeau, sur une statue érigée dans le temple sous le regard de leur dieu, qu'ils se sont inspirés de semblables maximes. « J'ai fait, dit le vizir Ptahmosé, ce que louent les hommes et ce dont les dieux sont satisfaits. J'ai donné du pain à l'affamé. J'ai rassasié celui qui n'avait rien[16]. » Un autre vizir, Rekhmarê, a soigneusement administré le domaine royal. Il a peuplé les temples de statues et s'est fait construire un tombeau magnifique, mais aussi il a protégé le faible contre le fort, défendu la veuve qui n'avait pas de parenté, mis les enfants sur la place de leur père[17]. Les subordonnés du grand prêtre d'Amon Bakenkhonsou n'eurent pas à se plaindre de leur chef, du moins si on l'en croit : « Je fus un père pour mes subordonnés, instruisant leurs jeunes gens, donnant la main aux malheureux, assurant l'existence de ceux qui sont dans le besoin. Je n'ai pas terrorisé des serviteurs, mais je fus pour eux un père... J'ai assuré des funérailles à celui qui n'avait pas d'héritier, un cercueil à celui qui ne possédait rien. J'ai protégé l'orphelin qui m'implorait et j'ai pris en main les intérêts de la veuve. Je n'ai pas chassé le fils de la place de son père. Je n'ai pas arraché le petit enfant à sa mère... J'ai ouvert mes oreilles à ceux qui disaient la vérité. J'ai éloigné ceux qui étaient chargés d'iniquités[18]. » De même Khâemhat, ancien scribe royal et chef des greniers, est descendu vers la nécropole après avoir été disculpé sur terre. Il ne s'est pas produit d'accusation contre lui... Lorsqu'il est parvenu à la grande salle de justice, tous ses actes ont été trouvés, d'après le fléau de la balance, équilibrés par les dieux qui l'habitent. Thot l'a disculpé au tribunal de tous les dieux et déesses[19].

Ces propos sont réconfortants. Néanmoins, un

vieux souverain, qui connaît bien les hommes, met son fils en garde contre les juges : « Tu sais qu'ils ne sont pas cléments le jour où l'on juge le misérable. » Horonemheb, vieux militaire, qui fit l'intérim entre les descendants d'Akhenaton et Ramsès Ier ne se fait pas d'illusion. Il sait que dans les années troublées qui ont suivi la révolution religieuse, les scribes, les collecteurs d'impôt et toutes les moindres puissances avaient pressuré les petites gens de façon abominable, volant à la fois le public et Pharaon. Quand on en appelait à la justice, ceux qui auraient dû protéger le contribuable recevaient de l'argent afin d'absoudre le criminel et condamnaient l'innocent trop pauvre pour les acheter. Horonemheb, qui cherchait l'occasion d'écraser l'injustice et de punir le mensonge, promulgua un édit contre les prévaricateurs. Tout magistrat convaincu d'avoir abusé de sa charge était condamné à avoir le nez coupé et était déporté dans une sorte de camp de concentration situé à Silè, dans l'isthme de Suez[20].

Dans un décret publié il y a peu d'années, Menmatrê s'adresse assez rudement aux vizirs, aux grands, aux juges, au fils royal de Kouch, aux chefs des archers, aux préposés à l'or, aux princes, aux chefs des tribus du sud et du nord, aux écuyers, aux chefs des écuries, aux porte-parasol, à tous les gardiens de la maison du roi et à tous les hommes envoyés en mission. Il s'agit de protéger contre ces fonctionnaires le temple de millions d'années que le roi vient de consacrer à Abydos et qu'il a magnifiquement doté de biens, de personnel et de troupeaux. Le roi a de bonnes raisons de craindre qu'on y réquisitionne les bergers, les pêcheurs, les agriculteurs et les artisans, qu'on ne se livre à la chasse et à la pêche dans ses étangs et terrains de chasse, qu'on ne confisque les bateaux, en particulier ceux qui reviennent de Nubie chargés des produits méridionaux. Tout fonctionnaire qui s'emparera de biens appartenant au temple sera puni au minimum de cent coups de bâton, devra restituer ce qu'il aura pris et verser le centuple à titre de dommages et intérêts. Dans certains cas, la pénalité est de deux cents coups et de cinq fractures. Elle va même jusqu'à l'ablation du nez et des oreilles et à la saisie du coupable qui sera remis comme cultivateur au personnel du temple[21]. L'on est étonné de voir le roi sévir avec tant de rigueur contre les agents de son administration en faveur de privilégiés qui formaient un Etat dans l'Etat. Il est d'ailleurs exact que les fonctionnaires n'avaient pas toujours un respect sans borne pour les privilèges du clergé[22]. Mais l'on peut se demander si les exactions contre un artisan ou un cultivateur libre étaient aussi sévèrement réprimées. L'histoire du paysan de l'Oasis du Sel, tout incomplète qu'elle est, prouve au moins que le roi désirait sincèrement gouverner avec équité.

IV. — Le maintien de l'ordre.

Sous les derniers Ramsès, des scènes incroyables se passèrent à Thèbes et sans doute dans toute l'Egypte. Des vols, des abus de pouvoir, des crimes, on en avait vu à toutes les époques, même sous les meilleurs rois, mais l'on n'avait pas encore vu des bandes organisées piller les temples et les tombeaux où dormaient d'immenses richesses qui, en somme, étaient protégées principalement par la naïveté de la population. Depuis l'Ancien Empire, les Egyptiens avaient l'habitude de graver en bonne place, en grands caractères, un avis informant ceux qui se conduiraient mal dans un tombeau, qui endommageraient ou déroberaient les statues, les peintures et les inscriptions et tous les objets du mobilier funéraire, que leur mauvaise action ne resterait pas sans châtiment : « Celui qui fera quoi que ce soit contre ceci, que le crocodile l'attaque dans l'eau, que le serpent l'attaque sur terre. Jamais on ne lui fera ses cérémonies. C'est Dieu qui le jugera[23]. » Beaucoup plus tard, un nomarque de Siout, qui avait de bonnes raisons de craindre qu'on ne respecte pas son tombeau, car il avait lui-même usurpé un tombeau plus ancien, y faisait graver un avis plus circonstancié : « Tous les hommes, tous les scribes, tous les savants, tous les bourgeois et gens du commun qui feraient des éclats de voix dans cette tombe, qui endommageraient ses écritures, qui briseraient ses statues, ils s'exposeraient à la colère de Thot, le plus pointu qui soit parmi les dieux, ils appartiendraient au couteau des bourreaux du roi qui siègent dans les grands châteaux. Leurs dieux ne recevront pas leurs pains. » Par contre, des bénédictions sont promises au visiteur respectueux, qui deviendra un vieillard de sa ville, un amakhou de son nome[24].

Les Egyptiens du Nouvel Empire n'ont pas perdu confiance dans la vertu de ces inscriptions comminatoires. Menmatrê, ayant trouvé de l'eau dans le désert à côté des mines d'or, y construit un sanctuaire dédié à Amon-Râ et à d'autres divinités, non seulement pour les remercier, mais pour qu'ils protègent ceux qui vont laver l'or et qui doivent le remettre au trésor royal. Aux rois à venir qui respecteront les décisions de Menmatrê, Amon, Harakhté et Tatenen accorderont de gouverner la terre d'un cœur suave, de renverser les pays étrangers et la Terre de l'Arc, mais le roi qui renversera ces plans devra répondre à On devant on ne sait quel tribunal. Le prince qui conseillerait à son maître d'enlever les mineurs pour les mettre à un autre service, « la flamme brûlera sa chair. La Claire dévorera ses membres. Tout homme, enfin, qui serait sourd à son ordre, que Osiris soit derrière lui, Isis derrière sa femme, Horus derrière ses enfants, avec les princes de Todjouser qui font leurs missions[25]. » Heri-hor, grand-prêtre d'Amon, a placé sa statue dans le temple pour qu'elle demeure près du dieu et qu'elle le salue quand il sort en procession. Malheur à qui la changera de place, même après de nombreuses années : « Il appartiendra à la colère d'Amon, de Mout et de Khonsou. Son nom n'existera plus dans le pays d'Egypte. Il mourra de faim et de soif[26]. » Amenhotep III a pris un décret réglementant le château de *Ka* de son favori Amenhotep, fils de Hapou. La fondation est placée sous la protection d'Amonrâsonter aussi longtemps qu'elle durera sur la terre. Ceux qui commettront contre elle quelque dommage seront exposés au courroux d'Amon : « Il les livrera au feu du roi en son jour de colère. Son uraeus vomira la flamme sur leur front, détruira leur chair et dévorera leur corps. Ils deviendront comme Apopi au matin du jour de l'an. Ils ne pourront pas avaler les offrandes des morts. On ne leur versera pas l'eau du fleuve. Leurs fils n'occuperont pas leur place. Leurs femmes seront violées sous leurs yeux... Ils seront voués au couteau le jour du massacre. Leurs corps dépériront, car ils auront faim et n'auront pas d'aliment[27]. »

Tout se tient dans un pays. La crainte des dieux, l'horreur des châtiments posthumes ont pu préserver temples et tombeaux tant qu'une police honnête et vigilante montait la garde à l'occident de Thèbes. Il vint un jour où la police oublia son devoir. Ce jour-là, les inscriptions terrifiantes perdirent toute leur vertu.

Les premiers actes de pillage ont eu lieu à notre connaissance en l'an XIV de Ramsès IX, mais ce ne sont sans doute pas les premiers. Pendant des années les tombes furent pillées sans que le prince du *kher,* à savoir de la nécropole, de qui dépendaient les policiers, les *Medjaiou* et un corps nombreux de gardiens, levât le petit doigt pour mettre fin à ces pratiques. Ce fut le prince de la ville, Paser, que ces affaires en somme ne regardaient pas, qui dénonça le scandale dans un rapport au vizir et à une commission de grands fonctionaires. Ce rapport était très alarmant. Le prince du *kher,* Paourâ, directement mis en cause, fut obligé de faire faire une enquête par ses collaborateurs de la police. On vérifia un groupe de tombes dans le quartier nord de la nécropole, en commençant par celle du roi Amenhotep[1er], dont la mémoire était chère à toute la population de la rive gauche. Le prince Paser affirmait dans son rapport qu'elle avait été violée. Paser s'était trompé. La tombe du saint roi était intacte. Intacte aussi une tombe voisine du temple de ce même Amenhotep, qui était extrêmement connue parce que l'on y voyait une statue représentant le roi Antef ayant son chien Bahka entre les jambes. Les voleurs avaient fait une tentative assez poussée contre deux autres tombes, mais ils n'avaient pas pu atteindre la chambre funéraire. Par contre, ils avaient complètement réussi dans leurs opérations contre la tombe du roi Sekhem-rê-Chedtaoui, le fils du soleil Sobekemsaf. La salle où ce roi reposait avec son épouse, la reine Noubkhas, fut trouvée vide de tout son contenu. Cinq autres tombes royales étaient intactes, mais, sur quatre tombeaux appartenant aux chanteurs de la maison d'adoration d'Amonrâsonter, deux étaient violés. Quant au cimetière voisin où reposaient les chanteurs, les ancêtres et les gens du pays, il offrait un spectacle lamentable. Tous les tombeaux avaient été violés. Les bandits avaient arraché les momies des cercueils de bois ou de pierre et les avaient laissés abandonnés sur le sol, après avoir arraché l'or et l'argent et dérobé tout le mobilier funéraire. Quelques-uns des bandits ayant été alors arrêtés et interrogés, le procès-verbal de leur interrogatoire fut également envoyé par le prince Paourâ à la commission d'enquête.

Ces importants personnages n'avaient guère le droit d'être fiers. Ils n'auraient dû avoir qu'une pensée : mettre la main sur les bandits, révoquer, punir tous ceux qui, par leur négligence ou parce qu'ils étaient leurs complices, étaient responsables de ces horreurs. Or leur mauvaise humeur s'exerce avant tout contre le prince de la ville, Paser, qui les avait obligés à sortir de leur inertie et menaçait à présent d'adresser un rapport au Pharaon et de les faire arrêter tous. Pour se débarrasser de ce gêneur, on lui envoie un faux témoin, un certain Pakharou, ouvrier sur métal, qui lui raconte qu'avec sa bande il était allé piller les grandes demeures. Le prince du *kher*, qui savait évidemment à quoi s'en tenir sur le bien fondé de ce témoignage, fit une enquête qui établissait sa parfaite inanité. Puis la Commission d'enquête se réunit sous la présidence du vizir. Elle convoqua l'ouvrier en question et ses prétendus complices, ainsi que l'accusateur et ceux qu'il mettait sur la sellette. Le vizir résuma la question et fit connaître les résultats de l'enquête : « Nous avons vérifié les places que le prince de la ville prétendait avoir été atteintes par les ouvriers du château d'Ausirmarê Miamoun. Nous les avons trouvés intactes. Il a été constaté que tout ce qu'il avait dit était faux. » Les ouvriers furent interrogés et confrontés avec Paser. On trouva qu'en effet ils ne connaissaient aucune des demeures dans la place de Pharaon qui avaient été visées dans le factum du prince de la ville. Paser fut donc convaincu de mensonge. Les ouvriers, qui appartenaient au premier prophète d'Amonrâsonter, personnage des plus suspects, furent remis en liberté et retrouvèrent leur place[28].

Tout disposés qu'ils fussent à fermer les yeux sur les agissements des bandits, les policiers n'avaient pu éviter d'arrêter quelques-uns de ceux qui avaient pillé le tombeau du roi Sobekemsaf. Grâce aux pièces de l'enquête qui nous sont parvenues, nous pouvons nous représenter comment ils opéraient. Un maçon, du nom d'Amenpanofer, dépendant du grand prêtre d'Amonrâsonter Amenhotep, s'était associé à sept autres artisans, maçons comme lui, ou charpentiers, à un cultivateur et à un batelier, recrue indispensable, car il fallait passer et repasser le Nil avec le produit des vols sans éveiller l'attention des curieux. Ces coquins travaillaient depuis quatre ans déjà, quand ils décidèrent d'attaquer la pyramide de Sobekemsaf. « Elle ne ressemblait en rien aux pyramides et aux tombes des nobles que nous avions l'habitude de piller. » Ils prirent leurs outils de cuivre et creusèrent un passage dans la masse de la pyramide. Cela ne se fit pas en un jour, mais ils finirent par atteindre les chambres souterraines. Ils allumèrent leurs torches, achevèrent d'ôter les derniers obstacles et se trouvèrent en présence des deux sarcophages du roi et de la reine. Mais ils n'étaient pas venus pour faire de l'archéologie. Sans s'attarder, ils soulevèrent les couvercles des sarcophages et trouvèrent à l'intérieur les cercueils de bois doré qu'ils ouvrirent également. La noble momie du roi, allongée dans son cercueil, était munie d'un glaive, qui était peut-être orné, comme celui de la reine Ah-hotep, de palmettes et de scènes de chasse. Un masque d'or couvrait le visage. Des colliers et des amulettes étaient pendus au cou. Toute la momie était recouverte d'or. Les bandits ramassèrent tout l'or, tout l'argent, tout le bronze, tous les bijoux. Ils mirent le feu aux cercueils. L'or pesait 160 *deben* (14 kilos et demi). Ils en firent huit parts égales et repassèrent le Nil. Soit qu'ils aient bavardé, soit qu'ils n'aient pu dissimuler à tout le monde leur expédition, Amonpanofer fut arrêté par des surveillants de la ville, qui l'enfermèrent dans le bureau du prince Paser. Le voleur ramassa ses vingt *deben* d'or, et les remit au scribe du quai, qui lui rendit la liberté sans autre forme de procès. Il alla retrouver ses compagnons qui, très honnêtement, firent un nouveau partage où les parts n'étaient plus, hélas ! que de dix-sept *deben* et demi. Comme il fallait bien se rattraper, la bande recommença ses opérations jusqu'au jour où l'on se décida à les arrêter. « Mais, ajoute le voleur, un grand nombre de gens du pays les pillaient comme nous et sont aussi coupables que nous. » On les garda quelque temps. Les magistrats les firent avouer et les emmenèrent jusqu'à la pyramide qu'ils avaient violée, pour reconstituer le crime. Ils décidèrent de remettre les huit voleurs au grand prêtre d'Amon, leur chef, mais au moment d'opérer ce transfert les huit n'étaient plus que trois, auxquels s'ajoutait un individu d'une autre bande de dix-sept. Les autres avaient pris le large. Les magistrats se déchargèrent sur le grand prêtre du soin de les retrouver.

Trois mois plus tard, le maçon Amenpanofer, dont la mère était déjà reléguée en Nubie, fut retrouvé et amené devant un tribunal. Après avoir été convenablement bâtonné, il fait de nouveaux aveux. Il avait violé avec ses compagnons le tombeau d'un troisième prophète d'Amon. Ils étaient cinq. Ils emportèrent au-dehors le sarcophage de bois doré, laissant la momie dans un coin du tombeau. S'étant rendus ensemble dans l'île d'Amonemopet, ils mirent l'or de côté, le partagèrent et brûlèrent le cercueil. Amonpanofer recommença, fut pris, relâché, recommença, jusqu'à la nouvelle arrestation qui l'amena devant les juges[29].

Les bandits qui pillaient les tombes des rois et des particuliers se recrutèrent au début parmi les carriers, les maçons et les artisans employés dans la nécropole. Leur troupe se grossit bientôt de petits fonctionnaires qui dépendaient des temples de l'ouest et du *kher* et de membres du clergé. Une bande, qui comprenait un prêtre, Pen-ounheb, et quatre pères divins, Mery le vieux, son fils Païsem, Semdy, Pakharou, se fit la main en dépouillant de son collier une statue de Nefertoum du roi Ousirmarê Sotepenrê, le grand dieu. Ce bijou, une fois fondu, procura quatre *deben* et six *quites* d'or. Mery le vieux, en sa qualité de doyen d'âge, sans doute, les partagea[30]. Une autre bande, où des prêtres, des scribes, des valets de bœufs s'étaient associés, exploitait la maison d'or du roi Ousirmarê Sotepenrê. Nous ne savons pas au juste ce que l'on entendait par la maison d'or du roi ni où elle se trouvait. La porte extérieure, en granit d'Abou, avait des verrous de cuivre. Les portails étaient recouverts d'or. Ce monument devait être bien mal gardé. Le prêtre Kaoukaroï et quatre de ses confrères s'y rendirent plus d'une fois et rapportèrent chaque fois un certain poids d'or qu'ils échangèrent en ville contre du blé. Un jour, un berger leur chercha querelle : « Pourquoi, leur dit-il, ne me donnez-vous plus rien ? » Ils retournèrent à leur inépuisable réserve et revinrent avec cinq *quites* d'or. Ayant acheté pour ces quarante-cinq grammes d'or un bœuf, ils en firent présent au berger. Mais le scribe des livres royaux Setouimosé avait entendu les prêtres et le berger pendant qu'ils se querellaient. Sautant sur l'occasion, il déclara : « Je vais aller faire un rapport au premier prophète d'Amon. » Les prêtres ne se le firent pas dire deux fois. En deux expéditions ils se procurèrent quatre *quites* et demie d'or avec lesquelles ils achetèrent le silence du bibliothécaire. Le prêtre Toutouy, qui était un des fidèles de la maison d'or, voulut étendre la zone de ses opérations. Avec le prêtre Nesiamon, il courut aux portes du ciel. Il y mit le feu après avoir enlevé tout l'or[31]. Une grande quantité de meubles précieux disparut de la même façon. Un jour des voleurs enlevèrent la châsse portative du premier prophète d'Amon Ramsèsnekht, mort peu de temps auparavant. Un autre jour, une autre bande soustrait la châsse portative d'Ousirmarê Sotepenrê, le grand dieu, et les quarante maisons du roi Menmatrê Setoui qui étaient déposées dans le trésor du château d'Ousirmarê[32].

Les rapports et les interrogatoires relatifs à ces actes de pillage formeraient une liasse passablement épaisse. Toutefois, ils ne mentionnent que des affaires assez minces puisqu'ils ne signalent qu'une tombe royale violée. Or presque toutes les tombes de la vallée des rois et de la vallée des reines furent violées et pillées avant le début de la XXIe dynastie, c'est-à-dire en moins de trente ans. Pour sauver les momies des Pharaons, les vizirs et les grands prêtres d'Amon se résignèrent à les enlever de leurs cercueils et à les déposer sans leurs bijoux ni leur masque d'or, simplement enveloppées de bandelettes, dans de modestes cercueils de bois qui furent enfouis dans quelques cachettes. La tombe de Toutankhamon fut à peu près seule épargnée, avec la tombe de la reine Ah-hotep, qui était dans la région où les premiers voleurs s'étaient fait la main. Il me paraît peu probable que les tombes des Amenhotep, des Thoutmosé, des Sétoui et des Ramsès aient été toutes pillées par quelques artisans, même groupés en bandes, dont la police, en temps normal, serait facilement venue à bout. Sous les deux derniers Ramsès, l'Egypte fut déchirée par une affreuse guerre civile, qui mit aux prises le clergé et les partisans d'Amon avec le clergé et les partisans de Seth répandus sur tout le territoire, mais particulièrement nombreux et actifs près de Coptos, à Oxyrrhinque, à Tell Modam, à Pi-Ramsès. C'est au cours de cette guerre, j'imagine, que les grandes tombes furent pillées soit par les partisans d'Amon, soit par les partisans de Seth, ou par les deux à tour de rôle, chacun ayant l'excuse de ne pas laisser à son adversaire de telles masses de métal précieux. L'exemple étant donné de haut, les petites gens avec de petits moyens continuèrent à prendre l'argent où il était, d'autant plus qu'à la faveur de l'anarchie la vie était devenue effroyablement chère. Les denrées étaient rares et ne s'échangeaient que contre du bel or et du bel argent. On donne quarante-cinq grammes d'or pour un bœuf. Les complices d'un nommé Boukhâf avouent qu'avec leur part ils ont acquis les uns des terrains, les autres des grains, de l'étoffe, des esclaves. L'achat d'un esclave ne pouvait passer inaperçu, puisqu'il était enregistré dans un bureau officiel. Aussi le juge, apprenant que des gens de petite condition ont acquis un esclave, les questionne sur leurs ressources. A une Thébaine nommée Ary-nofer, le scribe du tribunal demande : « Que dis-tu de l'argent qu'avait apporté Panehsy, ton mari ? — Je ne l'ai pas vu ! » Le vizir insiste : « Par quel moyen as-tu acquis les serviteurs qui étaient avec lui ? — Je n'ai pas vu l'argent avec lequel il les a payés. Il était en voyage quand il était avec eux. » Les magistrats posent une dernière question : « D'où venait l'argent que Panehsy a fait travailler chez Sobekemsaf ? — Je l'ai acquis en paiement d'orge dans l'année des hyènes, quand on avait faim[33] ! »

Le tribunal n'éprouva pas le besoin de faire préciser par l'inculpée ce qu'elle entendait par l'année des hyènes. C'était une expression courante, mais elle nous embarrasse un peu. Certains égyptologues ont cru que pendant cette année les hyènes s'étaient montrées à Thèbes, de même qu'on a vu parfois, chez nous, les loups rôder dans les faubourgs des grandes villes. D'autres ont pensé que ce n'est qu'une image. L'année des hyènes fut peut-être celle où les ennemis d'Amon s'emparèrent de Thèbes et mirent à sac ses temples et ses nécropoles. La démoralisation était grande. Au père d'une femme qui faisait partie de la bande de Boukhâf, un voleur crie : « Vieil imbécile, propre à rien, si tu es tué et jeté au Nil, qui te cherchera[34] ? » Ramsès III n'avait pas tort de recommander aux dieux, avec une insistance si pathétique, d'accorder à son fils un règne prospère. Il voyait venir la catastrophe. Elle s'est produite environ trois quarts de siècle après sa mort. L'Egypte en sortit diminuée après un quart de siècle, ou davantage, de désordres pendant lesquels on vit ce qui ne s'était pas produit depuis le temps des Hyksos, des artisans, des scribes et des prêtres dépouillant les dieux et les morts.

V. — Au tribunal.

Lorsque l'ordre eut été rétabli, la répression commença. Sans doute, déjà sous Ramsès IX, une commission d'enquête présidée par le vizir, qui est après Pharaon le plus grand personnage du royaume, s'était renseignée sur l'étendue des dégâts. Elle nous a paru moins curieuse de savoir la vérité que désireuse d'empêcher qu'on en parlât. Des bandits sont arrêtés. Ils achètent leur liberté avec un peu d'or et recommencent. Ils profitent de leur transfert de la prison du prince de la ville à la prison du grand prêtre pour prendre la clef des champs. Mais après le renouvellement des pillages qui se produisit dans les dernières années du règne de Ramsès IX, une autre commission d'enquête, qui comprenait aussi le vizir, des échansons royaux, un préposé au trésor, deux porte-parasol, des scribes et des hérauts, se mit au travail, cette fois avec résolution. Il arrivait fréquemment que des plaignants consultassent la statue d'un saint roi pour obtenir la restitution d'un objet volé, le paiement intégral d'une rente. La présente affaire est trop sérieuse. On laisse le saint roi dans son coin. Les juges n'ont recours qu'aux moyens qui avaient fait leur preuve pour savoir la vérité.

Au début d'une séance consacrée à l'interrogatoire des grands coupables de bandits qui avaient pillé les grandes demeures, le vizir dit au berger Boukhâf : « Tu étais dans l'expédition avec ta bande. Le dieu t'a attrapé. Il t'a amené. Il t'a mis au pouvoir de Pharaon. Dis-moi tous les hommes qui étaient avec toi dans les grandes demeures ! » L'inculpé ne se fait pas trop prier pour nommer six de ses compagnons. Mais cela ne suffit pas au tribunal. Boukhâf reçoit la bastonnade. Il jure de parler. On l'interroge à nouveau : « Dis par quel genre de marche tu as atteint les grandes demeures vénérées ? » Il prétend que la tombe où il a pénétré était déjà ouverte, ce qui lui vaut une nouvelle bastonnade à laquelle il met fin en déclarant : « Je jure de parler. » On arrive ainsi à lui extirper treize noms, puis il déclare : « J'atteste Amon, j'atteste le souverain que si l'on trouve que j'ai caché un de ceux qui étaient avec moi, je ferai son châtiment à sa place[35] ! » Alors commence le monotone défilé des complices auxquels se joignent d'autres individus dont les noms sont prononcés au cours de l'instruction. Les inculpés jurent de ne pas mentir sous peine d'être relégués en Nubie, ou d'être mutilés, ou d'être mis sur le bois. Nous avons déjà rencontré cette expression. Plusieurs de ceux qui avaient

355

comploté contre Ramsès III ont été condamnés a être mis sur le bois. Des égyptologues ont pensé que cela voulait dire empalés. Ce n'est pas certain. Des empalés se voient sur des bas-reliefs assyriens. On n'en a jamais vu sur des bas-reliefs égyptiens, mais l'on y voit quelquefois un individu attaché à un poteau pour recevoir la bastonnade[36]. Je suppose donc que le condamné mis sur le bois était attaché à un poteau, peut-être jusqu'à ce que mort s'ensuive. Quelquefois, à la question du juge, l'inculpé répond : « Malheur à moi, malheur à ma chair ! » Sans s'émouvoir le juge pose une question et la réponse n'étant généralement pas satisfaisante, l'on passe à la bastonnade. Il y avait plusieurs genres de bastonnade, car on note l'emploi de trois termes différents : *badjana, nadjana* et *manini*. Certains ont goûté successivement des trois traitements, mais nous ne saurions dire exactement par quoi ils diffèrent. La bastonnade était appliquée sur le dos, mais aussi sur les mains et sur les pieds. Cet énergique traitement délie bien des langues, mais pas toujours. Souvent le greffier constate qu'après deux ou trois bastonnades l'accusé n'a pas avoué. Vraisemblablement, il restait à la disposition de la justice. Il arrive que le juge perplexe, n'ayant obtenu ni aveu, ni renseignement, invite le misérable à désigner un témoin qui pourra le soutenir. Il est bien rare qu'un accusé soit remis en liberté. Un joueur de trompette, nommé Amonkhâou, ayant été introduit, le vizir lui demanda : « Quel moyen as-tu employé avec le brûleur de résine Chedsoukhonsou, quand tu as atteint la grande demeure d'où tu as emporté l'argent dehors après l'expédition des voleurs ? » Il dit : « Malheur à moi ! Malheur à ma chair ! Perpatjaou, le joueur de trompette, mon compagnon de dispute, avec qui je me disputais, je lui disais : « Ils te tueront à « cause des vols que tu fais dans le *kher*... » On l'interrogea avec bastonnade à ses pieds et à ses mains. Il dit : « Je n'ai vu personne que celui que j'ai dit. » On l'interrogea avec *nadjana,* deux fois, et *manini.* Il dit : « Je n'ai rien vu. Ce que j'ai vu, je l'ai dit. » On renouvela son interrogatoire le quatrième mois de l'été, le 10. Il fut trouvé innocent au sujet des vols. On lui rendit l'air. Le malheureux l'avait bien mérité [37].

Grâce à tous ces documents, nous assistons à de nombreux interrogatoires, mais les jugements ne nous sont pas parvenus. Nous ne connaissons pas les condamnations qui furent prononcées. Ou bien ces misérables périrent dans les supplices, ou bien ils achevèrent leur pauvre vie dans les mines et dans les carrières.

VI. — Réception des tributaires étrangers.

On vient de voir que les agents de l'Etat étaient principalement occupés à faire valoir le domaine royal, à réprimer le banditisme, rendre la justice, lever les impôts. En temps de disette ils ravitaillaient la population. Telle était la besogne courante. Parfois, des tâches plus flatteuses étaient le partage de quelques privilèges. Aucune, semble-t-il, ne pouvait être plus agréable que d'accueillir à leur entrée en Egypte, et d'introduire auprès de Pharaon, les délégués des pays étrangers qui venaient soit acquitter une contribution de guerre, soit exprimer le désir d'être dans l'eau du roi, ou encore faire savoir en haut lieu que dans un pays lointain une princesse ne parvenait pas à guérir et que la science d'un médecin égyptien, ou la présence d'un dieu compatissant, était le seul moyen de lui rendre la santé.

Les délégués de Retenou, du Naharina, des extrémités de l'Asie pouvaient à volonté prendre la route de terre, ils étaient alors accueillis par les gardes-frontière aux chemins d'Horus, ou venir par mer. Leurs bateaux ressemblent à ceux des Egyptiens, ce qui ne peut nous étonner puisque les Egyptiens étaient, pour la construction navale, les élèves des gens de Byblos.

Quand ils arrivent au port, les chefs syriens brûlent de l'encens et expriment par de grands gestes leur joie d'avoir heureusement terminé ce long voyage. Ils débarquent aussitôt leurs marchandises, pendant que des Egyptiens ouvrent sur le quai des restaurants et des buvettes, et bientôt après ils entrent en rapport avec un fonctionnaire égyptien qui les conduira chez le vizir. Leur cortège était des plus plaisants. Très probablement, il y avait foule pour les voir passer. Les artistes, qui auraient à le représenter un jour dans le tombeau du vizir, les examinaient avec une attention soutenue. Les hommes étaient vêtus de pagnes brodés de laines multicolores et ornés de glands ou de longues robes à manches, qui se fermaient par-devant avec un lacet et des crochets, ou bien ils étaient drapés avec une large écharpe de laine. Quelques-uns portaient au cou un médaillon. Les femmes avaient des robes à volants. Les valets conduisaient des chevaux, des ours, des éléphants à peine plus gros qu'un veau et portaient sur l'épaule des jarres contenant de la résine de térébinthe, de la poix, du miel, de l'huile, des corbeilles pleines d'or ou de lapis-lazuli. Les Egyptiens appréciaient davantage encore les produits manufacturés, les chars et les armes, les objets de parure et les vases de métal. Les Syriens atteignaient dans cette fabrication une virtuosité étourdissante. Ils ne se contentaient plus, comme au début de la XVIIIᵉ dynastie, d'amphores à anses florales, de coupes à godrons, de cratères contenant un bouquet de plantes artificielles, mais ils produisaient d'immenses vases à pied, entièrement habillés de motifs gravés ou incrustés, enrichis de plantes, de têtes humaines ou animales qui se groupaient autour du pied, de la panse ou du couvercle. Certaines de ces amphores avaient triple panse et trois cols. Les couvercles affectaient la forme d'une tête de Bès ou d'une tête de griffon. Des cratères formaient la base d'où jaillissait un édifice à plusieurs étages ou qui supportait un sphinx à tête de femme. Quelquefois, au contraire, le cratère est soutenu par deux hommes placés dos à dos. Notons encore les têtes, tête de Bès ou tête de femme, emmanchées d'une défense d'éléphant naturelle ou artificielle, revêtue aussi d'un riche décor. De telles pièces n'ont aucune utilité pratique. Ce sont de purs ouvrages d'apparat. Ils n'en plaisaient que davantage aux Egyptiens, qui faisaient copier dans leurs ateliers les modèles les plus simples. Mais on mesurera l'intérêt qu'ils portaient à ces produits étrangers en considérant avec quel soin ils ont été reproduits, par exemple au tombeau d'Amiseba[38].

Les cortèges de méridionaux ne le cédaient en rien, sous le rapport du pittoresque, à ceux des Asiatiques. Parés de colliers, de queues de panthère attachées à leurs bras, le crâne rasé à l'exception de trois touffes de cheveux, ils avancent en dansant au son du tambourin. Leurs femmes sont vêtues d'un jupon ou d'une robe à volants et portent jusqu'à quatre enfants dans une hotte. Ils apportent des boucliers de cuir, de l'ivoire, des plumes d'autruche et des œufs, des peaux de panthère, des jarres et des ballots. Ils tirent par une corde des singes, des guépards, des girafes au long col. Aucun de ces cortèges ne peut se comparer à celui qui fut présenté à Toutankhamon par le fils royal de Kouch Houy[39]. Le vice-roi, ayant encore au cou les colliers d'or dont son souverain l'a gratifié, reçoit ses collaborateurs égyptiens qui le saluent, mettent le genou à terre, touchent ses pieds ou sa robe. La plupart des Nubiens ont adopté le costume égyptien tout en gardant quelques-unes de leurs parures nationales. Leurs longs cheveux forment une espèce de calotte serrée par un diadème où se fixe une plume d'autruche. De gros anneaux sont pendus à leurs oreilles. Le cou est emprisonné dans un collier de perles. Des bracelets massifs brillent à leurs poignets. Quelques-uns portent sur le dos une peau de panthère et, par-dessus, un équipement composé d'une ceinture, d'une bretelle et d'un devanteau, sur lesquels on distingue des soleils rayonnants. Les princes portent avec aisance la robe transparente et plissée, le gorgerin des Egyptiens, et chaussent des sandales. Leurs enfants, comme ceux des Egyptiens, laissent pendre sur la joue droite une large boucle de cheveux tressés. Des queues de panthère sont accrochées à leurs bras. Tandis que les porteurs d'offrandes ont passé dans les oreilles de simples anneaux, leurs boucles d'oreilles consistent en disques d'or et pendants.

La troupe comprend des guerriers qui mettent le genou en terre et demandent le souffle de vie, des porteurs d'offrandes qui présentent des sachets et des anneaux d'or sur des plateaux, des peaux de panthère, des girafes, des bœufs dont les cornes immenses sont terminées par des mains. Un groupe de princes précède le roi du pays, qui est monté sur un char assez semblable à celui des Egyptiens et des Asiatiques, à cela près qu'il est pourvu d'un magnifique parasol de plumes d'autruche et attelé de deux bœufs sans cornes. Quelques prisonniers, menottes aux mains, garrot au cou, suivent le char. Des négresses, portant les tout petits dans une hotte et traînant leurs enfants tondus à la mode du pays, ferment la marche. Elles sont nues jusqu'à la ceinture. Comme les hommes, elles portent des boucles d'oreilles, des queues de panthère et des bracelets massifs.

Sans être aussi industrieux que les Phéniciens, les peuples méridionaux comptaient de fort habiles artisans. Il semble que les gouverneurs égyptiens de la Nubie, qu'on appelait les fils royaux de Kouch, aient fait des efforts pour développer les arts indigènes, quand on voit avec quelle satisfaction Houy contemple les marchandises étalées sous ses yeux avant de les présenter lui-même à son souverain. Les Nubiens fabriquaient non seulement des articles imités de modèles égyptiens, des sièges, des lits, des chevets, des chars, mais aussi des armes différentes de celles des Egyptiens. Leurs boucliers de cuir bordés d'un ruban de métal et fortifiés par des clous, étaient parfois décorés de scènes tirées du répertoire officiel. On y voyait un sphinx à tête de bélier foulant aux pieds des ennemis, Pharaon perçant de sa lance un Nubien. Mais les Egyptiens appréciaient plus encore des reproductions de villages nègres en or, posés dans des corbeilles ou sur un guéridon. Une cabane en forme de pyramide très haute est ombragée par des palmiers dattiers et des palmiers doum. Des enfants et des singes montent dans les arbres pour cueillir les régimes. Des girafes et leurs gardiens circulent dans le village. A la périphérie, des nègres saluent. Le pied du guéridon est décoré de nègres attachés à un poteau et de cartouches royaux. Des peaux de panthère et des chaînes d'or sont suspendues à la table. C'est le clou de l'exposition, le chef-d'œuvre de l'orfèvrerie nubienne d'inspiration égyptienne.

Le fils royal de Kouch, qui rapportait de tels trésors des pays du Sud, sans parler des lingots d'or, de l'ébène et de l'ivoire, et qui pouvait se flatter d'y avoir fait régner la paix, avait bien mérité sa récompense.

CHAPITRE XI

L'ACTIVITÉ DANS LES TEMPLES

I. — La piété.

Les égyptiens, a dit Hérodote, étaient les plus scrupuleusement religieux des hommes[1]. Ils croient que tout dans l'univers appartient aux dieux, qu'ils sont la source de toute prospérité, qu'ils connaissent nos désirs, qu'ils peuvent à tout moment intervenir dans les affaires humaines. Si Ramsès II, abandonné de ses soldats et cerné par ses ennemis en vue de Qadech, a pu surmonter le péril, c'est que sa voix a retenti jusqu'à Thèbes et s'est fait entendre d'Amon. Si un temps radieux a favorisé pendant la mauvaise saison le voyage de sa fiancée, la princesse hittite, c'est que Soutekh n'avait rien à lui refuser. Si les puisatiers trouvent l'eau dans le désert d'Ikayta, c'est que son père Hâpi aime Ramsès II plus que tous les rois qui avaient régné auparavant. L'idée que les dieux favorisent certains humains encouragea parfois des désirs insensés. Le roi Amenophis, rapporte-t-on, voulut de son vivant voir les dieux[2]. Le prince Hornekht, fils d'Osorkon II et de la reine Karom, souhaitait que le vautour divin l'assistât quand il se mêlerait aux antilopes du désert et aux oiseaux du ciel[3], pour comprendre évidemment leur langage réservé à un petit nombre d'initiés et les messages importants qu'il plaît aux dieux de leur confier. Beaucoup n'étaient pas éloignés de croire que des privilégiés pouvaient commander à la nature, au ciel, à la terre, à la nuit, aux montagnes et aux eaux, supprimer les obstacles du temps et de l'espace[4]. C'étaient des folies passagères. Ramsès III, quand il dicta le papyrus Harris, ne demandait en somme aux dieux de l'Egypte, au plus grand comme aux moindres, que des choses simples et raisonnables, pour lui-même une éternité bienheureuse, pour son fils qu'il devienne un roi puissant et respecté, qu'un long règne et des Nils généreux lui soient accordés. Il croit mériter ces bienfaits, car les dieux l'ont établi à la place de son père, comme ils avaient mis Horus à la place d'Osiris. Il n'a pas opprimé. Il n'a pas volé. Il n'a pas transgressé les ordres divins. Les désirs des particuliers, riches ou pauvres, sont d'humbles désirs. Les parents qui n'ont pas de fils demandent à Imhotep de leur en accorder un. Bytaou, quand il est poursuivi par son frère devenu fou furieux, se rappelle que Harakhté sait distinguer le vrai du faux. On sait communément que le dieu prend pitié des pauvres. Quand tout est contre eux, il reste leur soutien, le juge qui n'accepte pas de présent et n'influence pas les témoins. Au tribunal, le pauvre qui n'a ni argent, ni or pour les scribes, ni vêtements pour leurs domestiques, découvre que Amon se change en vizir pour faire éclater la vérité et assurer le triomphe du faible contre le fort[5]. Un scribe compte sur Thot pour exceller dans sa profession. « Viens à moi, Thot, ibis sacré, toi le dieu qu'aime Chmounou, le secrétaire des neuf dieux, viens à moi, dirige-moi, rends-moi habile dans ta fonction, car ta fonction est la plus belle de toutes. On découvre que celui qui y excelle est fait prince[6]. »

Cette piété ardente et raisonnable à la fois nous déconcerte souvent. Le goût du luxe pour Dieu est de tous les temps et de tous les pays. Mais la richesse des temples au Nouvel Empire défie l'imagination. Depuis l'avènement d'Ahmosé tout le superflu, toute l'épargne s'y entassaient. Créer de nouveaux sanctuaires, agrandir et embellir ceux qui existaient en restaurant les enceintes et les portes, en construisant des barques sacrées et en érigeant des statues, en remplaçant la brique par la pierre, les bois du pays par les bois exotiques, en recouvrant avec des plaques d'or le pyramidion des obélisques, les murs de la grande demeure, en meublant chaque pièce avec des meubles incrustés d'or et de pierres précieuses, nous savons déjà que ce fut le principal souci de tous les rois. Sans doute, au temps d'Akhenaton, et peut-être dans les années mal connues qui ont précédé l'avènement de Stehnakht, il y eut un peu de casse et comme une répétition de ce qui allait se faire en grand sous les derniers Ramsès, mais des règnes glorieux et prospères s'appliquèrent avec succès à réparer ces misères.

A l'exemple des Grecs et des Romains, nous sommes étonnés par le nombre et les formes singulières des divinités. La vignette d'un papyrus du musée du Caire représente une prêtresse, une fille de roi, Isitemheb, qui se prosterne d'un mouvement plein de charme sur la berge d'un bassin devant un crocodile allongé de l'autre côté, au pied d'un saule[7]. Sans la moindre répugnance, cette prêtresse boit l'eau du bassin qui servait aux ébats du monstre qui l'observe avec placidité. Ce crocodile c'est le dieu Sobek, un des dieux les plus répandus. Il avait deux grands centres de culte, l'un au Fayoum, que les Grecs appelleront Crocodilopolis, l'autre à Soumenou au sud de Thèbes et des sanctuaires un peu partout.

Au crocodile, les habitants de Memphis et d'On préféraient le taureau, qui s'appelaient Hâpi chez les premiers, et Mer-ouer chez les seconds. Le taureau Hâpi se reconnaissait à des caractères qui ont été rapportés par les auteurs grecs[8]. Quand il était identifié, on notait soigneusement sa naissance et on l'introduisait en pompe dans le temple de Ptah. Tant qu'il vivait il y était gavé de friandises, repu d'honneurs. Quand il mourait, le peuple entier prenait le deuil. On le momifiait, on lui préparait un tombeau, on l'enterrait comme un prince. A Chmounou, les ibis étaient sacrés[9]. Un ibis privilégié recevait les honneurs divins. De toute l'Egypte on apportait des ibis morts et momifiés qui étaient déposés dans une immense caverne. On trouvait partout des faucons sacrés et pas seulement dans la ville de Nekhen, que les Grecs appelleront Hierakonpolis, mais aussi en face de Nekhen, à Nekheb et dans tous les endroits que les Egyptiens d'aujourd'hui appellent Damanhour (ville d'Horus) ou Sanhour (protection d'Horus) et dans d'autres encore, par exemple Hathirib où leur nécropole fut rétablie dans son intégrité par Djed-her le sauveur, à Tanis où notre mission a retrouvé récemment des squelettes de faucon dans de petites jarres. A Bast, c'était une chatte qui recueillait les hommages de la population. A Amit, c'était le redoutable serpent Ouadjit. Les paysans de la Thébaïde offraient au même serpent qu'ils appelaient d'un autre nom, Renoutet, les prémices de leur récolte.

Les animaux n'avaient pas le privilège exclusif de ces soins pieux. Les végétaux en avaient leur part. Des couples, des hommes ou des femmes isolés s'approchent avec respect d'un sycomore, les mains tendues pour recueillir l'eau versée par une déesse cachée dans l'arbre. Chaque ville avait son bois sacré, comme elle avait son dieu local, mais le dieu local ne suffisait pas à éteindre l'ardeur religieuse. Dans toute ville tant soit peu importante, au dieu local s'associent d'autres divinités qui sont venues un beau jour d'une ville proche ou lointaine. Lorsque Ramsès II fonde sa résidence du Delta oriental il y réunit toute une compagnie divine. Amon y voisinait avec Seth, son ennemi de la veille et du lendemain, Toum d'On et Ptah de Memphis, les dieux du Delta avec ceux des Syriens et des Phéniciens, car les Egyptiens, comme s'il n'y avait pas eu assez de dieux dans leur pays, se sont mis à adopter ceux des pays voisins. Le meurtrier d'Osiris a changé sa tête de lévrier contre une tête humaine. Il a adopté le costume et les attributs de Baal, un casque pointu où brille le disque solaire, d'où sortent deux cornes acérées et qui laisse tomber de sa cime jusqu'à terre un long ruban, un pagne bordé et enrichi de glands. Il a pour parèdre, au lieu de la sœur d'Isit, la cananéenne Anta[10]. Astarté, à sa venue en Egypte, a été honorée comme une reine par toutes les divinités[11]. Ayant construit, pour attendre sa fiancée, un château fort entre Egypte et Syrie, Ramsès ne pouvait le laisser sans protecteurs célestes. Il fit choix de deux dieux égyptiens, Amon et Ouadjit, et de deux asiatiques, Soutekh et Astarté[12]. Depuis le règne de Toutankhamon, un dieu cananéen, Houroun, qui avait comme Horus la forme d'un faucon, semblait vouloir supplanter cet antique patron de la monarchie [13]. Memphis, où tout un quartier appartenait aux Tyriens, était comme un résumé de tous les cultes égyptiens et étrangers [14]. Thèbes, la ville aux cent portes, aurait mérité de s'appeler la ville aux cent dieux.

II. — LE CLERGÉ.

Nous savons que chaque temple était une petite ville qui abritait dans son enceinte des fonctionnaires, des policiers, des artisans et des cultivateurs qui vivaient là comme dans une ville ordinaire. Dépendant du temple, ils n'étaient pas des religieux. Ce nom doit être réservé à ceux que l'on appelait *ouâbou,* les purs, aux *it neter,* pères divins, au serviteur divin, *hemneter,* à l'homme au rouleau, *kheryhebet* qui tenait en main le programme de la cérémonie sur un rouleau de parchemin, aux membres de l'*ounouyt,* collège composé d'au moins douze personnes, puisque le mot *ounout* signifie heure. Ces religieux se remplaçaient toutes les heures pour assurer de jour et de nuit une sorte d'adoration perpétuelle. Dans beaucoup de temples, un chef des mystères s'occupait des représentations sacrées dont nous parlerons plus loin. Le prêtre *sem,* inconnu dans le clergé d'Amon, jouait un rôle important à On et à Memphis. A Thèbes, le clergé d'Amon avait à sa tête quatre *hemou neterou*. Le premier serviteur divin, malgré la simplicité de son titre, était l'un des plus grands personnages de l'Egypte. A On, le chef du clergé de Toum s'appelait le grand voyant, *our ma* celui de Ptah à Memphis, le chef des artistes; à Chmounou, c'était le grand des cinq qui était le chef du temple de Thot. Dans beaucoup de temples, le principal personnage était comme chez Amon un serviteur divin. Nous avons pris des Grecs l'habitude d'appeler ces *hemou neterou* prophètes, parce qu'ils avaient parfois à interpréter la volonté du dieu, mais ce n'était pas leur seule fonction et nous ne sommes pas certains qu'elle leur ait été réservée. Quel que soit leur nom, les prêtres tendent au Nouvel Empire à se distinguer de la masse des citoyens. Ils dédaignent la robe plissée à manches et ont adopté un pagne long. Leur torse est nu. Ils se font raser de près la barbe, les moustaches et les cheveux.

De même qu'un temple donnait souvent l'hospitalité à plusieurs dieux, les membres du clergé ne restaient pas obligatoirement voués toute leur vie au service du même dieu. Setoui, grand prêtre de Seth, était en même temps conducteur des fêtes de Banebded et chargé du programme de Ouadjit qui juge les deux terres. Nebounef, qui fut nommé par Ramsès II grand prêtre d'Amon, n'avait encore jamais appartenu au clergé de ce dieu. Il était grand prêtre d'Anhour à Tjiny et d'Hathor à Denderah. Un second grand prêtre d'Amon, nommé Anen, qui ne parvint pas au grade le plus élevé, s'en consola quand il se vit nommé grand des voyants et *sem* à On de Mentou, ville du nome thébain.

Un grand nombre de femmes participaient au culte. Tout temple possédait un corps de chanteuses, dont l'office consistait à chanter en agitant le sistre ou les crotales pendant les cérémonies. Ces dames n'habitaient pas le temple, mais avec leur famille, leur fonction n'exigeant leur présence qu'à certains jours, pour quelques heures. Au contraire, les femmes composant le *Khenerit* devaient résider au temple, car le mot *khener* désigne aussi bien une prison que les parties les plus fermées d'un temple ou d'un palais. Leurs supérieures s'appelaient la femme divine du dieu, la divine main, ou la divine adoratrice. On a parfois supposé que les femmes de ce harem divin constituaient un collège de courtisanes sacrées comme celui qui existait à Byblos, ville tout imprégnée de la civilisation égyptienne. Il n'est pas prouvé qu'une telle institution ait existé en Egypte. A la vérité, les chanteuses d'Amon étaient quelquefois de mœurs peu farouches et fréquentaient de bien mauvais lieux. Mais l'on aurait sans doute tort de juger, d'après le seul exemple conservé sur un papyrus de Turin[15], toutes les musiciennes d'Amon. Cela ne prouverait d'ailleurs pas que les femmes attachées au temple, devaient, comme les femmes de Byblos pendant les Adonies, s'abandonner aux étrangers et verser au trésor du temple les petits profits qu'elles tiraient de ce commerce.

De même que les fonctionnaires étaient surtout recrutés dans les familles de fonctionnaires, les prêtres étaient presque toujours fils de prêtres[16]. Ainsi Bakenkhonsou, fils d'un deuxième prophète d'Amon, fut mis à l'école dès l'âge de cinq ans en vue d'entrer plus tard dans le clergé. Les fils et petits-fils du grand prêtre Romé-Roÿ étaient tous dans le clergé. Son fils aîné demeurait à côté de lui comme deuxième grand prêtre. Le fils cadet officiait dans un temple à l'ouest de Thèbes. Le petit-fils était déjà père divin. Cependant, il pouvait arriver que les intentions des familles et la vocation des enfants fussent contrariées. Une lettre administrative nous fait savoir que le vizir avait présenté trois jeunes gens pour qu'ils fussent prêtres dans le château de Merenptah qui est dans le temple de Ptah. Un fonctionnaire peu respectueux du droit des religieux, comme ceux que vise le décret de Setoui, dont nous avons déjà parlé, se saisit d'eux et les envoya vers le nord pour être officiers. C'était un abus de pouvoir. Un scribe écrit aussitôt pour signaler le fait et demander le retour de ces jeunes gens [17].

Les écoliers qui se destinaient à l'état religieux apprenaient comme tous les enfants la grammaire et l'écriture, mais ils avaient bien d'autres choses à apprendre. Il leur fallait connaître les images des dieux, leurs titres, leurs épithètes, leurs attributs, leur légende, tout ce qui concernait la liturgie, ce qui n'était pas une petite affaire [18]. Ils subissaient un examen à la fin de leurs études. Celui qui avait été jugé digne d'entrer dans la corporation ôtait ses vêtements, était baigné, rasé, parfumé d'onguents, puis il se revêtait des ornements sacerdotaux avant d'être introduit dans l'horizon du ciel. Pénétré de crainte à l'idée de la puissance divine, il pouvait enfin s'approcher du dieu dans son sanctuaire [19].

III. — LE CULTE.

Le culte rendu dans tous les temples de l'Egypte, au nom du roi et à ses frais, était un acte secret qui s'accomplissait sans la moindre participation du public, dans l'obscurité du saint des saints. Le prêtre qualifié se purifiait tout d'abord dans la maison du matin. Il prenait l'encensoir, l'allumait et s'avançait vers le sanctuaire en purifiant avec l'odeur du térébinthe les lieux intermédiaires. Le naos contenant la statue en bois doré du dieu ou de la déesse était fermé. Le prêtre brise le sceau d'argile, tire le verrou et ouvrant les deux battants fait apparaître l'imagine divine. Il se prosterne, répand des onguents sur la statue, il l'encense et récite des hymnes d'adoration. Jusqu'alors, la statue n'était encore qu'un objet inanimé. Le prêtre lui rendra la vie en lui présentant successivement l'œil arraché à Horus par son ennemi Seth et retrouvé par les dieux, et une statuette de Maat, la Vérité, fille de Râ. Le dieu est ensuite tiré hors du naos. L'officiant procède à sa toilette comme s'il faisait la toilette du roi. Il le lave, il l'encense, il l'habille, il le parfume, le replace dans le naos et pose devant lui les éléments d'un repas qui était ensuite entièrement consumé par le feu. Après les dernières purifications avec le natron, avec l'eau et le térébinthe, le culte est terminé. Il n'y a plus qu'à fermer le naos, pousser le verrou, sceller. Le prêtre se retire à reculons et en effaçant la trace de ses pas[20].

En échange de ces soins et de ces dons le dieu faisait au roi le don de la vie, non pas seulement de la vie corporelle, mais de la vie en union avec Dieu, avec un avenir de jubilés sans fin pendant toute l'éternité. Le peuple, qui ne prenait aucune part à ce culte journalier, se contentait de savoir que Pharaon étant agréé par ses pères les dieux, toutes sortes de bénédictions allaient se répandre sur l'Egypte. Il prendrait sa revanche à l'occasion des sorties du dieu dont nous parlerons plus loin, mais, en attendant ces jours de liesse, il était certainement permis à qui le voulait, moyennant peut-être une petite offrande, d'entrer dans le château du dieu, de traverser les cours, le bois sacré, de s'approcher du parc, où gambadait librement le bélier ou le taureau qui avait le privilège d'incarner le dieu, et du bassin où se baignait le crocodile de Sobek. Rien n'empêchait un égyptien du peuple de déposer aux pieds d'une statue d'Amon, s'il était thébain, de Ptah, s'il se trouvait à Memphis, une petite stèle de calcaire sur laquelle on avait gravé à côté de l'image du dieu une oreille, généralement plusieurs oreilles, trois ou neuf, quelquefois même beaucoup d'oreilles, jusqu'à quarante-huit ou trois cent soixante-dix-huit et des yeux. C'était un moyen ingénu de contraindre le dieu à écouter et à observer le suppliant qui pouvait demander les avantages et les grâces les plus variés, ne se résignant qu'à la mort, car celle-ci n'exauce pas celui qui l'implore[21].

On trouvait aussi dans tous les temples des statues ou des stèles dites guérisseuses[22]. Les stèles étaient décorées sur leur face principale de l'enfant Horus tout nu, debout sur un crocodile et tenant des serpents dans ses mains et au-dessus du petit dieu, d'un Bès grimaçant. On racontait, sur le verso ou sur le bas de la stèle, comment l'enfant divin avait, en l'absence de sa mère, été piqué par un serpent dans les marais d'Akhbit. Le maître des dieux, entendant les cris de la mère, avait chargé Thot de guérir le blessé. Ou bien l'on racontait comment Bastit fut guérie par Râ de la piqûre d'un scorpion, ou l'on rappelait que Osiris, jeté au Nil par son frère, fut surnaturellement préservé de la dent des crocodiles. Les statues représentaient des saints personnages qui s'étaient, durant leur vie, illustrés comme charmeurs de serpents. La statue ou la stèle était posée sur un socle. Un bassin plein d'eau l'entourait complètement et communiquait par une rigole avec un deuxième bassin creusé dans le degré inférieur du socle. Lorsqu'un homme avait été piqué, on répandait l'eau sur la stèle ou sur la statue. Elle s'imprégnait de la vertu des formules et des récits. On la recueillait en bas et on la donnait à boire au blessé : « Le venin n'entre pas dans son cœur, il ne brûle pas dans sa poitrine, car Horus est son nom, Osiris, le nom de son père, Neith la pleureuse, le nom de sa mère. » Une fois guéri, le blessé n'avait plus qu'à remercier par une prière le saint qui avait été l'agent de sa guérison, ce qui ne le dispensait pas naturellement de remettre au pur ou au père divin, qui avait répandu l'eau, une petite obole.

Toutefois, les auteurs de ces humbles requêtes humblement présentées ne se sentaient pas tout à fait à l'aise dans les somptueuses demeures divines de Thèbes, de Memphis et des grandes cités. Ils avaient foi en Amon ou en Ptah, mais ils préféraient trouver ces grands dieux, loin des officiels, dans des sanctuaires à leur mesure. Les ouvriers de la nécropole avaient adopté comme leur patronne une déesse-serpent qu'ils appelaient Merseger, l'Amie du silence. Elle habitait de préférence le sommet de la montagne qui dominait le village, et quand on parlait de la cime on ne savait pas au juste s'il était question de la déesse ou de son habitat. Un employé de la nécropole, nommé Neferâbou, prit un jour à témoin de ce qu'il disait Ptah et la Cime. Or, il mentait. Bientôt après il devint aveugle. Il s'accusa de son péché devant Ptah qui lui avait fait voir l'obscurité en plein jour. Il proclama la justice de ce dieu qui ne laisse aucune action de côté. Néanmoins, il ne guérissait pas. Il s'humilia alors devant la Cime de l'Ouest, la grande et la puissante. Cette souveraine vint à lui avec une brise agréable. Elle lui fit oublier son mal. « Car la Cime de l'Ouest est indulgente lorsqu'on la supplie[23]. » Le petit sanctuaire de Merseger connaissait une vogue qu'on peut mesurer au grand nombre de stèles et d'ex-voto qui y ont été trouvés. Mais la déesse s'accommodait très bien du voisinage des autres grands dieux qui avaient leur sanctuaire à côté du sien. Un ouvrier décorateur étant tombé malade, son père et son frère s'adressèrent à Amon, qui sauve même celui qui est dans l'autre monde. Le maître des dieux vint comme le vent du nord, comme une brise fraîche pour sauver ce malheureux, car il ne passe pas un jour entier dans la colère. Son irritation ne dure qu'un moment et il n'en reste aucune trace[24].

Ces ouvriers, qui s'étaient donné une patronne, l'Amie du silence, adoptèrent en outre, comme patron, le premier des souverains du Nouvel Empire qui se fit creuser une tombe dans la vallée des rois, Amenhotep Ier [25]. Il avait été le premier employeur, le premier bienfaiteur de la population qui se groupe à Deir el Médinek. Son culte devint bientôt si populaire qu'il eut plusieurs sanctuaires à Thèbes, rive gauche. On a trouvé les vestiges d'un temple d'Amenhotep Vie, Santé, Force du jardin. On connaît les noms des trois autres qui s'appellent Amenhotep du parvis, Amenhotep navigant sur l'eau, Amenhotep favori d'Hathor. La fête de ce bon patron durait quatre jours pendant lesquels les ouvriers, leurs femmes et leurs enfants ne cessaient de boire et de chanter. Les prêtres, ceux qui portaient la statue pendant la procession, qui l'ombrageaient, l'éventaient, l'encensaient, étaient tous des ouvriers.

Les ouvriers avaient une telle confiance en lui qu'ils lui demandaient de trancher leurs querelles. C'était une justice de paix, plus expéditive et moins onéreuse que celle du vizir et de ses scribes. Une plaignante s'exprime ainsi : « Viens à moi, mon seigneur ! Ma mère a monté avec mes frères une querelle contre moi. » Le père défunt avait laissé à la plaignante deux portions de cuivre et une rente de sept mesures de grains. La mère avait repris le cuivre et ne fournissait que quatre mesures. Un ouvrier avait confectionné un cercueil dont il avait fourni le bois. Travail et fournitures étaient évalués trente et un *deben* et demi. Le patron ne voulait payer que vingt-quatre *deben*. On a volé les vêtements d'un graveur. Le volé dépose sa plainte devant la statue du saint roi : « Mon seigneur, viens aujourd'hui; mes deux vêtements ont été volés ! » Un scribe lit une liste de maisons. Quand il arriva à nommer la maison du scribe Amonnekht, le plaignant affirma qu'ils étaient chez sa fille. Le dieu est questionné et répond affirmativement. On contestait à un ouvrier, nommé Khaemouas, la propriété d'une maison. On s'adresse encore à la statue qui répond oui par une forte inclinaison.

Pour imiter peut-être la bonté du saint roi les plus grandes divinités condescendaient à donner aux simples mortels un avis utile ou à trancher une querelle épineuse. Un chef de la police assistait à une procession en l'honneur d'Isis. L'image divine se pencha vers lui du haut de sa barque. Cet homme eut, par la suite, un avancement rapide. Dans la capitale, c'est surtout le grand dieux thébain que l'on consultait. Un intendant d'Amon étant accusé de détournement, on mit le dieu dans sa barque et on le porta dans un endroit spécial du temple. On rédigea deux écrits contradictoires : 1° « O Amonrâsonter, on dit de ce Thoutmosé qu'il recèle des choses qui ont disparu. » 2° « O Amonrâsonter, on dit de ce Thoutmosé qu'il ne possède aucune des choses qui ont disparu. » On demande au dieu s'il veut juger. Il répond « oui ». Les deux écrits ayant été placés devant lui, Amon désigne à deux reprises celui qui innocentait l'accusé. Thoutmosé fut aussitôt rétabli dans sa dignité et on lui en conféra de nouvelles. Au cours d'une procession, le grand prêtre demande à Amon si l'on pouvait abréger l'exil de condamnés déportés dans la grande oasis. Il fit « oui » de la tête [26].

Si le roi des dieux ne dédaignait pas de répondre à de simples particuliers, il était plus flatté de s'occuper des grands intérêts de l'Etat. Quand Ramsès II eut à nommer un grand prêtre d'Amon, au début de son règne, le dieu assistait à la réunion du Conseil où furent nommés l'un après l'autre les candidats et tous ceux qui étaient en état d'occuper le poste. Il ne fut content qu'au nom de Nebounnef. Le grand prêtre Herihor consulta Chonsou sur de nombreux points. En Ethiopie, le trône était vacant. Les princes défilèrent devant Amon, qui désigna celui qu'il voulait installer sur le trône [27].

Les documents dont nous disposons ne décrivent pas avec toute la clarté désirable comment le dieu manifestait sa volonté. Quelques égyptologues, se souvenant peut-être d'un chapitre du Don Quichotte, croient que les statues étaient articulées et machinées et que, sans articuler leur réponse, elles pouvaient lever ou abaisser leur bras, agiter la tête, ouvrir ou fermer la bouche. Le Louvre possède peut-être le seul exemple connu d'une statue parlante. C'est une tête de chacal dont la mâchoire inférieure est mobile. Habituellement cet Anoubis avait la bouche ouverte. Si l'on tirait une ficelle, il fermait la bouche[28]. Dans d'autres cas, le dieu consulté arrivait porté par ses prêtres. S'il s'inclinait, cela voulait dire qu'il approuvait. S'il reculait, qu'il désapprouvait[29]. La suite donnée à ces consultations n'apparaît pas toujours clairement. Quand le dieu désignait un candidat, on peut admettre que l'affaire avait été réglée d'avance. Quand le dieu innocentait un accusé, l'affaire n'avait pas de suite. Les volés n'avaient qu'à continuer leurs recherches d'un autre côté. Mais qu'arrivait-il si le dieu désignait un coupable ? Ce que l'homme avait de mieux à faire, c'était de restituer les objets volés ou de payer ce qu'on lui réclamait. Il risquait fort en s'obstinant d'être traité comme voleur et comme menteur et d'encaisser double ration de coups de bâton. Quand il s'agissait d'arbitrer un différend, on peut admettre que les deux parties avaient promis d'accepter la décision de l'oracle, quelle qu'elle fût. Il y avait dans le temple d'Amon des policiers et une prison. Sur la rive gauche, les Medjaiou se tenaient sans doute à la disposition du dieu pour exécuter ses arrêts.

IV. — LES SORTIES DU DIEU.

Ainsi, les fidèles pouvaient à tout moment entrer en rapport avec le dieu dans son temple, lui exprimer leurs difficultés, leur angoisse, leur reconnaissance. Au moins une fois par an, dans chaque temple, c'était le maître du lieu qui sortait en grande pompe de son logis et visitait la ville et les environs. Ces sorties du dieu, impatiemment attendues, tenaient toute la ville en haleine. Certaines avaient le privilège d'attirer la population de toute une contrée. Hérodote a vu des barques chargées d'hommes et de femmes qui se rendaient à Bast pour les fêtes de Bastit. Les femmes ne cessaient d'agiter leurs crotales. Des hommes jouaient de la flûte. Les autres chantaient et battaient des mains. Quand on traversait une ville, l'entrain redoublait. Les pèlerins criaient à l'adresse des citadins de grosses plaisanteries. Les citadins répondaient dans le même style. Beaucoup, entraînés par l'exemple, abandonnaient leur ville et leurs affaires pour se rendre à la fête. Elle en valait la peine, car les sept cent mille pèlerins, une fois que les sacrifices étaient terminés, se livraient au plaisir. Ils avaient la joie forte et même un peu rude, car il se buvait plus de vin à Bast, en une semaine de fête, dit Hérodote, qui exagère peut-être un peu, que dans toute l'Egypte pendant le reste de l'année[30].

V. — La sortie de Min.

Dans la capitale, la présence du roi et de la cour donnait à quelques-unes de ces sorties divines l'éclat d'une fête nationale. Sous Ramsès III, l'anniversaire du couronnement coïncidait avec la fête de Min, seigneur de Coptos et du désert et dieu de la fécondité, qui était célébrée dans le premier mois de la saison de *chemou,* lorsque les moissons commençaient[31]. Le roi sera donc, en même temps que le dieu, le héros de la fête. Resplendissant comme le soleil levant, Ramsès III sort de son palais de Vie, Santé, Force. C'est en litière qu'il se rendra du palais à la demeure de son père Min, pour contempler sa beauté. Cette litière consiste en un ample fauteuil placé à l'intérieur d'un dais que couronne une corniche et muni de quatre longs bras. Il faut au moins douze hommes pour la porter. Les côtés du fauteuil son décorés d'un lion passant et d'un sphinx. Deux déesses ailées protègent le dos. Un tabouret garni d'un coussin est fixé en avant du fauteuil. Ce sont les fils royaux et les plus grands fonctionnaires de l'Etat qui se disputent l'honneur de porter le véhicule royal. Ils ombragent leur seigneur avec des parasols en plumes d'autruche et lèvent à la hauteur de son visage les éventails à manche. Un groupe imposant, composé d'autres fils royaux et d'autres dignitaires, ouvre la marche. Ils se sont partagés les insignes pharaoniques, le sceptre, le fléau, une canne, une hache. On distingue, parmi les membres du clergé, l'homme au rouleau qui ayant en main le programme de la fête, en réglera tous les détails. Un prêtre ne cessera pendant le trajet de tourner l'encensoir vers le roi, car il doit célébrer des millions de jubilés et des centaines de milliers d'années d'éternité sur son trône. Devant les porteurs, marche le fils aîné du roi, l'héritier présomptif. La seconde moitié du cortège comprend des serviteurs et des militaires. Nous retrouvons les hommes que nous avions remarqués dans l'entourage du roi quand il prenait la tête de l'armée, quand il se ruait au combat ou s'élançait à la poursuite des taureaux sauvages. L'un d'eux porte l'escabeau dont usera Sa Majesté pour mettre pied à terre. Les militaires sont armés de la massue, du bouclier et de la lance.

Le cortège ayant atteint la demeure de Min, Pharaon descend et, se plaçant face à la chapelle qui contient la statue, fait le rite de la résine et de la libation. Puis il présente les offrandes à son père, qui répond par le don de vie. Les portes sont ouvertes. L'on peut admirer la beauté du dieu debout devant son sanctuaire. Son corps et ses jambes, que Isis n'avait pas encore séparées l'une de l'autre, sont serrés dans une gaine, il est coiffé d'un mortier d'où jaillissent deux plumes rigides et qui laisse pendre un ruban jusqu'au sol. La barbe postiche est accrochée à son menton, un pectoral à son cou. Le sanctuaire de Min comprend plusieurs éléments : une hutte conique en forme de ruche, qui ressemble beaucoup aux habitations des indigènes du pays de Pount, reliée à une colonne mince surmontée d'une paire de cornes, un mât soutenu par huit cordages le long desquels grimpent des nègres, enfin un carré de laitues. Min est un dieu très ancien qui a accompli une longue migration avant d'atteindre Coptos, où il est arrivé portant un bagage un peu hétéroclite.

On récite un hymne dansé, pendant que la statue retirée du naos est placée sur une litière portée par vingt-deux prêtres, dont on ne voit guère que la tête et les pieds, car le reste est masqué par des tentures décorées de rosaces qui sont fixées sur les brancards. D'autres prêtres, en avant, sur les côtés, en arrière, agitent des bouquets, des éventails à manche, brandissent les parasols. D'autres emportent les caisses qui contiennent les attributs canoniques du dieu. Une petite escouade soulève avec un brancard le carré de laitues.

C'est le roi qui prend maintenant la conduite de la procession. Il a changé le casque bleu dont il s'était coiffé au départ du palais pour la couronne de la Basse-Egypte, porte une longue canne et une massue. On remarque là présence de la reine. Une nouvelle créature s'est jointe au cortège, c'est un taureau blanc qui porte entre ses cornes le disque solaire surmonté de deux hautes plumes. Ce taureau est une incarnation du dieu qui est très communément appelé le taureau de sa mère. Un prêtre, tête rasée et torse nu, encense du même coup le roi, le taureau et la statue du dieu.

A la suite de ce groupe nous distinguons d'abord des porteurs d'offrande et des porte-enseigne. Ce sont les enseignes des dieux qui avaient accompagné Min à l'époque de sa migration et qui sont maintenant de toutes ses fêtes, des chacals, des faucons, un ibis, un bœuf couché, des nomes, et parmi eux le deuxième nome de la Basse Egypte, Khem, où Min était chez lui, un fouet, une massue. Puis, faisant pendant aux vieux compagnons de Min, les rois ancêtres, dont les statues en bois doré sont portées sur l'épaule par autant de prêtres. La première est celle du roi régnant, la seconde est celle du fondateur de la monarchie Meni, que suivent le restaurateur de l'unité Nebkherourê et la plupart des rois de la XVIIIe et de la XIXe dynastie. On n'a pas admis dans cette compagnie la reine Hatchepsouit que son neveu Thoutmosé III avait eu quelques bonnes raisons de détester. Akhenaton et ses successeurs, quelques souverains peu glorieux, ont été également mis à l'écart.

La procession se met en marche, mais elle s'arrêtera plusieurs fois avant d'atteindre le reposoir qui est son but. Au cours de ces arrêts, elle entendra un deuxième hymne dansé auquel nous ne comprenons pas grand-chose, mais le texte était dans sa plus grande partie passé à l'état de grimoire pour les prêtres les plus savants de l'époque ramesside. Il n'en était que plus sacré. Retenons seulement que les dieux dansaient pour Min et qu'un nègre, le nègre de Pount, leur succédait. Min est en effet appelé quelquefois le père des nègres et représenté noir de visage, parce que ses sujets primitifs étaient plus ou moins mélangés de nègres.

La statue et le cortège arrivent enfin à la place où a été dressé le reposoir. On y installe Min. Deux prêtres qui portent les emblèmes des génies de l'Est se tiennent en face de lui pendant que Pharaon présente une nouvelle grande offrande. Ce qui avait lieu à ce moment capital est éclairé par un passage d'un hymne qui était prononcé plus tard : « Salut à toi, Min fécondant sa mère ! Combien est mystérieux ce que tu lui as fait dans l'obscurité ! » et par un passage d'un autre hymne disant que Min, taureau de sa mère, la féconda et lui consacra son cœur, alors que son flanc à lui était auprès de son flanc à elle sans cesse[32]. En fait, le dieu a fécondé non sa véritable mère, mais Isis, qui va donner naissance à Horus, lequel sera couronné roi de la Haute et de la Basse Égypte.

En mémoire de ce grand fait, le roi est maintenant coiffé de la double couronne. Le vautour de Nekhabit s'est substitué, pour la protéger, à l'uraeus de Ouadjit. Il va lancer des flèches dans la direction des quatre points cardinaux, pour abattre ses ennemis, puis il donnera l'envol aux quatre oiseaux nommés les enfants d'Horus Amset, Hâpi, Douamoutef et Qebehsenouf, qui annonceront à toutes les terres que le roi, renouvelant ce que Horus avait fait le premier, a posé sur sa tête la couronne blanche et la couronne rouge. Ces oiseaux sont des rolliers, qui arrivaient du nord chaque année à l'automne et repartaient au printemps.

L'avènement d'un roi pieux et aimé des dieux procurait à l'Egypte toutes sortes de bénédictions. Il s'agissait maintenant de glorifier la fertilité du pays. Les statues ont été posées à terre. Les assistants font cercle autour du roi et de la reine. Un fonctionnaire remet au roi une faucille de cuivre damasquiné d'or, ainsi qu'une touffe de la céréale *bôti* avec sa terre. C'est comme un abrégé des champs qui s'étendaient à perte de vue de la mer à la cataracte. Le roi coupe les épis, très haut, comme le faisaient les moissonneurs de la Thébaïde, pendant qu'un officiant récite un nouvel hymne à Min-qui-est-sur-le-champ-cultivé. L'ancien seigneur du désert s'est, en effet, installé, avant de conquérir Coptos, dans la vallée autrefois fertile qui mène de cette ville à la vallée de Rohanou. Il a créé les herbages qui font vivre les troupeaux. La gerbe de *bôti* est présentée au dieu et au roi qui en conservera un épi. On récite un dernier hymne où la mère de Min exalte la force de son fils, vainqueur de ses ennemis.

La cérémonie prend fin sur cette double récitation. La statue est réintégrée dans son naos. Le roi prend congé du dieu en présentant l'encensoir, en versant une libation, en lui présentant de nouvelles offrandes. Min remercie brièvement. Puis le roi reprend le casque bleu qu'il avait au début et rentre au palais.

Le dieu et le roi, les membres de la famille royale, des prêtres et des hauts fonctionnaires sont à notre connaissance les seuls acteurs et les seuls figurants de la grande sortie de Min. Le peuple a été oublié par les artistes, qui en ont représenté sur les murs de Karnak et de Médinet-Habou, les principaux épisodes. A cette époque de l'année, d'ailleurs, les agriculteurs avaient fort à faire dans les champs, mais nous pouvons admettre qu'il y avait en ville assez de gens inoccupés pour faire la haie sur le passage de Min et de son taureau blanc.

VI. - LA BELLE FÊTE D'OPET.

La belle fête d'Amon à Opet était, plus que la fête de Min, la fête du peuple entier. Elle avait lieu pendant le deuxième et le troisième mois de l'inondation, c'est-à-dire au moment des plus hautes eaux, lorsque les agriculteurs n'ont plus rien à faire et que les bateaux naviguent aisément non seulement dans le grand Nil, mais dans les canaux et même hors des canaux, puisque toutes les terres sont submergées[33]. On ne circule plus sur les digues rongées par le flot montant, mais toutes les barques, tous les radeaux ont été mis à flot.

Le point de départ est le temple d'Opet[34]. Des marchands ambulants se sont installés contre l'immense pylône. Ils offrent aux passants des pastèques, des grenades et des raisins, des figues de Barbarie, des volailles troussées prêtes pour la cuisson ou déjà cuites, des pains. Dans le temple, tout le personnel religieux est sur pied. La première chose à faire est d'aller quérir dans les pièces où elles reposent sur leurs socles les barques portatives de la famille thébaine. La barque d'Amon est la plus grande. On la reconnaît aux deux têtes de bélier qui ornent la proue et la poupe. La barque de Mout est ornée de deux têtes de femme, coiffées d'une dépouille de vautour, car le nom de l'épouse d'Amon s'écrit au moyen d'un vautour. La troisième barque, que caractérisent deux têtes de faucon, appartient à Khonsou. Les porteurs chargent ces barques sur leurs épaules; ils franchissent les cours et les pylônes et prennent l'allée bordée par des sphinx à tête de bélier qui prolonge l'immense édifice. Ils sont vêtus d'un grand jupon soutenu par une bretelle, rasés, tête nue. Un joueur de tambourin marche à leur tête. Des prêtres, qui ont jeté une peau de panthère sur leurs épaules, brûlent dans l'encensoir à manche de la résine de térébinthe, jettent du sable, brandissent des parasols et des éventails.

Une flotte importante était amarrée le long du quai. La barque d'Amon, celle de la déesse et celle de Khonsou n'ont rien de commun avec les barques portatives que l'on vient d'extraire de leurs cachettes. Ce sont de véritables temples flottants longs de cent vingt ou cent trente coudées, plus longs par conséquent que la plupart des bateaux qui flottaient sur le Nil et surtout décorés avec un luxe inouï. Ils étaient construits avec le véritable sapin des Echelles et faits pour naviguer malgré l'énorme poids d'or, d'argent et de cuivre, de turquoise et de lapis-lazuli (quatre tonnes et demie d'or) que l'on avait employé. La coque était décorée à l'instar des murailles des temples de bas-reliefs qui représentaient le roi accomplissant pour Amon les rites connus. Sur le pont, se dressait au centre la grande maison couronnée d'un baldaquin où reposaient les barques portatives, les statues et les accessoires que l'on était allé quérir en cérémonie dans le temple. Cette grande maison était précédée comme un véritable temple d'une paire d'obélisques et de quatre mâts à banderolles. Partout des sphinx et des statues. Deux béliers gigantesques étaient accrochés à la proue et à la poupe. Les vaisseaux de Mout et de Khonsou, ainsi que le vaisseau royal, offraient à peu près les mêmes dispositions. A peine étaient-ils un peu moins grands.

Ces lourds vaisseaux ne pouvaient se mouvoir par eux-mêmes. Il fallait tout d'abord les remorquer, ce qui exigeait la mobilisation de tout une armée, composée de soldats en uniforme, vêtus du pagne militaire, armés de piques, de courtes haches, de boucliers, encadrés par les porte-enseigne, et de marins. Avant de commencer, on récite un hymne à Amon, puis les hommes désignés pour le halage saisissent les câbles, encouragés par des reiss et mieux encore par la foule qui s'est donné rendez-vous sur le quai. Des femmes agitent des sistres et des crotales. Des hommes battent des mains, jouent du tambourin pour accompagner les chants des Libyens et les chants des soldats. Des nègres dansent en faisant des moulinets. On voit circuler dans la foule des trompettes et des soldats qui ont une plume piquée dans les cheveux.

Le moment difficile est enfin passé. Les vaisseaux sacrés ont été remorqués jusqu'au grand Nil. Ils sont attachés à leurs bateaux remorqueurs marchant à la voile ou à la rame sous la direction d'un chef qui fait claquer son fouet. Des barques de toutes formes et de toutes dimensions escortent ce prestigieux cortège. On remarque un joli petit bateau, qui a la forme d'un oiseau, muni d'un gouvernail décoré d'une tête humaine, chargé à couler de provisions. Un homme rajuste l'étalage. Un autre confectionne une pyramide de fruits et de légumes.

Sur les deux rives du Nil, les citadins venus de toute la contrée contemplent le spectacle et à leur manière prennent part à la fête. Des tentes et des buvettes sont installées partout. Le ravitaillement ne cesse d'arriver. On conduit des troupeaux de bœufs et de veaux, de gazelles, de bouquetins, de volailles, d'oryx. On apporte des corbeilles de fruits, du térébinthe pour assainir l'air. On abat des bœufs. Ils sont prestement dépecés et les porteurs ne font qu'un bond de ces abattoirs en plein air jusqu'aux petits bâtiments à colonnes, fort coquettement décorés, où les cuisiniers sont au travail. Les soldats libyens ne cessent de frapper sur leur tambourin. Des danseuses, le torse nu, font leurs tours pendant qu'on agite autour d'elles les sistres et les crotales.

Le but de cette navigation était l'Opet méridionale. Amon de Karnak allait pendant quelques jours être l'hôte de Louxor, mais nous ne savons rien de précis sur l'emploi de son temps. Amon n'est qu'un parvenu dans la foule des dieux égyptiens. Il s'installe à Thèbes, en pleine époque historique. Les Egyptiens lui ont donné pour compagne Mout, et Khonsou pour fils parce qu'il fallait bien que le plus puissant des dieux ait une famille, mais nous ne lui connaissons pas de mythe. De même qu'Amon a hérité de Min quelques épithètes et quelques attributs, il a pu emprunter quelques éléments de sa légende. Il se peut donc que pendant ces fêtes, qui n'en finissaient pas, on ait représenté quelque épisode d'une légende amonienne plus ou moins originale, et peut-être évoqué en présence du Pharaon le secours si efficace que Amon porta à Ramsès II quand les vils soldats du Khatti l'environnaient.

Quoi qu'il en soit, le retour de la flotte sacrée était le dernier épisode de la fête. On enlevait des vaisseaux les barques portatives, et on les reportait dans les écrins d'où elles avaient été retirées vingt-quatre jours auparavant. Le même cortège, précédé de joueurs de tambourins, parcourait dans l'autre sens, peut-être avec moins d'entrain, l'allée des béliers. Le roi pouvait être plus sûr que jamais de posséder tous les biens qu'on pouvait attendre des dieux : « la durée de Râ, la fonction de Toum, les années d'éternité sur le trône d'Horus en joie et en vaillance, la victoire sur tous les pays, la force de son père Amon chaque jour, la royauté des deux terres, la jeunesse de la chair, des monuments durables comme le ciel pour l'éternité, les Vanneaux, le circuit du disque sous le lieu de sa face ».

Quant au peuple, il avait pendant près d'un mois bu et mangé, crié et gesticulé. Il s'était empli les yeux d'un magnifique spectacle et il sentait que sa prospérité, sa vie même et sa liberté dépendaient de cet homme semblable aux dieux qui avait escorté son père Amon entre ses deux grands sanctuaires.

VII. - La fête de la vallée.

Le vaisseau sacré d'Amon quittait encore son anse pour une autre fête, la fête de la Vallée[35] Il traversait le Nil, halé par les dieux. Là-dessus, quelques interprètes ont supposé que des figurants affublés de masques comme les féticheurs de l'Afrique équatoriale faisaient fonction de remorqueurs. Cette interprétation est beaucoup trop terre à terre. C'est comme si l'on s'imaginait que les médecins, les sages-femmes, les gardes et les nourrices, qui donnent des soins à la reine et à son nouveau-né, prenaient l'aspect des divinités que l'on voit sur les murs de Louxor et de Deir el Bahari. Ces représentations n'ont qu'une valeur idéale et prouvent seulement avec quelle sollicitude les dieux suivaient tous les actes de Pharaon, quel gré ils lui savaient pour toute la peine qu'il se donnait d'embellir la cité d'Amon.

La fête de la Vallée, moins longue que la fête d'Opet, durait dix jours. Le roi sort du palais en petite tenue, escorté de ses porte-parasol et de ses serviteurs. Avant d'entrer au temple, il revêt un pagne de luxe et pose sur sa tête la plus riche de ses coiffures qui combine le disque solaire, les plumes, les uraeus, les cornes de bœuf et les cornes de bélier. Il va inviter Amon à rendre visite aux édifices de la rive gauche. La salle hypostyle du Ramesseum sera son principal lieu de repos. Le roi des dieux y recevra la visite des dieux protecteurs des morts. C'est ainsi qu'une statue du saint roi Amenhotep Ier quitte son temple, portée en litière par des prêtres, entourée de flabellifères, qui brandissent les éventails à manche et les parasols. Une barque sacrée l'attend dans un canal voisin et rejoindra l'Ousirhat[36]. Les cérémonies qui ont lieu, une fois que ces dieux sont réunis, sont faites au bénéfice de l'immense peuple des morts qui reposent dans les syringes de la montagne d'occident.

VIII. - Les mystères.

Les sorties des dieux ne se seraient pas prolongées pendant tant de jours, elles n'auraient pas attiré un si grand concours de peuple si l'organisateur de la cérémonie n'avait été en mesure de varier le spectacle. On se lasse à la longue de contempler un vaisseau tout doré et même de danser au son du tambourin. Pour ranimer l'intérêt on avait imaginé, depuis déjà longtemps, de représenter les événements les plus mouvementés de la vie des dieux ou mieux encore de les faire représenter par les pèlerins eux-mêmes. Tous les Egyptiens savaient qu'Osiris avait été un roi bienfaisant, comment Seth l'avait meurtri et jeté au Nil, comment le cadavre avait atterri à Byblos et comment il en était revenu et toute la suite. Tous pouvaient donc s'intéresser à la représentation d'un si grand drame et beaucoup même pouvaient y jouer le rôle de figurants, en laissant à de véritables professionnels les rôles essentiels.

C'est surtout à Abydos et à Bousiri que les représentations osiriennes avaient tout leur éclat. Les costumes, le décor, les accessoires étaient préparés par des fonctionnaires avec un soin minutieux[37]. La représentation comportait une grande procession dirigée par le dieu Oup-Ouaÿt, l'ouvreur de chemins. Les ennemis tentaient de s'opposer à la marche du dieu, mais la procession victorieuse entrait au sanctuaire. Au cours d'une deuxième fête, ou d'un deuxième acte, l'assassinat du dieu était soit représenté, soit simplement raconté. Les assistants se frappaient avec une grande douleur. Une grande procession se rendait au tombeau. Dans une autre séance, on assistait au massacre des ennemis d'Osiris et le peuple entier jubilait quand il voyait le dieu ressuscité revenir à Abydos dans la barque *nechmet* et rentrer au palais. A Bousiri, on dressait avec des cordes le pilier osirien. La foule dansait et gambadait. Des groupes, qui figuraient les habitants de deux villes contiguës, Pé et Dep, se battaient à coups de poing et à coups de pied pour préluder à l'avénement d'Horus. A Saïs, où Hérodote a vu des représentations nocturnes sur le lac circulaire, on mimait probablement toute la passion, y compris le voyage miraculeux à Byblos et la métamorphose du dieu en colonne.

Hérodote a eu l'occasion de visiter, au nord-est de l'Egypte, Papremis, qui est une ville consacrée à Seth, le meurtrier d'Osiris. Il y a été le témoin d'une scène du même genre, ce qui n'est pas surprenant, car Seth est un dieu batailleur. La statue du dieu était emportée dans son naos hors du domaine divin et gardée par des prêtres. Quand le moment était venu de la ramener on l'installait sur un char à quatre roues. Plus d'un millier d'individus armés de gourdins se ruait sur le petit groupe protégeant la statue. Ceux-ci recevaient des renforts. La mêlée devenait terrible. On ne comptait pas, à la fin, les yeux pochés ni les crânes fendus, bien que les gens du pays prétendissent que ce n'était qu'un jeu. Il s'agissait de rappeler que Seth avait voulu entrer chez sa mère malgré les serviteurs qui ne l'avaient pas reconnu. Repoussé, Seth était allé chercher du renfort et il avait écarté ceux qui voulaient lui faire obstacle[38].

A Ombos, en Haute Egypte, Juvénal fut témoin d'une représentation analogue, mais, moins clairvoyant qu'Hérodote et aveuglé par le mépris que lui inspiraient les Egyptiens, il a cru voir une véritable bataille entre deux clans ennemis. Une vieille haine, dit-il, sépare Ombos et Tentyra, car chacune de ces villes exècre les dieux de l'autre. L'une d'elles était en fête. On avait dressé des tables et des lits pour sept jours. On dansait au son de la flûte. Les autres font irruption. Tout de suite, la bataille commence à coups de poing, puis à coups de pierres et enfin à coups de flèches. Les Tentyrites s'enfuient laissant un des leurs sur le terrain. Les Ombites le prennent, le coupent en morceaux et le dévorent tout cru[39]. En fait, Ombos, que les Egyptiens appelaient Noubit, était une ville de Seth, Tentyra était le domaine d'Hathor. Plusieurs lieux du voisinage avaient vu des luttes entre la mère d'Horus et les siens et le dieux paillard et batailleur[40]. C'est une de ces luttes qu'on représentait encore à la basse époque, avec plus de cris que de mal.

Dans toutes les provinces, dans toutes les villes, la liturgie, les légendes locales fournissaient une ample matière dramatique. On ne se douterait pas, quand on envisage simplement le luxe des temples, le nombre des prêtres et des officiels qui participaient aux cérémonies, à quel point le peuple égyptien était frondeur. Pharaon, ce dieu dont on n'approchait qu'en tremblant, les contes le montrent battu de cinq cents coups de bâton[41], trompé par ses femmes, incapable de prendre lui-même une décision, esclave de ses conseillers et de ses magiciens, volé par ses architectes. Tout de même, les dieux montrent tous les défauts, tous les vices, tous les ridicules de notre pauvre humanité. Leur assemblée avait à décider lequel d'Horus ou de Seth devait recueillir la fonction d'Osiris. Il y avait quatre-vingts ans que la question était posée et les deux candidats attendaient toujours la solution. La paillardise de Seth n'a d'égale que sa sottise et sa crédulité. Horus pleure comme un enfant, quand il est battu. Neith, convoqué par le maître de l'univers, ne trouve rien de mieux pour indiquer le cas qu'elle fait de ses décisions que de lever sa robe devant lui[42]. Le dieu Chou est un beau jour fatigué de gouverner le monde. Il s'envole au ciel. Geb, qui lui succède, médite de poser sur sa tête l'uraeus qui avait permis à Chou de remporter toutes ses victoires. Le vaniteux! Il allonge la main pour saisir le coffre qui contenait l'uraeus. Le serpent, fils de la terre, se dressa soudain et lança son venin contre le dieu qui, cruellement brûlé, courut de tous les côtés pour trouver un remède[43].

Dans les drames populaires, qui se jouaient dans les temples, soit dans l'enceinte, soit devant les pylônes, soit sur les bassins sacrés, les dieux, n'en doutons pas, étaient traités d'une façon aussi familière. On mimait les épisodes des légendes divines, mais on ne s'en tenait pas là. On faisait parler les héros et les dieux. Aucun de ces drames égyptiens ne nous est parvenu. Nous devons nous contenter de quelques textes, comme le papyrus dramatique du Ramesseum, recopié par Sabacon, d'après un original ancien, qui donnent seulement le titre de quelques scènes et quelques répliques, ou des bouts de conversation transcrits au-dessus des scènes de la vie privée dans les tombeaux, surtout dans les tombeaux de l'Ancien Empire. Mais l'existence de ce théâtre peut être considérée comme certaine, depuis surtout que l'Institut français a trouvé à Edfou la stèle d'un comédien de métier qui s'exprime ainsi : « J'accompagnai mon maître dans ses tournées, sans faillir à déclamer. Je donnai la réplique à mon maître dans toutes ses déclamations. S'il était dieu, j'étais un souverain. S'il tuait, je revivifiai [44]. »

Ces représentations théâtrales étaient, sans contredit, l'un des principaux attraits de ces fêtes, qui s'allongeaient pendant tant de jours sans lasser la patience du peuple égyptien.

IX. - La maison de vie.

La plupart des temples comprenaient, dans leur enceinte, des écoles, non seulement l'école où les petits égyptiens apprenaient à lire et à écrire, mais les écoles d'apprentissage où se formaient les dessinateurs, graveurs, sculpteurs qui emploieraient leur talent à glorifier Pharaon et les dieux. Ils comprenaient aussi une bibliothèque, où l'on conservait les archives du temple et les textes de toutes sortes rédigés par une armée de scribes, mais aussi les ouvrages de morale et de littérature dont pouvaient avoir besoin les écoliers, des ouvrages techniques. Le roi Neferhotep désire consulter les livres de Toum. Les courtisans lui disent : « Que Ta Majesté entre dans les bibliothèques et que Ta Majesté puisse voir toutes les paroles sacrées. » Le roi trouve en effet le livre de la maison d'Osiris Khentiamentiou, seigneur d'Abydos [45]. Certains temples possédaient en outre des établissements plus ambitieux qu'on appelait la maison de vie[46].

Le roi Ramsès IV était, nous dit-il, un assidu de la maison de vie d'Abydos. En compulsant les *Annales de Thot* qui s'y trouvaient il a pu apprendre qu'« Osiris est le plus mystérieux des dieux. Il est la lune. Il est le Nil. Il est celui qui règne dans l'autre monde. Tous les soirs, le dieu du soleil descend vers lui et forme l'âme unie qui gouverne le monde et Thot note ses ordres. » En compulsant ces annales, qu'il connaissait comme s'il les avait faites lui-même, il s'était rendu compte de la variété des matières qui y étaient traitées et des renseignements que l'on pouvait y puiser. Désirant pour lui-même un sarcophage en pierre de *bekhen* de la vallée de Rohanou, il trouva dans les annales les récits des expéditions antérieures qui avaient ramené, pour la place de la Vérité et pour le temple, tant de sarcophages et tant de statues. Quand il désigna les princes, les militaires et hauts fonctionnaires composant l'état-major de son expédition, il n'eut garde d'oublier de leur adjoindre un scribe de la maison de vie. Le Ramsès, qui reçut l'ambassadeur du prince de Bakhtan, crut devoir, avant de donner sa réponse, consulter les scribes de la maison de vie. Sous Ptolémée Philadelphe, on avait découvert un nouveau bélier sacré. Les Mendésiens envoyèrent au roi une pétition demandant qu'on le soumette à l'examen des scribes de la maison de vie. Le décret de Canope nous fait connaître que ces scribes s'occupaient d'astronomie. Ils s'occupaient aussi de politique. C'est ainsi que deux scribes de la maison de vie entrèrent dans la conspiration contre Ramsès III. De ces témoignages, et de quelques autres, on peut conclure que la maison de vie était une réunion de savants, de théologiens et d'érudits. On y conservait les traditions religieuses. On y rédigeait les annales des rois et des temples. On y enregistrait les découvertes scientifiques, les progrès techniques. On y inventa la cryptographie. Vraisemblablement, c'est dans ces maisons que ces découvertes, ces progrès prenaient naissance.

Le temple nous apparaît maintenant comme le centre de la vie égyptienne. Avant tout c'est la maison du dieu, c'est là qu'on lui rend le culte que méritent ses bienfaits. C'est aussi un centre économique et intellectuel. Le clergé y a créé des ateliers et des entrepôts, des écoles, une bibliothèque. C'est au temple, et au temple seulement, qu'on pouvait avoir la chance qu'a eue Platon de rencontrer des savants et des philosophes. C'est au temple, enfin, que sont nées et que se sont développées les représentations dont les légendes fournissaient le sujet et qui ont tenu lieu aux Egyptiens de drame et de comédie.

CHAPITRE XII

LES FUNÉRAILLES

I. - La vieillesse.

Le sage Ptah-hotep et Sinouhit l'aventurier nous ont parlé sans illusion de la vieillesse. C'est l'âge de la laideur, de la débilité physique et morale. On voit mal. On n'entend plus. On ne se souvient plus de rien. On ne peut rien faire sans être accablé de fatigue. Ce que l'on mange ne profite pas[1]. Pourtant les Egyptiens souhaitaient, comme tous les hommes, d'atteindre cet âge déplorable. Le vieillard qui, à force de soins, avait conservé l'aspect d'un jeune homme et dont les facultés étaient demeurées intactes excitait l'admiration universelle. Le grand-prêtre Romé-Roÿ confesse qu'il est arrivé à la vieillesse au service d'Amon et comblé de faveurs : « Mes membres sont pourvus de santé. Mes yeux y voient. Les aliments de son temple restent dans ma bouche[2]. » On a parlé à la cour d'un bourgeois de cent dix ans qui mange gaillardement cinq cents pains, une épaule de bœuf et boit cent jarres de bière jusqu'à ce jour, sans préciser pourtant si c'est en un jour, un mois, une saison ou une année. Ce vieillard est, en outre, un magicien savant et puissant. Pharaon entreprend donc de le faire venir près de lui. Il sera nourri des choses exquises que donne le roi, des provisions destinées à ceux de sa suite, en attendant de rejoindre ses pères dans la nécropole. Le propre fils de Pharaon, chargé de l'invitation, parcourt la distance en bateau, puis en chaise à porteurs, car les chars n'étaient pas encore en usage. Il trouve celui qu'il cherchait allongé sur une natte devant sa porte. Un serviteur lui éventait la tête. Un autre lui frottait les pieds. Au compliment du prince, le vieillard répond gracieusement : « En paix, en paix, Didifhor, fils royal aimé de son père ! Que ton père Khoufou, juste de voix, te loue, qu'il avance ton rang comme celui d'un homme d'âge. Puisse ton *ka* déjouer les entreprises de ses ennemis, ton *ba* connaître le chemin secret qui mène à la porte ! » Le prince lui tend les bras, le fait lever, le conduit au quai par la main. Tous deux, en trois bateaux, atteignent la résidence et sont aussitôt reçus. Le roi exprime son étonnement de ne pas connaître encore le plus vieux de ses sujets. Avec une noble simplicité, exemple de flatterie, l'invité répond : « Celui qui vient, c'est celui qu'on a appelé, Souverain mon maître ! On m'appelle, me voici. Je suis venu[3] ! »

Ce que l'on appelait une heureuse vieillesse n'était pas seulement caractérisé par l'absence d'infirmités. Il fallait encore l'opulence, ou du moins l'aisance. Celui qui était parvenu à l'état d'amakhou avait non seulement le pain de ses vieux jours assuré, mais il pouvait compter sur une sépulture excellente. Sinouhit, à son retour de l'exil, reçoit une maison de propriétaire, digne d'un courtisan. Beaucoup de gens travaillaient à la bâtir. La charpente fut faite avec du bois neuf et non avec du bois de démolition : « L'on m'apportait du ravitaillement du palais, trois, quatre fois par jour en plus de ce que les enfants royaux ne cessaient de me donner. » Puis Sinouhit, qui s'est vu attribuer l'offrande royale funéraire, surveille maintenant la construction de sa maison d'éternité. Il la meuble. Il règle minutieusement tout ce qui concerne l'entretien de sa tombe et son culte funéraire[4]. C'est là un plaisir de vieillard, du moins d'un vieillard ami du roi. Le roi accordait ou refusait à son gré ce beau titre *d'amakhou*. Mais comme il était d'après ses panégyristes aussi bon, aussi équitable qu'il était tout-puissant et informé de tout, on était sûr qu'il ne le refuserait à aucun de ceux qui l'avaient bien servi[5]. Or, ce que faisait le roi était le modèle sur lequel chaque grand réglait sa conduite. Les gouverneurs des villes et des provinces, les chefs des prophètes, les chefs des soldats avaient auprès d'eux un nombreux personnel. Au fur et à mesure que serviteurs et employés devenaient vieux, un maître compatissant leur assurait un emploi compatible avec leurs forces diminuées, le vivre et le couvert, en attendant la sépulture. C'est pour ne pas priver Sinouhit de ces bien essentiels que Pharaon, qui n'avait pas pardonné sa fuite tant que Sinouhit était dans la force de l'âge, l'autorise à rentrer quand il le sait au seuil de la vieillesse. L'Egypte ne sacrifiait pas plus ses vieillards que ses enfants. Je ne voudrais pas jurer que jamais, dans cette terre bénie, un héritier pressé n'ait abrégé les jours d'un ancêtre qui proclamait avec trop d'insistance son intention de parvenir aux cent dix ans. Il y eut des rois détrônés. Mais l'on remarquera que Amenemhat Ier, ayant abandonné après vingt années de règne la direction effective des affaires à son fils, vécut paisiblement une dizaine d'années, pendant lesquelles il eut le loisir de rédiger des instructions désabusées. Apriès, vaincu et détrôné, aurait conservé la vie s'il n'avait exaspéré les Egyptiens par d'inutiles cruautés. Dans l'ensemble, l'Egypte était un pays où il faisait bon vivre vieux.

II. — Le pèsement des actions.

On se tromperait beaucoup, si l'on croyait que les Egyptiens envisageaient avec plaisir de quitter la terre des vivants. Ils savaient que la mort ne tient compte d'aucune plainte, qu'elle ne se laisse fléchir par aucune prière. Il ne sert à rien de protester qu'on est encore jeune, car « elle saisit l'enfant encore assis sur le sein de sa mère aussi bien que l'homme lorsqu'il est devenu vieux[6] ». D'ailleurs « qu'est-ce que les années, si nombreuses fussent-elles, qu'on passe sur terre ? L'Occident est une terre de sommeil et de ténèbres lourdes, la place où demeurent ceux qui sont là. Dormant dans leurs bandelettes, ils ne s'éveillent que pour voir leurs frères. Ils n'aperçoivent plus ni leur père, ni leur mère. Leur cœur oublie leurs femmes et leurs enfants. L'eau vive, que la terre a pour quiconque l'habite, c'est de l'eau croupie pour moi. Elle vient auprès de celui qui est sur la terre, mais elle est croupie pour moi l'eau qui est auprès de moi[7] ».

Ce qu'un dévot trouve de mieux à dire de l'autre monde, c'est que l'on y est débarrassé de ses rivaux et de ses ennemis et que l'on connaît enfin le repos. Il y avait même des sceptiques qui remarquaient que « personne ne revient pour dire comment se portent les défunts, ce qui leur manque pour calmer notre cœur jusqu'au moment où nous parviendrons à l'endroit où ils sont allés ». Ce sage disait encore que tous les tombeaux tombent en ruine et que même ceux des anciens sages sont comme s'ils n'avaient jamais existé[8]. Pourtant, il ne conclut pas qu'il était inutile de préparer son tombeau avec tant de soin et de penser à la mort si longtemps à l'avance. S'il l'avait dit, il n'aurait pas convaincu ses contemporains qui, au temps de Ramsès, comme à l'époque des pyramides, préparaient minutieusement leur passage de ce monde à l'autre.

Une épreuve redoutable attendait tous les défunts à leur entrée dans l'autre monde. C'était le pèsement des actions. Le vieux roi qui a rédigé les instructions pour Merikarê met en garde son fils contre les juges qui oppriment le misérable. Ce sujet l'amène à parler d'autres juges : « Il ne faut pas croire que tout sera oublié au jour du jugement. Ne compte pas sur la durée des années. Ils considèrent la vie comme une heure. Après la mort, l'homme subsiste et ses actions sont amoncelées à côté de lui. Celui qui arrivera sans péché devant les juges des morts, il sera là comme un dieu. Il marchera librement comme les maîtres de l'éternité[9]. » Setna, fils du roi Ousimarê, eut la chance extraordinaire de pénétrer vivant dans l'Amentit. Il y aperçut « Osiris, le grand dieu, assis sur son trône d'or fin et couronné du diadème aux deux plumes, Anoup le grand dieu à sa gauche, le grand dieu Thot à sa droite, les dieux du conseil des gens de l'Amentit à sa gauche et, à sa droite, la balance dressée au milieu en face d'eux, où ils pesaient les méfaits contre les mérites, tandis que Thot, le grand dieu, remplissait le rôle d'écrivain et que Anoup leur adressait la parole ». Les inculpés étaient répartis en trois groupes. Ceux dont les méfaits étaient plus nombreux que les mérites étaient livrés à la chienne Amaït. Ceux dont les mérites l'emportaient sur les méfaits étaient amenés parmi les dieux du conseil. Pour celui dont les mérites équivalaient aux fautes, il aurait à servir, couvert d'amulettes, Sokar-osiri[10].

Les Egyptiens se doutaient bien qu'un très petit nombre d'entre eux se présenteraient sans péché devant le juge suprême. Il fallait donc obtenir des dieux que les mauvaises actions fussent annulées et le pécheur purifié. Cette espérance était très répandue. Elle est souvent exprimée dans la littérature funéraire :

« Mes péchés sont effacés. Mes fautes sont balayées, mes iniquités sont détruites[11]. Tu déposes tes péchés à Nennisout[12].

« La grande enchanteresse te purifie. Tu dis ton péché, qui sera détruit pour toi pour faire des choses en raison de tout ce que tu as dit[13]. Hommage à toi, Osiris à Dedou... Tu entends son discours. Tu effaces son péché. Tu rends sa voix juste contre les ennemis et il est fort dans son tribunal sur terre[14].

« Tu es stable et tes ennemis tombent. Ce qu'on dit de toi en mal n'existe pas. Tu entres devant l'Ennéade des dieux et tu sors juste de voix[15]. »

Le chapitre cxxv du *Livre des Morts* a été composé tout entier pour séparer les pécheurs de leurs iniquités. Les Egyptiens le copiaient sur un papyrus qu'on plaçait dans le cercueil, entre les jambes de la momie. On croirait lire un compte rendu anticipé du jugement, mais d'un jugement où tout se passera le mieux du monde. La salle du tribunal s'appelle, je ne sais pourquoi, la salle des deux vérités. Osiris y trône dans une chapelle. Ses deux sœurs, Isis et Nephtys sont debout derrière lui. Quatorze assesseurs s'alignent au fond. Au milieu se trouve une grande balance dont le support est orné, tantôt de la tête de la Vérité, tantôt de la tête d'Anoubis ou de celle de Thot. Un monstre se tient en faction près de la balance. Thot, Anoubis, quelquefois Horus et les deux vérités s'affairent au milieu de la salle. Le défunt, vêtu d'une robe de lin, est introduit par Anoubis. Il salue son juge et tous les dieux présents : « Hommage à toi, dieu grand, maître des deux vérités. Je suis venu auprès de toi. Ayant été amené, j'ai vu ta perfection. Je te connais, je connais ton nom et je connais le nom des quarante-deux dieux qui sont avec toi en cette salle des deux vérités, qui vivent comme gardiens des méchants, qui s'abreuvent de leur sang en ce jour d'évaluer les caractères devant l'Etre bon. » Puis il prononçait une longue déclaration d'innocence composée de phrases négatives : « Je n'ai pas fait de péché contre les hommes... je n'ai pas maltraité mes gens... Je n'ai pas fait travailler au-delà de ce que l'on pouvait faire... Je n'ai pas calomnié Dieu. Je n'ai pas brutalisé le pauvre... Je n'ai pas affamé... Je n'ai pas diminué le boisseau... Je n'ai pas diminué la palme. Je n'ai pas fraudé dans les mesures des champs. Je n'ai rien ôté au contrepoids de la balance. Je n'ai pas triché avec le peson de la balance... Je n'ai pas ôté le lait de la bouche des petits enfants... Je n'ai pas arrêté l'eau en sa saison... Je n'ai pas arrêté Dieu en sa sortie. » Quand il s'était défendu trente-six fois d'avoir fait ce qui était mal aux yeux des dévots, le récitant concluait qu'il était pur, parce qu'il est le nez du maître des souffles qui fait vivre tous les Egyptiens. Puis, comme s'il craignait de n'être pas cru, il recommençait sa déclaration d'innocence en s'adressant successivement à ces quarante-deux dieux qu'il a salués en entrant et qui portent des noms terrifiants : Large de pas, Avaleur d'ombre, Briseur d'os, Mangeur de sang, Criard, Annonceur de combat et, après chaque nom, niait un péché. Il ajoutait qu'il ne craignait pas de tomber sous le couteau des juges, non seulement parce qu'il n'a pas insulté Dieu, ni outragé le roi, mais parce qu'il a fait ce que disent les hommes et ce qu'approuvent les dieux. « Il a contenté le dieu avec ce qu'il aime. Il a donné des pains à l'affamé, de l'eau à ceux qui avaient soif, des vêtements au nu, prêté son bac à qui voulait passer le fleuve. Il est de ceux à qui l'on dit : « Bienvenue, « bienvenue » dès qu'on l'aperçoit. » Il a fait encore beaucoup d'autres actions pieuses et louables, par exemple lorsqu'il a entendu le dialogue de l'âne et de la chatte, que nous regrettons vivement de ne pas connaître. Il ne restait plus qu'à tirer la conclusion pratique de cette épreuve. Sur un plateau de la balance on a mis le cœur du patient, sur l'autre une statuette de la Vérité. Mais si le cœur allait parler et démentir son maître! Contre ce danger a été composé l'invocation qui se lit au chapitre xxx du *Livre des Morts* : « O mon cœur, cœur de ma mère, ô cœur de mes formes! Ne te dresse pas contre moi comme témoin, ne t'oppose pas à moi devant les juges, ne fais pas ton poids contre moi devant le maître de la balance. Tu es mon *Ka* qui est dans mon sein, le Khnoum qui donne l'intégrité à mes membres. Ne permets pas que mon nom sente mauvais, ne

dis pas de mensonge contre moi près du dieu ! »
Le cœur, ainsi adjuré, écoutait donc en silence les
deux confessions. Aussi le résultat est-il infaillible. Anoubis arrête les oscillations. Il constate
que les deux plateaux se sont équilibrés et Thot
n'a plus qu'à enregistrer la pesée en déclarant
que le candidat a triomphé, qu'il est juste de voix,
maa kherou. Le royaume d'Osiris compte un
sujet de plus. Le monstre, qui espérait se repaître
du nouvel arrivant, en sera pour son attente.

Les Egyptiens croyaient-ils vraiment qu'il suffisait de nier ses péchés sur un écrit pour les rayer
de la mémoire des hommes et des dieux ? On lit,
dans quelques ouvrages récents sur la religion
égyptienne, que le chapitre cxxv du *Livre des
Morts* est un texte magique, et ce mot de magie
suffit à beaucoup. Les égyptologues ne devraient
jamais oublier que le traité pour transformer un
vieillard en jeune homme a été qualifié de texte
magique. Quand on s'est donné la peine de l'étudier, on a découvert que ce traité n'était qu'une
recette pour effacer les rides, les boutons, les rougeurs et les désagréments de la vieillesse[16]. Il me
semble que l'auteur des instructions pour Merikarê n'a fait, en déclarant qu'on ne pouvait tromper le juge suprême, qu'exprimer l'opinion commune. On pourrait soutenir que si l'Egyptien se
déclare pur, s'il prétend n'avoir commis aucun
mal avec tant d'insistance, c'est qu'il s'était
débarrassé de son vivant du fardeau de ses
péchés. Telle est la conviction qui l'affranchissait
de la crainte de l'autre monde.

Ils s'agissait essentiellement d'être proclamé
maa kherou, juste de voix. Or on ne peut mériter
ce titre que si l'on a oralement plaidé sa cause
devant un tribunal. D'innombrables Egyptiens,

dont nous lisons les noms sur les stèles, sur les sarcophages, sur les murs des tombeaux, sont qualifiés *maa kherou*. On a supposé que c'était un souhait pieux que les vivants formulaient soit pour eux-mêmes, soit pour leurs parents et amis, mais que ce souhait ne devait être exaucé que dans l'autre monde, si bien que *maa kherou* est pratiquement considéré comme un synonyme de défunt [17]. Toutefois, nous connaissons des Egyptiens qui ont porté cette épithète de leur vivant. Tel fut Khoufou, que les Grecs ont accusé d'impiété et qui était *maa kherou* quand il écoutait ses fils lui raconter, l'un après l'autre, des histoires de magiciens. Tel fut Pa-Ramsès lorsqu'il fut chargé par Horonemhed de diriger les grands travaux du temple d'Opet, avant de devenir le roi Ramsès Ier [18]. Tel fut le grand des Mâ Chechanq, qui n'était pas encore le roi Chechanq Ier [19]. Le grand prêtre d'Amon Bakenkhonsou était juste de voix lorsqu'il obtint de Ramsès II la faveur d'exposer ses statues dans le temple, où elles furent mêlées à la troupe des loués [20]. Il était alors âgé de quatre-vingt-onze ans et vécut encore quelques années. Un de ses successeurs, Ramsèsnekht, est également qualifié de juste de voix dans l'inscription du ouadi Hammamât qui raconte la grande expédition envoyée par Ramsès IV à la montagne de bekhen, en l'an III. Or il vivait encore en l'an IV d'un roi qui ne peut être que Ramsès IV ou Ramsès V [21].

Ces exemples me paraissent suffisants pour établir que les Egyptiens devenaient *maa kherou* quand ils étaient vivants et sur leurs pieds. Mais comment obtenait-on ce beau titre ? Osiris avait été le premier *maa kherou*. Quand son épouse dévouée lui avait rendu l'intégrité et la vie, il avait poursuivi son meurtrier Seth devant le tribunal divin présidé par le dieu Râ et il l'avait fait condamner[22]. Isis n'avait pas voulu que ses combats et les traits de son dévouement fussent ensevelis dans l'oubli. Elle avait donc institué des mystères très saints pour servir d'exemple et de consolation aux humains. Dans ces mystères on représentait, encore à l'époque d'Hérodote, les souffrances subies par Osiris. Dans des temps bien plus anciens, on représentait le combat des partisans d'Osiris pour dégager le corps de leur maître et la rentrée triomphale au temple d'Abydos. On représentait ensuite le mystère du jugement. Le chapitre XVIII du *Livre des Morts* nous donne même la liste des villes privilégiées où était joué ce mystère : On, Didou, Imit, Khem, Pé et Dep, Rekhti dans le Delta, Ro-setaou qui est un quartier de Memphis, Naref à l'entrée du Fayoum, Abydos en Haute Egypte. De toute évidence c'est en imitant Osiris que le pieux Egyptien pouvait assurer son salut. On lit, à la fin du chapitre CXXV, un avis qui ne pouvait s'adresser qu'aux vivants : « Dire ce chapitre propre et net, habillé de vêtements de cérémonie, chaussé de sandales blanches, les yeux fardés de poudre noire, oint d'encens de première qualité, après avoir fait une offrande très complète, bœufs et volailles, térébinthe, pain, bière et légumes. » Et le texte sacré ajoute : « Celui qui aura fait cela pour lui, il sera vert, ses enfants seront verts. Il sera bien vu du roi et des grands. Il ne manquera jamais de rien et finalement sera de l'escorte d'Osiris. »

Nous pouvons maintenant nous représenter ce mystère du jugement où les Egyptiens obtenaient d'être déchargés de leurs péchés. Ceux d'entre eux qui estimaient que leurs jours étaient comptés, soit parce qu'ils étaient vieux ou malades, soit parce qu'ils étaient touchés par un de ces avertissements secrets qu'Osiris envoyait parfois à ceux qui seraient bientôt de son royaume[23], se rendaient en foule dans l'une des villes que nous avons nommées plus haut. Ils prenaient les précautions indiquées et surtout n'oubliaient pas de faire les frais d'une offrande très complète.

La lecture du chapitre cxxv suggère que le mystère du jugement comportait deux actes. Tout d'abord, c'est Osiris qui fait reconnaître son innocence. S'adressant au dieu Râ, il prouvait par trente-six phrases qu'il n'avait à aucun moment de l'année commis le mal. Les fidèles faisaient écho à cette déclaration d'innocence et se sentaient réconfortés par le jugement qui innocentait le dieu. Pas assez cependant. Osiris quittait le banc des plaignants pour s'asseoir sur le siège du juge. Les fidèles récitaient la deuxième confession négative, puis à tour de rôle s'approchaient de la balance. Un cœur de lapis-lazuli, gravé à leur nom, était mis sur un plateau, l'image de la vérité sur l'autre et chacun pouvait constater que les deux plateaux se faisaient équilibre. L'impétrant était solennellement reconnu juste de voix et enregistré. Il pouvait regagner sa demeure, sûr qu'on ne lui fermerait pas les portes de l'autre monde.

III. — LA PRÉPARATION DU TOMBEAU.

Ayant maintenant la conscience tranquille, chaque Egyptien pouvait donner tous ses soins à sa maison d'éternité.

Les rois s'y sont pris toujours de très bonne heure. La construction d'une pyramide, même moyenne, n'était pas une petite affaire. On envoyait de véritables expéditions pour apporter sur le plateau de Gizeh ou de Saqqarah les blocs de granit et d'albâtre. Dès le début du Nouvel Empire, la nécropole royale a été transportée dans la vallée des rois, à l'ouest de Thèbes. Les descendants de Ramsès Ier, quoique originaires du Delta, ont imité ceux qu'ils avaient supplantés et ont continué à faire creuser dans la montagne thébaine ces hypogées, longs parfois d'une centaine de mètres, où une étrange décoration s'étale sur les parois des couloirs et des chambres. On y suit le voyage nocturne de Râ dans les douze régions du monde inférieur, sa lutte contre les ennemis de la lumière, mais rien n'y rappelle ce que le roi avait accompli de son vivant. Nulle part on ne s'adresse aux visiteurs. Car la tombe royale n'était pas aménagée pour recevoir des visiteurs. C'était un domaine fermé dont l'entrée même devait être tenue secrète[24].

Il en était tout autrement des tombes des particuliers qui comportaient normalement deux parties distinctes. Le caveau, creusé au fond d'un puits, était destiné au défunt. Une fois celui-ci couché dans le sarcophage et les dernières cérémonies accomplies, l'entrée du caveau était murée, le puits comblé et personne, en principe, ne devait troubler sa solitude. Mais au-dessus du caveau, tout un édifice était ouvert aux survivants. La façade se dressait au fond d'une cour où des stèles proposaient à l'admiration des générations les vertus et les services du défunt. Quelquefois dans cette cour, près d'un bassin, on avait trouvé le moyen de faire pousser des palmiers et des sycomores[25]. De là, on entrait dans une salle généralement plus large que longue dont la décoration était un véritable enchantement. Le plafond, lui-même, était décoré d'ornements végétaux ou de motifs géométriques aux couleurs vives. Sur les parois, sur les piliers, des peintures représentaient, dans ses moments les plus caractéristiques, la vie du défunt. Grand propriétaire, il assistait aux travaux des champs, il chassait les antilopes dans le désert, il lançait le boomerang sur les oiseaux aquatiques, le harpon sur les hippopotames, prenait part à la pêche. Comme chef des ateliers d'Amon, il surveillait des sculpteurs, des joailliers, des ébénistes. Magistrat, il centralisait les revenus de la couronne. Soldat, il instruisait des recrues. On le voyait reçu en audience par le roi, introduisant au palais les longues files des délégués étrangers qui étaient venus, des pays qui ne connaissaient pas l'Egypte, courbés sous leurs tributs, implorer le souffle de vie. Ayant fait le tour de la salle, le visiteur s'engageait dans un large passage. D'un côté, il voyait le défunt aller en bateau à Abydos, de l'autre les épisodes d'un enterrement conduit selon toutes les règles. Le passage menait dans une dernière salle où il n'était plus question que de la piété du défunt. Il adorait les dieux, faisait en leur honneur la libation d'eau, présentait un réchaud allumé, récitait des hymnes. En récompense, il consommait les provisions indéfiniment renouvelées qu'il devait à sa piété et à sa prévoyance[26].

Le sarcophage était naturellement la pièce la plus importante du mobilier funéraire. De son vivant, Neferhotep a visité plus d'une fois l'atelier où le sien était confectionné. Il a vu son logement futur posé sur deux tabourets et des artisans assis ou debout qui s'occupaient de le polir, de le graver et de le peindre. Il a vu le prêtre qui l'aspergeait d'une eau sainte[27]. Le roi et les gens très riches ne se contentaient pas d'un seul cercueil. La momie de Psousennès, déjà protégée par un masque d'or, était contenue dans un sarcophage d'argent en forme de momie, qui remplissait très exactement un autre sarcophage également momiforme en granit noir. Celui-ci se trouvait à l'aise dans une vaste cuve rectangulaire décorée à l'intérieur et à l'extérieur par des divinités préposées à la garde de la momie. Sur le couvercle bombé était allongée l'image du défunt représenté avec les attributs d'Osiris, tandis que sous le couvercle était suspendue Nout, la déesse du ciel, entourée des barques des constellations. Son corps menu et gracieux s'allonge à quelques centimètres au-dessus du sarcophage de granit noir. Par ses yeux de pierre, le roi se rassasiait indéfiniment de la beauté de la déesse, qui lui donnait un éternel baiser. Ainsi se trouvait réalisé un des vœux que formait tout Egyptien pour son éternité, devenir un habitant du ciel, voyager parmi les étoiles qui ignorent le repos et les planètes qui ignorent la destruction. On avait d'ailleurs sculpté sur le côté des sarcophages des yeux, grâce auxquels il voyait aussi bien que Râ ou Osiris, ainsi que des portes qu'il franchissait pour sortir de son palais et y rentrer à volonté.

La richesse et la variété du mobilier dépendaient naturellement des moyens de chacun. Celui de Toutankhamon défie l'imagination : lits d'apparat, lits de repos, chars et bateaux, armoires et coffrets, fauteuils, chaises et tabourets, toutes les armes, toutes les cannes connues de son temps, des objets de parure, des jeux, de la vaisselle, des objets liturgiques. Comme membre du royaume osirien, le roi aurait à répéter les actes pieux qu'il faisait de son vivant. Comme chef de famille, comme souverain, il continuerait à recevoir ses enfants, ses proches, ses amis, ses sujets et il aurait à les traiter. A cette intention on préparait une vaisselle abondante. On mettait de côté, pour les déposer dans le tombeau, des pièces du vaisselier royal, en même temps que l'on préparait des volailles, des pièces de viande, des fruits, des grains, des liquides, tout ce qui se mange et tout ce qui se boit.

Le sarcophage était complété par un coffre de bois ou de pierre et par les quatre vases que nous appelons, à tort d'ailleurs, vases canopes. Ils étaient destinés à contenir les organes retirés du corps pendant la momification et placés sous la protection de quatre dieux et de quatre déesses. Un de ces dieux, Amset, avait une tête humaine, Hâpi, une tête de cynocéphale, Douamoutef, une tête de chacal, et Qebehsenouf, de faucon. Le couvercle du premier vase représentait donc une tête humaine et les trois autres une tête de cynocéphale, de chacal, de faucon. Certains raffinés estimaient que ce n'était pas suffisant. On fabriquait des petits cercueils d'or ou d'argent composés comme les véritables d'une cuve et d'un couvercle. On y logerait les petits paquets momifiés, puis ces quatre cercueils seraient déposés dans les vases d'albâtre.

Les champs d'Ialou, sur lesquels régnait Osiris, étaient comme le jardin de Candide, le plus bel endroit du monde, mais il fallait les cultiver comme on cultivait un domaine réel, labourer, semer, sarcler et moissonner, entretenir les canaux d'irrigation et même accomplir des travaux dont l'utilité ne nous apparaît pas clairement, par exemple, transporter le sable d'une rive à l'autre. Ces travaux, qu'un propriétaire terrien trouvait naturels, parurent, au contraire, intolérables à ceux qui avaient passé leur vie dans l'oisiveté ou exercé un autre métier que celui d'agriculteur. Nul peuple n'a cru, autant que les Egyptiens, que l'image d'une chose ou d'un être en possédait en quelque mesure les facultés et les propriétés. Le remède était tout trouvé. Il suffisait de fabriquer des statuettes qui pouvaient travailler à la place du défunt. Ces statuettes, en faïence vernissée, quelquefois en bronze, avaient la forme d'une momie. Le visage est quelquefois très individuel. Nous sommes fondés à croire que l'on a voulu faire un portrait. Si l'on n'a pas visé à la ressemblance, le but est tout de même atteint, car l'inscription indique au moins le nom et le titre du personnage dont elle tient la place : « L'Osiris, premier prophète d'Amonrâsonter Hornekhti. » Souvent un texte plus développé définit les travaux dont la statuette aurait à s'occuper, « L'Osiris N, il dit : « O cette statuette (*ouchebti*) si l'Osiris N est compté, appelé, désigné pour faire tous les travaux qui doivent être faits là, dans la nécropole, comme un homme pour ses propres affaires, pour faire prospérer les champs, pour irriguer les berges, pour transporter le sable de l'est à l'ouest et vice versa, pour y arracher les mauvaises herbes, comme un homme pour ses propres affaires. » Je fais moi, me voici « ainsi diras-tu ».

Une fois lancés dans cette direction, les Egyptiens ont multiplié ces statuettes pour éviter à tout jamais les corvées menaçantes. Ils ont tracé entre leurs mains, ou sur leur dos, des outils et des sacs. Aux travailleurs, ils ont joint des scribes et des surveillants, parce que derrière toute équipe de cultivateurs se profilait l'indispensable fonctionnaire. Enfin, ils se sont mis à fabriquer tout un matériel de petits objets et d'outils en miniature pour les tenir à la disposition des statuettes, des palanches de porteur d'eau ou de sable, des corbeilles et des couffins, des pioches et des maillets, soit en bronze, soit en faïence. Ce matériel, pour qu'il ne risque pas d'être volé ou utilisé à d'autres fins que celle que désire le client, est inscrit au même nom que les statuettes[28].

La même idée a suggéré de fabriquer pour le mort quelques statuettes de femmes nues. Les rois, les princes avaient des concubines et ne voulaient pas perdre cette bonne habitude dans l'autre monde. Nous en avons trouvé dans l'antichambre de Psousennès. Les unes portaient un nom royal, d'autres un nom de femme. Mais nous serions tentés de plaindre ce roi s'il choisissait de son vivant ses concubines comme il a choisi ses poupées[29].

Les momies aimaient la parure tout autant que les vivants. Souvent, d'ailleurs, on parait la momie avec des bijoux que le défunt avait portés de son vivant, mais plus souvent, encore, on en fabriquait de neufs. Voici la liste de ce qui était nécessaire à la momie d'un roi ou d'un grand personnage[30] :

Le masque, en or pour le roi et les princes du sang, en carton et en plâtre peint pour les particuliers.

Un col formé de deux plaques rigides en or cloisonné représentant un vautour aux ailes déployées.

Un ou plusieurs colliers en or, en pierres, en perles de faïence, formé de plusieurs rangs de perles ou de piécettes, d'un ou deux fermoirs, quelquefois muni d'un pendant en or et pierres calibrées, quelquefois en faïence. Un ou plusieurs pectoraux avec leur chaîne. Le motif le plus habituel était le scarabée ailé flanqué d'Isis et de Nephtys. Sur le revers du scarabée on gravait la célèbre invocation au cœur : « O mon cœur, cœur de ma mère, cœur de mes différents âges, ne te dresse pas contre moi comme témoin, ne t'oppose pas à moi dans le tribunal, ne fais pas pencher le plateau à mon désavantage devant le gardien de la balance, car tu es le *Ka* qui est dans mon corps, le dieu Khnoum qui garde mes membres intacts. Ne laisse pas mon nom sentir mauvais... Ne dis pas de mensonge contre moi auprès du dieu. »

D'autres scarabées, ailés ou non, gravés, mais sans cadre, des cœurs en lapis-lazuli pourvus d'une chaîne et gravés au nom du défunt.

Des bracelets souples et rigides, creux ou massifs, pour les poignets, pour les bras, les cuisses et les chevilles.

Des doigtiers pour les doigts des mains et des pieds.

Des bagues pour chaque doigt.

Des sandales.

Des amulettes et des statuettes de divinités qui seraient suspendues au cou ou accrochées au pectoral.

Les divinités chargées de protéger le mort étaient principalement Anoup et Thot, à cause de leur rôle pendant la pesée des actions, mais le choix n'était pas limité. On ne dédaignait pas les faucons, les vautours aux ailes déployées ni les têtes de serpent, car le serpent est le gardien du verrou qui tient fermées les portes des différentes sections de l'autre monde, ni les fétiches d'Osiris et d'Isis, ni l'œil oudja.

A toutes ces parures, il fallait encore ajouter des reproductions, en miniature, d'une foule d'objets tels que cannes, sceptres, armes, attributs royaux ou divins qu'il était bon d'avoir toujours à sa portée.

Ce n'était pas une petite affaire que de choisir, commander le matériel aussi compliqué, aussi coûteux, et d'en surveiller la bonne exécution. Car l'avenir du défunt dépendait pour une bonne part, quoi qu'aient pensé là-dessus quelques esprits chagrins, du soin qu'il avait pris de sa maison d'éternité, de son mobilier, de ses parures. Bien loin d'être un lieu de repos et de tranquillité, l'autre monde était plein d'embûches auxquelles on n'échappait pas si l'on n'avait pas pris toutes les précautions imaginables.

IV. — Les devoirs du prêtre du double.

Notre vieil égyptien a vu s'édifier sa future maison d'éternité. Il l'a décorée selon ses goûts et selon ses moyens. Il a fait exécuter chez l'ébéniste, chez le carrossier, un mobilier varié. Chez l'orfèvre, il s'est procuré des parures, toute une collection de talismans et d'amulettes. Il ne lui manque, semble-t-il, aucun des articles qui sont nécessaires dans l'autre monde. Pourtant, il n'est pas encore satisfait. Il faut que ses descendants s'occupent de lui, avec piété, non seulement pour lui rendre les derniers devoirs et l'emménager convenablement dans sa nouvelle demeure, mais indéfiniment dans l'avenir, de génération en génération : « J'ai transmis mes fonctions à mon fils, dit un noble égyptien, comme j'étais encore vivant. J'ai fait pour lui un testament en plus de celui que mon père avait fait pour moi. Ma maison est établie sur ses fondations, ma campagne est à sa place. Elle ne vacille pas, tous mes biens sont à leur place. C'est mon fils qui fera vivre mon cœur sur cette stèle. Il a fait pour moi un héritier en bon fils. » L'idée que le fils fait vivre le nom de son père, et même de ses pères, est une de celles qui sont fréquemment exprimées dans les textes funéraires. Hâpi-Djéfaï, gouverneur de Siout, a désigné son fils comme son prêtre de double, nous pourrions presque dire comme son exécuteur testamentaire. Les biens que le fils recevra à ce titre sont des bien privilégiés qui ne doivent pas être partagés avec les autres enfants. Le fils, à son tour, ne le mettra pas en partage entre ses enfants. Il les donnera en bloc à celui de ses fils qu'il désignera pour s'occuper de la tombe du grand-père et surveiller, tout en y participant de sa personne, les cérémonies accomplies pour sa mémoire[31].

Ces cérémonies ont lieu principalement à l'occasion du jour de l'an et pour la fête *ouaga,* qui était célébrée dix-huit jours plus tard, au tombeau, dans le temple d'Oup-Ouaÿt, seigneur de Siout et dans celui d'Anoup, seigneur de la nécropole.

Cinq jours avant le jour de l'an, les prêtres d'Ooup-Ouaÿt vont au temple d'Anoup et remettent chacun un pain pour la statue qui est dans le temple.

La veille du jour de l'an, un fonctionnaire du temple d'Oup-Ouaÿt donne au prêtre de double une chandelle qui a déjà été utilisée dans le temple. Le grand prêtre d'Anoup en fait autant, et remet une chandelle qui a contribué à l'illumination du temple d'Anoup à un personnage, que l'on appelle le chef du personnel de la nécropole, qui se rendra au tombeau avec les gardiens de la montagne. Ils y rencontreront le prêtre du double et lui donneront cette chandelle.

Le jour de l'an, chacun des prêtres d'Ooup-Ouaÿt donnera un pain pour la statue d'Hâpi-Djefaï, quand l'illumination du temple aura pris fin. Ils se formeront en cortège derrière le prêtre du double et célébreront sa mémoire. De leur côté, le chef de la nécropole et les gardiens donneront du pain et de la bière et feront une célébration analogue.

Le soir du jour de l'an, les fonctionnaires du temple d'Oup-Ouaÿt qui avaient la veille donné une chandelle en donneront une seconde. Le grand prêtre d'Anoup en fera autant et les statues du défunt seront, comme la veille, illuminées avec des chandelles qu'un premier usage a sanctifiées.

Les mêmes cérémonies recommencent, à peu de chose près, pour la fête *ouaga*. Dans le temple d'Oup-Ouaÿt les prêtres donnent chacun un pain blanc pour la statue et se forment en cortège, à la suite du prêtre du double, pour glorifier Hâpi-Djefaï. Une troisième chandelle brûlera pendant la nuit devant la statue. Les prêtres d'Anoup iront en cortège, tout en le glorifiant, jusqu'à l'escalier monumental qui conduit à son tombeau. Chacun d'eux déposera un pain devant la statue qui se trouve à cet endroit et qui sera de nouveau illuminée.

Le prêtre de service, quand il aura fait les cérémonies dans le temple, donnera pour cette même statue des pains et de la bière. Un autre personnage, le chef de la montagne, déposera aussi des pains et des cruches de bière pour la statue, entre les mains du prêtre de double.

Hâpi-Djefaï prétend bien ne pas être oublié aux fêtes des débuts de saisons qui, moins solennelles que la fête du jour de l'an, ont bien leur importance. Le chef de la nécropole et les gardiens de la montagne se rassembleront près de son jardin funéraire, prendront la statue qui s'y trouve et la porteront au temple d'Anoup. Voici enfin sa dernière exigence. Depuis qu'il était chef du clergé d'Ooup-Ouaÿt, Hâpi-Djefaï recevait tous les jours de fête, et nous savons qu'ils sont nombreux, de la viande, de la bière. Il ordonne que cette viande et cette bière soient après sa mort portées à sa statue, sous le contrôle du prêtre du double.

Ces services ne seront pas gratuits. Pour les rétribuer, Hâpi-Djefaï renonce à des avantages en nature dont il jouissait soit comme gouverneur, soit comme chef du clergé d'Oup-Ouaÿt. Il engage donc, avec un égoïsme admirable, l'avenir de ces fonctions. Il diminue ses revenus puisque son héritier devra verser chaque année vingt-sept jours du temple. Un jour du temple, ce n'est pas autre chose que la trois cent soixantième partie de tout ce qui entre au temple en un an. Le temple d'Ooup-Ouaÿt n'était sans doute qu'un sanctuaire de province, néanmoins ses revenus étaient importants et les héritiers, obligés de se dessaisir au profit des gens du temple de l'équivalent du treizième à peu près des revenus d'Ooup-Ouaÿt, verraient leur train de vie bien diminué, d'autant plus que le capital était lui-même entamé par la donation de nombreux terrain. A ce compte, l'entretien de la tombe risquait d'être plus onéreux que la tombe elle-même et l'Egypte tout entière risquait d'être accablée par le fardeau qu'elle s'est mise sur les épaules. Hâpi-Djefaï imperturbable fait remarquer que les arrangements qu'un prince comme lui a négociés avec les prêtres de son temps, les princes futurs n'ont pas le droit de les modifier. En fait, les fondations funéraires les mieux garanties tombaient en désuétude au bout de deux ou trois générations, ou plutôt leurs revenus étaient virés au bénéfice des morts récents[32]. Nous avons vu que des rois et des particuliers croyaient faire une œuvre pie en restaurant des monuments funéraires et en alimentant leurs tables d'offrande. Mais beaucoup de ces fondations furent définitivement ruinées au cours de la guerre des Impurs. L'Egypte se trouva à la suite de cette guerre, et de l'arnachie qu'elle engendra, sinon ruinée, du moins bien appauvrie et absolument incapable de s'occuper des morts anciens.

V. — La momification.

Rien ne retient plus sur cette terre l'Egyptien qui, averti par Osiris, a eu le temps de terminer la construction et l'aménagement de sa maison d'éternité et qui a pris tous les arrangements que sa piété et son respect des coutumes lui inspiraient. Le jour où il abordait à l'autre rive, selon l'expression des Egyptiens qui n'aimaient pas employer le mot mourir, ses proches prenaient le deuil pour une durée de soixante-dix jours au moins. Ils renonçaient à tout occupation active et demeuraient à la maison prostrés et silencieux. S'ils devaient sortir, ils se barbouillaient le visage de limon, comme fit Anoupou lorsqu'il considéra que son petit frère était perdu pour lui, et se frappaient continuellement le sommet de la tête avec les deux mains[33]. Mais un devoir urgent les pressait, celui de remettre le cadavre aux embaumeurs et de choisir le mode d'embaumement. Ces modes étaient au nombre de trois, d'après Hérodote et Diodore. L'embaumement de première classe demandait beaucoup de soins et de temps. On enlevait le cerveau et, à l'exception du cœur, tous les organes intérieurs qui devaient être préparés à part et répartis en quatre paquets pour les quatre vases canopes. Les organes que l'on avait enlevés étaient, après un double nettoyage, remplacés par des aromates. On sale ensuite le corps avec du natron, produit qui se trouvait en abondance dans le ouadi-Natron, la prairie du sel, à l'ouest du Fayoum, ainsi que dans la région de Nekheb et que les Egyptiens employaient à des usages très variés et en particulier pour le nettoyage de la maison. Au bout de soixante-dix jours, le corps est lavé, puis enveloppé de bandelettes taillées dans une étoffe de lin et enduites de gomme. Il ne fallait pas moins d'une quinzaine de produits pour parfaire le travail : la cire d'abeille pour couvrir les oreilles, les yeux, le nez, la bouche et l'incision de l'opérateur, la casse et la cinnamome, l'huile de cèdre, qui était en réalité produite par le genévrier, la gomme, le henné, les baies de genévrier, les oignons, le vin de palme et plusieurs sortes de résine, la sciure de bois, la poix et le goudron, et bien entendu le natron qui était l'agent essentiel. Plusieurs de ces produits venaient de l'étranger, en particulier la poix et le goudron qui étaient extraits des sapins du Liban; aussi, dès que les voyages par mer vers Byblos étaient interrompus, les embaumeurs et leur riche clientèle étaient dans la désolation à l'idée qu'il leur faudrait trouver des produits de remplacement[34].

Quand le travail était terminé, le corps n'était pas autre chose qu'un squelette habillé de peau jaunâtre, mais le visage n'était pas tout à fait méconnaissable, malgré les joues creusées et les lèvres amincies. Après tant de siècles, la momie de Setoui Ier nous permet d'imaginer les traits et l'expression de ce grand roi. On en peut dire autant de beaucoup d'autres momies.

Le moment était venu de parer et d'habiller la momie. On accrochait les colliers, les pectoraux, les amulettes. On plaçait les bracelets, les doigtiers, les bagues et les sandales. Sur la blessure faite par l'opérateur qui avait retiré les organes internes, on posait une feuille épaisse en or sur laquelle on avait gravé ou incrusté l'œil *oudja,* qui avait la vertu de guérir les plaies, et les quatre génies protecteurs des canopes. Un exemplaire du *Livre des Morts,* guide indispensable de l'autre monde, était placé entre les jambes. Puis le corps et les membres étaient entièrement enveloppés de bandes de lin. On appliquait le masque sur le visage. Pour les particuliers, ce masque était en toile et en stuc. Pour les rois et pour quelques très grands personnages il était en or et relié parfois par des fils à un vêtement de perles[35]. Un dernier linceul enveloppait le tout, fixé par des bandes parallèles. Au lieu de ce linceul, la momie de Chechanq, trouvée à Tanis, dans l'antichambre du tombeau de Psousennès, était protégée par un cartonnage sur lequel on reproduisait tant bien que mal, avec des feuilles d'or et des plaques très minces de faïence bleue, le décor gravé ou sculpté sur le sarcophage d'argent[36]. Si dans l'intervalle

les ébénistes, les carrossiers, les armuriers et
tous les spécialistes qui s'étaient partagé la commande du mobilier funéraire avaient fait dili-
gence, on pouvait enfin, deux mois et demi après
le décès, procéder à la mise en bière et à l'enterrement.

VI. — L'enterrement. formation du cortège.

Un enterrement égyptien était à la fois lugubre
et pittoresque[37]. Les membres de la famille ne
craignaient pas de se donner en spectacle en san-
glotant et en gesticulant pendant tout le trajet.
On avait loué des pleureurs et des pleureuses à
gages, craignant sans doute de ne pas montrer
assez de douleur. Celles-ci surtout étaient infatigables. Le visage barbouillé de limon, le sein
découvert, la robe déchirée, elles ne cessaient de
gémir et de se frapper la tête. Les gens sérieux,
qui faisaient partie du cortège, ne se livraient pas
à des gestes aussi excessifs, mais, tout en marchant, ils rappelaient les mérites du défunt :
« Combien est beau ce qui lui arrive... Il emplis-
sait le cœur de Khonsou dans Thèbes au point
qu'il lui a permis d'atteindre l'Occident accompagné de générations et de générations de ses
serviteurs[38]. » A partir de là, le convoi funèbre
ressemblait beaucoup à un déménagement[39]. Une
première escouade de serviteurs portait des
gâteaux et des fleurs, des jarres en poterie, des
vases de pierre, des boîtes accrochées aux deux
bouts d'une palanche qui contenaient les figurines et leur matériel. Une escouade plus nombreuse se chargeait du mobilier usuel, sièges, lits,
coffres et armoires, sans oublier le char. Les

effets personnels, les caisses à canopes, les cannes, les sceptres, les statues, les parasols sont confiés à une troisième équipe. Des bijoux, des colliers, des faucons ou des vautours aux ailes éployées, des oiseaux à tête humaine et d'autres objets de prix sont exposés sur des plateaux ou portés ostensiblement comme si l'on n'avait rien à redouter des nombreux badauds qui regardaient passer le convoi. Le sarcophage disparaissait dans un catafalque traîné par un couple de vaches et par quelques hommes. Ce catafalque consistait en panneaux de bois mobiles ou en une charpente d'où pendaient des rideaux d'étoffe brodée ou de cuir. Il était posé sur une barque, encadré par les statues d'Isis et de Nephtys, et la barque était elle-même posée sur un traîneau.

VII. — Traversée du nil.

Le cortège arrivait lentement aux bords du Nil où il était attendu par toute une flottille[40]. La barque principale, dont la proue et la poupe gracieusement recourbées vers l'intérieur se terminent par des ombelles de papyrus, était pourvue d'une vaste cabine tapissée à l'intérieur d'étoffes brodées et de bandes de cuir. On y installe le catafalque ainsi que Isis et Nephtys. Un prêtre, qui a les épaules couvertes d'une peau de panthère, brûle de la résine. Des pleureuses se frappent la tête. L'équipage se réduit à un seul marinier, qui tâte le fond de l'eau avec sa longue gaffe, car la barque au sarcophage est remorquée par une autre barque dont le nombreux équipage est commandé par un capitaine placé à l'avant, tandis qu'un pilote, à l'arrière, dirige le gouvernail. Cette barque motrice possède une grande cabine. Les pleureuses se sont groupées sur le toit et, tournées vers le catafalque, le sein nu, continuent à crier et à gesticuler. Voici une de leurs complaintes : « Qu'on aille vite à l'ouest, dans la terre de vérité. Les femmes du bateau giblite pleurent beaucoup, beaucoup. En paix, en paix vers l'occident, ô loué, va en paix. S'il plaît au dieu, quand le jour se change en éternité, nous te verrons, toi qui marches vers cette terre qui mèle les hommes. » Que vient faire ici le bateau giblite, *kebenit,* qui est un navire construit pour la mer, alors que la barque à catafalque n'est faite que pour la traversée du Nil ? Il existe pourtant entre eux une analogie. Lorsque Isis eut réussi à se faire rendre l'arbre sacré qui contenait le corps de son époux Osiris, elle le porta sur un bateau qui était en partance pour l'Egypte, et là, elle le tenait embrassé en l'arrosant de ses larmes. Ainsi les dames de la famille exprimaient leur douleur sur la barque pendant la traversée du Nil.

On embarquait sur quatre autres barques les personnes qui avaient décidé d'accompagner le défunt jusqu'au bout, ainsi que tout le mobilier funéraire. Ceux qui ne voulaient pas aller plus loin restaient sur la berge et adressaient à leur ami un dernier souhait : « Puisses-tu aborder en paix à l'Occident de Thèbes » ou encore : « A l'Occident, à l'Occident, la terre des justes ! La place que tu aimais gémit et se désole ! » C'est le moment où la veuve fait entendre sa voix dolente : « O mon frère, ô mon époux, ô mon ami, reste, demeure en ta place, ne t'écarte pas du lieu où tu demeures. Hélas ! tu t'en vas afin de franchir le Nil. O matelots, ne vous pressez pas, laissez-le ! Vous reviendrez dans vos maisons, mais il s'en va au pays de l'éternité. »

VIII. — Montée au tombeau.

Sur l'autre rive, le convoi est déjà attendu[41]. Des personnes sont groupées. Des petites boutiques ont été dressées qui sont abondamment pourvues d'objets de piété à l'usage de ceux qui n'en aurait pas assez rapporté de la ville. Un homme saisit l'avant du premier canot et l'on se hâte de débarquer les passagers, le catafalque et tout le mobilier. Le cortège se reforme un peu moins nombreux qu'au départ de la maison mortuaire, mais à peu près dans le même ordre. Un couple de vaches est attelé à un traîneau qui supporte une barque de modèle archaïque. Isis et Nephtys reprennent leur place. Les conducteurs sont armés d'un fouet. Avec eux marchent l'homme au rouleau. Les dames de la famille, les enfants, les pleureuses se placent comme elles peuvent. Quelquefois, une femme joue des crotales. Les collègues du défunt, toujours aussi graves, la canne à la main, marchent en bon ordre, suivis des porteurs. Ils continuent à parler de leur ami, de ses goûts, assaisonnent leurs souvenirs de réflexions sur les coups du sort, l'incertitude et la brièveté de la vie humaine. On passe devant des constructions en matériaux légers près desquelles se tiennent des hommes qui brandissent des réchauds allumés. On franchit ainsi la zone des terrains cultivés et l'on arrive au pied de la montagne libyque. Le terrain commence à monter. Le chemin se fait malaisé. On détèle les vaches. Ce sont des hommes qui traînent et au besoin qui portent le catafalque, précédés d'un prêtre qui ne cesse de l'asperger avec son aiguière et de tenir à bout de bras, dans sa direction, l'encensoir allumé. La déesse Hathor, sous la forme d'une vache, sortait alors de la montagne, écartait un fourré de papyrus qui avait poussé par miracle sur les rochers arides pour accueillir les nouveaux venus.

IX. — Adieux a la momie.

Péniblement le cortège arrive devant le tombeau[42]. Il y a là aussi des petites boutiques, où des hommes préparent des réchauds à manche et mettent de l'eau à rafraîchir dans de grands zirs. Près de la stèle, la déesse de l'Occident est invisible et présente sous la forme d'un faucon debout sur un perchoir. Le sarcophage, enlevé du catafalque, est dressé contre la stèle. Une femme accroupie près de lui le tient serré dans ses bras. Un homme construit sur la tête un cône parfumé semblable à ceux que l'on posait aux jours de réception sur la tête des invités. Les pleureuses, les enfants, les personnes de la famille se frappent la tête plus violemment qu'au début de la cérémonie. Mais les prêtres ont un service important à accomplir. Déjà, ils ont rangé sur une table non seulement les éléments d'un repas, pains et cruches de bière, mais des instruments étranges, une herminette, un coutelas qui à la forme d'une plume d'autruche, une jambe de bœuf imitée, une palette terminée par deux volutes. Ces instruments vont servir au prêtre à annuler les effets de l'embaumement et à restituer au défunt l'usage de ses membres et de tous ses organes. Il verra de nouveau. Il ouvrira la bouche pour parler et pour manger. Il pourra mouvoir ses bras et ses jambes.

Le moment de la séparation approche. Les explosions de douleur redoublent. L'épouse commence : « Je suis ta femme Merit-Rê, ô grand, ne me délaisse pas. Est-ce donc ton dessein que je m'éloigne de toi ? Si je m'en vais tu seras seul. Y aura-t-il quelqu'un avec toi, à ta suite. Toi qui aimais à plaisanter avec moi, tu te tais, tu ne parles pas ! » A quoi les femmes font écho en disant : « Malheur, malheur ! Faites, faites, faites les lamentations sans cesse. Le bon berger est parti au pays de l'éternité. La foule des gens s'est éloignée de toi. Tu es maintenant dans le pays qui aime la solitude. Toi qui aimais ouvrir les jambes pour marcher, te voilà maintenant emprisonné, enveloppé, emmailloté. Toi qui avais beaucoup de fines étoffes, tu dors dans le linge de la veille ! »

Il ne reste plus qu'à descendre et à installer dans le caveau le sarcophage et tout le mobilier funéraire[43]. Le catafalque est désormais vide. Les prêtres, qui l'ont loué pour la cérémonie, le remportent à la ville où d'autres clients l'ont déjà réclamé. On installe le cercueil momiforme dans la cuve rectangulaire en pierre qui a été, longtemps à l'avance, taillée, sculptée, et mise en place. Un certain nombre d'objets, des cannes et des armes, peut-être encore des amulettes, sont placés tout autour, puis le pesant couvercle de pierre est amené sur la cuve. Près du sarcophage, on installe la caisse à canopes, les coffres à répondants et tout le reste du mobilier. Surtout, on devait se garder d'oublier ce qui serait le plus utile au mort, ses provisions de bouche et ce que nous appelons les Osiris végétants. C'étaient des cadres de bois pourvus d'un fond en étoffe grossière, qui avaient la forme d'un Osiris momifié. On les remplissait d'un mélange d'orge et de sable. On arrosait régulièrement pendant quelques jours. L'orge germait, poussait dru. Quand elle avait atteint douze ou quinze centimètres, on la laissait sécher et, finalement, on enveloppait le tout dans un linge. On espérait ainsi stimuler la résurrection du défunt, car Osiris avait végété de la sorte au moment de sa résurrection. Dans les temps plus anciens, on obtenait le même résultat en déposant dans le tombeau des jarres formées de deux pièces. La pièce du fond contenait de l'eau. La partie supérieure avait un fond percé. On y déposait un tubercule de nénufar. Il émettait des racines qui, passant par les trous, gagnaient l'eau, et des tiges qui s'évadaient par le col unique ou triple et parvenaient à fleurir. Cet usage, très répandu au Moyen Empire, fut abandonné lorsqu'on eut adopté les Osiris végétants. Le lotus est la plante de Râ. C'était une nouvelle victoire de la religion osirienne sur l'ancienne religion solaire[44].

X. — Repas funéraire.

Le caveau étant complètement aménagé, le prêtre et ses assistants n'avaient plus qu'à se retirer. Le maçon murait la porte. Les parents et les amis, qui avaient accompagné le défunt jusqu'à sa demeure d'éternité, n'allaient pas se séparer et rentrer chacun chez soi immédiatement. Tant d'émotions avaient ouvert l'appétit. Les porteurs, qui s'étaient chargés de tant de choses pour l'usage du défunt, avaient eu la précaution de se munir de quelques provisions pour les vivants. On s'assemblait soit dans la tombe, soit dans la cour qui la précède immédiatement, soit même à quelque distance dans des kiosques en matériaux légers[45]. Un harpiste se tournait du côté où reposait la momie. Il préludait en rappelant qu'après tout ce qu'on avait fait pour lui le défunt se trouvait en excellente condition : « Tu fais appel à Râ, c'est Khéper qui entend et Toum qui te répond. Le maître universel réalise ce qui te plaît... Le vent d'ouest vient droit sur toi, à ton nez. Le vent du sud se change pour toi en vent du nord. On dirige ta bouche vers les pis de la vache Hesat. Tu deviens pur pour regarder le soleil. Tu fais une ablution dans le bassin divin... Tous tes membres sont en parfait état. Tu es justifié auprès de Râ. Tu es durable auprès d'Osiris. Tu reçois des offrandes dans de bonnes conditions. Tu te nourris comme sur la terre. Ton cœur est à l'aise dans la nécropole. Tu rejoins la demeure en paix. Les dieux de la *Douat* te disent : « Viens à ton *Ka* en toute quiétude. » Tous les gens qui se trouvent dans l'autre monde sont à ta disposition. Tu es appelé pour dire les plaintes au grand. Tu fais la loi, Osiris Tja-nefer, justifié[46]. »

En l'honneur du père divin Neferhotep, un autre harpiste fait entendre des accents plus mélancoliques[47]. On n'oublie pas que le mort est vraiment un privilégié. Tant de tombeaux sont ruinés. Leurs offrandes ne sont plus, leurs pains sont souillés de poussière, mais « les murs de ta tombe à toi sont fermes, tu as planté des arbres autour de ton étang. Ton *Bâ* reste sous eux et boit de leur eau ». Surtout, l'occasion lui paraît excellente de philosopher un peu : « Les corps s'y rendent depuis le temps du dieu et la jeune génération prend leur place. Tant que Râ se lèvera le matin et que Toum se couchera à l'occident, les hommes engendreront, les femmes concevront et tous les nez respireront. Mais ce qui est né rejoint un jour sa place. » En conséquence il faut jouir de la vie et, chose étrange, c'est à celui qui est couché dans son sarcophage que le harpiste adresse ce conseil, mais les assistants le prenaient pour eux. Ils faisaient honneur au repas et aux boissons, et rentraient dans leur ville plus bruyants encore et surtout plus gais qu'ils n'étaient partis.

Voilà comment on célébrait les funérailles d'un riche Egyptien. Il est à peine besoin de dire qu'on ne faisait pas tant de cérémonie pour les petites gens. L'embaumeur ne prenait pas la peine d'ouvrir le corps et d'en retirer les organes. Il se contentait d'injecter par le fondement un liquide gras qui provient du genévrier et de saler le corps avec du natron. Pour les plus pauvres, l'huile de genévrier était remplacée par un désinfectant plus ordinaire. La momie, ainsi préparée, était mise dans un cercueil que l'on portait dans un vieux tombeau abandonné et qui servait maintenant de tombe commune. On y entassait les cercueils jusqu'au plafond. Au moins, la momie n'était pas complètement démunie de tout ce qui lui était nécessaire dans l'autre monde. On déposait dans le cercueil quelques outils, des sandales de papyrus tressé, des bagues de bronze ou de faïence, des bracelets, des amulettes, des scarabées, des *oudja,* des figurines de divinité, également en faïence. Il y avait des gens plus pauvres encore. Ceux-là, la fosse commune les attendait. Il existait à Thèbes un cimetière de pauvres au milieu du riche quartier funéraire de l'Assassif. On y jetait les momies enveloppées d'une toile rude. On recouvrait d'un peu de sable et l'on se hâtait de recommencer[48]. Heureux celui qui, parmi ces pauvres gens, se trouvait nommé ou représenté dans le tombeau d'un vizir ou d'un fils royal de Kouch. Il continuerait à servir son maître dans l'autre monde comme il l'avait servi de son vivant, et puisque tout travail mérite salaire, il vivrait de son travail. Il profiterait, en quelque mesure, des avantages promis aux favorisés de la fortune qui étaient en même temps des justes.

XI. — Rapports des vivants avec les morts.

Ceux qui définissaient l'Amentit comme un lieu de repos et de paix s'en faisaient une idée trop simple et trop belle. Le mort était un être méfiant et vindicatif. Il craignait les voleurs attirés par l'or et l'argent déposés dans le caveau. Il craignait la malveillance ou même l'indifférence des innombrables promeneurs qui s'aventuraient dans l'immense cité de l'ouest. Il se méfiait des fonctionnaires chargés de l'entretien de la nécropole. Ceux qui ne prendraient pas ces fonctions au sérieux, il les menace de peines terribles : « Il les livrera au feu du roi en son jour de colère... Ils chavireront dans la mer qui engloutira leurs cadavres. Ils ne recevront pas les honneurs dus aux gens vertueux. Ils ne pourront pas avaler les offrandes des morts. On ne leur versera pas en libation l'eau du cours du fleuve. Leurs fils n'occuperont pas leur place. Leurs femmes seront violées sous leurs yeux... Ils n'entendront pas les paroles du roi le jour où il est en joie... Mais si, au contraire, ils veillent sur la fondation funéraire... qu'il leur soit fait tout le bien possible. Amonrâsonter vous gratifiera d'une solide durée de vie. Le roi, qui régnera à votre époque, vous récompensera comme il sait récompenser. Pour vous seront multipliées fonctions sur fonctions, que vous recevrez de fils en fils et d'héritier en héritier... Ils seront ensevelis dans la nécropole, après avoir atteint l'âge de cent dix ans, et l'on multipliera pour eux les offrandes[49]. »

Il y avait d'autre part des méchants morts, les uns peut-être parce qu'ils étaient délaissés par leurs descendants, les autres sans raison aucune, parce qu'ils aimaient faire le mal. Les dieux auraient dû les empêcher de nuire, mais ils trompaient la surveillance, quittaient leur tombe et accablaient les vivants[50]. C'est à ces morts et à ces mortes que l'on attribuait la plupart des maladies. La mère les redoutait pour son enfant : « Si tu es venue pour embrasser cet enfant, je ne te permets pas de l'embrasser. Si tu es venue pour apaiser cet enfant, je ne te permets pas de l'apaiser. Si tu es venue pour l'emporter je ne te permets pas de l'emporter[51]. »

Soit par crainte, soit par piété, les Egyptiens visitaient souvent les demeures d'éternité. Des parents, des enfants, des veufs gravissaient la colline, apportant avec eux quelques provisions et un peu d'eau qu'ils déposaient sur une table d'offrande devant la stèle ou entre les palmiers qui ombrageaient la cour d'entrée et, répondant au désir des défunts, ils prononçaient : « Milliers de pains et de cruches de bière, de bœufs et de volailles, de graisse et de térébinthe, de linge et de cordes, de toutes choses bonnes et pures qu'apporte le Nil, que crée la terre et dont vit Dieu au *Ka* d'un tel, justifié. »

Quelquefois, un grave souci agitait celui qui

priait sur la tombe d'un être cher. Nous avons cité plus haut la confession d'un mari irréprochable et d'un veuf fidèle. Si nous connaissons ses grands mérites, c'est parce que ce pauvre homme était accablé d'épreuves. Rien ne lui réussissait depuis qu'il avait perdu sa femme. Il entreprit donc de lui écrire la longue lettre qui nous est parvenue. Mettant les choses au point, rappelant tout ce qu'il avait fait pour la défunte avant et après sa mort, il exprimait sa douleur d'être ainsi maltraité : « Quel mal ai-je fait pour être tombé dans l'état où je suis ? Qu'ai-je fait contre toi pour que tu portes la main sur moi, alors que je ne t'ai fait aucun mal ? J'en appelle aux dieux de l'Occident par les paroles de ma bouche et l'on jugera entre toi et cet écrit [52]. »

L'auteur de cette lettre, qui vécut sous les premiers Ramsès, obéissait à une vieille coutume qui est attestée, pour nous surtout, par des exemples plus anciens, mais il est la preuve qu'on croyait toujours à son efficacité. Au Moyen Empire, on préférait écrire au mort sur le récipient qui contenait les mets qui lui étaient destinés, pour être bien sûr que la lettre ne passerait pas inaperçue. Par exemple, on informe un ancêtre qu'une conjuration s'est formée pour frustrer son petit-fils de l'héritage. Le mort a intérêt à s'opposer à ces manœuvres. Qu'il appelle donc les membres de sa famille et ses amis au secours de celui qu'on veut dépouiller. Car le fils en fondant sa maison fonde la maison de ses pères et fait vivre leur nom. S'il est ruiné, il fait le malheur de ses ascendants comme de ses descendants.

Mais si grande que fût la piété des Egyptiens pour leurs défunts, elle ne suffisait pas à entretenir la multitude de ceux qui reposaient dans les nécropoles. Ce qu'un particulier pouvait faire pour ses parents ou grands-parents, aucune menace, aucune malédiction ne pouvait le décider à le faire pour ses ancêtres plus lointains. Un jour arrivait ce que prévoyait le harpiste, ce qu'un sage des anciens temps avait annoncé : « Ceux qui ont bâti là avec du granit, qui ont maçonné une salle dans une pyramide... leurs tables d'offrandes sont aussi vides que celles des misérables qui meurent sur la berge sans aucun survivant[53]. » Alors, la nécropole tendait à devenir le rendez-vous des curieux qui passaient devant les tombes et lisaient leurs inscriptions avec indifférence. Quelques-uns d'entre eux ont éprouvé le besoin, comme le feraient des touristes modernes, de laisser une trace de leur passage, notant toutefois qu'ils avaient une pieuse intention. Les scribes un tel et un tel sont venus visiter ce tombeau d'Antefoker. Ils ont prié beaucoup, beaucoup. D'autres sont heureux de constater que le tombeau est en bon état : « Ils l'ont trouvé comme le ciel en son intérieur. » Un scribe aux doigts habiles, un scribe qui n'a pas son égal dans toute la ville de Memphis, dit modestement un certain Amenemhat, a visité le monument funéraire du vieux roi Djousir. Il s'étonne d'y avoir vu des écrits médiocres et fautifs, dont l'auteur est plutôt une femme sans esprit qu'un scribe inspiré par Thot. Hâtons-nous de dire qu'il ne s'en prend pas aux inscriptions originales admirablement exécutées par des artistes, qui étaient aussi des savants, mais aux graffites tracés de son temps, sans art, par quelque visiteur ignorant ou pressé. Sous Ramsès II, le scribe du trésor Hadnakhti vint faire une excursion et se divertir à l'ouest de Memphis avec son frère Panekhti, le scribe du vizir. « O tous les dieux de l'ouest de Memphis et tous les dieux qui règnent sur la terre sacrée, Osiris, Isis et les grands esprits qui êtes à l'ouest d'Onkhtaoui, donnez-moi un bon temps de vie pour servir vos *ka*. Puissé-je recevoir une riche sépulture après une belle vieillesse, de façon à contempler l'ouest de Memphis comme un scribe très honoré et comme vous-mêmes. » « Le héros d'un roman composé à la basse époque, mais qui est censé avoir vécu au temps de Ramsès, Nenoferkaptah, semblait n'être sur terre que pour se promener dans la nécropole de Memphis, récitant les écrits qui sont dans les tombeaux des Pharaons et les stèles des scribes de la maison de vie, ainsi que les écrits qui y sont tracés, car il s'intéressait aux écrits excessivement[54]. » Ce Nenoferkaptah avait un rival aussi savant, aussi curieux d'antiquités que lui-même, Setna-Khamouas, fils d'Ousirmarê, c'est-à-dire de Ramsès II, qui avait découvert à Memphis, sous la tête d'une momie, les formules magiques contenues au papyrus 3248 du Louvre[55]. Or une inscription récemment découverte sur la face méridionale de la pyramide d'Ounos, à Saqqarah, nous apprend que Ramsès II avait confié au fils royal Khamouasit, grand prêtre d'On, le soin de rétablir le nom du roi du sud et du nord Ounas qu'on ne trouvait plus sur sa pyramide, car ce fils royal Khamouasit aimait beaucoup restaurer les monuments des rois du sud et du nord dont la solidité menaçait ruine[56].

Ce sage, ce précurseur de Mariette et des savants du Service des Antiquités de l'Egypte, se doutait-il qu'après des siècles d'oubli les descendants des Barbares « qui ne connaissaient point l'Egypte » exploreraient à leur tour les nécropoles du sud et du nord pour faire revivre le nom de ses ancêtres et de ses contemporains, et pour les mieux connaître ? Nous espérons que ceux qui ont eu la patience de nous lire jusqu'au bout se feront, de leur genre de vie, une idée, somme toute, favorable. Le peuple égyptien n'a pas été, comme le croyait Renan, un troupeau d'esclaves mené par un Pharaon impassible et par des prêtres avides et fanatiques. Sans doute, le nombre des déshérités, sous les Ramsès, était considérable. On abusait du bâton. Pourtant, Pharaon et ses fonctionnaires apparaissent souvent comme des maîtres humains. La religion consolait. Dans la vie du petit peuple j'estime que les bons moments l'emportaient sur les mauvais.

BIBLIOGRAPHIE GÉNÉRALE

Parmi les auteurs classiques, il convient surtout de lire : HÉRODOTE, livre II; — DIODORE, livre I; — STRABON, livre XVII; — PLUTARQUE, *Isis et Osiris* (traduction française par Mario Meunier, Paris, 1934); — JUVÉNAL, *Satire XV*.

Parmi les modernes :
WILKINSON (J. Gardner), *The manners and customs of the ancient Egyptians*, new ed., 3 vol., 1878.
G. MASPERO, *Histoire ancienne des peuples de l'Orient classique*, Paris, 1895-1897, t. I, les quatre premiers chapitres et t. II, surtout le chapitre V; — *Les Contes populaires de l'Egypte ancienne*, 4e éd., Paris, 1915; — *Au temps de Ramsès et d'Assurbanipal*, Paris.
V. LORET, *L'Egypte au temps des Pharaons*, Paris, 1889; — A. ERMAN, *Ægypten und œgyptisches Leben im Altertum*, neu bearbeitet von Hermann Ranke, Tubingen, 1923; — *La religion des Egyptiens* (traduction française), Paris, 1937.
Flinders PETRIE, *Les arts et métiers de l'ancienne Egypte* (traduction française), Bruxelles, 1925.
Pierre MONTET, *Les scènes de la vie privée dans les tombeaux égyptiens de l'Ancien Empire*, Paris et Strasbourg, 1925.
A. LUCAS, *Ancient Egyptian materials and industries*, 2e éd., London, 1934.
Les introductions des *Memorial Tytus* et des *Theban tombs series*, de DAVIES, *The tomb of Ken-Amun at Thebes* et *The tomb of Neferhotep at Thebes*
Les notices des planches composant les deux *Atlas* de WRESZINSKI.

PRINCIPALES ABRÉVIATIONS

Ann. S. A. E. : *Annales du Service des Antiquités de l'Egypte*, 39 vol., Le Caire, 1900-1939.
AZ : *Zeitschrift für œgyptische Sprache und Altertumskunde*, 80 vol., Leipzig, 1863-1940.
Bull. I. F. A. O. : *Bulletin de l'Institut français d'Archéologie orientale du Caire*, 38 vol., Le Caire, depuis 1901.
Bibl. œg. : *Bibliotheca œgyptiaca*, Bruxelles, depuis 1931, contient en particulier :
I, Alan H. Gardiner, *Late-egyptian stories.*
V, V.-W. Erichsen, *Papyrus Harris I.*
VII, Alan H. Gardiner, *Late-egyptian miscellanies.*
Caire, Cat. gén. : *Catalogue général des antiquités égyptiennes du musée du Caire.*
J. E. A. : *Journal of egyptian archeology*, London (Exploration society), depuis 1914.
Kêmi, Kêmi : *Revue de philologie et d'archéologie égyptiennes et coptes*, 9 vol., Paris, 1928-1942.
Mem. Tyt. : *Robb de Peyster Tytus Memorial series* (New York, depuis 1917), contient :
I, N. de Garis-Davies, *The tomb of Nakht at Thebes*, 1917.
II, III, du même, *The tomb of Puyemrê at Thebes*, 2 vol., 1922-1923.
IV, du même, *The tomb of two sculptors at Thebes*, 1927.
V, du même, *Two ramesside tombs at Thebes*, 1927
Med. Ḥabu : Oriental Institut of Chicago, *Medinet-Habu* :
I, *Earlier historical records of Ramses III*, by the epigraphic survey.
II, *Later historical records of Ramses III*, by the epigraphic survey.
III, *The calendar, the slaughterhouse and minor records of Ramses III*, by the epigraphic survey.
Oriental Institute publications, J.-H. Breasted ed.

Miss fr. : Mémoires publiés par les membres de la mission archéologique française au Caire, 18 vol., 1884-1896, en particulier, tome V (divers tombeaux thébains dont Rekhmarâ par Bénédite, Maspero, Scheil) et XVIII, Boussac, *Le tombeau d'Anna.*

Topographical bibliography : *Topographical bibliography of ancient Egyptian hieroglyphic texts, reliefs and paintings*, by Bertha Porter and Rosalind Moss, 5 vol., Oxford, 1927-1937.

Th. T. S. : *The Theban tomb series*, edited by N. de Garis-Davies and Alan H. Gardiner, 5 vol., 1915-1932, contient :

I, *The tomb of Amenemhet* (n° 82).

II, *The tomb of Antefoker, vizier of Sesostris I, and of his wife Senet.*

III, *The tombs of two officials of Thutmosis the fourth* (n^{rs} 75 and 90).

IV, *The tomb of Huy, viceroy of Nubia in the reign of Tutankhamun* (n° 40).

V, *The tomb of Menkheperrasonb, Amenmose and another* (n^{rs} 86, 112, 42 and 226).

Urk : *Urkunden des œgyptischen Altertums*, in Verbindung mit K. Sethe und H. Schäfer herausgegeben von G. Steindorff :

I, *Urkunden des alten Reiches* (4 fasc.) [Leipzig, depuis 1902].

II, *Hieroglyphische Urkunden der griechisch-römischen Zeit* (3 fasc.).

III, *Urkunden des älteren Aethiopenkönige* (2 fasc.).

IV, *Urkunden der 18. Dynastie* (16 fasc.).

Wr. Atl. : Wreszinski, *Atlas zur Altœgyptische Kulturgeschichte*, 2 Teile, Leipzig, depuis 1913.

NOTES

INTRODUCTION

1. Par exemple JUVÉNAL, *Satire XV*, HÉRODOTE, II, 35.
2. MONTET, *Les scènes de la vie privée dans les tombeaux égyptiens de l'Ancien Empire*, Strasbourg, 1925.
3. NEWBERRY, *Beni-Hasan*, I (London, 1893), pl. 28, 30, 31, 38.
4. GRIFFITH and NEWBERRY, *El Bersheb*, I (London, 1894), pl. 13, 17.
5. CARTER, *The tomb of Tut-Ankh-Amun*, 3 vol., London, 1923-1933. MONTET, *Tanis*, Paris, 1942, ch. VII.
6. Sur cette époque, voir MONTET, *Le drame d'Avaris*, Paris, 1941, ch. III et IV.

CHAPITRE PREMIER

L'HABITATION

1. Plan dans PETRIE, *Illahun, Kahun and Gurob*, pl. 14.
2. Description générale de la ville et des principaux édifices dans PENDLEBURY, *Les fouilles de Tell el Amarna*, Paris, 1936. Plan sommaire, p. 63.
3. Plan général de KARNAK, *Topographical bibliography*, II, 2, 98.
4. Wr, *Atl.*, II, 30, 31.
5. *Topographical bibliography*, II, 112; ROBICHON et VARILLE, *En Egypte*, couverture.
6. *The Oriental institute of the university of Chicago, communications*, n° 15, 1, 28; n° 18, frontispice.

7. Voir par exemple les processions représentées dans les temples de Médinet-Habou et d'Abydos (*Medinet-Habu*, Wr. *Atl.*, II, 184-190).

8. Montet, *Le drame d'Avaris*, Paris. 1941, les chap. II et IV.

9. Montet, *Tanis*, Paris, 1942, 9, 23, 107, 128.

10. *Papyrus Harris* I, 78, 8.

11. *Ibid.*, 6.

12. *Ibid.*, 27-29.

13. Chassinat, *Dendara*, I, pl. 15; Robichon et Varille, *Le temple du scribe royal Amenhotep, fils de Hapou*, Le Caire, 1936, 35.

14. Pendlebury, *op. cit.*, 114, 140.

15. Fougerousse, *Le grand puits de Tanis*, Kêmi, V, 71-103.

16. Posener, *La première domination perse en Egypte*, Le Caire, 1936, 15-16.

17. *Ann. S. A. E.*, XVIII (1918), 145.

18. *Kêmi*, VIII.

19. *Ann. S. A. E.*, XXX, 40, 41.

20. *Bibl. œg.*, VII, 12; cf. *Drame d'Avaris*, 135-136.

21. *The oriental institute of the university of Chicago, communications*, n° 7, 1-23.

22. *Ann. S. A. E.*, XI (1910), 49-63.

23. *Pap. Harris*, I, 29, 8; Montet. *Tanis*, II.

24. Petrie, *Tell el Amarna*, 2-4; Davies, *Mural paintings in the city of Akhenaten*, *J. E. A.*, VII, pl. 1 et 2.

25. *Mem. Tyt.*, V, 28-29. Pour la maison de Tbouboui, Maspero, *Contes populaires*, 4e éd., 147.

26. Davies, *Neferhotep*, 14.

27. Pendlebury, *op. cit.*, 127-149.

28. *Ibid.*, 152, 153.

29. Wr. *Atl.*, I, 60; *Mém. Miss. fr.*, XVIII. I. Urk., IV, 1046-1047.

30. Wr. *Atl.*, I, 278, Jardin de Min-nekht.

31. Jardin de Rekhmarê : Wr. *Atl.*, I, 3; de Sebekhotep, *ibid.*, I, 222; d'Amenemheb, *ibid.*, I, 66; de Qenamon, Davies, *Ken-Amun*, 47; fresque du musée britannique, 37983 dans Wr. *Atl.*, I, 92.

32. Davies, *The town house in ancient Egypt*, Metropolitan Museum studies, I, may 1929, 233-255.

33. Une de ces pièces est au musée du Caire, l'autre au Louvre, cf. *Kêmi*, VIII.

34. Davies, *op. cit.*, 242, 243, 246, 247.

35. *Pap. Ebers*, recettes 840, 852, pl. 97-98.

36. De beaux sièges, admirablement conservés, ont été retirés de la tombe de Youïa et de Touïou et de celle de Toutank-

hamon. Dans les temples et les tombeaux il existe beaucoup de jolies figurations. Exemples : *Mem. Tyt.*, V, 5, 9, 25; *ibid.*, IV, 7; *Th. T. S.*, I, 15-16; *ibid.*, V, 41, 43.

37. Fresque du palais d'Akhetaton, PENDLEBURY, *op. cit.*, p. 14; *J. E. A.*, VII.

38. Une prodigieuse collection de ces vases retirés des souterrains de la pyramide à degrés peut être visitée à Saqqarah. Ceux qui proviennent d'Abou-Roach dans *Kémi*, VIII.

39. MONTET, *Vases sacrés et profanes du tombeau de Psousennès*, Monuments Piot, XXXVIII (1941), 17-39; MASPERO, *Essais sur l'art égyptien*, Paris, 1912, 189-216; EDGAR, *The treasure of tell Basta*, Musée égyptien, II, 93, 108; VERNIER, *Cat. Caire, Bijoux et orfèvreries*, 104, 106.

40. *Medinet-Habu*, 38, 55.

41. DAVIES, *Ken-Amun*, 13, 20.

42. MONTET, *Vie privée*, pl. 13 et p. 145.

CHAPITRE II

LE TEMPS

1. MASPERO, *Hymne au Nil*, 3, 8, 12.
2. *Pap. Harris*, I, 37 *b* 1, 41 *b* 6; 54 *a* 2, 56 *a* 12.
3. MORET, *La mise à mort du dieu en Egypte*, Paris, 1927, 10, 13.
4. Décret de Canope, *Urk.*, II, 138.
5. *Medinet-Habu*, III, 152.
6. *Pap. Chester Beatty*, I, verso C 1.
7. *Pap. Anastasy* IV, 10, 1, 3.
8. Hymne à Sésostris III. SETE, *Lesestücke*, 67.
9. Inscription de l'ingénieur Horourrê, *Kêmi*, II, 111-112.
10. *Pap. Ebers*, 18, 2; 61, 4-5; 61, 65; *Papyrus médical de Berlin*, 11, 12; *Pap. Hearst*, 2, 17; 10, 11.
11. STRABON, XVII, 46.
12. SIOUT, I, 278 (deuxième contrat d'Hâpi-Djefai).
13. DAVIES, *Ken-Amun*, 38-39.
14. *Ann. S. A. E.*, XXXIX, 219, 399.
15. *Pap. Sallier IV*, étudié par CHABAS. *Le calendrier des jours fastes et néfastes de l'année égyptienne*, Paris et Chalon, 1870, et *Bibliothèque égyptologique*, XII, 127, et BUGDE, *Facsimilé of Eg. Hieratic papyri in the Br. Mus.*, II, pl. 88 ssq. GRIFFITH, *The Petrie Papyri*, p. 62 et pl. 25.
16. Sur Seth (Arès) à Papremis, voir HÉRODOTE, II, 59, 63.

17. Les heures du jour : Chassinat, *Edfou*, III, 214, 229. Les heures de la nuit : Bucher, *Les textes des tombes de Thoutmosis III et d'Amenophis II*, 8-77.

18. *Urk.*, 1, 106 (Ouni 36).

19. *Urk.*, 1, 130.

20. Erman-Ranke, *Ægypten und œgyptisches Leben im Altertum*, 399, 402; R.-W. Sloby, *Primitive methods of measuring time*, J. E. A., XVII (1931), 166-178.

21. *J. E. A.*, XVII, pl. 19, 22, *Kêmi VIII*.

22. *J. E. A.*, XVII, 170-174.

23. Maspero, *Etudes égyptiennes*, I, 185-6.

24. *Urk.*, IV, 655.

25. Sinouhit, B, 10, 12, 20; *Bibl. æg.*, VII, 30. Bulletin de Qadech, 5.

26. Diodore, I, 70.

27. *Pap. Harris*, 500, IV, 1, 2.

28. J. Vandier d'Abbadie, *Les ostraca figurés de Deir el Medineh*, 2337, 2339, 2342, 2344, 2347.

29. Maspero, *Histoire*, II, 294-295.

30. Maspero, *Histoire*, II, 433, 444.

31. *Urk.*, III, 61, 62.

32. Gardiner, *Hieratic papyri in the British Museum*, third series, London, 1935, vol. II, pl. 5, 8.

33. *Ibid.*, vol. I, 20, 21.

34. Hérodote, II, 83. Sourdille, *Hérodote et la religion de l'Egypte*, Paris, 1910, ch. VI.

CHAPITRE III

LA FAMILLE

1. *Ptah-hotep* (éd. Dévaud), maxime 21.
2. *Urk.*, IV, 2-3.
3. *Urk.*, IV, 30, 31.
4. Louvre, C 100, Maspero, *Etudes égyptiennes*, I, 257, 8.
5. *Pap. Harris*, 500, *Chants d'amour*, II, 9, 11; W.-M. Muller, *Die Liebespoesie der alten Ægypten*.
6. Alan H. Gardiner, *The Chester Beatty papyri*, n° 1, p. 25, 6-26, 2.
7. *Ibid.*, 22. 8.
8. *Ibid.*, 22, 8; 23, 1.
9. *Ibid.*, 23, 2-4.
10. *Ibid.*, 24-4-7.

11. *Ibid.*, 24, 10-25, 6.
12. *Pap. Harris* 500, *Chants d'amour*, IV, 2; V, 3.
13. MASPERO, *Contes populaires*, 4ᵉ éd., 128.
14. *Ibid.*, 197, 203.
15. DAVIES, *Neferhotep*, 36, 37; *Mem. Tyt.*, IV, p. 5; V, 5-7. Il ne faut pas oublier que les termes indiquant les relations de parenté ont en égyptien, à côté de leur sens précis, un sens plus étendu. *Iôt*, « père », signifie quelquefois « ancêtre ». *Sn*, *snt*, « frère », « sœur », désignent parfois les membres d'un groupe. Le verbe *snsn* signifie « être associé ».
16. MASPERO, *Contes populaires*, 4ᵉ éd., p. 129, note 1; MORET, *Le Nil et la civilisation égyptienne*, 110, 318-319.
17. HÉRODOTE, III, 31.
18. *Th. T. S.*, I, p. 4; *A2*, XLVIII, 50.
19. MASPERO, *Contes populaires*, 4ᵉ éd., 130.
20. J. CERNY, *La constitution d'un avoir conjugal en Egypte*. *Bull. I. F. A. O.* 1937, 41 ssq.
21. LINAGE, dans *Bull. I. F. A. O.*, XXXVIII, 233, 599.
22. Un exemple parmi beaucoup : *Mem. Tyt.*, IV, 1.
23. *Path-hotep*, éd. Dévaud, 309, 310.
24. MASPERO, *Contes populaires*, 4ᵉ éd., 29, 31.
25. *Ibid.*, 4ᵉ éd., 3, 21.
26. *Ibid.*, 38, 40.
27. *Ibid.*, 43.
28. *Ibid.*, 148, 169.
29. *Papyrus Chester Beatty*, nº 11, recto 4-5.
30. Br. Mus., nº 1027; MASPERO, *Etudes égyptiennes*.
31. *Pap. de Leyde*, 37; SETHE and GARDINER, *Egyptian Letters to the dead*.
32. *Pap. d'Orbiney*, VIII, 7, 8.
33. *Ibid.*, IX, 8, 9.
34. Pap. Westcar; MASPERO, *Contes populaires*, 4ᵉ éd., 28.
35. *Pap. moral de Boulaq*, II, 13, 17. MASPERO, *Histoire*, II, 502. Même menace dans les Maximes de *Ptah-hotep*, éd. Dévaud, 287-8. « C'est un moment court comme un rêve. On gagne la mort à vouloir le connaître. »
36. *Coffin texts*, ch. 146, t. II, 180 ssq.
37. *Br. Mus.*, 10052, XV, 4. Un autre voleur de tombes était également polygame (PEET, *Meyer papyri*, 13 E, 6); cf. ERMAN-RANKE, *Ægypten...*, 177.
38. *Bull. I. F. A. O.*, 1937, 41, 599.
39. *Naufragé*, 168-169.
40. *Bull. I. F. A. O.*, XLI, 31.
41. STRABON, XVII, 2, 5.
42. DIODORE, I, 80.

43. Voir par exemple les recommandations d'Hâpi-Djefaï à son fils, au début de l'inscription des contrats (SIOUT, 1, 269, 272).

44. *Pap. d'Orbiney*, IX, 8-9.

45. *Pap. Harris* 500, V°-IV, 3, 4.

46. HÉRODOTE, II, 82.

47. *Pap. Sallier IV* (Bibliothèque égyptologique, t. XII, 153, 154, 160, 161).

48. *Pap. Ebers*, 97, 13, 14 (recettes), 838, 839.

49. MASPERO, *Contes populaires*, 4ᵉ éd., 156, 157.

50. GARDINER, *The house of life*, J. E. A., XXIV (1938), 175; cf. MASPERO, *Contes populaires*, 4ᵉ éd., 130, note 1.

51. Bas-relief de Berlin, 14506, Wr. *Atl.*, I, 387.

52. *Papyrus moral de Boulaq*, VI, 17 ssq.; cf. MASPERO, *Histoire*, II, 502, 503.

53. DAVIES, *Qen-Amun*, pl. 51 et p. 9.

54. *Paheri*, 4.

55. *Urk.*, IV,34.

56. DAVIES, *Ken-Amun*, 35 : groupe de serviteurs derrière la chaise de leur maître.

57. *Bibl. æg.*, VII, 3.

58. *Ibid.*, VII, 66, 67.

59. DAVIES, *Neferhotep*, 43.

60. *Urk.*, IV, 11.

61. GARDINER, *Four papyri of the 18th dynasty from Kahun*, AZ XLIII, 27869.

62. *Pap. Br. Mus.*, 10052, XI, 4, 9. Une autre inculpée dit qu'elle s'est procuré ses esclaves avec les produits de son domaine (*Ibid.*, X, 11 ssq.).

63. GARDINER, *Lawsuit arising from the purchase of slaves*, J. E. A., XXI (1935), 140-146.

64. *Urk.*, I, 75.

65. DAVIES, *Five theban tombs*, II, 25, 26, 27, 28.

66. *Mem. Tyt.*, V, 34.

67. DAVIES, *Five theban tombs*, 4.

68. *Miss. fr.*, V, 547.

69. J. VANDIER D'ABBADIE, *Catalogue des Ostraca figurés de Deir el Medineh*, 2035, 2037, 2038, 2040.

70. *Ibid.*, 2003, 2004.

71. Wr. *Atl.*, I, 123.

72. NEWBERRY, *Beni-Hasan*, IV, 5.

73. *Br. Mus.* 37977 dans Wr. *Atl.*, I, 423.

74. *Mem. Tyt.*, V, 25.

75. *Miss. fr.*, V, 552, sur l'ostracon 21443 de Berlin (ERMAN, *La religion des Egyptiens*, pl. 11) un chat joue avec un singe.

76. *Archives du Museum d'Histoire naturelle de Lyon*, XIV, 21; tombeau 217 à Thèbes.
77. Ostracon 2201 de Deir el Medineh.
78. *Mem. Tyt.*, I, 10.
79. *Mem. Tyt.*, V, 30.
80. KUENTZ, *L'oie du Nil*, archives du Muséum d'Histoire naturelle de Lyon, XIV, 1-64.
81. *Bibl. œg.*, VII, 102 (*Pap. Lansing*, 3, 5, 8).

CHAPITRE IV

LES OCCUPATIONS DOMESTIQUES

1. HÉRODOTE, II, 37. Des blanchisseurs sont quelquefois représentés : Wr *Atl*, I, 57. FARINA. *La pittura egiziana*, 165.
2. SINOUHIT B., 291-292.
3. *Ibid.*, 293-295. MONTET, *Byblos et l'Egypte*, 610.
4. JÉQUIER, *Les frises d'objets*.
5. Par exemple le vizir Ptah-Mosé, stèle 88 de Lyon, publiée par VARILLE, *Mélanges Loret*, *Bull. I. F. A. O.*, 1930, 497.
6. QUIBELL, *The tomb of Hesy*, pl. 21.
7. JÉQUIER, *op. cit.*; LUCAS, *Ancient egyptian materials* and *Pap. Ebers*, 65, 10-11, recettes 453-463; 66, 7-9, industries, 2e éd.; 79-84, recettes 464-465; 66, 15, recettes 468.
8. *Pap. Hearst*, 10, 4-11, recettes 144-148; *Pap. Ebers*, 86, 4, recettes 705; 87, 3-16, recettes 714-720. *Pap. Ebers*, 67, 3. *Pap. Hearst*, 10, 15, 1, recettes 157-158.
9. V. LORET, *Pour transformer un vieillard en jeune homme*, Mélanges Maspero, I, 853-877.
10. Wr. *Atl.*, I, 44.
11. *Caire cat. gén.*, BÉNÉDITE, *Objets de toilette*; ERMAN-RANKE, *Ægypten...* pl. 17. Semblable : FARINA, *La pittura egiziana*, 17.
12. *Pap. d'Orbiney*, 2, 9, 3, 2.
13. DAVIES, *Five theban tombs*, 4, 26. Th. T. S., V, 9, 10; IV. 17. *Mem. Tyt.*, 1, 12, 18; IV, 7, 8, 11; V, 30.
14. *Urk.*, 1, 102.
15. Deux paires de sandales en or ont été trouvées dans le tombeau de Psousennès : MONTET, *Tanis*, 156.
16. *Pap. Ebers*, 78, 4 ssq., recettes 616, 617, 620; 81, 2 ssq.; 647, 648. *Pap Hearst*, 12, 8, recettes 173-205.
17. DAVIES, *El Amarna*, IV, 26. *Medinet-Habu*, 75, 112.

18. DAVIES, *Neferhotep*, 36, 37, 41, 50. *Th. T. S.*, IV, 6. *Mem. Tyt.*, IV, 1, 5,; V, 1, 9, 25.

19. DAVIES, *Neferhotep*, 15, 36, 37, 50, 52. *Mem. Tyt.*, IV, 1, 5; V, 1, 7, 9, 25.

20. *Pap. Br. Mus.*, 10052, XI, 7-8; cf. VANDIER, *La famine dans l'Egypte ancienne*, Le Caire, 1931.

21. *Sinouhit B*, 86-88.

22. *Naufragé*, 47-52.

23. Wr. *Atl.*, II, 185-188. *Medinet-Habu*, 173.

24. *Pap. Harris*, I, 13, 7-8; 20 *a*, 3-11; 35 *b*, 8-14; 51 a 13.

25. *Pap. Harris*, I, 20 *a*, 13-15; 71 *b*, 9-10.

26. MONTET, *Vie privée*, ch. V et pour le Nouvel Empire, Wr. *Atl.*, 188, *Med. Habu*, 173.

27. *Med. Habu*, 148, 160, 152. *Pap. Harris*, I, 20 *b*, 53 *b*.

28. *Urk.*, III, 54 (*Piankhi*, 150-153).

29. *Pap. Harris*, I, 20 *b*, 12-21 *a*, I; 65 *c*, 7-8.

30. V. LORET, *L'ail chez les anciens Egyptiens*, Sphinx, 1905, 135-147.

31. *Nombres*, XI, 5.

32. HÉRODOTE, II, 38; DIODORE, I, 2, 33.

33. V. LORET, *La flore pharaonique*, n° 152, 128-129, 157.

34. *Pap. Chester Beatty I*, II, 10-12; L. KEIMER, *Die Gartenpflanzen im alten Ægypten*, 1-6.

35. DIODORE, I, 34.

36. V. LORET, *La flore pharaonique*, n°146. Le vizir Rekhmarâ centralise en même temps les graines de caroubier et le miel (*Urk.*, IV, 1040-1041). *Medinet-Habu*, 146, 1, 281, 286. *Pap. Harris*, I, 28, 46, 48.

37. STEINDORFF und WOLF, *Die Thebanische Gräberwelt*, Leipzig, 1932, 18.

38. DAVIES, *Ken-Amun*, 58-9; Wr. *Atl.*, I, 255, 286, 325-6, 356.

39. *Pap. Ebers*, 6, 14, 10, 12, 13, 13, 20, 20. *Pap. Hearst*, 2, 12, 3, 12, 34.

40. HÉRODOTE, II, 17.

41. Wr. *Atl.*, I, 84; *Mem. Tyt.*, I, 22, 11. *Bull. Inst. d'Egypte*, XXI, 215.

42. *Pap. Harris*, I, 16, 20 *b*, 36 *a*, 65 *c*; *Mem. Tyt.*, I, 26; Wr. *Atl.*, I, 16, 22.

43. Wr. *Atl.*, I, 180, 356; MONTET, *Vie privée*, 231-236; DAVIES, *Five Haban tombs*, 38.

44. *Th. T.S.*, II, 11.

45. PENDLEBURY, *Les fouilles de Tell et Amarna*, 139.

46. MONTET, *Vie privée*, 242-254; DAVIES, *Ken-Amun*, 58; *Th. T.S.*, II, 8-10; DAVIES, *Five theban tombs*, 39.

47. *Bibl. æg.*, VII, 41-42.

48. *AZ*, LVIII, 25.
49. NEWBERRY, *Beni-Hasan*, II, 6; *Bull. I.F.A.O.*, IX, 8, 9.
50. FARINA, *La pittura egiziana*, 17.
51. DAVIES, *El Amarna*, III, 4-6.
52. *Th. T.S.*, III, 6. Bas-relief du tombeau d'Haremheb (Berlin, 20365).
53. ERMAN-RANKE, *Ægypten...*, 218.
54. *Kêmi*, VIII.
55. SIOUT, I, contrats V, VII et IX.
56. DAVIES, *A peculiar form of N.K. lamp*, *J.E.A.*, X, 9-14; cf. *Urk.*, IV, 117 : « Puisse-t-on allumer la lampe pour toi, pendant la nuit, jusqu'à ce que le soleil reparaisse ! »
57. MASPERO, *Les enseignements d'Amenenhât Ier à son fils Sanouasrît Ier*, p. 10.
58. *Bibl. œg.*, VII, 37-38. Souhaits analogues : *Bibl. œg.*, VII, 24.
59. *Bibl. œg.*, VII, 5-6; *Ann. S.A.E.*, XL., 605.
60. *Bibl. œg.*, VII, 7.
61. Les scènes de banquet sont fréquentes dans les tombeaux thébains : *Paheri*, 6-7; DAVIES, *Neferhotep*, 18; *Th. T.S.*, 1, 6, 15; III, 4-6; III, 21; *Mem. Tyt.*, I, 15; IV, 5; Wr. *Atl.*, I, 7; 1, 10; 8, 9, 91.
62. *Ptah-hotep*, éd. Dévaud, maxime 18, 277, 288.
63. Aux références de la note 61 ajouter : Wr. *Atl*, I, 145; DAVIES, *El Amarna*, V, 5 et V. LORET, *Note sur les instruments de musique de l'Egypte ancienne*, dans *L'Encyclopédie de la musique*, de LAVIGNAC, Paris, 1913, 1-34; TH. GÉROLD, *Histoire de la musique des origines à la fin du XIVe siècle*, Paris, 1936, ch. I. Un acrobate : Wr. *Atl.*, I, 179. Une autre : MASPERO, *Histoire*, II, 529.
64. *Br. Mus.* 37 984. BÉNÉDITE, *Le tombeau de Neferhotpou : Miss. fr.*, V, pl. 4, p. 529-531 et MASPERO, *Etudes égyptiennes*, I, 172-177.
65. MASPERO, *Eudes égyptiennes*, I, 178 ssq. (Leide K 6).
66. HÉRODOTE, II, 78; PLUTARQUE, *Isis et Osiris*, 17; LUCIEN, *De Luctu*, 21; PÉTRONE, *Satiricon*, 34.
67. *Paheri*, 7.
68. DAVIES, *Neferhotep*, 18; Wr. *Atl.*, I, 392 (Bruxelles E 2877); Wr. *Atl.*, I, 179.
69. Wr. *Atl.*, I, 49, 418; *Bull. I.F.A.O.*, XXVII, pl. 7 (Tombeau 219 à Deir el Medineh); LEFEBVRE, *Petosiris*, 50; *Piankhi*, 133.
70. MONTET, *Vie privée*, 372-376; JUNKER, *Giza*, IV, 37.
71. MASPERO, *Contes populaires*, 4e éd., 142 (Setna-Khamoïs et les momies). *Ibid.*, 2... (Emprise de la cuirasse).
72. MONTET, *Vie privée*, 368, 372. Une explication différente

du jeu du chevreau en terre a été donnée, d'après ses propres souvenirs d'enfance, par un égyptologue égyptien, Zazi Saad, *Khasa Lawiza, Ann. S.A.E.*, XXXVII, 212, ssq.

73. Davies, *El Amarna*, VII, 18.

CHAPITRE V

LA VIE A LA CAMPAGNE

1. *Bibl. œg.*, VII, 104 (*Lansing*, V, 7; VII, 7); *Ibid.*, VII, 83 (*Sallier*, I, V, VI, 9).
2. Hérodote, II, 14; Diodore, I, 36.
3. Montet, *Vie privée*, 258-260.
4. Représentations dans Davies, *Neferhotep*, pl. 46-47; *Mem. Tytus*, V, pl. 28-29; étude dans Davies, *Neferhotep*, p. 70.
5. On trouvera la plupart de ces noms dans Spiegelberg, *Bemerkungen zu den hieratischen Amphorinschriften des Ramesseums; AZ*, LVIII, 25; cf. Montet, *Drame d'Avaris*, 153-4 et *Mem. Tytus*, V, 19. Dans les Chemins d'Horus, à l'est du Delta, on cultivait aussi la vigne.
6. *Pap. Harris*, I, 7, 10, 12.
7. Représentations dans *Paheri*, pl. 4; Wr. *Atl.*, I, 338, 355, 282, 265; *Th. T.S.*, III, 30 : Davies, *Neferhotep*, pl. 48; *Mem. Tyt.*, I, 22; V, 30, 68, 345, 12, 230. Lefebvre, *Petosiris*, pl. 12.
8. Montet, *Vie privée*, 267.
9. Bonne représentation au tombeau de Pouyemrê, *Mem. Tyt.*, II, 12.
10. *Petosiris*, textes 43 et 44.
11. Représentations de la culture des céréales : *Mem. Tyt.*, I, 18 (Nakht); *Mem. Tyt.*, V, 30 (Apouy); *Th. T.S.*, III, 9; Wr. *Atl.*, 424 (Br. Mus. 37982); Wr. *Atl.*, 231, 234 (Menna); Wr. *Atl.*, I, 9, 51, 193-5 (Khæmhat); Wr. *Atl.*, 1, 83, 385, 422, 261, 58, 279, 366, 20, 11, 14, 142, 61, 112, 19; *Paheri*, 3.
12. *Orbiney*, II, 2.
13. On opérait ainsi déjà sous l'Ancien Empire : Montet, *Vie privée*, 183, ssq.
14. Wr. *Atl.*, I, 112 (Panehsy).
15. *Paheri*, 13.
16. *Petosiris*, 13.
17. *Bibl. œg.*, VII, 104 (*Pap. Lansing*).
18. *Paheri*, 3.
19. Hérodote, II, 14; Wr. *Atl.*, I.
20. *De Iside et Osiride*, 70.

21. Montet, *Vie privée*, 191; Moret, *La mise à mort du dieu en Egypte*, Paris, 1927, 33-35.
22. *Deutéronome*, 11, 10-11.
23. Scènes d'arpentage : *Th. T.S.*, III, 10; Wr. *Atl.*, I, 11, 191, 232; cf. Suzanne Berger, *Some scenes of land measurement*, J.E.A., XX, 54 et pl. X.
24. *Bibl. æg.*, VI, n° 4 et *J.E.A.*, XIII, 193, ssq.
25. Wr. *Atl.*, I, 14, 19.
26. *Petosiris*, inscription 52.
27. Montet, *Vie privée*, 202.
28. *Petosiris*, inscriptions 51 et 52.
29. Bas-relief de Leide, cat. n° 50 (Wr. *Atl.*, XX, 1, 422). Les bas-reliefs memphites de l'Ancien Empire montrent la récolte toujours enlevée à dos d'âne (Montet, *Vie privée*, 206).
30. Wr. *Atl.*, I, 61 (Panehsy).
31. *Paheri*, 3. Représentations analogues, Wr. *Atl.*, I.
32. Wr. *Atl.*, I, 193, 346, 231.
33. *Mem. Tyt.*, I, 120 et les références de la note 32.
34. *Psaume* 126, 5.
35. *Mem. Tyt.*, I, p. 64 et Miss Winifred S. Blackmann, *Some occurence of the Corn-aruseh*, J.E.A., VIII, 235.
36. Gauthier, *Les fêtes de dieu Min*, 225.
37. *Mem. Tyt.*, V, 30; Wr. *Atl.*, I, 19, 422 (Leide, cat. n° 50), 193, 346. L'arrachage du lin est en outre représenté dans les tombeaux du Moyen Empire, à Benihassan, El Bercheh, Meir; cf. *Petosiris*, pl. 13.
38. Maspero, *Contes populaires*, 4e éd., 43.
39. Gaillard, *Sur deux oiseaux figurés dans les tombeaux de Beni-Hassan*, Kêmi, II, 19-40.
40. Montet, *Vie privée*, 260-265.
41. Wr. *Atl.*, I, 33 (Berlin, n° 18540).
42. *Pap. Harris*, I, 20 b, 8.
43. Gaillard, *Les tâtonnements des Egyptiens de l'Ancien Empire à la recherche des animaux à domestiquer; Revue d'ethnographie et de sociologie*, 1912.
44. *Pap. Lansing*, pl. 3, 8, 10.
45. Le prince d'El Kab, Renny, enregistre 122 bœufs, 100 moutons, 1 200 chèvres, 1 500 porcs (*Urk.*, IV, 75).
46. Ramsès III s'est efforcé d'augmenter le cheptel égyptien : « J'ai fait pour toi (Amon) des troupeaux dans le sud et dans le nord, avec des bœufs et des volailles et du petit bétail par centaines de mille, avec des préposés aux bœufs, des scribes, des préposés à la corne, des ghafirs et de nombreux bergers derrière eux. » (*Pap. Harris*, I, 7, 9.) L'oryx est toujours une offrande agréable aux dieux, mais Ramsès III envoie

des chasseurs pour en capturer dans le désert (*Pap. Harris*, I, 28).

47. *Th. T.S.*, IV, 8.
48. Ostracon Deir el Medineh, 2159; MASPERO, *Histoire*, t. II, 219 (cavalier du tombeau d'Horemheb au musée de Bologne).
49. MASPERO, *Egypte*, dans *Ars Una*.
50. MONTET, *Vie privée*, ch. III.
51. NEWBERRY, *El Bersheh*, I, 18.
52. LEFEBVRE, *Petosiris*, textes 46, 48.
53. *Mem. Tyt.*, II, 12 (Pouyemrê); *Wr. Atl.*, I, 264 (Anna).
54. *Th. T.S.*, III, 31; *Wr. Atl.*,, I, 183 (Ouserhat).
55. *Mem. Tyt.*, V, 30 et 34.
56. *Wr. Atl.*, I, 395.
57. MONTET, *Vie privée*, tout le ch. I; *Wr. Atl.*, I, 433 (Br. Mus. 37977); *Wr. Atl.*, I, 117 (Baki); *Wr. Atl.*, I, 343 (Senemiôt); *Mem. Tyt.*, I, 24 (Nakht); II, 9 (Pouyemrê); *Wr. Atl.*, I, 2 (Menna).
58. MONTET, *Vie privée*, 73; *Mem. Tyt.*, II, 15, 18, 19. Satire des métiers, § 19 et 20.
59. *Wr. Atl.*, I, 250.
60. *Wr. Atl.*, I, 250 (Horemheb); *Mem. Tyt.*, V, 30 et 35 (Apouy); *Mem. Tyt.*, II, 65 (Pouyemrê); MONTET, *Vie privée*, 23-41.
61. *Wr. Atl.*, I, 354, 117, 40, 343, 70, 294, 2, 183, 77; *Mem. Tyt.*, I, 24; DAVIES, *Ken-amun*, 51.
62. *Th. T.S.*, pl. 1 et p. 28 (Amenemhat); *Wr. Atl.*,, I, 271 (Amenemheb).
63. *Mem. Tyt.*, V, 30; *Mem. Tyt.*, I, 24; *Wr. Atl.*, I, 2, 343, 423.
64. MONTET, *Vie privée*, 42; *Mem. Tyt.*, V, 30; *Wr. Atl.*, I, 184, 24, 344; *Mem. Tyt.*, I, 22-23; *Mem. Tyt.*, II, 15; *Wr. Atl.*, I, 249.
65. MONTET, *Vie privée*, 6-8, 66. Au temple d'Edfou, la déesse Sekhet dit au roi : « Je te donne tous les oiseaux dans leurs étangs. » (*Edf.*, II, 164.)
66. *Th. T.S.*, V, 9.
67. *Pap. Harris*, I, 28, 3-4.
68. *Th. T.S.*, II, 6-7; *Th. T.S.*, I, 9; *Wr. Atl.*, I, 53; *Mem. Tyt.*, II, 7; DAVIES, *Five theban tombs*, 12, 22, 40.
69. DAVIES, *Ken-amun*, 48.
70. DAVIES, *Five theban tombs*, 12.
71. DAVIES, *Five theban tombs*, 23-24; *Wr. Atl.*, I, 53, 32.
72. *Wr. Atl.*, I, 26.

CHAPITRE VI

LES ARTS ET LES MÉTIERS

1. Stèle de l'an VIII trouvée à On : *Ann. S.A.E.*, 219.
2. ENGELBACH, *The quarries of the western nubian desert and the ancient road to Tuskha; Ann. S.A.E.*, 1938, 369; cf. SETHE, *Die Bau-und Denkmalsteine der alten Ägypter und ihre Namen*, Berlin, 1933, p. 49.
3. COUYAT et MONTET, *Les inscriptions hiéroglyphiques et hiératiques du ouâdi Hammâmât*, Le Caire, 1912.
4. *Ibid.*, inscriptions 231-237, 240, 223, 12, 222, 219 et 87, 1, 10.
5. *Ibid.*, inscription 19; cf. p. 24.
6. *Ibid.*, inscription 110.
7. *Ibid.*, inscription 191.
8. *Ibid.*, inscription 192.
9. LUCAS, *Ancient egyptian materials and industries*, 2e éd., London, 1934, p. 63.
10. *Th. T.S.*, IV, 4. Inscription d'Ameni à Beni-Hassan (NEWBERRY, *Beni-Hassan*, I, 8); *Pap. Harris*, I, 12 à 7. Carte des mines d'or du musée de Turin.
11. Inscriptions du temple de Radesieh : Golenischeff, R; *Recueil de travaux*, XIII, 75, ssq. et *Bibl. œg.*, IV, n° 4.
12. D'après une stèle de Ramsès II, trouvée à Kouban, à 108 kilomètres au sud d'Assouan, actuellement au musée de Grenoble : TRESSON, *La stèle de Kouban*, Le Caire, 1922.
13. DIODORE, III, 11-13.
14. Les statuettes trouvées dans le sarcophage d'Hornekht à Tanis (*Kêmi*, IX, n°s 94-108) sont visiblement faites avec de l'or très impur.
15. LUCAS, *Ancient egyptian materials and industries*, 352; V. LORET, *La turquoise chez les anciens Egyptiens, Kêmi*, I, 99-114.
16. LUCAS, *op. cit.*, 348; NEWBERRY, dans *Studies presented to F.Ll. Griffith*, 320.
17. LORET, *op. cit.*, dans *Kêmi*, I, 111-113.
18. LEPSIUS, *Denkmäler*, III, 26, 1; cf. Wr. *Atl.*, I, 64, 341, 342.
19. Wr. *Atl.*, I, 5.
20. NEWBERRY, *El Bersheh*, I, 16-16.
21. DAVIES, *Ken-Amun*, 38-40.
22. *Mem. Tyt.*, II, 23.
23. *Th. T.S.*, V., 11, III, 8.

24. VERNIER, *La bijouterie et la joaillerie égyptiennes*, Le Caire, 1907; 2ᵉ partie.

25. Wr. *Atl.*, I, 316-317; NEWBERRY, *Rekhmara*, 18. Voir la suite des opérations dans les ateliers des orfèvres dans *Th. T.S.*, III, 8; V, 11-12; *Mem. Tyt.*, II, 23; IV, 11; Wr. *Atl.*, I, 263, 59, 50, 229.

26. MONTET, *Vie privée*, 298-311; Wr. *Atl.*, I, 314-31 5, 420, 384; *Mem. Tyt.*, IV, 11.

27. *Mem. Tyt.*, V, 37.

28. *Th. T.S.*, V, 11-12, III, 10; *Mem. Tyt.*, 23; Wr. *Atl.*, I, 307, 227.

29. *Th. T.S.*, V, 12.

30. MONTET, *Vie privée*, 311-314.

31. Encyclopédie photographique de l'art, *Les antiquités égyptiennes du Louvre*, 74-77.

32. MONTET, *Vie privée*, 315-318; Wr. *Atl.*, 312-313; NEWBERRY, *Rekhmara*, 17-18.

33. DAVIES, *Ken-Amun*, 13-24.

34. Wr. *Atl.*, II, 25; *Urk.*, IV, 626-642.

35. *Mem. Tyt.*, II, 37-38.

36. *Urk.*, IV, 1154.

37. Stèle de l'an VIII de Ramsès II : *Ann. S.A.E.*, 1939. Satire des métiers, § 111, dans *Pap*.

38. *Sallier*, II, 3, 9; *Pap. Anastasy*, VII, 1, 1.

39. Louvre, C 14; cf. SOTTAS, dans le *Recueil de travaux*, XXXVI, 153.

40. *Th. T.S.*, I, 8.

41. *Urk.*, I, 23.

42. *Recueil de travaux*, XXIV, 185.

43. Tombeau 359 à Thèbes, cf. *AZ*, XLII, 128-131.

44. Ostracon 21447 de Berlin, dans *AZ*, LIV, 78; cf. ROBICHON et VARILLE, *Le temple du scribe royal Amenhotep fils de Hapou*, Le Caire, 1936, p. 9, où l'on conteste que les titres de prince et de scribe appartiennent à un peintre de métier.

45. Wr. *Atl.*, I, 319-321; *Exode*, I, 11-16; cf. A. MALLON, *Les Hébreux en Egypte*, Rome, 1921, 134-138.

46. Satire des métiers, § VIII, *Wb.*, V, 75 et II, 385.

47. DAVIES, *Ken-Amun*, 59.

48. *Th. T.S.*, III, 1.

49. Wr. *Atl.*,, I, 44.

50. MONTET, dans *Kêmi*, IV, 178-189; satire des métiers.

51. LEFEBVRE, *Histoire des grands prêtres d'Amon de Karnak*, 161-2.

52. *Ibid.*, 128.

53. Dans la confession négative, *Livre des morts*, 125 A,

phrase 6, le défunt déclare : « Je n'ai pas obligé, chaque jour, les gens à travailler au-delà de ce qu'ils pouvaient faire. »

54. Maspero, *Histoire,* II, 540-541; *Pap. de Turin,* 42, 2-3, 46-17.

55. Wr. *Atl.,* I, 200.

56. Daressy, *Une flottille phénicienne, d'après une peinture égyptienne; Revue archéologique,* 1895, 286-292 et pl. 14-15; Montet, *Reliques de l'art syrien,* 12.

57. *Urk.,* I, 157; Sottas, *Etude critique sur un acte de vente immobilière au temps des pyramides,* Paris, 1913.

58. Gardiner, *Four papyri of the 18th. dynasty from Kahun, AZ,* 1906, 27-48.

59. Gardiner, *The Chester Beatty papyri,* n° 1, London, 1931, p. 43-44.

60. *Pap.* 10052 du *Br. Mus.,* pl. 11, 14-30; *Pap.* 10053, V°, pl. 111, 6-16.

61. *Pap. Chester Beaty,* I, V° D et p. 43.

62. Gardiner, *A lawsuit arising from the purchase of two slaves, J.E.A.,* 1935, 142.

63. *Ounamon,* II, 40-42 (*Bibl. œg.,* I).

CHAPITRE VII

LES VOYAGES

1. *Coffin texts,* I, 10.
2. *Orb.,* XIII, 1.
3. *Ouni,* 19-20.
4. *Siout,* III, 10-11.
5. Maspero, *Hist.,* II, 123
6. Strabon, XVII, 44. Des nageurs sont représentés au tombeau de Merreruka et sur une patère du général de Bousennès Oundebaounded.
7. *Papyrus* 10052 du *Br. Mus.,* p. XIII, 1-15.
8. *Pap. Chester Beatty,* I, V, 3-6, (Horus-Seth).
9. Montet, *Vie privée,* 379-380.
10. *Bibl. œg.,* VII, 37.
11. *Th. T.S.,* III, pl. VI.
12. *Th. T.S.,* I, pl. XII; *Miss. fr.,* V, 582, 517; Wr. *Atl.,* I, 308.
13. *Th. T.S.,* IV, pl. XI-XII.
14. *Th. T.S.,* IV, pl. XXXII-XXXII; Wr. *Atl.,* I, 199, 323; *El Am.,* I, 29.
15. Wr. *Atl.,* I, 129.

16. *Paheri*, pl. III.
17. *Ham.*, 192.
18. Wr. *Atl.*, 121; *Miss fr.*, V, p. 277 et pl. III.
19. Newberry, *Beni-Hasan*, pl. XXX, 11, pl. IV.
20. Wr. *Atl.*, II, pl. VI.
21. *Ann. S.A.E.*, XXXIX, p. 57.
22. *Ham.*, 199.
23. *Ham.*, I.
24. Reproduite dans *Bibliothèque égyptologique*, X, p. 183-230; cf. Gardiner in *The Cairo scientific journal*, VIII, p. 41.
25. *Pap. Harris*, I, pl. 77-7-8.
26. *Naufragé*, 149-151.
27. *Pap. Harris*, I, pl. 28, 3-4, pl. 48, 2.
28. Montet, *Drame d'Avaris*, 19-28, 35-43.
29. Montet, *Byblos et l'Egypte*, 236-237, 295-305. Dunand, *Byblia Grammata*, Beyrouth, 1945.
30. *Ounamon*, II, 51-52. Le récit d'Ounamon est traduit tout au long dans Maspero, *Contes populaires*, 4ᵉ éd., 217-230.
31. *Pap. Harris*, I, pl. VII, 8.
32. Montet, *Drame d'Avaris*, 26-28.
33. Le principal document sur les voyages des Egyptiens au pays de Pount se trouve au temple d'Hatchepsouit à Deir el Bahari (Naville, *Deir el Bahari*, III, 69-86 et *Urk.*, IV, 315-355). Pour ces voyages sous Thoutmosé III, cf. *Urk.*, IV, 1097, Wr. *Atl.*, I, 334; sous Amenophis II, Wr. *Atl.*, I, 347-348; sous Horonemheb, Wr. *Atl.*, II, 60; sous Ramsès II, sous Ramsès III, *Pap. Harris*, I, 77-78.
34. Montet, *Drame d'Avaris*, 131-133.
35. *Ibid.*, 21.
36. *Ham.*, 114.
37. Strabon, XVI, 22.
38. Cette expression ne se trouve que dans le *Papyrus Harris I* et une stèle de Thoutmosé Iᵉʳ (Gauthier, *Dict. Géogr.*, III, 33). On traduit généralement *Mouqedi*, l'eau inversée, parce que les Egyptiens avaient remarqué que l'Euphrate coulait, au rebours du Nil, à peu près du nord au sud. En fait, les Egyptiens, qui aimaient les calembours, ont écrit le nom du pays de Qédé comme le participe du verbe *qdy*.
39. Inscription de Thoutmosé III au Gebel Barkal, *AZ*, LXIX, 24-39; cf. *C.R. Académie des Inscriptions*, 1933, p. 331.
40. Lucas, *Ancient egyptian materials and industries*, 2ᵉ éd., p. 347.
41. Le lapis-lazuli de Tef-rer est cité déjà au Moyen Empire, dans l'inscription d'un voyageur nommé Khety (*J.E.A.*, IV,

pl. IX) et dans une liste de pierres précieuses (CHASSINAT-PALANQUE, *Fouilles d'Assiout*, p. 108 et 212), ainsi que dans une inscription de Ramsès II (PIEHL, *Inscr. hiér.*, I, 145 d). J'ai trouvé dans le tombeau de Psousennès un collier de lapis-lazuli, monté sur or, dont une boule porte une inscription en cunéiformes où M. Dhorme a déchiffré le nom d'un pays voisin de l'Elam, d'un roi et d'une princesse (*C.R. Ac. des Ins.*, 1945).

42. La stèle du prince de Bakhtan est traduite tout au long dans les *Contes populaires* de MASPERO. Une traduction plus récente et une photographie de la stèle ont été publiées par l'abbé TRESSON, in *Revue biblique*, 1933.

43. Tel Oudjahorresne, médecin de Saïs, que Cambyse fit venir auprès de lui (POSENER, *Première Domination perse en Egypte*, 1-2).

44. ARRIEN, *L'Inde*, V, 5; DIODORE, I, 55; STRABON, XVI, 4, 4.

CHAPITRE VIII

LE PHARAON

1. *Pap. Harris*, 1, 57, 3, ssq.
2. KUENTZ, *Deux siècles d'Amenophis*, II, 12.
3. GAUTHIER, *La grande inscription dédicatoire d'Abydos*, AZ, XL, VIII, 52-66.
4. *Urk.*, IV, 765.
5. MORET, *Du caractère religieux de la royauté pharaonique*, Paris, 1903.
6. PIANKHI, 25-26, *Urk.*, III, 14.
7. PIANKHI, 85-86, *Urk.*, III, 27-28.
8. PIANKHI, 103-105, *Urk.*, III, 38-40.
9. MONTET, *Drame d'Avaris*, 108-110.
10. LEFEBVRE, *Histoire des grands prêtres d'Amon de Karnak*, 117, ssq.
11. Stèle 88 de Lyon, *Mélanges Loret*, 505.
12. Des représentations du roi en grand costume se trouvent à Karnak, Louxor, Abydos et dans tous les temples. Voir en particulier *Medinet-Habu*, 123-124.
13. Sur les momies de Chechanq et de Psousennès, à Tanis, j'ai trouvé une riche collection de parures royales : MONTET, *Tanis*, 146-157.
14. DIODORE, I, 70.
15. *Kêmi*, VIII.

16. Inscription A du temple de Radesieh, *Bibl. æg.*, IV.

17. *Hammamat*, 240 et 12. Cependant Alan H. Gardiner estime qu'il est peu probable que le roi se soit rendu en personne au Hammamat (*J. E. A.*, XXIV, 162).

18. C'est la stèle de Kouban maintenant au musée de Grenoble et publiée par TRESSON : *La stèle de Kouban*, Le Caire, 1922.

19. Ces renseignements nous ont été fournis par Nebounnef lui-même dans l'inscription de son tombeau à Thèbes, *AZ*, XLIV, 30-35 et LEFEBVRE, *op. cit.*, 117, ssq.

20. MASPERO, *Contes populaires*, 4ᵉ éd., 79-103.

21. *Miss. fr.*, V, 496.

22. DAVIES, *El Amarna*, VI, 29-30.

23. Les cérémonies de récompenses sont fréquemment représentées dans les tombeaux du Nouvel Empire : DAVIES, *El Amarna*, I, 6, 30; III, 16-17; IV, 6; VI, 4-6, 17-2 D; DAVIES, *Neferhotep*, 9-13; Louvre C 213; *Miss. fr.*, V, 496; tombeau 106 à Thèbes (*Porter et Moss*, I, 134).

24. DAVIES, *Neferhotep*, 14-18.

25. D'après les bas-reliefs du tombeau d'Horemheb à Leide (*Beschreibung der aegyptischen Sammlung*, IV, 21-24).

26. LEFEBVRE, *Histoire des grands prêtres d'Amon de Karnak*, 194-5. *Inscriptions concernant les grands prêtres d'Amon Romé-Roy et Amenhotep*, pl. 11.

27. Les scènes sont étudiées en détail dans MONTET, *Les reliques de l'art syrien dans l'Egypte du Nouvel Empire*, Paris, 1937, ch. I.

28. DIODORE, I, 53.

29. Stèle trouvée dans le temple de Montou à Erment, *Ex oriente lux*, 1939, 9.

30. Grande stèle trouvée à Gizeh, publiée par VARILLE, *Bulletin I. F. A. O.*, XLI, 31 ssq.

31. KUENTZ, *Deux stèles d'Aménophis*, II, 6-7. D'autres textes exaltent la force physique d'Amenhotep II : *Urk.*, IV, 976-7; *Ann. S. A. E.*, XXVIII, 126; *Medamoud*, 1326-1327, 145; *Bulletin of the metropolitan Museum of arts*, 1935, II, 49-53.

32. PIANKHI, 64-69, *Urk.*, III, 21-22.

33. *Medinet-Habu*, 109-110.

34. C'est ce qu'il fit sur la stèle qu'il dressa entre les pattes du grand sphinx, publiée par ERMAN, *Sitzungsberichten pr. AK.* (philosophish-historischen Classe 1904, 428-444).

35. D'après la stèle de Napata, publiée par REISSNER, *Inscribed Monuments from Gebel Barkal*, *AZ*, LXIX, 24-39 et l'inscription d'Amenemhat, *Urk.*, IV, 890.

36. *Medinet-Habu*, 35, 166, 117.

37. Poème de Qadech, éd. Kuentz, 338-339.
38. Davies, *El Amarna*, III, 30-34, 4, 6, 18, 13; IV, 15.
39. Caire, *Cat. gén.* 36002.
40. Montet, *Drame d'Avaris*, 116-129.
41. D'après la stèle du mariage de Ramsès, II, *Ann. S. A. E.*, XXV et *Bibl. æg.*, VII, 12; cf. Montet, *Drame d'Avaris*, 134-135.
42. Th. Devéria, *Le papyrus judiciaire de Turin et les papyrus Lee et Rollin*, Paris, 1868, et *Bibliothèque égyptologique*, V.
43. *Pap. judiciaire de Turin*, col. IV, 2-6.
44. *Pap. Lee* n° 1 et pap. Rollin.
45. *Pap. judiciaire de Turin*, col. II.
46. *Ibid.*, col. III.
47. *Ibid.*, col. VI.
48. Maspero, *Momies royales*, 782; *Histoire*, II, 480.
49. Scharff, *Der historische Abschnitt der Lehre für König Merikaré*, München, 1936; Maspero, *Les enseignements d'Amenemhait Ier à son fils Sanouasrit Ier*, Le Caire, 1914. Des particuliers ont également, surtout au Moyen Empire, publié des enseignements qui combinent l'éloge du roi avec le conseil de le servir avec un dévouement absolu. Cf. Kuentz, *Deux versions d'un panégyrique royal; Studies presented to F. Ll. Griffith*, London, 1932.
50. C'est le *Papyrus Harris I*, dont il existe depuis peu une édition commode, *Bibl. æg.*, V. M. Tresson prépare un index de ce précieux document.
51. *Pap. Harris*, I, 79, 1-5.
52. *Ibid.*, 22, 3-23, 4.

CHAPITRE IX

L'ARMÉE ET LA GUERRE

1. *Bibl. æg.*, VII, 26.
2. *Bibl. æg.*, VII, 27.
3. *Urk.*, IV, 999. La coupe dans Vernier, *La bijouterie et la joaillerie égyptiennes*, pl. 20.
4. Champollion, *Notices descriptives*, 527-8; *Urk.*, IV, 995.
5. *Urk.*, IV, 997.
6. La carrière et les récompenses de Nebamon nous sont connues par les textes et les peintures de son tombeau à Thèbes (n° 90) : *Th. T. S.*, III, voir surtout pl. 24-29.
7. *Urk.*, IV, 911; *Wr. Atl.*, I, 186, 280.

8. *Th. T. S.*, III, 21, 31-33.
9. Poème de Qadech, éd. Kuentz, 172-185.
10. *Pap. Harris*, I, 78.
11. Hérodote, II, 164-8, Diodore, 1, 73.
12. Wr. *Atl.*, I, 236.
13. Davies, *El Amarna*, III, 31, 39; Wr. *Atl.*, II, 13.
14. Bas-reliefs du temple de Ramsès II à Abydos; Kuentz, *La bataille de Qadech*, pl. 22; Wr. *Atl.*, II.
15. *Pap. Harris*, I, 76.
16. Ce qui suit d'après *Medinet-Habu*, 112.
17. Cavaignac, *Subbiluliuma et son temps*, Paris, 1932, 70-72 (*Annales de Subbil.*, p. 27).
18. Tablette Carnavon dans *J. E. A.*, III, 95-110; Montet, *Drame d'Avaris*, 94.
19. D'après la stèle de Setoui Ier trouvée à Beisan, *Mélanges V. Loret, Bull. I. F. A. O.*, XXX.
20. Ce qui suit d'après *Medinet-Habu*, 29.
21. Montet, *Les reliques de l'art syrien*, 32-33; *Kêmi*, IV, 200-210.
22. *Ibid.*, 34-36.
23. Wr. *Atl.*, II, 1.
24. Montet, *op. cit.*, 37-38.
25. *Medinet-Habu*, 16, 31, 62. Pour les œillères décorées d'une image de Setekh, *ibid.*, 25; Wr. *Atl.*, II, 18.
26. *Medinet-Habu*, 17-31.
27. Wr. *Atl.*, II, 34, 40, 43, 44.
28. *Urk.*, III, 8 (*Piankhi*, 9-12).
29. *J. E. A.*, XXI, 219, 223.
30. *Essais*, éd. Firmin-Didot, I,. p. 20. Je dois cette référence à M. Jean Yoyotte. Pour d'autres exemples analogues voir Montet, *Drame d'Avaris*, 29, 215.
31. *Livre des Morts*, 125 B, phrase 25 : « O Annonciateur de combat (serkherou) qui sors d'Ounes ». Ounes est une ville de Seth.
32. *Urk.*, IV, 649 ssq.
33. Pap. 1116 A du musée de l'Ermitage, 91-98; Montet, *Drame d'Avaris*, 29.
34. Ce qui suit, d'après le *Poème* et surtout le *Bulletin* de Qadech : Kuentz, *La bataille de Qadech*, Le Caire, 1928; Wr. *Atl.*, II.
35. D'après un bas-relief du tombeau d'Horemheb à Saqqarah, partagé entre les musées de Bologne et de Berlin; Wr. *Atl.*, I, 386 et *J. E. A.*, VII, 33.
36. *Urk.*, III, 14-17.
37. *Poème de Qadech*, 295-320.

38. *Ibid.*, 323-330.
39. *Medinet-Habu*, 18-20.
40. *Ibid.*, 72.
41. *Ibid.*, 32, 37.
42. *Ibid.*, 42.
43. Montet, *Les reliques de l'art syrien*, 5-10.
44. *Medinet-Habu*, 95.
45. *Ibid.*, 94.
46. Montet, *Reliques*, 10-11.
47. Wr. *Atl.*, II, 34-35.
48. *Medinet-Habu*, 9; Wr. *Atl.*, II, 165-166.
49. *Medinet-Habu*, 10-11, 24.
50. Wr. *Atl.*, II, 39.
51. Kuentz, *Deux stèles d'Amenophis II*, 19-20.
52. *Medinet-Habu*, 85-6 (poème sur la deuxième guerre en Libye, lignes 26-34). La scène : *Ibid.*, 75.
53. *Pap. Harris*, I, 77.
54. Montet, *Reliques*, 22-26.

CHAPITRE X

LES SCRIBES ET LES JUGES

1. Maspero, *Un manuel de hiérarchie égyptienne*, Etudes égyptiennes, II, 1-66.
2. Lefebvre, *Histoire des grands prêtres d'Amon de Karnak*, ch. II.
3. Gauthier, *Le personnel du dieu Min*, Le Caire, 1931.
4. Voir la stèle de l'an 400 dans *Kêmi*, IV, 210-212.
5. *Urk.*, IV, 1020-1021.
6. Décret de Nauri, *Bibl. æg.*, IV.
7. Lefebvre, *op. cit.*, 127-8.
8. *Papyrus moral de Boulaq*, VII (Maspero, *Histoire*, II, 503).
9. *Vérité et Mensonge*, Pap. Chester Beatty, II, 5.
10. Maspero, *Hymne au Nil*, p. XIII et p. 19.
11. *Pap. Anastasy*, I, 13, 5 ssq., dans Gardiner, *Eg. hieratic texts*, Leipzig, 1911, 16-34.
12. *Bibl. æg.*, VII, 23-24. Textes semblables : *Bibl. æg.*, VII, 35.
13. *Bibl. æg.*, VII, 47.
14. *Bibl. æg.*, VII, 47 (suite du précédent). Pleyte et Rossi,

Les papyrus hiératiques de Turin; Pap. moral de Boulaq, 3-6, 11.

15. *Pap, moral de Boulaq.*
16. *Mélanges* LORET, *Bull. I. F. A. O.*, XXX, 497.
17. *Urk.*, IV, 1044-1046.
18. LEFEBVRE, *op. cit.*, 127 ssq.
19. *Ann. S. A. E.*, XL, 605.
20. MASPERO, *Histoire*, II, 347.
21. *Bibl. æg.*, IV.
22. *Bibl. æg.*, VII, 5. Histoire de trois élèves ecclésiastiques envoyés à l'armée.
23. *Urk.*, 1, 23.
24. *Siout*, I, 223-229. Le tombeau de Pouyemrê à Thèbes contient le même avertissement (*Kêmi*, III, 46-48).
25. Inscription du temple de Radesieh, *Bibl. æg.*, IV.
26. LEFEBVRE, *op. cit.*, 213.
27. Stèle 138 du *Br. Mus.* dans ROBICHON et VARILLE, *Le temple du scribe royal Amenhotep, fils de Hapou*, 3-4.
28. Ces événements sont connus par le *Papyrus Abbott* : MOLLER, *Hieratische Lesestücke*, III, 16 ssq. et par les *Papyrus Amherst et Léopold*, édités par J. Capart et Alan-H. Gardiner, Bruxelles, 1939.
29. *Pap. Br. Mus.* 10054, R° 2, 7.
30. *Pap. Br. Mus.* 10054, R° III, 7-9.
31. *Pap. Br. Mus.* 10053, V° III, 6-16.
32. *Pap. Br. Mus.* 10403 I 6 ssq. T. ERIC PEET, *The Mayer papyri A and B.*
33. *Pap. Br. Mus.* 10052, II, 14-30; XI, 4-9.
34. *Ibid.*, III, 16-17.
35. *Ibid.*, I, 6; II, 16.
36. Au tombeau de Merreruka, A 4 sud.
37. *Pap. Br. Mus.* 1002, IV, 6-14.
38. Pour les cortèges des délégués des pays du nord, voir mes *Reliques de l'art syrien dans l'Egypte du Nouvel Empire*, Paris, 1937.
39. *Th. T. S.*, IV, 23-30. Comparer Wr. *Atl.*, I, 35, 56, 224 (Amiseba); 247-248 (Haremheb); 265 (Anna); 270-284-285 (Amenmosé); 292, 293, 336, 337 (Rekhmarâ); MASPERO, *Histoire*, II, 269 (temple de Neit Ouély); *Medinet-Habu*, 11.

CHAPITRE XI

L'ACTIVITÉ DANS LES TEMPLES

1. Hérodote, II, 37.
2. Josèphe, *Contre Apion*, I, 232 et 254-255.
3. *Kêmi*, IX, 40.
4. Ainsi le prêtre qui propose à Nenoferkeptah de lui montrer un livre écrit de la main de Thot, dans le roman de Setna (Maspero, *Contes populaires*, 4e éd., 131).
5. *Bibl. œg.*, VII, 16, 17.
6. *Bibl. œg.*, VII, 60.
7. Kuentz, *Quelques monuments du culte de Sobok*, pl. 11, *Bull. I. F. A. O.*, XXVIII, 113-172.
8. Hérodote, III, 28-29; Strabon, XVII, 1, 31; Plutarque, *Isis et Osiris* 43; Ammien Marcellin, XXII, 14.
9. Hérodote, II, 67. La nécropole des Ibis a été récemment découverte dans le désert en face de Chmounou, près du tombeau de Petosoris.
10. Montet, *Drame d'Avaris*, 140-141 et pl. VI.
11. Alan-H. Gardiner, *The Astarte papyrus* dans *Studies presented to F. Ll. Griffith*, 83.
12. Montet, *Drame d'Avaris*, 134.
13. *Ibid.*, 142-143.
14. *Bibl. œg.*, VII, 88-91.
15. Peyte et Rossi, *Les papyrus hiératiques de Turin.*
16. Hâpi-Djefaï de Siout s'adressant aux membres du Conseil du temple déclare : « Je suis fils de prêtre comme chacun de vous » (*Siout*, I, 288).
17. *Bibl. œg.*, VII, 5.
18. Min-mosé, qui vécut sous Ramsès II, était chef des secrets du ciel, de la terre et de la région souterraine (Louvre C 218).
19. Erman, *La religion des Egyptiens*, 223.
20. Le rituel est connu par trois papyrus du musée de Berlin et les bas-reliefs du temple d'Abydos. Moret, *Le rituel du culte divin journalier en Egypte*, Paris 1902.
21. H.-P. Blok, Remarques sur quelques stèles dites « à oreilles », *Kêmi*, II, 123-135.
22. Lacau, *Les statues « guérisseuses » dans l'ancienne Egypte*. *Monuments Piot* XXV (1922); Erman, *La religion des Egyptiens*, 355; Lefebvre, *La statue guérisseuse du Louvre*, *Mélanges Loret*, 89 ssq.

23. Stèle 589 du *Br. Mus.* et stèle 102 de Turin dans Erman, *Denksteine aus der thebanischen Gräberstadt* (*Sitz. Berl. Ak.*, 1911, p. 1100).

24. Stèle 23077 du musée de Berlin, Erman, *op. cit.*, 1088-1097.

25. Cerny, *Le culte d'Amenophis Ier chez les ouvriers de la nécropole thébaine*, *Bull. I. F. A. O.*, XXVII, 159 ssq.

26. Naville, *Inscription historique de Pidodjem III*.

27. *Urk.*, III, 94-95 (stèle de l'intronisation 1. 18-19).

28. Boreux, *Catalogue guide* (Louvre, Antiquités égyptiennes, 534-535). Cf. Loukianoff. *Une statue parlante ou oracle du dieu Rê-Harmakhis*, *Ann. S. A. E*, XXXVI, 187.

29. Cerny, *Questions adressées aux oracles*, *Bull. I. F. A. O.*, XXXV, 41 : cf. *J. E. A.*, XI, 249-255; XII, 176-185.

30. Hérodote, II, 59-60.

31. D'après les bas-reliefs de Médinet-Habou et de Karnak, cf. H. Gauthier, *Les fêtes du dieu Min*, Le Caire, 1931.

32. Gauthier, *op. cit.*, 230-231, 239-240. Léfébure, Moret et Gauthier ont supposé que le taureau était sacrifié, mais ce sacrifice n'est représenté nulle part. Le vrai rôle du taureau a été reconnu par Jacobsohn, *Die Dogmatische Stellung das Königs in der Theologie der alten Æg. Gluckstadt;* qu'on se rappelle ce que Pindare (Strabon, XVII, 1, 19) et Hérodote (II, 46) ont dit du bélier de Mendès, Banibded.

33. Inscription publiée par Daressy, *Recueil de travaux*, XVIII, 181 ss.

34. Toutankhamon a fait représenter, en bas-relief, sur les murs du temple de Louxor, les principaux épisodes de la fête : Wr. *Atl.*, II 189-202 (les planches impaires sont des photos, les planches paires des dessins au trait). Le même sujet a été traité au temple de Ramsès III, à Karnak (*Ramsès III, temples*, 86-92).

35. Foucart, *La belle fête de la vallée*, *Bull. I. F. A. O.*, XVIV, 1924.

36. *Ibid.*, pl. 14; Wr. *Atl.*, I, 118-119.

37. Stèle 1204 du musée de Berlin, Schæfer, *Die Osiris mysterien in Abydos*. 11904; scène du tombeau de Khereouef à Thèbes, dans Moret, *Mystères égyptiens*, Paris, 1912, p. 11; stèles de Ramsès IV, Mariette, *Abydos*, II, 54-55.

38. Hérodote, II, 63.

39. Juvénal, XV.

40. Près de Denderah se trouvait « l'endroit du carnage de Seth, en face de cette déesse ». Brugsch, *Dict. géogr.*, 38 et Gauthier, *Dictionnaire des noms géographiques*, V, 84-85.

41. Le pharaon Menkheperrê Siamon, dans l'histoire véridique de Setna (Maspero, *Contes populaires*, 4ᵉ éd., 168-171).
42. La querelle de Seth et d'Hor racontée au *Pap. Chester Beatty I*.
43. G. Goyon, *Les travaux de Chou et les tribulations de Geb*, Kêmi, VI, 1-42.
44. Stèle d'Edfou encore inédite, mais signalée par Drioton, *Ce que l'on sait du théâtre égyptien* (éditions de la revue du Caire, 1938). On croit avoir trouvé les vestiges des tribunes où s'installaient les spectateurs.
45. Stèle de l'an 2 de Neferhotep (Mariette, *Abydos*, II, 28-30).
46. Gardiner, *The house of life*, J. E. A., XXIV, 1938, 157-179, a réuni une soixantaine de textes relatifs à la maison de vie.

CHAPITRE XII

LES FUNÉRAILLES

1. *Maximes de Ptah-hotep*, prologue. *Sinouhit B*. 168-170.
2. Lefebvre, *Grands prêtres d'Amon*, 148.
3. Maspero, *Contes populaires*, 3ᵉ éd., 30-34.
4. *Sinouhit B*, 295-310.
5. Kuentz, *Deux versions d'un panégyrique royal*. Studies presented to F. Ll. Griffith, 39-110.
6. *Pap. moral de Boulaq*, III, 16.
7. Stèle 1027 du Br. Mus. (Maspero, *Etudes égyptiennes*, t. 187-188).
8. Erman, *La religion des Egyptiens*, 277.
9. *Papyrus hiératique 1116 A, du musée de l'Ermitage*, 1, 52-57.
10. Maspero, *Contes populaires* 3ᵉ éd., 133-138.
11. *AZ* XLVII, 165.
12. De Buck, *The egyption coffin texts*, 1 et 13.
13. *Coffin texts*, I, 146 (ch. 37).
14. *Coffin texts*, I, 151 (ch. 37).
15. *Bibl. œg.*, VII, 38.
16. V Loret, Pour transformer un vieillard en jeune homme, dans *Mélanges Maspero*, 853 ssq.
17. Erman, *Religion égyptienne*, 262.
18. Voir les deux statues de Paramsès trouvées à Karnak par Legrain, *Ann. S. A. E.*, XIX, 29-40.

19. Gauthier, *Livre des rois*, III, 318.
20. Lefebvre, *Grands prêtres d'Amon*, 133-134.
21. *Hammamat*, 12; Lefebvre, *op. cit.*, 264.
22. Erman, *Religion égyptienne*, 101.
23. Voir la lettre d'Osiris à Râ dans *Pap. Chester Beaty*, I, pl. XV.
24. Anna qui vécut sous les trois premiers Thoutmosé raconte qu'il a dirigé l'aménagement de la tombe royale dans la solitude, sans être vu ni entendu (*Urk.*, IV, 57).
25. Voir la vignette publiée dans Maspero, *Histoire*, II, 516, d'après une stèle du N. E. au musée du Caire.
26. Pour plus de détails voir l'introduction de *Th. T. S.*, t. I.
27. Davies, *Neferhotep*, 27; Wr. *Atl.*, I, 124.
28. Speleers, *Les figurines funéraires égyptiennes*, Bruxelles, 1923, *Kêmi*, IX. 82-83.
29. *Kêmi*, IX, 78-79.
30. D'après ce que j'ai constaté au tombeau de Psousennès. Montet, *Tanis*, 145, 157.
31. D'après l'inscription des contrats de Siout, *Kêmi*, III, 52-69.
32. Voir l'histoire d'un temple funéraire dans Robichon et Varille, *Le temple du scribe royal Ammenhotep fils de Hapou*, Le Caire, 1936.
33. *Pap. d'Orbiney*, VIII, 6-7 et le Commentaire de V. Loret dans *Kêmi*, IX, 105-106; cf. Diodore, I, 91.
34. Hérodote, II, 86; Diodore, 1, 91; Lucas, *Ancient egyptian materials and industries*, 2e éd., ch. VIII.
35. Le masque en or de Chechanq II est une remarquable œuvre d'art, *Kêmi*, XI, pl. 14-15.
36. *Kêmi*, IX, p. 62-64 et pl. XIII.
37. Maspero, *Étude sur quelques peintures et sur quelques textes relatifs aux funérailles. Études égyptiennes*, I, 81-194.
38. *Ibid.*, 134.
39. Maspero, *Histoire*, II, 512-313; Wr. *Atl.*, I, 388-421.
40. Davies, *Neferhotep*, 22-23; *Mem. Tyt.*, IV, 19, 24, 25.
41. Davies, *Neferhotep*, 20-21; *Mem. Tyt.*, IV, 22.
42. Davies, *Neferhotep*, 24; *Mem. Tyt.*, IV, 19, 21; Wr. *Atl.*, I, 131, 166, 217.
43. Davies, *Neferhotep*, 25-26.
44. J.-G. Fraser, *Atys et Osiris*, Paris, 1926, 112-113; *Kêmi*, IV, 161-168.
45. Maspero, *Histoire*, II, 523. Les scènes de banquet sont fréquentes dans les tombeaux thébains, mais il faut distinguer celles qui représentent le banquet suivant l'enterrement et

celles qui reproduisent une fête de famille. Sur ce sujet Gardiner dans *Th. T. S.*, I, p. 36-41.

46. Varille, *Trois nouveaux chants de harpistes*, Bull I. F. A. O., XXXV, 155-157.

47. Maspero, *Etudes égyptiennes*, I, 172-177.

48. Hérodote, II, 87-88; Erman, *La religion des Egyptiens* 316-317; Maspero, *Histoire*, II, 525-526.

49. Robichon et Varille, *Amenhotep fils de Hapou*, 4-7.

50. Déjà à l'époque des pyramides, le roi se méfie de la colère des morts (*pyr.* 63). Cette croyance persiste au Nouvel Empire : *Pap. hiér. de Turin*, 124, 13 : *Livre des Morts*, ch. 92.

51. Erman, *Zaubersprüche für Mutter and Kind*, I, 9, 2, 6. Autre formule du même genre : *Ibid.*, II, 7, 12, 3.

52. *Pap. 371 de Leyde* dans Gardiner et Sethe, *Egyptiens letters to the dead*.

53. Erman, *Gespräch eines Lebensmüden mit seiner Seele*, 60 ssq.

54. Alan-H. Gardiner, *The house of Life*, J. E. A., XXIV, 175.

55. Maspero, *Contes populaires*, 3ᵉ éd., 102, note 2.

56. Drioton et Lauer, *Une inscription de Khamouas sur la face sud de la pyramide d'Ounas à Saqqarah*, Ann. S. A. E., XXXVII, 201 ssq.

TABLE DES MATIÈRES

INTRODUCTION 7

CHAPITRE PREMIER
L'HABITATION 18
Les villes, 18. — Les palais, 30. — Les maisons, 34. — Le mobilier, 41.

CHAPITRE II
LE TEMPS 47
Les saisons, 47. — Les fêtes et les congés, 52. — Les jours fastes et néfastes, 54. — Les heures, 57. — La nuit, 61.

CHAPITRE III
LA FAMILLE 66
Le mariage, 66. — La femme, 73. — Les enfants, 79. — Les serviteurs et les esclaves, 87. — Les animaux familiers, 92.

CHAPITRE IV
LES OCCUPATIONS DOMESTIQUES . . 97
Les soins de propreté, 97. — Le costume, 101. — La nourriture, 104. — La cuisine, 115. — La boulangerie, 119. — Les boissons, 121. — Les repas, 123. — La veillée, 125. — Les festins, 127. — Les jeux, 137.

CHAPITRE V
LA VIE A LA CAMPAGNE 141
Les paysans, 141. — L'arrosage des jardins, 142. — Les vendanges, 144. — Labours et semailles, 148. —

La moisson, 155. — Le lin, 164. — Les ennemis des cultures, 165. — L'élevage, 167. — Les habitants des marais, 171. — La chasse dans le désert, 177.

CHAPITRE VI
LES ARTS ET LES MÉTIERS 181

Les carriers, 181. — Les mineurs, 188. — Le travail dans les ateliers : 194. Les sculpteurs, 195. — Orfèvres, joailliers, lapidaires, 199. — Le travail du bois, 203. — Le travail du cuir, 207. — La condition des artistes et des artisans, 208. — Maçons et petits métiers, 215. — Patrons et ouvriers, 218. — Le commerce et la monnaie, 221.

CHAPITRE VII
LES VOYAGES 226

Déplacements à l'intérieur du pays, 226. — Voyages dans le désert, 233. — Voyages à Byblos, 237. — Voyages dans la mer Rouge, 244.

CHAPITRE VIII
LE PHARAON 256

Devoir essentiel des rois, 256. — La toilette royale, 263. — Le roi au travail, 266. — Le droit de grâce, 269. — Récompenses royales, 271. — Réception des ambassadeurs étrangers, 277. — Plaisirs royaux : Les sports, 278. — Les chasses royales, 282. — Le roi dans l'intimité, 285. — Intrigues de Harem, 288. — Pensées royales, 291.

CHAPITRE IX
L'ARMÉE ET LA GUERRE 295

Avantages et inconvénients du métier militaire, 295. — Le service intérieur, 301. — L'armée à la guerre, 305. — Rassemblement et distribution des armes, 306. — L'ordre de marche, 312. — La bataille, 314. — La guerre de siège, 327. — La guerre en Nubie, 330. — Retour triomphal, 330.

CHAPITRE X
LES SCRIBES ET LES JUGES 333

L'Administration, 333. — Recrutement et formation des fonctionnaires, 335. — Bons et mauvais magistrats, 340. — Le maintien de l'ordre, 343. — Au tribunal, 354. — Réception des tributaires étrangers, 357.

CHAPITRE XI
L'ACTIVITÉ DANS LES TEMPLES 363
La piété, 363. — Le clergé, 368. — Le culte, 371. — Les sorties du dieu, 378. — La sortie de Min, 379. — La belle fête d'Opet, 385. — La fête de la Vallée, 390. — Les mystères, 391. — La Maison de vie, 395.

CHAPITRE XII
LES FUNÉRAILLES 398
La vieillesse, 398. — Le pèsement des actions, 401. — La préparation du tombeau, 409. — Les devoirs du prêtre du double, 417. — La momification, 421. — L'enterrement : Formation du cortège, 424. — Traversée du Nil, 425. — Montée au tombeau, 427. — Adieux à la momie, 428. — Repos funéraire, 428. — Rapports des vivants avec les morts, 433.

BIBLIOGRAPHIE GÉNÉRALE 439

PRINCIPALES ABRÉVIATIONS 441

NOTES 443

« Composition réalisée en ordinateur par IOTA »

IMPRIMÉ EN FRANCE PAR BRODARD ET TAUPIN
7, bd Romain-Rolland - Montrouge - Usine de La Flèche.
LIBRAIRIE GÉNÉRALE FRANÇAISE - 14, rue de l'Ancienne-Comédie - Paris.
ISBN : 2 - 253 - 03140 - 2